dianus
trikont

MORRIS BERMAN

WIEDER VERZAUBERUNG DER WELT

AM ENDE DES NEWTON'SCHEN ZEITALTERS

Cornell University Press
Ithaca und London

Titel der englischen Originalausgabe
,,The Reenchantment of the World"

Ins Deutsche übersetzt von
Elke Herzog
Knut Pflughaupt
Hans Drake

1. Auflage 1983

ISBN 3-88167-095-5
Satz: Gische Off, Monika Menig, München
Buch- und Titelgestaltung: Hermann Menig
Druck- und Bindearbeiten: Boss-Druck, Kleve

Für drei Freunde:
Michael Crisp
David Kubrin
John Trotter

Gott und die Philosophie konnten nicht zusammen in Frieden leben; kann die Philosophie ohne Gott überleben? Als ihre Gegner erst einmal verschwunden waren, hörte die Metaphysik auf, die Wissenschaft der Wissenschaften zu sein und wurde zur Logik, Psychologie, Anthropologie, Geschichte, Ökonomie, Linguistik. Was einmal der weite Bereich der Philosphie war, ist heute zu einem immer kleiner werdenden Gebiet geworden, das die Experimentalwissenschaften noch nicht erforscht haben. Wenn wir den Logikern Glauben schenken, dann ist alles, was von der Metaphysik übrigbleibt nicht weiter als der unwissenschaftliche Rest des Denkens – einige Sprachirrtümer. Vielleicht wird die Metaphysik der Zukunft als eine Wissenschaftskritik beginnen, falls die Menschen es für notwendig erachten, metaphysisch zu denken, genau wie sie in der Antike als Kritik der Götter begann. Diese Metaphysik würde die gleichen Fragen stellen, aber der Ausgangspunkt der Untersuchung würde nicht in traditioneller Weise *vor* aller Wissenschaft liegen, sondern *nach* aller Wissenschaft.

Octavio Paz, Wechselstrom

INHALT

Abbildungen

Figuren

Danksagung

Mehrere Personen haben die gesamte Manuskriptfassung dieses Buches oder Teile davon gelesen und wichtige Kritik und Anregung beigesteuert, und ich bin insbesondere Paul Tyan, Carolyn Merchant von der University of California, Berkeley, Frederik Ferre vom Dickinson College und W. Davis Lewis von der Auburn University dankbar. Es gibt natürlich keine einmütige Zustimmung zum endgültigen Inhalt der Arbeit, und Fehler, die die Fakten oder deren Interpretation betreffen, liegen wie üblich ausschließlich bei mir. Es gibt auch eine Reihe anderer Freunde, die, obgleich sie das Manuskript nicht gelesen haben, einen wichtigen Einfluß auf mein Leben durch das Beispiel ihres eigenen ausgeübt haben, was mir ermöglichte, bestimmte Fragen zu klären, die letztlich in diesem Buch aufgeworfen werden. Bill Williams, Jack London, David Kubrin, Deidre Rand haben mich über die Jahre tief beeindruckt und sogar meine Definition der Wirklichkeit verändert, und es ist mir eine Freude, jetzt dankbar anzuerkennen, daß ich in ihrer Schuld stehe.

Ich bezweifle, daß es eine Möglichkeit gibt, um meinem Kritiker und lieben Freund Michael Crisp angemessen danken zu können, der als scharfsinniger und unermüdlicher Leser tätig war und der meine Überlegungen insbesondere im Falle des Kapitels drei bedeutend beeinflußt hat, das in vielen Teilen aus der Diskussion gewachsen ist, die wir über die magische Traiditon geführt haben. Mehr als nur bei einer Gelegenheit half mir Herr Crisp, ein Problem der Logik oder Auslegung zu lösen, und ich kann nur hoffen, daß seine Einbeziehung in die Widmung meines Buches ihn ein wenig für sein großes Interesse und seine großzügige Unterstützung entschädigt.

Schließlich möchte ich meinen großen Dank gegenüber John Ackerman von der Cornell University Press ausdrücken, dessen erbarmungsloses Redigieren viel dazu beigetragen hat, die Schlußfassung meines Manuskripts zu verbessern.

Dieses Buch bezieht sich u.a. in starkem Maße auf die Werke von Carl Jung, Wilhelm Reich und Gregory Bateson, aber ich bin mir nicht bewußt, dem begrifflichen Bezugsrahmen irgendeiner besonderen philosophischen Schule gefolgt zu sein. Es ist dennoch ein Produkt meiner Zeit und spiegelt eine ganzheitliche Weltanschauung wider, die sehr „in der Luft liegt". Obwohl ich nicht alle oder zumindest die meisten ihrer Werke gelesen habe, hat meine Sichtweise viel mit Autoren wie R.D. Laing, Theodore Roszak und Philip Slater gemeinsam, und in vielerlei Hinsicht scheinen wir dasselbe geistige Universum zu bewohnen. Vor allem ist ihre Hoffnung auf eine vermenschlichte Kultur, in der die Wissenschaft eine völlig andersartige Rolle spielen würde, als sie es bisher tat, auch meine Hoffnung.

San Francisco M.B.

Vorwort zur deutschen Ausgabe

Vielleicht ist es kein Zufall, daß die erste nichtenglische Ausgabe von *The Reenchantment of the World* eine deutsche sein wird. In der Tat wird der Titel des Buches besonders beim deutschen Leser auf Resonanz stoßen, handelt es sich doch um eine beabsichtigte Umkehrung von Max Webers berühmter Bemerkung, Wissenschaft sei „die Entzauberung der Welt". Und so ist Webers Sorge um das was er „Rationalisierung" nannte in diesen Seiten gegenwärtig, ebenso, wie eine ganze Anzahl anderer Themen, die zuerst in deutscher Sprache formuliert wurden: C.G. Jungs Interesse an der Alchemie und dem Traumsymbolismus (Kapitel 3), Goethes Kritik an Newton und am „faustischen Menschen" im allgemeinen (Kapitel 4), sowie Reichs Behauptung, daß die Verdrängung des Körpers unsere Wahrnehmung und Erfahrung der Welt verzerrt (Kapitel 6). Darüberhinaus wird meine Diskussion der holistischen Tradition – eine Art zu denken, die dem angelsächsischen Geist eigentlich fremd ist – einem deutschen Publikum wahrscheinlich nicht ganz unbekannt sein, obwohl mein „Paradigmenfall" hier (Kapitel 7 und 8) interessanterweise der anglo-amerikanische Anthropologe Gregory Bateson ist, dessen Holismus wichtige neue Bereiche absteckt und gleichzeitig bestimmte klassische holistische Themen anklingen läßt.

Trotz einiger Kritiken, die dieses Buch auf sich gezogen hat, stellt es meiner Ansicht nach keinen simplistischen Angriff gegen die moderne Wissenschaft dar, wie auch keine aufgefrischte Version von Oswald Spenglers Klagelied auf das Abendland. Wenn man von dem Buch sagen kann, daß es ein einziges durchgängiges Thema habe, dann jenes, daß die Erfolge der modernen Wissenschaft dem Abendland nicht in den Schoß fielen, daß wir trotz (oder wegen) ihres immensen Wertes einen beachtlichen Preis dafür bezahlten, einen Preis, den wir bisher ignorierten; und daß dieser besondere, durch die moderne Wissenschaft repräsentierte Wissensmodus, als Resultat davon, eingebaute Grenzen besitzt, welche schließlich in der zweiten Hälfte des 20. Jahrhunderts erreicht wurden. Die hier angebotene Lösung besteht nicht in einem „Abschaffen" der Wissenschaft, was zumindest in absehbarer Zukunft so unwahrscheinlich ist, daß es albern wäre, sondern eher darin, nach dem zu suchen, was dem Abendland im Verlauf der wissenschaftlichen Revolution verloren ging, um diese fehlenden Elemente in unser gegenwärtiges Wirklichkeitsmodell wiedereinzubauen. Soweit ich erkennen kann, hat dieser Prozeß in den Industrienationen bereits begonnen. Denn der teuerste Preis, den wir den Leistungen der modernen Wissenschaft zahlten, ist, um Herbert Marcuse zu paraphrasieren, eine eindimensionale Erfahrung des Lebens, eine psychische Entfremdung, die Millionen von Menschen immer weniger zu tolerieren bereit sind. Diese Entfremdung war es, die zur Hauptquelle einer signifikanten Art kultureller Transformation wurde, einer Reihe von Veränderungen, die auf so verschiedene Weisen reflektiert werden wie von der Frauenbewegung, der Ökologiebewegung und dem neuerwachten Interesse am Okkulten, um nur einige zu nennen. Und doch handelt es sich hier um Veränderungen, die typischerweise auf der persönlichen Ebene ihren Anfang nehmen und nicht auf der politischen. Sie entwickeln sich aus privaten Zwangslagen, die sich innerhalb der individuellen Psyche kristallisieren. Dies ist nicht unwichtig; ich vermute sogar, daß es sich dabei um einen absolut wesentlichen Bestandteil jener Veränderungen handelt, von denen ich spreche, denn solch ein Dilemma muß auf unmittelbare und persönliche Weise empfunden werden, um als real begriffen zu werden. Ich habe mir in diesem Buch zur Aufgabe gemacht, einige dieser Dilemmas aus historischer Perspektive aufzuzeigen und jene Optionen nahezulegen, die uns zur Verfügung stehen; eigentlich heißt das, jene Hoffnungen und Befürchtungen zu artikulieren, die bereits recht weit verbreitet sind. Letztlich muß der Leser für sich selbst entscheiden, in welchem Umfang eine Wiederverzauberung möglich oder wünscheswert ist und in welcher Form das geschehen sollte.

Victoria, British Columbia M. B.

EINLEITUNG

DIE BÜHNE DER NEUZEIT

Überall um Dich herum siehst Du Menschen,
die damit beschäftigt sind, anderen ein Leben aufzuzwingen,
das nicht ihr eigenes ist,
während sie sich um ihr eigenes wirkliches Leben nicht kümmern –
Menschen, die das Leben hassen,
obgleich sie den Tod fürchten.

William Morris, Kunde von Nirgendwo (1891)

Seit mehreren Jahren schon beabsichtige ich, ein allgemein verständliches Buch zu schreiben, das sich mit bestimmten zeitgenössischen Problemen befaßt und sich auf meine Kenntnisse der Wissenschaftsgeschichte gründet. In einer früheren Arbeit, einer sehr technischen Monographie, war es mir lediglich möglich, einige der Probleme anzudeuten, die das Leben in den westlichen Industrienationen charakterisieren, Probleme, die ich zutiefst beunruhigend finde. (1) Ich begann diese Untersuchung in dem Glauben, daß die Wurzeln unseres Dilemmas sozialer und ökonomischer Natur sind; als ich sie abgeschlossen hatte, war ich überzeugt, daß ich eine ganze erkenntnistheoretische Dimension ausgelassen hatte. Mit anderen Worten: ich begann zu spüren, daß etwas mit unserer gesamten Weltanschauung nicht stimmte. Das westliche Leben scheint auf zunehmende Entropie hin zu treiben, in das ökonomische und technologische Chaos, in die ökologische Katastrophe und schließlich in die physische Zerstückelung und Auflösung; und ich habe zu zweifeln begonnen, daß Soziologie und Ökonomie aus sich selbst heraus eine angemessene Erklärung für einen solchen Zustand liefern können.

Das vorliegende Buch ist daher ein Versuch, meine bisherige Analyse einen Schritt weiter voran zu treiben, die Neuzeit vom 16. Jahrhundert bis heute als eine Einheit zu begreifen und über die metaphysischen Voraussetzungen Klarheit zu gewinnen, die diese Periode definieren. Dabei soll Geist oder Bewußtsein nicht als eine unabhängige Einheit behandelt werden, die vom materiellen Leben abgeschnitten ist; ich glaube kaum, daß das der Fall ist. Zum Zweck der Argumentation ist es jedoch oftmals notwendig, diese beiden Aspekte der menschlichen Erfahrung zu trennen; und obwohl ich jede Anstrengung unternehmen werde, ihr Verwobensein zu zeigen, zielt dieses Buch doch hauptsächlich auf die Wandlungen des menschlichen Geistes. Diese Betonung entstammt meiner Überzeugung, daß die grundlegenden Fragen, die sich jeder Zivilisation im Laufe der Geschichte, oder jedem Menschen in ihrem oder seinem Leben stellen, Fragen nach dem *Sinn* sind. Und historisch gesehen begründet sich unser Sinnverlust in einer letztlich philosophischen oder religiösen Bedeutung – nämlich die die moderne Zeit kennzeichnende Trennung zwischen Tatsachen und Werten – in der wissenschaftlichen Revolution des 16. und 17. Jahrhunderts. Warum sollte dem so sein?

Die Auffassung von der Natur, die im Westen bis zum Vorabend der wissenschaftlichen Revolution vorherrschend war, war die einer verzauberten Welt. Steine, Bäume, Flüsse und Wolken wurden alle als wundersam, als lebendig angesehen, und die Menschen fühlten sich in ihrer Umgebung zuhause. Kurz gesagt, war der Kosmos ein Ort des sich *Zugehörigfühlens*. Ein Mitglied dieses Kosmos war kein entfremdeter Beobachter, sondern nahm direkt an dessen Schauspiel teil. Sein persönliches Schicksal war mit dem Kosmos verknüpft, und diese Beziehung gab seinem Leben Sinn. Diese Art von Bewußtsein – das ich in diesem Buch das „teilnehmende oder partizipierende Bewußtsein" nennen werde – umfaßt die Verschmelzung oder Identifikation mit der eigenen Umgebung und verrät ein psychisches Ganzsein, das seit langem abhanden gekommen ist. Es stellt sich heraus, daß die Alchemie der letzte in sich geschlossene Ausdruck des teilnehmenden Bewußtseins im Westen gewesen ist.

Die Geschichte der Neuzeit ist, zumindest auf der geistigen Ebene, geprägt von zunehmender Entzauberung. Seit dem 16. Jahrhundert ist der Geist mehr und mehr aus der phänomenologischen Welt vertrieben worden. Zumindest der Theorie nach sind Materie und Bewegung die Bezugspunkte aller wissenschaftlichen Erklärung – was die Historiker als die „mechanistische Philosophie" bezeichnen. Entwicklungen, die diese Weltsicht infragegestellt haben – die Quantenphysik, oder einige Richtungen gegenwärtiger ökologischer Forschung – haben keinen nachhaltigen Eindruck in diesem herrschenden Denkansatz hinterlassen. Dieser Ansatz läßt sich am besten als Entzauberung, als Verlust an Teilnahme beschreiben, weil er auf einer rigiden Trennung zwischen Beobachter und Beobachtetem besteht. Wissenschaftliches Bewußtsein ist entfremdetes Bewußtsein: es gibt kein ekstatisches Verschmelzen mit der Natur, sondern eher die völlige Trennung von ihr. Subjekt und Objekt werden immer in Opposition zueinander gesehen. Ich bin nicht meine Erfahrungen und daher nicht wirklich Teil der mich umgebenden Welt. Der logische Endpunkt dieser Weltsicht ist ein Gefühl völliger Verdinglichung: alles wird zur Sache, entfremdet, nicht-ich; und ich bin letztlich auch ein Objekt, ein entfremdetes „Ding" in einer Welt anderer, ebenfalls bedeutungsloser Dinge. Diese Welt ist nicht von meiner eigenen Art, dem Kosmos bedeute ich nichts, und ich spüre nicht wirklich ein Gefühl der Zugehörigkeit zu ihm. Was ich tatsächlich fühle, ist ein Leiden meiner Seele.

Was bedeutet diese Entzauberung übertragen auf das Alltagsleben? Es bedeutet, daß die Bühne der Neuzeit zu einem Szenario der „Großverwaltung und offenen Gewalt" (2) geworden ist, einem Zustand, der inzwischen vom Mann auf der Straße klar bemerkt wird. Die Entfremdung und Sinnlosigkeit, die die Wahrnehmungen einer handvoll Intellektueller zu Beginn des Jahrhunderts kennzeichneten, sind schließlich Kennzeichen des Bewußtseins des kleinen Mannes geworden. Die Arbeitsplätze sind verdummend, Beziehungen inhaltslos und flüchtig, der politische Bereich abgeschmackt. In dem Vakuum, das durch den Zusammenbruch der überkommenden Werte entstand, finden wir hysterische, evangelistische Erweckungsbewegungen, Massenübertritte in die Kirche des Reverend Moon und einen allgemeinen Rückzug in die Blindheit, die Drogen, Fernsehen und Beruhigungsmittel. Wir finden auch eine verzweifelte Suche nach Therapie, inzwischen eine nationale Besessenheit, womit Millionen von Amerikanern ihr Leben wieder aufzubauen versuchen, inmitten eines weitreicheden Gefühls von Anomie und kulturellem Zerfall. Ein Zeitalter, in dem die Depression Norm ist, ist wirklich finster.

Vielleicht ist nichts so symptomatisch für dieses allgemeine Unbehagen, wie die Unfähigkeit der industriellen Ökonomien, sinnvolle Arbeit bereitzustellen. Vor einigen Jahren beschrieb Herbert Marcuse die Arbeiter- und Angestelltenschichten Amerikas als „eindimensional". „Wenn Technik die universelle Form materieller Produktion wird", schrieb er, „definiert dies eine ganze Kultur; es projiziert eine historische Totalität – eine Welt." Man kann nicht über Entfremdung an sich sprechen, fuhr er fort, weil es kein Selbst mehr gibt, das entfremdet werden kann. Wir sind alle gekauft worden. Wir haben uns alle vor langer Zeit an das System verkauft und identifizieren uns nun völlig mit ihm. „Die Menschen erkennen sich in ihren Waren wieder", schließt Marcuse; sie sind, was sie besitzen. (3)

Marcuses These ist plausibel. Wir kennen alle den Nachbarn von nebenan, der dort jeden Sonntag mit Liebe sein Auto so leidenschaftlich wäscht, daß es fast schon sexuell ist. Dennoch wiederlegen die tatsächlichen Daten über das Alltagsleben der Mittel- und Arbeiterklasse eher Marcuses Auffassung, daß bei diesen Menschen das Selbst und die Konsumgüter verschmolzen sind und das erzeugt haben, was er das „glückliche Bewußtsein" nennt. Um nur zwei Beispiele anzuführen, deckten Studs Terkel's Interviews mit Hunderten von Amerikanern aus allen Lebensbereichen auf, wie hohl und sinnlos sie ihre eigenen Berufe empfanden. Diese Leute, sagt Terkel, die sich zur Arbeit schleppen, sich durch die tägliche Langeweile aus Schreiben, Abheften, Versicherungsprämien einziehen, Autos parken, Sozialhilfeempfänger ausfragen quälen und die größtenteils während ihrer Arbeit träumen, sind keine Figuren mehr von Charles Dickens, sondern von Samuel Beckett. (4) Die zweite Studie von Sennett und Cobb entdeckte, das Marcuses Begriff des geistlosen Konsumenten völlig falsch war. Der Arbeiter kauft keine Waren, weil er sich mit dem American Way of Life identifiziert, sondern er hat enorme Ängste um seine Identität, von denen er meint, daß Güterbesitz sie beruhigen könnte. Das Konsumententum wird paradoxerweise als ein Ausweg aus demselben System gesehen, das ihn geschädigt hat und das er insgeheim verachtet; es ist eine Möglichkeit, sich vom emotionalen Zugriff dieses Systems freizuhalten. (5)

Aber es ist keine wirkliche Wahl, sich vom System freizuhalten. Seit die technologischen und bürokratischen Strukturen die tiefsten Schlupfwinkel unseres Geistes durchdringen, ist das Abschirmen des psychischen Raums fast unmöglich geworden. (6) „Hochqualifizierte Bewerber" für Managementpositionen in amerikanischen Konzernen absolvieren normalerweise eine Art von Sozialtraining, das sie lehrt, wie man überzeugend kommuniziert, sozialen Umgang erleichtert, Körpersprache liest, usw. Diese geistige Struktur wird dann in die persönlichen und sexuellen Beziehungen eingeführt. So lernt man zum Beispiel, wie man Freunde fallen läßt, die sich als Karrierehindernis erweisen könnten und neue Bekanntschaften schließt, die das eigene Vorankommen fördern werden. Auch die Frau des leitenden Angestellten wird als hinderlich oder nützlich bezüglich ihrer diplomatischen Fähigkeiten bewertet. Und für die meisten Männer in industrialisierten Staaten ist der Geschlechtsakt selbst buchstäblich zu einem Projekt geworden, einer Frage der richtigen Anwendung von Techniken, um ein vorgegebenes Ziel zu erreichen und damit die erhoffte Anerkennung zu gewinnen. Lust und Vertrautheit werden bei der Ausführung fast schon als hinderlich angesehen. Wenn aber erst einmal der Ethos der Technik und des Managements die Bereiche der Sexualität und Freundschaft durchdrungen hat, bleibt buchstäblich kein Ort mehr zum Verstecken. Das „weitverbreitete Klima der Angst und Neurose", in das wir verstrickt sind, ist dann unausweichlich. (7)

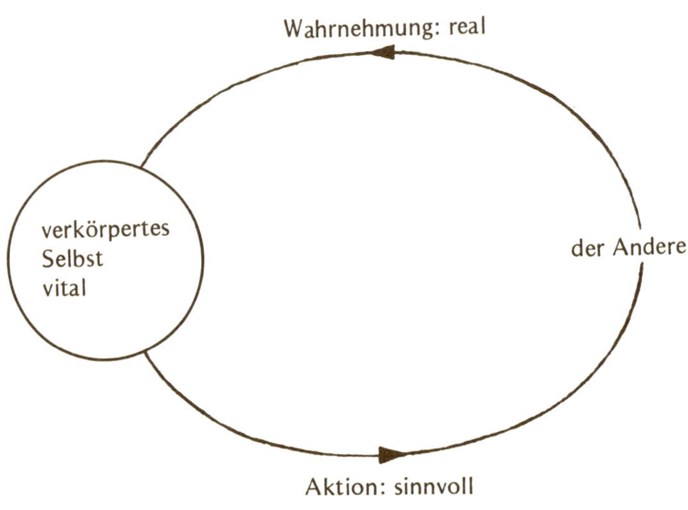

Figur 1: R.D. Laings schematische Darstellung einer gesunden Interaktion (aus Laing, *Das geteilte Selbst*, 1976, S. 69)

Diese Einzelheiten der inneren psychologischen Landschaft legen die Funktionsweise des Systems am vollständigsten offen. In einer Untersuchung, die Schizophrenie beschreiben wollte, jeoch überwiegend eine Skizze der Psychophatologie des Alltagslebens war, zeigte R. D. Laing, wie sich die Psyche spaltet und bei dem Versuch, sich vor all dieser Manipulation zu schützen, falsche Selbstbilder erzeugt. (8) Wenn wir aufgefordert würden, unsere üblichen Beziehungen mit anderen Menschen zu beschreiben, könnten wir sie (in erster Annäherung) wie in Fig. 1 (s. o.) aufzeigen. Hier sind das Selbst und das Andere in direkter Interaktion, wie sie sich in unmittelbarer Weise aufeinander beziehen. Die daraus resultierende Wahrnehmung wird als real empfunden, das Handeln als sinnvoll und das Selbst fühlt sich lebendig (verzaubert). Wie aber die obige Diskussion deutlich zeigt, finden solche Interaktionen niemals statt. Wir sind „ganzheitlich" für fast niemanden, am wenigsten für uns selbst. Statt dessen bewegen wir uns in einer Welt sozialer Rollen, Interaktionsrituale und ausgefeilter Verhaltensspiele, die uns zwingt, unser Selbst zu schützen, indem wir etwas entwickeln, das Laing ein „falsches Selbst-System nennt.

Selbst sich von der Interaktion zurückzieht und den Körper verläßt – jetzt als falsches oder totes (entzaubertes) verstanden – um sich mit dem anderen in einer Weise auseinanderzusetzen, die reines Theater ist, während das „innere" Selbst wie ein wissenschaftlicher Beobachter zuschaut. Die Wahrnehmung ist somit unwirklich und das Handeln entsprechend fruchtlos. Laing zeigt, das wir uns während der Arbeit – und bei der Liebe – in Fantastereien zurückziehen und ein falsches Selbst errichten (identifiziert mit dem Körper und seinen mechanischen Aktionen), das die für uns notwendigen Rituale vollführt, damit wir bei unseren Aufgaben Erfolg haben. Dieser Prozeß beginnt irgendwann während des 3. Lebensjahr, wird in Kindergarten und Grundschule ver-

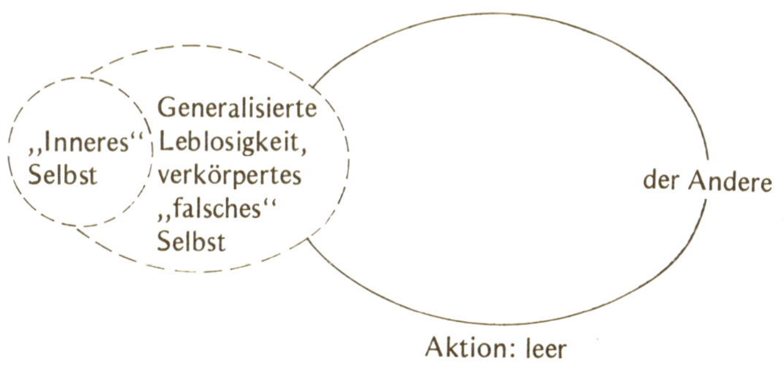

Figur 2: R.D. Laings schematische Darstellung der schizoiden Interaktion (aus R.D. Laing, *Das geteilte Selbst*, 1976, S. 69)

stärkt, setzt sich in der öden Realität der weiterführenden Schulen fort und wird schließlich zum täglichen Schicksal des Arbeitslebens. (9) Laing sagt, daß jeder – Manager, Ärzte, Kellner oder wer auch immer – schauspielert und manipuliert, um selber nicht manipuliert zu werden. Das Ziel ist der Schutz des eigenen Selbst, aber da dieses Selbst tatsächlich von jedem bedeutsamen Umgang abgeschnitten ist, erstickt es. Die Umwelt wird zunehmend unwirklich, indem die Menschen sich von den Gegebenheiten ihres eigenen Lebens entfernen. Während sich dieser Prozeß beschleunigt, beginnt das Selbst sich zu wehren, an sich herumzunörgeln (und so eine weitere Spaltung hervorzubringen) über die existenzielle Schuld, die es zu fühlen begonnen hat. Wir werden von unseren Vorstellungen verfolgt, von unserer Schauspielerei, unserer Flucht vor dem Versuch zu werden, was wir wirklich sind oder sein könnten. Nehmen die Schuldgefühle zu, bringen wir die nörgelnde innere Stimme mit Drogen, Alkohol, Zuschauersport zum Schweigen – irgend etwas, nur um zu vermeiden, der Realität ins Gesicht zu sehen. Wenn dann die Selbsttäuschung, die wir praktizieren, oder die Wirkung der Pille nachläßt, bleibt uns nur das Grauen unseres eigenen Betrugs und die Leere unserer manipulierten „Erfolge".

Allein die Statistiken, die diesen Zustand in Amerika widerspiegeln, sind so schrecklich, daß sie allem Verstehen trotzen. Es gibt heute eine signifikante Selbstmordrate in der Gruppe der 7-10jährigen, und die Teenagerselbstmorde haben sich zwischen 1966 und 1976 auf etwa 30 täglich verdreifacht. Über die Hälfte der Patienten in amerikanischen psychiatrischen Krankenhäusern sind unter 21 Jahre alt. Eine Untersuchung aus dem Jahre 1977 von 9-11jährigen an der Westküste fand heraus, daß fast die Hälfte der Kinder gewohnheitsmäßig Alkohol tranken und daß eine hohe Zahl dieser Altersgruppe regelmäßig betrunken zur Schule kam. Dr. Darold Treffert vom Wisconsin Mental Health Institute beobachtete, daß Millionen von Kindern und Jugendlichen heute von einer „zermürbenden Leere oder Sinnlosigkeit geplagt werden, die nicht als Furcht vor dem, was ihnen widerfahren könnte, sondern als Angst, daß ihnen nichts widerfahren wird, ausgedrückt wird." Offizielle Zahlen aus Regierungsberichten, die zwischen 1971 bis 1972 veröffentlicht wurden, dokumentieren, daß es in den USA 4 Millionen Schizophrene, 4 Millionen ernsthaft gestörte Kinder, 9 Millionen Alkoholiker gibt und 10 Millionen, die unter schwerer, arbeitsunfähigmachender Depression leiden. In den frühen 70er Jahren wurde berichtet, daß 25 Millionen Erwachsene Valium benutzen; 1980 zeigten die Zahlen des Federal Department of Agriculture, daß die Amerikaner jährlich 5 Milliarden Pillen an Benzodiazepinen (die Sorte von Beruhigungsmitteln, die Valium einschließen) schlucken. Hunderttausende Kinder der (amerikanischen – d.Ü.) Nation werden nach Peter Schrag/Diana Divoky, *The Myth of the Hyperactive Child* (1975) in den Schulen betäubt, und ein Viertel der amerikanischen weiblichen Bevölkerung in der Altersgruppe von 30 bis 60 Jahren benutzt regelmäßig rezeptpflichtige Psychopharmaka. Artikel in Illustrierten, wie z. B. „Cosmopolitan" drängen die an Depressionen Leidenden, sich zu den örtlichen psychiatrischen Krankenhäusern wegen Arzneien oder Schocktherapien zu wenden, damit sie so schnell wie möglich auf ihren Arbeitsplatz zurückkehren können. „Drogen und die psychiatrischen

Krankenhäuser", schreibt ein Politologe, „sind zum unentbehrlichen Schmieröl, zur Wartungsfabrik geworden, das notwendig ist, um den völligen Zusammenbruch der menschlichen Maschine zu verhindern." (10)

Diese Zahlen sind amerikanisch im Ausmaß, aber nicht in ihrer Art. Polen und Rußland führen in der Welt den Verbrauch von hochprozentigen Alkoholika an; die Selbmordrate in Frankreich ist kontinuierlich gewachsen; in Westdeutschland verdoppelte sich die Selbstmordrate zwischen 1966 und 1976. (11) Der Wahnsinn von Los Angeles und Pittsburg ist Legende und der „Elendsindex" ist in Leningrad, Stockholm, Mailand, Frankfurt und anderen Städten seit der Mitte des Jahrhunderts angestiegen. Wenn Amerika an der Grenze zum großen Zusammenbruch steht, dann liegen die anderen Industrienationen nicht weit zurück.

Dieses Buch behauptet, daß wir *nicht* eine besondere Verzerrung im Schicksalslauf Nackkriegseuropas und Amerikas miterleben, eine Abweichung, die in Verbindung mit solchen Problemen des späten 20sten Jahrhunderts wie Inflation, Verlust der Kolonien und ähnliches gebracht werden können. Stattdessen wohnen wir dem unausweichlichem Ergebnis einer Logik bei, die schon Jahrhunderte alt ist und die sich in unseren Lebzeiten abspielt. Ich versuche zu behaupten, daß die Wissenschaft der Grund für die schlimme Lage ist; Kausalität ist eine Art von historischer Erklärung, die ich höchst unüberzeugend finde. Was ich behaupte ist, daß die wissenschaftliche Weltsicht ein *integraler Bestandteil* der Moderne, der Massengesellschaft und des oben beschriebenen Zustandes ist. Das ist *unser* Bewußtsein, in den westlichen Industrienationen – einzig dort – und es ist mit dem Beginn unserer Lebensweise von der Renaissance bis heute verknüpft. Die Wissenschaft und unsere Lebensweise haben einander verstärkt und gerade aus diesem Grunde ist die wissenschaftliche Weltsicht zur gleichen Zeit unter eine strenge Prüfung geraten, als die industrialisierten Länder Anzeichen starker Belastung, wenn nicht sogar tatsächlichen Zerfalls zu zeigen beginnen.

Von diesem Standpunkt aus sind die Transformationen, die ich erörtern werde, und die Lösungen, die ich vage spüre, epochal, und das ist um so mehr ein Grund, sie nicht auf die Ebene der theoretischen Abstraktion zu verweisen. Ich werde sogar ausführen, das derart grundlegende Veränderungen auf alle Einzelheiten unseres täglichen Lebens viel direkter einwirken, als die Dinge, die wir für am dringlichsten halten mögen: dieser Präsidentschaftskandidat, jene dringliche Gesetzesvorlage usw. Es hat andere Zeitabschnitte in der Menschheitsgeschichte gegeben, als die zunehmende Geschwindigkeit des Wandels einen ebensolchen Eindruck auf das Leben des einzelnen ausübte, wofür die Renaissance das jüngste Beispiel vor der heutigen Zeit darstellt. Während solcher Zeitperioden beginnt die Sinnhaftigkeit des individuellen Lebens als ein beunruhigendes Problem aufzutauchen, und die Menschen beschäftigen sich vorwiegend mit der Bedeutung des Sinns an sich. Es scheint ein notwendiger Begleitumstand dieser Beschäftigung zu sein, daß solche Zeitabschnitte durch eine starke Zunahme von Wahnsinn begleitet sind, oder genauer, von dem, was als Wahnsinn verstanden wird. (12) Denn Wertsysteme halten uns (uns *alle*, nicht nur „Intellektuelle") zusammen, und wenn diese Systeme zu bröckeln beginnen, bröckeln auch die Individuen, die nach ihnen gelebt haben. Der letzte plötzliche Anstieg von Depression und Psychose (oder „Melancholie“, wie diese Geisteszustände damals bezeichnet wurden) fand im 16. und 17. Jahrhundert statt, einer Zeit, als es zunehmend schwieriger wurde, die Vorstellung von Erlösung und dem göttlichen Interesse an den menschlichen Angelegenheiten aufrechtzuerhalten. Die Situation wurde schließlich durch den Beginn des neuen geistigen Bezugsrahmens des Kapitalismus und durch die neue Definition der Wirklichkeit stabilisiert, die auf der wissenschaftlichen Methode des Experiments, der Quantifizierung und technischen Beherrschung gründete. Das Problem ist, daß sich diese ganze Konstellation von Faktoren – technologische Manipulation der Umwelt, darauf basierende Kapitalakkumulation, Vorstellungen von säkularer Erlösung, die sie schürten und von ihr geschürt wurden – anscheinend totgelaufen hat. Insbesondere ist das Aufrechterhalten des wissenschaftlichen Paradigmas so schwierig geworden, wie es auch mit dem religiösen Paradigma im 17. Jahrhundert war. Der Zusammenbruch des Kapitalismus, die allgemeine Dysfunktionalität der Institutionen, das Mißbehagen an der ökologischen Verwüstung, das zunehmende Unvermögen der wissenschaftlichen Weltsicht, die Dinge zu erklären, die wirklich von Bedeutung sind, der Interessensverlust an der Arbeit und die statistisch signifikante Zunahme von Depression, Angst und offener Psychose gehören alle zusammen. Wie schon im 17. Jahrhundert, sind wir wieder destabilisiert, schiffbrüchig umhertreibend. Wir sind, wie Dante in seiner *Göttlichen Komödie* schrieb, aufgewacht, nur um uns im dunklen Walde wiederzufinden.

Es ist noch unklar, was heute dazu dienen kann, den Dingen Halt zu geben; aber es ist eine wichtige Prämisse dieses Buches, daß auf Grund der Entzauberung, die der wissenschaftlichen Weltsicht eigen ist, die moderne Zeit von Anfang an eine ihr eigene Labilität besaß, die ihre Fähigkeit, sich selbst länger als einige wenige Jahrhunderte aufrechtzuerhalten, erheblich einschränkte. Über 99 % der Menschheitsgeschichte war verzaubert, und der Mensch sah sich selbst als einen dazugehörigen Teil. Die völlige Umkehrung dieser Vorstellung in nur etwa 400 Jahren hat die Kontinuität der menschlichen Erfahrung und die Integrität der menschlichen Psyche zerstört. Sie hat ebenfalls beinahe den Planeten vernichtet. Mir scheint, daß die einzige Hoffnung in einer Wiederverzauberung der Welt liegt.

Hier liegt also der entscheidende Punkt des neuzeitlichen Dilemmas. Wir können nicht zur Alchemie oder zum Animismus zurückkehren – zumindest hat es nicht den Anschein; aber die Alternative ist die abschreckende, verwissenschaftlichte, völlig kontrollierte Welt der Atomkraftwerke, Mikroprozessoren und der Genmanipulation – eine Welt, die im Grunde genommen schon über uns gekommen ist. *Irgendeine* Art von ganzheitlichem oder teilnehmendem Bewußtsein und eines entsprechenden sozio-politischen Aufbaus müssen entstehen, wenn wir als Gattung überleben sollen. Im Moment ist es, wie ich schon sagte, überhaupt nicht klar, was dieser Wandel mit sich bringen wird; aber der tiefere Sinn liegt darin, daß sich langsam eine Lebensweise entwikkelt, die sich in so hohem Maße von der Epoche unterscheidet, die die Einzelheiten unseres Lebens so tiefgreifend gezeichnet, ja sogar geschaffen hat. Robert Heilbronner hat daraufhingewiesen, daß eine Zeit kommen könnte, vielleicht in 200 Jahren, in der die Menschen das Rechenzentrum in Houston oder Wall Street als merkwürdiges Überbleibsel einer entschwundenen Zivilisation besuchen werden, aber das wird notwendigerweise eine dramatisch veränderte Auffassung von Wirklichkeit beinhalten. (13) So wie wir in einem mittelalterlichen Wandteppich oder alchemistischen Text eine Welt erkennen, die völlig anders als die unsrige ist, so können jene Menschen, die in 200 Jahren Houston oder die Spitze Manhattans besuchen, unsere geistige Welteinstellung, von den Annahmen der Physik des 19. Jahrhunderts bis hin zur Praxis der Verhaltensänderung ziemlich verschroben, wenn nicht sogar völlig unverständlich finden.

Willis Harman hat unsere Weltsicht das „Paradigma der industriellen Ära" (14) genannt, aber die industrielle Revolution begann nicht vor der 2. Hälfte des 18. Jahrhunderts „abzuheben", wohingegen das neuzeitliche Paradigma schließlich ein Kind der wissenschaftlichen Revolution ist. Mangels eines besseren Begriffs werde ich deshalb unsere Weltsicht als das „kartesianische Paradigma" bezeichnen, nach dem großen methodologischen Wortführer der modernen Wissenschaft, René Déscartes. Ich will nicht behaupten, das Descartes der alleinige Baumeister unserer gegenwärtigen Anschauungsweise ist, sondern lediglich, daß die modernen Begriffsbestimmungen der Realität mit bestimmten Grundsätzen seines wissenschaftlichen Arbeitsansatzes identifiziert werden können. Daher wird unsere erste Aufgabe darin bestehen, das Wesen und den Ursprung des kartesianischen Paradigmas zu verstehen. Dann werden wir in der Lage sein, genauer das Wesen der verzauberten Weltsicht, die geschichtlichen Kräfte, die zu ihrem Zusammenbruch führten, und schließlich die Möglichkeiten zu analysieren, die für eine moderne und glaubwürdige Form der Wiederverzauberung bestehen, für einen Kosmos, der wieder unser ist.

I. DIE GEBURT DES MODERNEN WISSENSCHAFTLICHEN BEWUSSTSEINS

(Meine Entdeckungen) haben mich überzeugt, daß es möglich ist,
Erkenntnisse zu erlangen, die von großem Nutzen für dieses Leben sein
werden; und daß wir anstelle der spekulativen Philosophie,
die heute an den Schulen gelehrt wird,
eine praktische finden können, durch die wir,
indem wir das Wesen und Verhalten von Feuer, Wasser, Luft,
Sternen des Himmels und all der anderen uns umgebenden Körper verstehen,
so wie wir heute die verschiedenen Fertigkeiten unserer Handwerker
verstehen, diese Merkmale für all die Zwecke anwenden können,
für die sie sich eignen und uns dadurch zu Herrschern
und Besitzern der Natur machen.

René Déscartes, Von der Methode des richtigen Vernunftsgebrauchs
und der wissenschaftlichen Wahrheitsforschung (1637)

Das westliche Denken wird hinsichtlich der Frage der Realitätserfassung im wesentlichen von zwei archetypischen Strukturen beherrscht, die ihren letztendlichen Ursprung bei Plato und Aristoteles haben. Für Plato waren Sinnesdaten im besten Falle eine Ablenkung von Erkenntnis, die die Sphäre der reinen Vernunft war. Für Aristoteles bestand Erkenntnis in Verallgemeinerungen, die aber in erster Linie aus Informationen stammten, die in der äußeren Welt gesammelt wurden. Diese beiden Modelle menschlichen Denkens, die Rationalismus, bzw. Empirismus genannt wurden, bildeten das hauptsächliche geistige Vermächtnis des Westens bis zu Descartes und Bacon, die im 17. Jahrhundert die Zwillingspole der Erkenntnistheorie repräsentierten. Dennoch: so wie mit Descartes und Bacon, die mehr Gemeinsames als Trennendes besitzen, ist es auch bei Plato und Aristoteles. Platos qualitativer organischer Kosmos, in seinem *Timaeus* beschrieben, ist auch Aristoteles' Welt; und beide suchten die zugrundeliegenden „Formen" der beobachteten Phänomene, die immer in teleologischen Begriffen ausgedrückt wurden. Aristoteles hätte Plato nicht zugestimmt, daß die „Form" eines Gegenstands schon in einer anderen, angenommenen Welt vorgegeben war, aber trotzdem bestand das Wesen, sagen wir eines Diskus, der bei den Olympischen Spielen benutzt wurde, in seiner Rundheit, seiner Schwere (der ihm eigenen Tendenz, dem Erdmittelpunkt entgegenzufallen) usw. Diese Methaphysik blieb während des Mittelalters erhalten, einem Zeitalter, das sich (von unserm Standpunkt aus) durch seinen ausgedehnten Symbolismus auszeichnete. Die Dinge waren niemals „nur was sie waren", sondern auch umfassend immer ein nichtmaterielles Prinzip, das als der Wesenskern ihrer Realität angesehen wurde.

Ungeachtet der genau entgegengesetzten Standpunkte, die auch Bacons *Neues Organ der Wissenschaft* und Descartes' *Von der Methode* kennzeichnet, besitzen sie eine Gemeinsamkeit, die sie recht deutlich sowohl von der Welt der Griechen als der des Mittelalters trennt. Die grundlegende Entdekkung der wissenschaftlichen Revolution – eine Entdeckung, die sich in den Werken Newtons und Galileos prägnant ausdrückt – bestand darin, daß es keine echte Kollision zwischen Rationalismus und Empirismus gab. Ersterer sagt, daß die Denkgesetze sich nach den Gesetzen der Materie richten; letzterer sagt, daß man immer die eigenen Gedanken an den Daten überprüfen muß, damit man weiß, welche Gedanken man denken soll. Diese dynamische Beziehung zwischen Rationalismus und Empirismus lag im Zentrum der wissenschaftlichen Revolution und wurde durch das Übertragen eines jeden Ansatzes in ein konkretes Werkzeug ermöglicht. Descartes zeigte, daß die Mathematik die prägnanteste Form der reinen Vernunft war, das verläßlichste Wissen, das vorhanden war. Bacon wies daraufhin, daß man die Natur unmittelbar befragen mußte, indem man sie in eine Lage brachte, in der sie gezwungen war, ihre Antworten preiszugeben. *Natura vexata* nannte er dies, „die erboste Natur": stelle eine Situation her, in der ein Ja oder Nein als Entgegnung gegeben werden muß. Galileos Werk verdeutlicht die Verbindung dieser beiden Hilfsmittel. Z.B.: rolle einen Ball eine schiefe Ebene hinunter und messe Abstand gegen Zeit. Dann wirst Du genau wissen, wie sich fallende Gegenstände verhalten.

Beachten Sie, daß ich sagte, wie sie sich verhalten, nicht warum. Die Vermählung zwischen Vernunft und Empirismus, zwischen Mathematik und Experiment ist ein Ausdruck dieser bedeutsamen Perspektivverschiebung. Solange die Menschen zufrieden waren, nur zu fragen, warum sich gewisse Phänomene ereigneten, war die Frage, wie dies geschah, irrelevant. Diese beiden Fragen schließen einander nicht aus, zumindestens theoretisch nicht; aber historisch gesehen hat sich erwiesen, daß es so ist. Das „Wie" wurde zunehmend wichtig, das „Warum" immer unwichtiger. Im 20. Jahrhundert ist das „Wie" zu unserem „Warum" geworden, wie wir noch sehen werden.

Von diesem Ausgangspunkt gesehen stellen sowohl *Neues Organ der Wissenschaft* als auch *Von der Methode* eine faszinierende Lektüre dar, denn wir erkennen, daß jeder Autor mit einer Erkenntnistheorie rang, die für uns wie zu einem Teil der Luft wurde, die wir heute atmen. Bacon und Descartes sind noch auf andere Weise miteinander verbunden. Bacon ist überzeugt, daß Wissen Macht ist und Wahrheit Nützlichkeitswert besitzt; für Descartes kommt exakter Bestimmtheit der gleiche Wert wie dem Messen zu, und er möchte, daß die Wissenschaft zu einer „universellen Mathematik" wird. Bacons Ziele wurden natürlich mit Descartes' Mittel erreicht: genaues Messen verifiziert oder falsifiziert nicht nur Hypothesen, es ermöglicht auch den Bau von Brücken und Straßen. Hieraus folgt ein weiteres entscheidendes Abweichen des 17. Jahrhunderts von den Griechen: die Überzeugung, daß die Welt vor uns ausgebreitet ist, um in ihr zu handeln und nicht nur um in ihr nachzudenken. Das griechische Denken ist statisch, die moderne Wissenschaft dynamisch. Der moderne Mensch ist der faustische Mensch, eine Bezeichnung, die sogar noch vor Goethe bis zu Christopher Marlowe zurückreicht. Dr. Faustus, der um 1590 in seiner Stube sitzt, ist von den Werken Aristoteles', die vor ihm ausgebreitet liegen, gelangweilt. „Ist das wichtigste Ziel der Logik, geschickt zu argumentieren?" fragt er sich selbst laut. „Bietet diese Kunst keine größeren Wunder?/ Dann lese ich nicht mehr weiter..."(1) Im 16. Jahrhundert entdeckte, oder eher beschloß Europa, daß das Handeln und nicht das Sein entscheidend war.

Was an der Literatur der wissenschaftlichen Revolution auffällt ist, daß ihre Ideologien sich ihrer Rolle selbst sehr bewußt waren. Bacon und Descartes waren sich beide der methodologischen Veränderungen bewußt, die stattfanden und auch der Richtung, in die die Dinge unausweichlich laufen würden. Sie selbst sahen sich als Anführer auf diesem Wege, vielleicht sogar als Zünglein an der Waage. Beide machten deutlich, daß Aristoteles' Zeit vorbei sei. Gerade der Titel von Bacons Werk: *Neues Organ der Wissenschaft*, das neue Instrument, war ein Angriff auf Aristoteles, dessen Theorie im Mittelalter unter dem Titel: *Organon* zusammengestellt worden war. Die aristotelische Logik, insbesondere der Syllogismus war das grundlegende Instrument zur Realitätserfassung gewesen, und es war dieser Umstand, der die Vorwürfe von Bacon und Dr. Faustus ausgelöst hatte. Bacon schreibt, daß diese Logik „der Subtilität der Natur nicht ebenbürtig ist"; „sie verdient Zustimmung, aber sie trifft die Sache nicht." Daher „ist es müßig", ruft er aus, „irgendeinen großen Fortschritt der Wissenschaft durch Hinzufügen oder Aufpfropfen neuer Dinge auf alte zu erwarten. Wir müssen wieder ganz neu bei den Grundlagen anfangen, sonst würden wir uns ewig im Kreise drehen mit mäßigem und verachtenswertem Fortschritt." (2) Um aus diesen Zirkelschlüssen herauszukommen, bedurfte es, was Bacon betraf, einer gewaltigen Perspektivverschiebung, die von der ungeprüften Verwendung von Worten und der Vernunft zu den harten Fakten führen würde, die durch experimentelle Untersuchungen der Natur gesammelt würden. Dennoch unternahm Bacon selbst nie ein einziges Experiment, und sicherlich war die von ihm vorgeschlagene Methode zur Ermittlung der Wahrheit – Datensammlungen anlegen und aus ihnen Verallgemeinerungen ableiten – dürftig definiert. Historiker haben deswegen fälschlicherweise beschlossen, daß die Wissenschaft im „Umfeld" Bacons und nicht durch ihn entstand. (3)

Trotz dieser weitverbreiteten Auffassung von wissenschaftlicher Vorgehensweise wissen die meisten Wissenschaftler, daß echte kreative Forschung oftmals mit wilden Spekulationen und spontanen Einfällen beginnt, die dann den Prüfungen des Messens und des Experiments unterworfen werden. Reiner Baconismus – der Ergebnisse erwartet, die allein aufgrund ihres schieren Gewichts aus der Datensammlung anfallen – funktioniert niemals wirklich in der Praxis. Dennoch ist dieses äußerst empirische Bild von Bacon tatsächlich ein Ergebnis des Angriffs des 19. Jahrhunderts auf das spekulative Vorgehen und die damit einhergehende Überbetonung der datensammelnden Seite von Bacon. Im 17. und 18. Jahrhundert war der Baconismus identisch mit der Gleichsetzung von Wahrheit mit Nützlichkeit, insbesondere der industriellen. Den aristotelisch-scholastischen Kreis zu durchbrechen bedeutete für Bacon, in die Welt der mechanischen Künste einzutreten, ein Schritt, der vor der Mitte des 16. Jahrhunderts buchstäblich unverständlich war. Bacon läßt keinen Zweifel daran, daß er die Technologie als eine Quelle der neuen Erkenntnistheorie ansieht. (4) Er sagt uns, daß die Gelehrsamkeit, das heißt die Scholastik sich seit Jahrhunderten nicht mehr bewegt habe, während die Technologie Fortschritte gemacht habe; dies vermöge uns sicherlich etwas zu lehren.

Die Wissenschaften, schreibt er, treten auf der Stelle und verharren fast im selben Zustand; sie erfahren keinen beobachtbaren Zuwachs ... Während wir bei den mechanischen Künsten, die auf der Natur und dem Licht der Erfahrung gegründet sind, das Gegenteil beobachten, denn diese. .. gedeihen und wachsen beständig, als ob sie einen Lebesodem besitzen. (5)

Die Naturgeschichte, so wie sie augenblicklich verstanden wird, sagt Bacon, ist lediglich eine Datensammlung: Beschreibungen von Pflanzen, Fossilien u.ä. Warum sollten wir solch eine Sammlung schätzen?

Eine Naturgeschichte, die um ihrerselbst Willen geschrieben ist, ist nicht wie eine, die zusammengestellt wurde, um dem Verständnis Informationen für den Aufbau der Philosophie zu liefern. Sie unterscheiden sich auf viele Weisen, vor allem aber hierin: daß die erstere nur die Vielfalt der natürlichen Arten enthält und keine Experimente der mechanischen Künste. Denn wie bei den Dingen des Lebens sind das Wesen eines Menschen und die geheimen Weisen seines Geistes und seiner Neigung besser aufzudecken, wenn er in Schwierigkeiten ist, statt zu anderen Zeiten, ebenso offenbaren sich die Geheimnisse der Natur williger eher unter der Belastung des Geschicks (zum Beispiel der Handwerkskunst und der Technologie), denn wenn sie ihre eigenen Wege gingen. Aus der Naturphilosophie können daher gute Gedanken erwartet werden, wenn die Naturgeschichte, die deren Basis und Grundlage darstellt, nach einem besseren Plan entworfen wird, aber nicht vorher. (6)

Dies ist eine wirklich bemerkenswerte Stelle, weil zum ersten Mal behauptet wird, daß das Wissen über die Natur unter künstlichen Bedingungen zustandekommt. Irritiere die Natur, bringe sie durcheinander, verändere sie, was auch immer – aber lasse sie nicht ungestört. Dann, und nur dann, wirst Du sie erkennen. Die konkrete Verkörperung dessen, daß die Technologie auf die Ebene der Philosophie gehoben worden war, fand sich im Begriff des Experiments wieder, einer künstlichen Situation, in der der Natur Geheimnisse entlockt werden, und zwar nur durch Nötigung.

Es ist jedoch so, daß die Technologie im 17. Jahrhundert etwas Neues war; die Kontrolle der Umwelt durch mechanische Mittel in Form von Windmühlen oder Pflügen ist fast so alt wie *homo sapiens* selbst. Aber die Überhöhung dieser Kontrolle auf eine philosophische Ebene war ein noch nie dagewesener Schritt in der Geschichte des menschlichen Denkens. Trotz der äußerst hochentwickelten chinesischen Technologie zum Beispiel bis zurück ins 15. Jahrhundert nach Christi, war es den Chinesen nie eingefallen (oder auch nicht den westlichen Menschen), den Bergbau oder die Herstellung von Schießpulver mit reinem Wissen gleichzusetzen, schon gar nicht mit dem Schlüssel, solches Wissen zu erlangen. (7) Die Wissenschaft entwickelte sich also nicht in Bacons „Umfeld", und das Fehlen eingenen Experimentierens ist unwichtig. Die Einzelheiten darüber, was ein Experiment ausmachte, wurden später im Laufe des 17. Jahrhunderts ausgearbeitet. Der übergreifende Bezugsrahmen der wissenschaftlichen Versuchsforschung, die technologische Auffassung von der Naturbefragung unter Zwang, ist Bacons wichtigstes Vermächtnis.

Obwohl man manchmal vielleicht zuviel in Bacon hineinliest, gibt es einen verborgenen Hinweis, daß der Verstand des Forschers, wenn er diese neue Vorgehensweise annimmt, ebenfalls unter Druck steht. So wie der Natur nicht erlaubt werden darf, ihren eigenen Weg zu gehen, sagt Bacon im Vorwort zu seinem Werk, so ist es auch notwendig, daß „der Geist selbst von Anfang an nicht seinem eigenen Gang überlassen werden darf, sondern bei jedem Schritt geführt werden muß; und daß die Arbeit wie von einer Maschine erledigt wird." Um die Natur zu erkennen, muß man sie mechanisch behandeln; aber dann muß sich auch der eigene Verstand mechanisch verhalten.

René Déscartes hat sich ebenfalls gegen die Scholastik und den philosophischen Wortschwall gestellt und hatte gespürt, daß einzig und allein die Gewißheit für eine wahrhafte Naturphilosophie taugen würde. Das Werk *Von der Methode*, daß etwa 17 Jahre nach *Neues Organ der Wissenschaft* verfaßt wurde, ist zum Teil eine intellektuelle Autobiographie. Der Autor betont, wie nutzlos die altertümliche Gelehrsamkeit für ihn persönlich sei und bezieht damit den Rest Europas mit ein. Ich genoß die beste Erziehung, die Frankreich zu bieten hat, sagt er (er studierte an einer Jesuitenschule, der Ecole de la Flèche); aber dennoch lernte ich nichts, was ich als gewiß bezeichnen konnte. „Was die Meinungen anbetraf, die ich von meiner Geburt an empfangen hatte, blieb mir nichts besseres zu tun als sie ein für alle Mal zu verwerfen. . ." (8) Wie Bacon ist Descartes Ziel nicht „aufzupfropfen" oder „hinzuzufügen", sondern ganz neu anzufangen. Aber wie völlig verschieden ist Descartes' Ausgangspunkt! Es ist zwecklos, am Anfang Daten zu sammeln oder die Natur zu untersuchen, sagt Descartes; dafür wird es noch genügend Zeit geben, nachdem wir gelernt haben, richtig zu denken. Ohne eine Methode des klaren Denkens, die wir mechanisch und peinlich genau auf jedes Phänomen anwenden können, das wir untersuchen wollen, wird unsere Naturerforschung notwendigerweise fehlerhaft sein. Laßt uns deshalb die äußere Welt ausblenden und das Wesen des richtigen Denkens selbst herausfinden.

Zu aller Anfang, sagt Descartes, war es nötig, das, was ich bisher zu wissen glaubte in Zweifel zu ziehen. Dieser Vorgang wurde nicht um seiner selbst Willen unternommen oder um irgendeinem abstrakten Grundsatz des Rebellierens zu frönen, sondern ging von der Einsicht aus, daß sich alle damaligen Wissenschaften sich auf schwankendem Boden befanden. „Alle grundlegenden Prinzipien der Wissenschaft waren der Philosophie entnommen," schreibt er, „die selber keine Gewißheit besaß." Da aber mein Ziel die absolute Gewißheit war, „beschloß ich, alle Ansichten, die lediglich plausibel schienen, schon als beinahe falsch anzusehen",. Also war der Ausgangspunkt der wissenschaftlichen Methode für Descartes ein gesunder Skeptizismus. Gewiß sollte der Verstand in der Lage sein, die Welt zu erkennen, aber zunächst muß er sich selbst von der Leichtgläubigkeit und dem mittelalterlichen Unsinn befreien, mit denen er übermäßig angefüllt war. „Meine ganze Absicht", führte er aus, „war es, größere Gewißheit zu erlangen, und die lose Erde und den Sand zugunsten von Fels und Lehm abzulehnen."

Der Grundsatz des methodischen Zweifels brachte Descartes jedoch zu sehr niederdrückenden Schlußfolgerungen: es gab überhaupt nichts, dessen man gewiß sein konnte. So weit ich weiß, schreibt er in seinem Werk: *Meditationen über die erste Philosophie* (1641), daß es einen vollständigen Bruch zwischen Vernunft und Wirklichkeit geben könne. Selbst wenn ich annehme, daß Gott gut ist und mich nicht täuscht, wenn ich versuche, Vernunft und Wirklichkeit gleichzusetzen, wie kann ich sicher sein, daß nicht ein heimtükkischer Dämon herumläuft, der mich verwirrt? Woher weiß ich, daß zwei plus zwei nicht fünf sind und daß mich dieser Dämon nicht jedesmal, wenn ich diese Addition durchführe, zu dem Glauben verleitet, daß die Zahlen vier ergeben? Aber selbst, wenn dem so wäre, schließt Descartes, gibt es nur einen einzigen Tatbestand, dessen ich gewiß bin: daß ich existiere. Denn selbst falls ich getäuscht werde, gibt es augenscheinlich ein „Ich", das getäuscht wird. Und deshalb die fundamentale Gewißheit, die allem zugrunde liegt: ich denke, also bin ich. Für Descartes war das Denken identisch mit dem Sein.

Dieses Postulat ist natürlich nur ein Anfang. Ich will mehr Gewißheit haben als nur die meiner eigenen Existenz. Mit dem übrigen Wissen konfrontiert, empfand es Descartes jedoch als notwendig, die Existenz einer gütigen Gottheit nachzuweisen (was ihm auf nur wenig überzeugende Weise gelingt). Das Vorhandensein eines solchen Gottes verschafft den Lehrsätzen der Mathematik, die sich als einzige der Wissenschaft auf die reine geistige Tätigkeit verläßt, unmittelbar Gültigkeit. Es kann keine Täuschung geben, wenn ich die Winkel eines Dreiecks summiere; die Güte Gottes gewährleistet, daß meine rein intellektuellen Operationen korrekt, oder wie Descartes sagt, klar und eindeutig sein werden. Wenn wir hiervon ausgehen, sehen wir, daß das Wissen über die äußere Welt dann überzeugend sein wird, wenn seine Annahmen klar und eindeutig sind, das heißt wenn es die Geometrie als sein Vorbild nimmt. (Descartes definierte niemals die Begriffe „klar" und „eindeutig" wirklich befriedigend.) Die Wissenschaft, sagte Descartes, muß zu einer „universiellen Mathematik" werden; Zahlen sind der einzige Beweis für sicheres Wissen.

Die Kluft zwischen Descartes und Bacon scheint unüberwindbar. Während letzterer die Grundlagen des Wissens in Beobachtung, Experiment und in der Bewegungslehre sieht, nimmt Descartes in solchen Bereichen nur Verwirrung wahr und findet Klarheit ausschließlich in den Funktionen des Geistes. (9) Daher gründet die Methode, die er zur Erlangung von Erkenntnissen vorstellt, wie er sagt, auf der Geometrie. Der erste Schritt dabei ist die Formulierung des Problems, das in seiner Komplexilität unklar und verwirrend ist. Der zweite Schritt besteht darin, das Problem in seine einfachsten Einheiten, seine Bestandteile zu zerlegen. Da man direkt und unmittelbar erkennen kann, was klar und eindeutig an diesen einfachsten Einheiten ist, kann man schließlich das ganze Gebilde wieder auf logische Weise zusammenfügen. Jetzt ist das Problem, so komplex es auch sein mag, nicht mehr unbekannt (unklar und verwirrend), weil wir es selbst zunächst auseinandergenommen und dann wieder zusammengesetzt haben. Descartes war von dieser Entdeckung so beeindruckt, daß er sie als den Schlüssel, sogar den einzigen Schlüssel zur Erkenntnis der Welt ansah. „Jene langen Gedankenketten", schreibt er, „so einfach und leicht, die es den Geometrikern ermöglichen, die schwierigsten Beweisführungen zu erreichen, ließen mich überlegen, ob nicht alle Dinge, die die Menschen erkennen können, in eine ähnlich logische Folge fallen könnten." (10)

Obgleich Bacons Gleichsetzung von Wissen und industrieller Nützlichkeit und sein Ringen mit dem Konzept des auf Technologie gründenden Experiments sicherlich einem Großteil unseres gegenwärtigen wissenschaftlichen Denkens zugrundeliegt, übten doch die Implikationen aus dem Déscartesschen Werk einen überwältigenden Einfluß auf die nachfolgende Geschichte des westlichen Bewußtseins aus und dienten (trotz der Unterschiede zu Bacon) dazu, das technische Paradigma zu bestätigen – ja halfen sogar, es in Gang zu setzen. Die Tätigkeit des Menschen im Zustand eines denkenden Wesens – und das ist gemäß Descartes sein Kern – ist rein mechanisch. Der Verstand besitzt eine bestimmte Methode. Er begegnet der Welt als einem von ihm getrennten Objekt. Er wendet diese Methode bei dem Objekt an, wieder und wieder und wieder, und schließlich wird er alles wissen, was es zu wissen gibt. Überdies ist auch die Methode mechanisch. Das Problem wird in seine Bestandteile zerlegt, und der einfache Akt des Erkennens (die unmittelbare Wahrnehmung) hat für die Kenntnis des gesamten Problems die gleiche Beziehung wie, sagen wir ein Zentimeter zu einem Meter: man mißt (nimmt wahr) einige Male und faßt dann die Ergebnisse zusammen. Unterteilen, messen, zusammensetzen; unterteilen, messen, zusammensetzen.

Diese Methode kann passend als „atomistisch" in dem Sinne bezeichnet werden, daß Wissen darin besteht, ein Ding in seine kleinsten Bestandteile zu zerlegen. Das Wesen des Atomismus, ob materiell oder philosophisch liegt darin, daß ein Ding aus der Summe seiner Teile besteht, nicht mehr und nicht weniger. Und Descartes' Vermächtnis war sicherlich die mechanistische Philosophie, die sich unmittelbar aus dieser Methode ergab. In den *Prinzipien der Philosophie* (1644) zeigte er, daß das logische Verknüpfen von klaren und eindeutigen Ideen zu der Vorstellung führte, daß das Universum eine riesige Maschine sei, von Gott in Gang gesetzt, um ewig zu laufen und die aus zwei grundlegenden Dingen bestand: Materie und Bewegung. Der Geist, in der Gestalt Gottes, schwebt außerhalb dieses Universums, das wie eine Billardkugel ist und spielt keine direkte Rolle in ihm. Alle nichtmateriellen Phänomene haben letztendlich eine materielle Basis. Die Wirkung von Magneten, die einander über große Entfernungen hinweg anziehen, mag nicht materiell erscheinen, sagte Descartes, aber die Anwendung der Methode kann und wird schließlich eine besondere Grundlage ihres Verhaltens aufdecken. Damit stattet genau genommen Descartes Bacons technologisches Paradigma mit starker philosophischer Überzeugungskraft aus. Die mechanistische Philosophie, der Gebrauch der Mathematik und die strenge Anwendung seiner 4 - Stufen - Methode ermöglichen es, die Manipulation der Umwelt mit einer Art logischer Regelmäßigkeit durchzuführen.

Die Gleichsetzung der menschlichen Existenz mit rein vernunftmäßigen Schlußfogerungen, die Vorstellung, daß der Mensch alles, was erkennbar ist, mittels seiner Vernunft erkennen kann, schloß für Descartes die Annahme ein, daß Geist und Körper, Subjekt und Objekt radikal unvereinbare Gebilde sind. Das Denken, so scheint es, trennt mich von der Welt, der ich gegenüberstehe. Ich nehme meinen Körper und seine Funktionen wahr, aber „ich" bin nicht mein Körper. Ich kann über das (mechanische) Verhalten meines Körpers lernen, indem ich die Descartessche Methode anwende – und Descartes tut dies in seiner Abhandlung: *Über den Menschen* (1662) – aber er bleibt immer das Objekt meiner Wahrnehmungen. So schildert Descartes die Funktionsweise des Körpers analog einem Springbrunnen, wobei das mechanische, reflexhafte Handeln das Modell für das meiste, wenn nicht sogar für alles menschliche Verhalten bildet. Der Verstand, *res cogitans* („die denkende Substanz"), ist eine völlig anders geartete Kategorie als die des Körpers, *res extensa* („die ausgedehnte Substanz"), aber sie befinden sich in einer mechanischen Interaktion, die wir wie in der folgenden Figur 3 dargestellen können. Wenn die Hand eine Flamme berührt, greifen die Feuerpartikel den Finger an und zerren an einer Faser im röhrenförmigen Nerv, der die „Lebensgeister" im Gehirn freisetzt (verstanden als mechanische Korpuskeln). Diese wandern dann die Röhre hinunter und lassen die Muskeln in der Hand zucken. (11)

Es gibt, so scheint mir, eine unheimliche Ähnlichkeit zwischen dieser Darstellung und dem „System des falschen Selbst" von Laing, das in der Einleitung (vgl. Figur 2) abgebildet ist. Schizophrene sehen ihre Körper typischerweise als etwas „anderes", „nicht-Ich" an. Auch in Descartes Darstel-

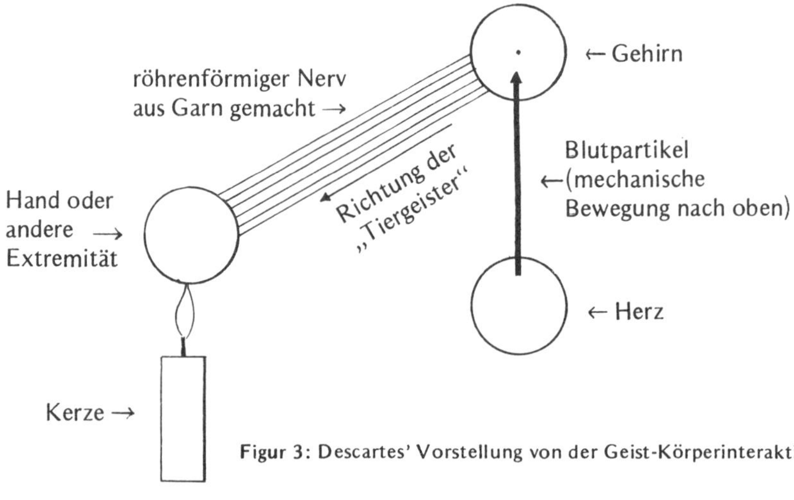

Figur 3: Descartes' Vorstellung von der Geist-Körperinteraktion

lung ist das Gehirn (das innere Selbst) der distanzierte Beobachter der Körperteile; die Interaktion ist mechanisch, so als sähe man sich selbst als Roboter – eine Vorstellung, die sich leicht auf den Rest der Welt übertragen läßt. Für Descartes galt diese Geist - Körpertrennung für *alle* Wahrnehmung und alles Verhalten, derartig, daß man sich während des Denkens selber als separate Einheit „hier drinnen" wahrnahm, die den Dingen „da draußen" gegenüber steht. Diese schizoide Dualität liegt dem kartesianischen Paradigma im Innersten zugrunde.

Daß Descartes den Schwerpunkt auf klare und eindeutige Gedanken legte und auf Geometrie gründete, diente auch dazu, das aristotelische Prinzip der Widerspruchsfreiheit zu bekräftigen, wenn nicht gar zu kanonisieren. Nach diesem Grundsatz kann etwas nicht gleichzeitig sein und nicht sein. Wenn ich den Buchstaben „A" auf meiner Schreibmaschine anschlage, bekomme ich ein großes „A" auf dem Papier (angenommen, die Maschine funktioniert richtig), *nicht* ein großes „B". Die Tasse Kaffee rechts von mir könnte auf eine Waage gestellt werden und hätte ein Gewicht von, sagen wir 150 g, und diese Tatsache bedeutet, daß das Objekt *nicht* 10 Pfd. oder 2 g wiegt. Da das Déscartessche Paradigma keine innere Widersprüchlichkeit der Logik anerkennt, und da die Logik (oder die Geometrie) nach Descartes die Art und Weise ist, in der sich die Natur verhält und uns bekannt ist, erlaubt das Paradigma keine inneren Widersprüche in der Natur.

Die Probleme, die sich aus der Descarteschen Sichtweise ergeben, sind vielleicht offensichtlich, aber zunächst wird es ausreichen, anzumerken, daß das wirkliche Leben sich dialektisch bewegt, nicht kritisch. (12) Wir lieben und hassen dieselbe Sache gleichzeitig, wir fürchten, was wir am dringendsten brauchen, wir erkennen Zwiespältigkeit eher als Norm, denn als Abweichung an. Descartes' Ergebenheit an die kritische Vernunft führten ihn dazu, Träume, die tiefsinnige, dialektische Äußerungen sind, mit dem Modell des unzulänglichen Wissens zu identifizieren. Träume, sagt er uns in: Meditationen über die erste Philosophie sind nicht klar und eindeutig, sondern ausweglos undeutlich und verwirrt. Sie sind erfüllt von ständigen inneren Widersprüchen und besitzen (vom Standpunkt des kritischen Verstandes aus gesehen) weder inneren noch äußeren Zusammenhang. Z. B. könnte ich träumen, daß eine gewisse mir bekannte Person mein Vater ist, oder gar, daß ich selbst mein Vater bin, und daß ich mich mit ihm auseinandersetze. Aber dieser Traum ist (vom kartesianischen Standpunkt aus) innerlich nicht folgerichtig, weil ich einfach nicht mein Vater bin, noch kann er gleichzeitig er selbst und jemand anderes sein; und es ist äußerlich unlogisch, weil ich nach dem Erwachen, ganz gleich, wie real es auch einen Moment lang erscheint, doch bald merke, daß mein Vater 3000 Meilen weit weg ist und daß die angenommene Auseinandersetzung niemals stattfand. Für Descartes sind Träume in ihrer Natur nicht materiell, können nicht gemessen werden und sind nicht klar und eindeutig. Setzt man Descartes' Kriterien voraus, enthalten sie somit keine verläßliche Information.

Zusammengefaßt können Rationalismus und Empirismus, die Zwillingspole des Wissens, die so stark von Descartes und Bacon repräsentiert werden, als einander eher komplementär denn als unwiderruflich gegensätzlich gesehen werden. Descartes war zum Beispiel fast nie gegen das Experimentieren, wenn es dazu diente, zwischen rivalisierenden Hypothesen zu entscheiden – eine Rolle, die ihm bis heute geblieben ist. Und ich habe gezeigt, daß sein atomistischer Ansatz und seine Betonung der materiellen Realität und ihrer Messung sich für die Art von Wissen und ökonomischer Macht eigneten, die Bacon für England und Westeuropa für möglich hielt. Doch fehlte dieser Synthese aus Vernunft und Empirismus eine konkrete Form, eine klare Veranschaulichung, wie die neue Methodenlehre in der Praxis funktionieren könnte; die wissenschaftlichen Arbeiten von Galileo und Newton lieferten genau eine solche Demonstration. Diesen Männern ging es nicht nur um die Frage der methodologischen Erklärung (obwohl jeder von ihnen sicherlich seinen eigenen Beitrag dazu leistete), sondern sie versuchten zu verdeutlichen, wie die neue Methodenlehre die einfachsten Ereignisse eigentlich analysieren konnte: den zu Boden fallenden Stein, den durch ein Prisma fallenden Lichtstrahl. Durch diese spezifischen Beispiele wurden die Träume von Bacon und Descartes in die praktische Wirklichkeit übertragen.

Galileo hatte bereits durch seine gewissenhaften Studien der Bewegung, die er in den zwanzig Jahren nach der Veröffentlichung von *Neues Organ der Wissenschaft* unternommen hatte, deutlich gemacht, was Bacon nur als künstliches Konstrukt in seinen Verallgemeinerungen über die experimentelle Methode impliziert hatte. (13) Reibungsfreie Ebenen, Aufhebung der Masse, der freie Fall ohne Luftwiderstand – all diese „Idealtypen", die die grundlegenden Problemmuster der Anfängerphysik bilden, sind das Vermächtnis dieses italienischen Genies, Galileo Galilei. Den meisten von uns ist Galileo wegen eines Experiments in Erinnerung, das er nie ausführte – Gewichte vom Schiefen Turm von Pisa fallenzulassen – aber in Wirklichkeit führte er ein weitaus genialeres Experiment zu Körpern im Fall durch – ein Experiment, das beispielhaft für viele der Hauptthemen in der modernen wissenschaftlichen Forschung ist. Die Annahme, daß große oder dichte Körper schneller zur Erde fallen als leichtere, folgt als direkte Konsequenz aus der teleologischen Physik Aristoteles' und war während des Mittelalters weit verbreitet. Wenn Dinge zur Erde fallen, weil sie ihren „natürlichen" Ort suchen, den Erdmittelpunkt, können wir einsehen, warum sie sich während der Annäherung beschleunigen. Sie sind angeregt, sie kommen heim, und wie wir alle beeilen sie sich beim Nahen der letzten Reiseetappe. Schwere Gegenstände fallen eine gegebene Strecke in kürzerer Zeit als leichte, weil sie mehr Masse haben, die sich erregt, und folglich erreichen sie eine höhere Geschwindigkeit und treffen zuerst auf dem Boden auf. Galileos Annahme, daß ein sehr großer und ein sehr kleiner Körper den Fall im gleichen Zeitintervall vollführen würden, war auf eine Annahme begründet, die weder bewiesen, noch widerlegt werden konnte: daß fallende Körper unbelebt sind und daher weder Ziele noch Zwecke besitzen. In Galileos System gibt es nirgends einen „natürlichen Ort" im Universum. Es gibt nur Masse und Bewegung, und wir können sie lediglich beobachten und messen. Die angemessene Frage für die Untersuchung der Natur ist mit anderen Worten nicht, warum Körper fallen – es gibt kein *warum* – sondern *wie*, in diesem Falle, welche Entfernung in welcher Zeit.

Obwohl Galileos Annahmen uns genügend einleuchtend erscheinen mögen, müssen wir uns doch erinnern, wie grundlegend sie nicht nur Annahmen des gesunden Menschenverstandes des 16. Jahrhunderts, sondern den Beobachtungen des gesunden Menschenverstandes generell widersprachen. Wenn ich mich umschaue und sehe, daß ich fest mit dem Boden verbunden bin und daß Körper, die mitten in der Luft losgelassen werden, zu Boden fallen, ist es dann nicht völlig einleuchtend, das „nach unten" als ihre natürliche, das heißt ihnen eigene Bewegung anzusehen? Der Schweizer Psychologe Jean Piaget entdeckte in seinen Studien der kindlichen Wahrnehmung, daß spätestens bis zum Alter von 7 Jahren Kinder Aristoteliker sind. Als Piagets Versuchspersonen gefragt wurden, warum Körper zu Boden fallen, antworteten sie, „weil sie dort hingehören" (oder eine Variation des Gedankens). Vielleicht sind die meisten Erwachsenen ebenfalls gefühlsmäßige Aristoteliker. Aristoteles' Behauptung, daß es zum Beispiel keine Bewegung ohne einen Antrieb gibt, erscheint instinktiv richtig; und die meisten Erwachsenen werden das bestätigen, wenn man sie fragt, sich spontan zu diesem Gedanken zu äussern. Galileo widerlegt diese Vorstellung, indem er einen Ball zwei schräge Ebenen herunterrollte, die wie in Figur 4 aneinandermontiert waren.

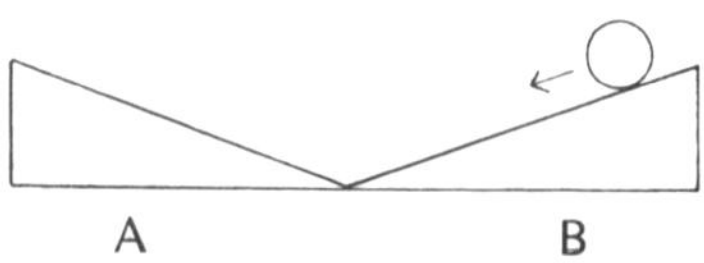

Figur 4: Galileos Experiment zur Verdeutlichung, daß Bewegung keinen Anstoß voraussetzt

Der Ball rollt B hinunter und A hinauf, aber nicht ganz bis zu der Höhe, auf der er begann. Dann rollt er A wieder herunter und B hinauf und verliert wieder an Höhe; hin und her, hin und her, bis der Ball schließlich im Tal zur Ruhe kommt. Wenn wir die Ebenen polieren, immer glatter, bleibt der Ball für eine immer längere Zeit in Bewegung. Im Grenzfall, wenn die Reibung gleich Null ist, würde die Bewegung für immer weitergehen: also Bewegung ohne Antrieb. Aber es gibt ein Problem in Galileos Behauptung: *Es gibt keinen Grenzfall.* Es *gibt* keine Ebene ohne Reibungswiderstände. Das Trägheitsgesetz mag aussagen, daß ein Körper in Bewegung oder in der Höhenlage bleibt, wenn keine äußere Kraft auf ihn einwirkt, aber in Wirklichkeit gibt es im Falle der Bewegung *immer* eine äußere Kraft, und sei es auch nur die Reibung zwischen dem Objekt und der Oberfläche, über die es sich bewegt. (15)

Den Versuch, den Galileo entwarf, um Entfernung im Verhältnis zur Zeit zu messen, war ein Meisterstück wissenschaftlicher Abstraktion. Galileo erkannte, daß es völlig nutzlos war, Gewichte vom Schiefen Turm fallen zu las-

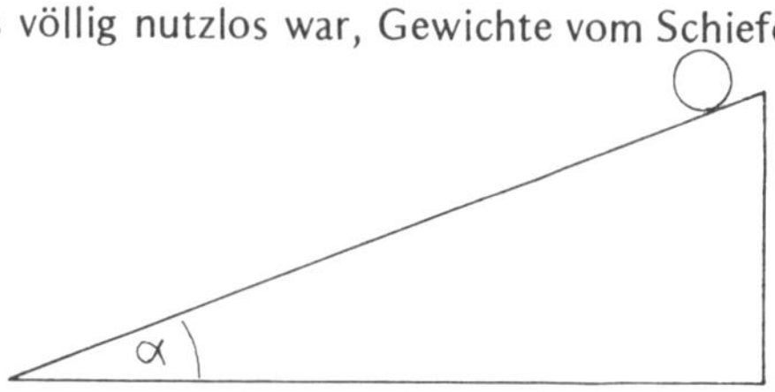

Figur 5: Galileos Versuch zur Herleitung des Gesetzes des freien Falls

sen. Simon Steven, der holländische Physiker, hatte 1586 ein Experiment zum freien Fall durchgeführt, nur um zu erfahren, daß die Geschwindigkeit zum Messen zu hoch war. Deshalb werde ich die Schwerkraft dadurch „verdünnen", sagte Galileo, daß ich einen Ball eine schiefe Ebene herunterrolle, die so glatt wie möglich gemacht ist, um Reibung zu vermindern. Wenn wir die Neigung durch Vergrößern des Winkels steiler machen würden, so wie in Figur 5, würden wir die Situation des freien Falls, die wir zu erkunden suchen, im Grenzfall, wo $\alpha = 90^{\circ}$ ist erreichen. Laßt uns deshalb einen kleineren Winkel, zum Beispiel $\alpha = 10^{\circ}$ nehmen, der als Annäherung dienen möge. Zuerst benutzte Galileo seinen Puls als Zeitmesser und später einen Eimer Wasser mit einem Loch, durch das das Wasser in regelmäßigen Intervallen heraustropfen konnte. Indem er eine Anzahl von Versuchen durchführte, erhielt er schließlich ein Zahlenverhältnis, das zeigt, daß die Entfernung dem Quadrat der Zeit proportional ist. Mit anderen Worten, wenn ein Objekt – jedes Objekt, leicht oder schwer – eine Entfernungseinheit in einer Sekunde fällt, dann fällt es in zwei Sekunden viermal so weit, neunmal so weit in drei Sekunden, usw. In der modernen Bezeichnung: $s = kt^2$, wobei s die Entfernung, t die Zeit und k eine Konstante ist.

Beide Versuche mit der schiefen Ebene verdeutlichen die höchst geniale Verbindung von Rationalismus und Empirie, die Galileos Gütezeichen war. Ziehe die Zahlen zu Rate, aber erlaube ihnen nicht, Dich zu verwirren. Trenne Dich von der Natur ab, damit Du sie, worauf Descartes später insistieren würde, in ihre einfachsten Teile zerlegen und ihr Wesen ableiten kannst – Materie, Bewegung, Maß. Allgemein gesprochen war Galileos Beitrag zur menschlichen Geschichte nicht so gänzlich neu, wie wir in Kapitel 3 noch sehen werden; aber er repräsentiert die letzte Stufe in der Entwicklung des nicht-partizipierenden Bewußtseins, jenem Geisteszustand, in dem man Phänomene gerade dadurch erkennt, daß man sich von ihnen distanziert. Die Auffassung, daß die Natur lebendig ist, ist augenfällig ein Stolperstein für diese Art des Verstehens. Denn wenn wir materielle Gegenstände als Erweiterung von uns selbst (lebendig, mit Sinnhaftigkeit ausgestattet) betrachten, und wir uns erlauben, uns von den sinnlichen Einzelheiten der Natur ablenken zu lassen, sind wir machtlos, die Natur zu beherrschen und können sie daher, von Galileos Standpunkt aus, niemals wirklich erkennen. Die moderne Wissenschaft schreibt uns vor, uns außerhalb der Natur zu stellen, sie zu verdinglichen, sie auf meßbare kartesianische Einheiten zu reduzieren; nur dann besitzen wir ein eindeutiges Wissen über sie. Als Ergebnis – und Galileo war nicht umsonst an der Ballistik und der Wissenschaft über die Materialeigenschaften interessiert – werden wir angeblich in der Lage sein, sie zu unserem Nutzen zu beeinflussen.

Die Gleichsetzung der Wahrheit mit der Nützlichkeit war eindeutig mit dem Galileischen Programm des nichtteilnehmenden Bewußtseins und des Wechsels vom „Warum" zum „Wie" verbunden. Anders als Bacon machte Galileo diese Gleichsetzung nicht deutlich klar, aber sobald natürliche Prozesse ihrer immanenten Zwecke beraubt sind, bleibt in den Dingen wirklich nichts übrig als ihr Wert für etwas oder für jemanden anderes. Max Weber nannte diese Geisteshaltung *zweckrational*, das heißt instrumentell rational.

In das wissenschaftliche Programm eingebettet ist das Konzept der Manipulation als wichtigster Prüfstein für die Wahrheit. Etwas zu erkennen, heißt es zu beherrschen, eine Erkenntnisweise, die Oskar Kokoschka zu der Beobachtung führte, daß spätestens im 20. Jahrhundert die Vernunft auf bloße Funktion reduziert worden war. (16) Diese Gleichsetzung macht in der Tat alle Dinge bedeutungslos, außer wenn es um die Frage geht, wie profitabel oder nützlich sie sind, und dies steht im Zentrum der „Ware – Wert-Unterscheidung", die in der Anleitung kurz angerissen wurde. Die mittelalterliche thomistische (christlich-aristotelische) Synthese, die das Gute mit dem Wahren für identisch hielten, war in den ersten Jahrzehnten des 17. Jahrhunderts unwiederbringlich zerstört.

Natürlich sah Galileo seine Methode nicht lediglich als nützlich oder als heuristischen Wert an, sondern als einzig wahr, und dieser erkenntnistheoretische Standpunkt war es, der Aufruhr in der Kirche stiftete. Für Galileo war die Wissenschaft kein Werkzeug, sondern der einzige Weg zur Wahrheit. Er versuchte, ihre Behauptungen von denen der Religion getrennt zu halten, aber scheiterte: Die historische Bindung der Kirche an die Lehren Aristoteles erwies sich als zu stark. In diesem Konflikt hatte Galileo als guter Katholik verständlicherweise Angst, daß sich die Kirche selbst auf Grund ihres Beharrens auf ihrer Unfehlbarkeit unausweichlich einen ersten Schlag versetzen würde. Tatsächlich spiegelt Galileos Leben die Geschichte eines langandauernden Kampfes und des Versagens, die Kirche für die Sache der Wissenschaft zu gewinnen; und Berthold Brecht stellt dieses Thema der Unwiderstehbarkeit der wissenschaftlichen Methode ins Zentrum seiner Geschichte in seinem Schauspiel *Galileo*. Er läßt Galileo mit einem Kieselstein durch das Drama wandern, den er von Zeit zu Zeit fallen läßt, um die Macht der sinnlichen Beweiskraft zu verdeutlichen. „Würde irgendjemand einen Stein fallen lassen", fragt er seinen Freund Sagredo, „und den Menschen sagen, daß er nicht fällt, glaubst Du, sie würden dazu schweigen? Die Zeugnisse Deiner eigenen Augen sind eine sehr verführerische Sache. Früher oder später muß sich ihnen jeder beugen." Und Sagredos Antwort? „Galileo, ich bin hilflos, wenn Du sprichst." (17) Die Logik der Wissenschaft besaß auch eine historische Folgerichtigkeit. Mit der Zeit zerbröckelten alle alternativen Methodologien – der Animismus, die Lehre Aristoteles oder die päpstliche Argumentation als Machtspruch – vor der Versuchung der freien rationalen Untersuchung.

Das Leben von Newton und Galileo erstreckt sich über das gesamte 17. Jahrhundert, erster wurde im selben Jahr, 1642, geboren, in dem der andere starb, und sie umschließen gemeinsam eine Revolution des menschlichen Bewußtseins. Zur Zeit von Newtons Tod im Jahre 1727 besaß der gebildete Europäer eine Vorstellung vom Kosmos und vom „richtigen Denken", die sich völlig von der seines Vorgängers von vor 100 Jahren unterschied. Für ihn drehte sich nun die Erde um die Sonne, nicht umgekehrt (18) und er glaubte, daß alle Erscheinungen aus Atomen oder Korpuskeln bestanden, die in Bewegung und der mathematischen Beschreibung zugängig sind; und er sah das Sonnensystem als eine weiträumige Maschine an, die von den Gravitationskräften zusammengehalten wurde. Er hatte eine präzise Vorstellung (oder gab zumindest ein Lippenbekenntnis dazu ab) vom wissenschaftlichen Experiment und davon, was einen annehmbaren Beweis und eine korrekte Erklärung ausmachte. Er lebte in einer vorhersagbaren, begreifbaren, jedoch (seiner eigenen Überzeugung nach) sehr aufregenden Art von Welt. Denn bezüglich der materiellen Beherrschbarkeit begann die Welt einen unbegrenzten Horizont und unendliche Möglichkeiten zu zeigen.

Mehr als jeder andere wird Sir Isaac Newton mit der wissenschaftlichen Weltsicht des modernen Europas in Verbindung gebracht. Wie Galileo verband Newton Rationalismus und Empirismus zu einer neuen Methode; aber anders als Galileo wurde er in Europa eher als Held bejubelt; und er mußte nicht seine Lehren widerrufen und sein Erwachsenenleben unter Hausarrest verbringen. Am entscheidendsten war, daß die methodologische Kombination von Vernunft und Empirismus durch Newton zu einer geschlossenen Naturphilosophie wurde, die er in ihrer Gesamtheit (anders als Galileo) erfolgreich dem westlichen Bewußtsein aufprägte. Was das 18. Jahrhundert zu dem Jahrhundert Newtons machte, war die Lösung des Problems der planetarischen Bewegung, ein Problem, von dem allgemein angenommen wurde, daß es nicht einmal die Griechen zu lösen in der Lage waren (wobei zu vermerken gilt, daß die Griechen eine positivere Einschätzung ihrer eigenen Leistung besassen). Bacon hatte die altertümliche Weisheit verhöhnt, aber er sprach nicht für die Mehrheit der Europäer. Das starke Wiederaufleben der klassischen Bildung im 16. Jahrhundert spiegelte zum Beispiel die Überzeugung wider, daß trotz der enormen Schwierigkeiten mit dem griechischen Modell des Kosmos doch diese Epoche das wirklich goldene Zeitalter der Menschheit war und bleiben würde. Newtons genaue mathematische Beschreibung eines heliozentrischen Sonnensystems änderte all das; er faßte das Universum nicht nur in vier allgemeinen algebraischen Formeln zusammen, sondern er erklärte auch bislang unerklärliche Phänomene, machte korrekte Vorhersagen, legte die Beziehung zwischen Theorie und Experiment klar und klärte sogar in dem ganzen System die Rolle Gottes. Vor allem war Newtons System atomistisch: Erde und Sonne, die selbst aus Atomen bestanden, verhalten sich genauso wie zwei beliebige Atome und umgekehrt. Daher betrachtete man die kleinsten und größten Objekte im Universum als Einheiten, die denselben Gesetzen gehorchten. Die Beziehung des Mondes zur Erde war diesselbe, wie die eines fallenden Apfels. Das Geheimnis von nahezu zwei Jahrtausenden war zu Ende: Man konnte sicher sein, daß der Himmel, der uns in einer sternklaren Nacht gegenübertritt, nicht mehr Geheimnisse besaß, als einige Sandkörner, die durch unsere Finger rinnen.

Newton nannte sein Hauptwerk, das allgemein *Principia* genannt wurde, bewußt *Mathematische Prinzipien der Naturlehre* (1686) (19), wobei die beiden Adjektive dazu dienten, seine Ablehnung Descartes zu betonen, dessen Prinzipien der Philosophie er als eine Sammlung unbewiesener Behauptungen ansah. Schritt für Schritt untersuchte er Descartes' Annahmen über die natürliche Welt und demonstrierte ihre Unrichtigkeit. Zum Beispiel stellte sich Descartes vor, daß sich die Materie des Universums in Strudeln oder Wirbeln dreht. Newton war in der Lage zu zeigen, daß die Theorie dem Werk von Kepler widersprach, das recht verläßlich erschien; und daß, wenn man mit Wirbelmodellen experimentierte, indem man mit Flüssigkeiten (Wasser, Öl,

Pech) routierte, sich der Inhalt schließlich verlangsamte und zum Stillstand kam, was darauf hinwies, daß gemäß der Descarteschen Behauptung das Universum schon vor langer Zeit zum Stillstand gekommen war. Trotz seiner Angriffe auf Descartes Ansichten, hat die jüngste Forschung deutlich gemacht, daß Newton bis zur Veröffentlichung seines Werkes: *Principia* ein Anhänger Descartes war; und wenn man das Werk liest, wird man von einer furchteinflößenden Tatsache getroffen: Newton machte die kartesianische Weltsicht glaubwürdig, indem er alle ihre Einzelheiten falsifizierte. Mit anderen Worten, obgleich Descartes Fakten falsch und seine Theorie unhaltbar waren, wurde doch die zentrale Descartesche Ansicht – daß die Welt eine riesige Maschine aus Materie und Bewegung ist, die den mathematischen Gesetzen gehorcht – durch Newtons Arbeit gründlich bestätigt. Trotz aller Newtonschen Brillanz war doch der wirkliche Held (einige würden Gespenst sagen) der wissenschaftlichen Revolution René Déscartes.

Aber Newton erhielt seinen Triumpf nicht so leicht. Sein schon genanntes Weltbild hing vom Gesetz der universellen Gravitation oder Schwerkraft ab, und selbst nachdem dafür eine exakt mathematische Formel gefunden worden war, wußte niemand genau, was diese Anziehung war. Déscartessche Denker wiesen darauf hin, daß ihr Mentor sich weise auf die Bewegung durch Impuls beschränkt hatte und schlossen aus, was Wissenschaftler später „von außen einwirkende Kräfte" nennen würden. Sie behaupteten, daß Newton die Schwerkraft nicht *erklärt*, sondern nur ihre Wirkungen formuliert habe, und daher ist sie in seinem System wirklich eine übersinnliche Eigenschaft. Wo ist diese „Schwerkraft", die er so hochspielt? Man kann sie weder sehen noch hören, fühlen oder riechen. Kurzum: sie ist genauso eine Fiktion wie die Wirbel des Descartes.

Privat quälte sich Newton wegen dieses Urteils. Er fühlte, daß seine Kritiker recht hatten. Schon früh, 1692 oder 1693 schrieb er seinem Freund, dem Pfarrer Richard Bentley das folgende Eingeständnis:

> Daß die Schwerkraft der Materie natürlich, ihr eigen und wesenhaft sein sollte, so daß ein Körper auf den anderen aus einer Entfernung durch ein *Vakuum* hindurch einwirken kann, ohne Vermittlung von irgendetwas anderem, wodurch ihre Aktion und Kraft von dem einen auf den anderen übertragen wird, stellt für mich eine derart große Absurdität dar, daß ich glaube, daß kein Mensch, der in philosophischen Angelegenheiten eine Denkfähigkeit besitzt, ihr jemals anheim fallen könnte. (20)

Öffentlich nahm Newton jedoch eine Haltung ein, die ein für allemal die philosophische Beziehung zwischen Erscheinen und Wirklichkeit, Hypothese und Experiment festlegte. In einem Kapitel der *Principia* mit der Überschrift „Gott und die Naturphilosophie" schrieb er:

> Bisher haben wir die Erscheinungen unseres Himmels und unseres Meeres durch die Kraft der Gravitation erklärt, haben dieser Kraft jedoch noch keine Ursache zugewiesen. Es ist sicher, daß sie aus einer Ursache wirkt, die die Zentren der Sonne und

> der Planeten durchdringen . . . Aber bisher war es mir noch nicht möglich, die Ursache dieser Eigenschaften der Schwerkraft für die Phänomene zu entdecken, und ich stelle keine Hypothesen auf, denn alles, was nicht aus den Phänomen abgeleitet ist, muß eine Hypothese genannt werden und Hypothesen, ob metaphysische oder physische, ob mit okkulten Merkmalen oder mechanistischen haben in der experimentellen Philosophie keinen Platz. (21)

Newton wiederholte das Hauptthema der wissenschaftlichen Revolution: unser Ziel ist wie, nicht warum. Daß ich die Schwerkraft nicht erklären kann, ist irrelevant. Ich kann sie messen, beobachten, Voraussagen machen, die auf ihr beruhen, das ist alles, was der Wissenschaftler zu tun hat. Wenn ein Phänomen nicht meßbar ist, kann ihm „kein Platz in der experimentellen Philosophie gebüren". Diese philosophische Position, die in ihren verschiedenen Formen „Positivismus" genannt wird, ist bis zum heutigen Tage das offizielle Gesicht der modernen Wissenschaft geblieben. (22)

Der zweite Hauptaspekt von Newtons Werk wurde am besten in dem Werk: *Opticks* (1704) beschrieben, in dem es ihm gelang, den philosophischen Atomismus eng mit der Definition des Experiments zu verbinden, die sich in den Köpfen der Wissenschaftler während des vorigen Jahrhunderts herausge-

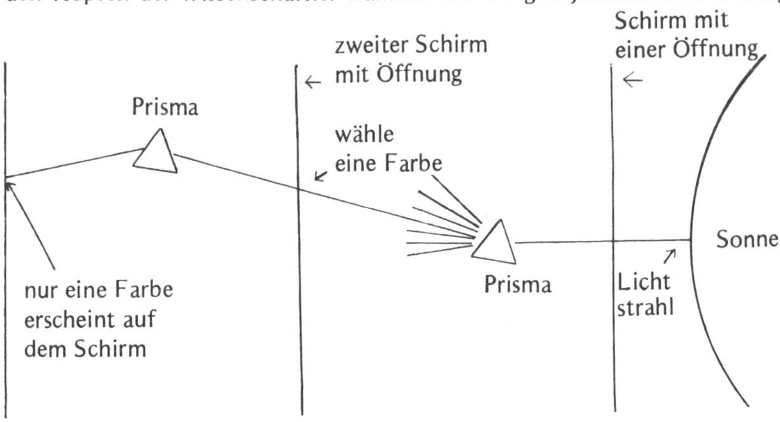

Figur 6: Newtons Unterteilung des weißen Lichts in monochromatische Strahlen

bildet hatte. Die Folge war, daß Newtons Forschungen über Licht und Farbe zum Modell der korrekten Analyse von Naturphänomenen wurde. Die Frage war, ob weißes Licht einfach oder zusammengesetzt ist? Descartes zum Beispiel hatte es für einfach gehalten und Farbe als eine Modifikation des Lichts angesehen. Newton glaubte, daß Licht sich in Wirklichkeit aus Farben zusammensetzte, die sich irgendwie gegenseitig aufhoben, um im Ergebnis weiß zu erzeugen. Wie konnte man sich zwischen diesen beiden Behauptungen entscheiden?

In dem Versuch, der in der Figur 6 dargestellt ist, nahm Newton weißes Licht, zerlegte es mit Hilfe eines Prismas in seine Teile, wählte einen der Teile aus und zeigte, daß es nicht weiter zerlegt werden konnte. Er tat dies mit jeder Farbe und demonstrierte, daß monochromatisches Licht nicht weiter unterteilt werden konnte. Als nächstes führte Newton den Versuch in umgekehrter Richtung durch: er brach den weißen Lichtstrahl in seine Teile und vereinigte diese dann wieder, indem er sie in eine konvexe Linse (vgl. Figur 7) fallen ließ. Das Ergebnis war weißes Licht.

Dieser atomistische Ansatz, der Descartes 4-Schritt-Methode genau folgte, beweist die These zweifelsfrei. Aber wie im Falle der Schwerkraft kritisierten die Anhänger Descartes Newton. Wo, fragten sie, ist Deine *Theorie* des Lichts und der Farbe, wo ist Deine *Erklärung* dieses Verhaltens? Und wie im vorherigen Fall, zog sich Newton hinter dem Nebelvorhang des Positivismus zurück. Ich suche nach Gesetzen oder Tatsachen der Optik, antwortete er, nicht nach Hypothesen. Wenn ihr mich fragt, was „rot" ist, kann ich nur sagen, daß es eine Zahl ist, ein gewisses Maß an Brechung, und dasselbe gilt für jede der anderen Farben. Ich habe es gemessen – das genügt.

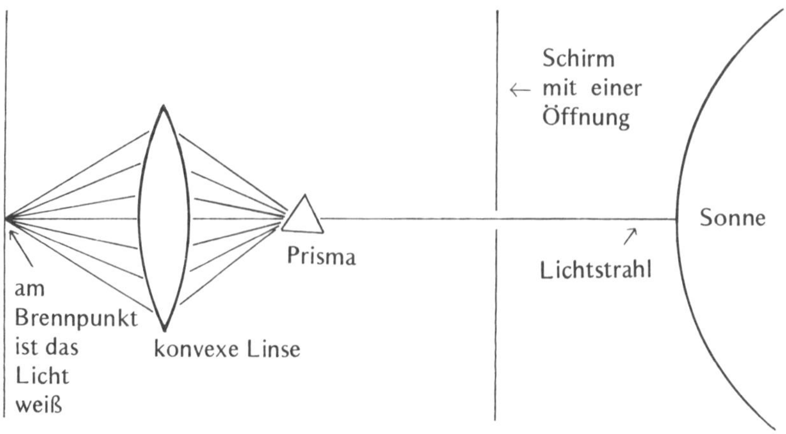

Figur 7: Newtons Bündelung der monochromatischen Lichtstrahlen zum weißen Licht

Auch in diesem Fall setzte sich Newton natürlich mit möglichen Erklärungen für das Verhalten von Licht auseinander, aber der Verbund von (philosophischem) Atomismus, Positivismus und der experimentellen Methode – kurzum: die Definition von Realität – beeinflußt uns heute immer noch. Etwas zu erkennen, heißt es zu zerlegen, zu quantifizieren und wieder zusammenzufügen; man muß nach dem „Wie" fragen und nie in dem unübersichtlichen Gestrüpp des „Warum" hängen bleiben. Vor allem muß man, wie Galileo ausführte, sich selbst davon distanzieren, es zu einer Abstraktion machen. Der Dichter mag überschwenglich werden wegen eines roten Streifens am Himmel bei Sonnenuntergang, aber der Wissenschaftler wird nicht so leicht getäuscht: Er weiß, daß seine Gefühle ihn nichts Wesentliches lehren können. Der rote Streifen ist eine Zahl, und das ist das Wesen der Sache.

Um unsere Erörterung der wissenschaftlichen Revolution zusammenzufassen, ist es notwendig zu bemerken, daß sich in Westeuropa im Verlauf des 17. Jahrhunderts eine neue Art der Realitätsauffassung herausbildete. Die wichtigste Änderung war die Verlagerung von der Qualität zur Quantität, vom „Warum" zum „Wie". Das Universum, das einst als belebt angesehen wurde und seine eigenen Ziele und Zwecke besaß, ist nun eine Ansammlung von träger Materie, die endlos und ohne Sinn herumschwirrt, wie Alfred North Whitehead sagte. (23) Was eine akzeptable Erklärung ausmachte, ist somit radikal verändert. Der Härtetest für etwas Existierendes ist Quantifizierbarkeit, es gibt keine anderen Realitäten in einem beliebigen Gegenstand als die Teile, in die er zerlegbar ist. Schließlich eröffnen Atomismus, Quantifizierbarkeit und der bewußte Akt, die Natur als Abstraktion zu betrachten, von der man sich distanzieren kann, allesamt die Möglichkeiten, die Bacon als das wahre Ziel der Wissenschaft verkündet hatte: Kontrolle. Das kartesianische oder technologische Paradigma bedeutet, wie oben ausgeführt, die Gleichsetzung von Wahrheit mit Nützlichkeit, mit der absichtlichen Manipulation der Umwelt. Die ganzheitliche Sichtweise, die den Menschen als Teil der Natur sieht, der mit dem Kosmos vertraut ist, ist romantisches Schnickschnack. Nicht das holistische Denken, sondern die Beherrschung der Natur; nicht der zeitlose Rhythmus der Ökologie, sondern die bewußte Verwaltung der Welt; nicht (um den Prozeß zu einem logischen Ende zu treiben) „der Zauber der Persönlichkeit, (sondern) der Warenfetisch". (24) In der Vorstellung des 18. und 19. Jahrhunderts war der mittelalterliche Mann (oder Frau) ein passiver Zuschauer der physischen Welt gewesen. Die neuen geistigen Hilfsmittel des 17. Jahrhunderts ermöglichten es, all dies zu ändern. Nun lag es in unserer Macht, den Himmel auf Erden zu haben; und die Tatsache, daß es sich um einen materiellen Himmel handelte, machte dies kaum weniger nützlich.

Trotzdem war es die industrielle Revolution, die die wissenschaftliche Revolution hervorbrachte. Bacons Traum einer technologischen Gesellschaft wurde weder im 17. noch im 18. Jahrhundert verwirklicht, obwohl die Dinge sich ab 1760 zu ändern begannen. Ideen bestehen nicht, wie wir gesagt haben, im luftleeren Raum. Die Menschen konnten das mechanistische Weltbild als die wahre Philosophie ansehen, ohne sich gezwungen zu fühlen, die Welt ihren Geboten gemäß zu verändern. Die Beziehung zwischen Wissenschaft und Technologie ist sehr kompliziert, und es ist tatsächlich das 20. Jahrhundert, in dem die volle Wirkung des Descarteschen Paradigmas am heftigsten zum Tragen kommt. Um die Bedeutung der wissenschaftlichen Revolution in der westlichen Geschichte zu erfassen, müssen wir das soziale und ökonomische Milieu berücksichtigen, das dazu diente, diese neue Denkweise zu nähren. Der Soziologe Peter Berger hatte recht, als er sagte, daß Ideen „sich in der Geschichte nicht auf Grund ihrer Richtigkeit durchsetzen, sondern auf Grund ihrer Beziehung zu bestimmten gesellschaftlichen Prozessen." (25) Wissenschaftliche Ideen bilden hier keine Ausnahme.

II. BEWUSSTSEIN UND GESELLSCHAFT IM FRÜHNEUZEITLICHEN EUROPA

Deshalb könnten viele großartige Vorteile entstehen
für das Anwachsen des operativen und mechanischen Wissens,
dem dieses Zeitalter so zugewandt scheint,
weil wir vielleicht in der Lage sein werden, alle Geheimnisse der Natur
fast in der gleichen Weise zu erkennen,
wie wir es bei der Schaffung von Kunstwerken können,
und weil wir von Rädern und Maschinen
und Federn geleitet werden,
die der menschliche Verstand erfunden hat.

Robert Hooke, Micrographia (1665)

Der Zusammenbruch einer feudalistischen Ökonomie, das Entstehen des Kapitalismus auf breiter Ebene und die grundlegende Veränderung in den sozialen Beziehungen, die diese Wandlungen begleiteten, lieferten den Rahmen für die wissenschaftliche Revolution in Westeuropa. Die Gleichsetzung der Wahrheit mit der Nützlichkeit oder der Erkenntnis mit der Technologie war ein wichtiger Teil dieses allgemeinen Vorganges. Experiment, Quantifizierung, Vorhersage und Prüfung bildeten die Parameter einer Weltanschauung, die innerhalb des Rahmens der mittelalterlichen sozialen und ökonomischen Ordnung keinen Sinn ergab. Die im ersten Kapitel beschriebenen Individuen wären in einer früheren Zeitepoche nicht denkbar gewesen; oder vielleicht treffender, wären ignoriert worden, so wie Roger Bacon und Robert Grosseteste, die hinsichtlich der experimentellen Methode im 13. Jahrhundert Pionierarbeit leisteten. Kurz gesagt ist die moderne Wissenschaft der geistige Bezugsrahmen einer Welt, die durch die Kapitalakkumulation definiert ist und wurde letztlich, um Ernest Gellner zu zitieren, die „Erkenntnisform" der industriellen Gesellschaft. (1)

Es ist nicht meine Absicht zu behaupten, daß der Kapitalismus die moderne Wissenschaft „begründet" hat. Die Beziehung zwischen Bewußtsein und

Gesellschaft ist immer problematisch gewesen, weil alle gesellschaftlichen Aktivitäten von Ideen und Ansichten durchdrungen sind, und es gibt keine Möglichkeit, die Gesellschaft auf streng funktionale Weise zu untersuchen. (2) Wir sind also mit einer strukturellen Totalität oder historischen Gestalt konfrontiert, und in diesem Kapitel wird meine These lauten, daß Wissenschaft und Kapitalismus eine solche Einheit bilden. Die Wissenschaft erlangte ihre faktische und erklärende Macht nur innerhalb eines Kontextes, der diesen Fakten und Erklärungen „kongruent" war. Deshalb wird es notwendig sein, die Wissenschaft als ein Gedankensystem anzusehen, das einer bestimmten historischen Epoche adäquat ist, einfach, um uns von der allgemeinen Auffassung zu lösen, daß sie eine absolute, transkulturelle Wahrheit ist. (3)

Wir wollen die Untersuchung dieses Themas damit beginnen, daß wir die aristotelische Weltanschauung mit der des 17. Jahrhunderts vergleichen und dann über die Veränderungen nachdenken, die die Handelsrevolution des 15. und 16. Jahrhunderts der sozialen und ökonomischen Welt des Feudalismus aufgeprägt hat (vgl. Tabelle 1).

Der hervorstechendste Aspekt der mittelalterlichen Weltsicht ist ihr Gefühl der Geschlossenheit, ihre Vollständigkeit. Der Mensch steht im Zentrum des Universums, das an seiner äußersten Sphäre von Gott, der unerschütterlichen Triebkraft begrenzt wird. Gott ist das einzige Wesen, das in Aristoteles Begriffssystem reine Wirklichkeit ist. Alle anderen Dinge sind mit Zweckhaftigkeit ausgestattet, die teilweise eine aktuelle und teilweise eine potentielle ist. Entsprechend ist es das Ziel des Feuers, nach oben, das der Erde (Materie) nach unten zu streben und das Ziel der Arten, sich zu vermehren.

Tabelle 1: Vergleich der Weltanschauungen

Weltanschauung des Mittelalters	Weltanschauung des 17. Jahrhunderts
Universum: geozentrisch, die Erde im Mittelpunkt einer Serie konzentrischer, kristallener Sphären. Ein geschlossenes Universum mit Gott, der unerschütterlichen Triebkraft als äußersten Sphäre.	*Universum:* heliozentrisch; die Erde besitzt keinen besonderen Status, die Planeten werden durch die Schwerkraft der Sonne in ihren Bahnen gehalten. Unendliches Universum.
Erklärung: In Bezug auf Urgrund und Endzweck aller Dinge, teleologisch. Alles außer Gott ist ein Prozeß des Werdens: natürlicher Ort; naturhafte Bewegung.	*Erklärung:* Strikt bezogen auf Materie und Bewegung, die keine höheren Zwekke besitzen. Atomistisch sowohl im materiellen als auch philosophischen Sinn.
Bewegung: In Gang gesetzte oder natürliche Bewegung, ein Antrieb ist nötig.	*Bewegung:* Muß beschrleben, nicht erklärt werden; Trägheitsgesetz.
Materie: Kontinuierlich, keine Leere.	*Materie:* Atomistisch, implizierte Existenz von Vakuen.
Zeit: Zyklisch, statisch.	*Zeit:* Linear, fortschreitend.
Natur: Verstanden durch das Konkrete und Qualitative. Die Natur ist belebt, organisch; wir beobachten sie und deduzieren aus allgemeinen Prinzipien.	*Natur:* Verstanden durch das Abstrakte und Quantitative. Die Natur ist unbelebt, mechanisch und wird durch Manipulation (Experimente) und mathematische Abstraktion erkannt.

Alles bewegt sich und lebt in Übereinstimmung mit dem göttlichen Willen. Alle Natur, Felsen wie Bäume, ist organisch und wiederholt sich selbst in ewigen Kreisläufen von Entstehung und Verfall. Folglich ist die Welt letztendlich unwandelbar, aber da sie voller Zweckhaftigkeit ist, ist sie eine ungewöhnlich bedeutungsvolle. Ding und Wert, Erkenntnistheorie und Ethik sind identisch. „Was weiß ich?" und „Wie soll ich leben?" sind in Wirklichkeit ein und dieselbe Frage.

Wenden wir uns dem Weltbild des 17. Jahrhunderts zu, dann werden wir wahrscheinlich zuallererst das Fehlen jeder immanenten Bedeutung bemerken. E. A. Burtt hat beschrieben, wie das 17. Jahrhundert, das mit der Suche nach Gott im Universum begann, damit endete, daß er vollständig aus ihm verdrängt wurde. (4) Die Dinge besitzen keinen Zweck, was eine anthropozentrische Auffassung ist, sondern lediglich Verhaltensweisen, die auf atomistische, mechanische und quantitative Weise beschrieben werden können (und müssen). Das Ergebnis davon ist, daß sich unsere Beziehung zur Natur grundlegend geändert hat. Im Unterschied zum mittelalterlichen Menschen, dessen Beziehung zur Natur auf Gegenseitigkeit beruhte, sieht sich der moderne Mensch (der existenzialistische Mensch) im Besitz der Fähigkeit, die Natur zu kontrollieren und zu beherrschen, sie für seine eigenen Zwecke zu benutzen. Dem mittelalterlichen Menschen war eine sinnvolle Stellung im Universum gegeben; es bedurfte keines Willensaktes von seiner Seite. Dem modernen Menschen ist es andererseits auferlegt, seine Ziele selbst zu finden. Aber was diese Ziele sind oder sein sollten, kann zum ersten Mal in der Geschichte nicht mehr logisch abgeleitet werden. Kurzum: die moderne Wissenschaft basiert auf der scharfen Trennung zwischen Ding und Wert; sie kann uns lediglich sagen, wie etwas zu tun ist, nicht was zu tun ist oder ob wir es tun sollen.

Die Offenheit, die wir als kennzeichnend für das Bewußtsein des 17. Jahrhundert ansehen, steht ebenfalls im Widerspruch zum mittelalterlichen Kosmos. Das Universum ist unendlich geworden, Bewegung (Wandel) ist vorgegeben, und die Zeit linear. Der Begriff des Fortschritts und das Gefühl, daß das Handeln sich kumuliert, charakterisieren das Weltbild des frühneuzeitlichen Europas.

Schließlich ist für das 17. Jahrhundert nur das „wirklich" wirklich, was abstrakt ist. Atome sind real, aber unsichtbar; die Schwerkraft ist real, aber kann ebenso wie Impuls und träge Masse lediglich gemessen werden. Allgemein gesprochen dient die abstrakte Quantifizierung als Erklärung. Es war dieser Verlust des Greifbaren und Sinnhaften, der die sensibleren Geister der Epoche – Blaise Pascal und John Donne zum Beispiel – an den Rand der Verzweiflung trieben. Die „neue Philosophie stellt alles in Zweifel" schrieb letzterer im Jahre 1611; „alles ist in Stücke, jeglicher Zusammenhang verschwunden". Oder in Pascals Worten, „die Stille des unendlichen Raumes flößt mir Entsetzen ein." (5)

Die vom aristotelischen Weltbild durchdrungene Kultur war, wie wir wissen, durch eine feudale Ökonomie und einen religiösen Lebensstil gekennzeichnet. Im großen und ganzen wurden Nahrungsmittel und landwirtschaftliche Produkte nicht für den Markt und den Profit hergestellt, sondern für den unmittelbaren Ver- und Gebrauch. Mit Ausnahme der Luxusgüter gab es Handel nur innerhalb lokaler Gebiete, der eher der Abgabenstruktur des alten Römischen Reiches (aus dessen Zerfall der Feudalismus entstand), als unserem modernen Begriff des Handelswesens entsprach. Bis zum späten 15. Jahrhundert war fast alle Schiffahrt küstennah: Schiffe blieben in Sichtweite des Festlandes aus Furcht, sich zu verirren. Die Gilden, die auf der Basis des individuellen Auftrags produzierten, betonten eher Qualität als Quantität und hüteten die Geheimnisse der Handwerkskunst. Es gab keine Vorstellung von Massenproduktion und sehr wenig Arbeitsteilung. Die Ökonomie war im wesentlichen ein in sich geschlossenes Belohnungssystem. Es könnte nicht beschrieben werden als ein System, das sich in eine bestimmte Richtung „entwickelte", und unsere Begriffe von Wachstum und Expansion hätten im allgemeinen in dieser statischen und selbstgenügsamen Welt wenig Sinn ergeben. Im Mittelalter war die Sinnhaftigkeit frei von Zweifeln, sowohl in politischer als auch in religiöser Hinsicht. Die Kirche war die letztendliche Befragungsinstanz, wenn man ein Phänomen zu erklären versuchte, gleich, ob es in der Natur oder im menschlichen Leben auftrat. Außerdem ergab die soziale Ordnung auf eine direkte und persönliche Weise einen Sinn. Gerechtigkeit und politische Macht wurden in den Formen der Loyalität und Hingabe ausgeübt – des Vasalls gegenüber dem Herrscher, des Leibeigenen gegenüber der Erde, des Lehrlings gegenüber dem Meister – und das System besaß dementsprechend wenig Abstraktionen. Wenn das Mittelalter uns von unserem Standpunkt aus als hermetisch abgeschlossen erscheint, so besaß es doch den Vorteil (trotz extremer Instabilität hervorgerufen durch Pest und Naturkatastrophen), auf den Menschen sicher und beruhigend zu wirken. (6)

Es war jedoch der ökonomische Bereich, in dem das Feudalsystem zunehmend lebensunfähig wurde. Die Grenzen des Feudalismus waren bezüglich des wirtschaftlichen Erfolgs schon ab dem 13. Jahrhundert erreicht worden. Da bedeutende Kapitalinvestitionen in der Landwirtschaft nicht erfolgten, bestand eine obere Grenze für die Produktivität. Diese Grenze bewirkte ihrerseits Spannungen, die anfingen, die Bauernaufstände, die im 13. Jahrhundert begonnen hatte, in Klassenkämpfe zu verwandeln. Als Antwort auf diese Bedrohung entstand ein ungeheurer Druck, die geographische Basis der Wirtschaftstätigkeit zu erweitern. Man betrachtete neue Anbaugebiete für Zucker und Weizen, den unmittelbaren Zugang zu den Gewürzen, die über verdorbenes Fleisch hinwegtäuschen, neue Holzquellen und ausgedehntere Fischereigründe als notwendig für das Überleben der europäischen Zivilisation. Zusätzlich gab der Fall Konstantinopels im Jahre 1453 den ottomanischen Türken die Vorherrschaft über den Fernost-Handel und machte dadurch die Notwendigkeit eines nichtmediterranen Seewegs in den Osten deutlicher. All diese Faktoren trugen zum schnellen Aufstieg des imperialistischen Expansionsvorhabens bei, und mit diesem Interesse entstand eine Unmenge an Erfindungen, die ein solches Vorhaben ermöglichten. Das Segelschiff mit voller Takellage erschien, das den Wind besser ausnützte. Im 16. Jahrhundert ließen die Engländer Kanonen zwecks größerer Beweglichkeit in die Bullaugen ein. Das Schießpulver, das die alten Chinesen erfunden und als Feuerwerk benutzt hatten, wurde zur Grundlage der Waffenindustrie. Es war kein Zufall, daß Francis Bacon den Kompaß und das Schießpulver als den Doppelschlüssel zur

Seeherrschaft bezeichnete. Die ersten Karten auf der Grundlage des Kompaßwissens – die wunderschönen *Portolani*, die noch in den Bibliotheken der großen europäischen Städte aufbewahrt werden – begannen zu erscheinen, wie auch neue Modelle des Globus. Das Bild von Schiffen, die sich an die Küste schmiegen, fast wie eine perfekte Metapher des engen geistigen Horizonts des Mittelalters, zerfiel. Dies war das Zeitalter von Magellan, Kolumbus und Vasco da Gama. Die Ausweitung des Bewußtseins und des Territoriums ließen den geschlossenen mittelalterlichen Kosmos zunehmend altmodisch erscheinen.

Gleichzeitig mit der Handelsrevolution und ihr ebenso folgend, gab es eine Reihe von Entwicklungen, die das Feudalsystem zerschlugen und die kapitalistische Produktionsweise in Westeuropa begründeten. Der Handel begann natürlich, die Industrie zu beeinflussen. Die Handelsrevolution mit ihrem steil angestiegenen Freihandelsvolumen zerstörte die persönliche Beziehung zwischen Zunftmeister und Kunde. Wollte ersterer auf weit entfernten Märkten verkaufen, brauchte er die Hilfe der Händler und des Kredits. Zunächst erlangte der Händler ausschließliche Verfügungsgewalt über die Güter des Herstellers und begann später, dem Handwerker Geld für Rohstoffe vorzuschiessen. Schließlich geriet der Handwerker dermaßen in Schulden, daß er seine Werkstatt dem Händler übereignen mußte, der ein Händler-Hersteller oder Unternehmer wurde. Der gleiche Prozeß, der Zunftmeister und Gesellen vernichtete, machte den Bauern zum Lohnarbeiter. Im 15. Jahrhundert markierte in England der Aufschwung des ländlichen Verlagssystems (Heimindustrie), insbesondere in der Textilherstellung den Beginn einer Verschiebung der Kapitalinvestitionen weg von den Städten. Die Bauern begannen ihre Kräfte den verschiedenen Möglichkeiten der Tuchproduktion zu widmen, und folglich begannen die Textilzünfte zu scheitern.

Die Handelsrevolution erzeugte auch Profite aus dem Handel, die in die Landwirtschaft und Manufaktur investiert werden konnten. Einige Industrien, wie zum Beispiel Bergbau, Buchdruckerei, Schiffbau (der nun Tausende beschäftigte) und die Herstellung von Kanonen benötigten von Anfang an große Kapitalauslagen und konnten daher keinen Platz mehr in der engen Welt der handwerklichen Produktion erhalten. In einigen Fällen, insbesondere wo das Produkt einen militärischen Zweck erfüllte, wurde der Staat selber der führende Abnehmer. Staatliche Waffenarsenale, wie etwa das große Arsenal in Venedig, dem Ort des Großteils von Galileos Forschung, wurden selber zu den wichtigsten Manufakturzentren. Die Militärproduktion hatte auch enge Verbindungen zum Bergbau und der Metallverarbeitung, die in der frühen Periode der Neuzeit dramatisch expandierte. Die Nutzung der Wasserkraft für den Bergbau und die Schaffung einer neuen Art von Schmiede ermöglichte das Gießen von Geschützen. Eine Unmenge technischer Verbesserungen von Pumpen-, Belüftungs- und Antriebstechniken wurde entwickelt – und detailliert in solchen Büchern wie Biringuccios *Pirotechnica* (1540) und Agricolas *De Re Metallica* (1556) illustriert. Vor allem England erlebte nach 1550 industrielles Wachstum und Handelsexpansion. Es bgann, Kanonen aus Eisen zu gießen (da ihm Bronze fehlte) und entwickelte dadurch zum Beispiel die Papier-, Schießpulver-, Alau-, Messing- und Salpeterindustrie, es ersetzte

Holz durch Kohle, führte neue Techniken im Bergbau und der Metallurgie ein und verdrängte die hanseatischen Händler aus dem Textilhandel.

Es war unmöglich, daß die mittelalterliche christlich-aristotelische Synthese solchen revolutionären Veränderungen standhalten konnte, und wenn wir die in diesem Kapitel schon aufgelisteten Merkmale des Weltbildes des 17. Jahrhunderts nachschlagen, so finden wir das genaue Gegenstück zu den gerade beschriebenen Umwälzungen. Der Heliozentrismus spiegelt nicht nur das Bewußtsein wider, daß das Universum unendlich ist, sondern auch die europäischen Entdeckungen anderer Kontinente und den daraus resultierenden Verlust des Gefühls der Einzigartigkeit Europas. Kopernikus führt in seinem Werk *De Revolutionibus Orbium Caelestium* (1543) die Erweiterung der geographischen Horizonte als hauptsächlichen Einfluß für sein Denken an. Wenn wir uns der Kategorie der sprachlichen Erklärung zuwenden, finden wir, daß die Erklärungen von Vorkommnissen nun in Begriffe der mechanischen, mathematisch beschreibbaren Bewegung der trägen Masse eingebettet sind. Die Natur (einschließlich menschlicher Wesen) wird somit zum Material, das man sich aneignen und formen kann. Nichts kann in sich zweckhaft sein, und Werte – wie Machiavelli als einer der ersten ausführte – sind ja lediglich Gefühlsregungen. Die Vernunft ist nun völlig (zumindest theoretisch) instrumental, zweckrational. Man kann nicht länger fragen: „Ist das gut?“ sondern lediglich: „Funktioniert es?“, eine Frage, die die Einstellung der Handelsrevolution und die wachsende Betonung der Produktion, Vorhersagbarkeit und Kontrolle wiedergibt.

Weil wir selbst in einer Gesellschaft leben, die so vollständig von der Geldwirtschaft dominiert wird, weil der Geldwert der Dinge zu ihrem einzigen Wert geworden ist, fällt es uns schwer, uns ein Zeitalter vorzustellen, das nicht vom Geld beherrscht ist, und es ist fast unmöglich, zu verstehen, wie sehr die Einführung der Geldwirtschaft das Bewußtsein des frühneuzeitlichen Europas prägte. Die plötzliche Betonung des Geldes und des Kredits war die hervorstechendste Tatsache des ökonomischen Lebens während der Renaissance. Die Anhäufung riesiger Summen in den Händen weniger einzelner, wie zum Beispiel der Medici, gab dem Kapitalismus eine magische Qualität, um so mehr als der zunehmend beliebte Ablaßhandel den Zutritt zum Himmel unter seinen Einfluß brachte. Die Erlösung war das eigentliche Ziel des christlichen Lebens gewesen; nun, da sie gekauft werden konnte, war es das Geld. Das Eindringen des Finanzwesens in den unmittelbaren Kern des Christentums mußte die thomistische Synthese zerstören. Der deutsche Soziologe Georg Simmel vertrat die Meinung, daß die Geldwirtschaft „das Ideal der exakten numerischen Kalkulation schuf“ und daß die „mathematisch exakte Interpretation des Kosmos“ die „theoretische Ergänzung der Geldwirtschaft“ sei. In einer Gesellschaft, die auf dem Weg war, die Welt als ein einziges großes arithmetisches Problem zu sehen, schien die Auffassung, daß es eine heilige Beziehung zwischen dem Einzelnen und dem Kosmos gäbe, zunehmend dubios. (7)

Die scheinbar unbegrenzte Fähigkeit des Geldes, sich selbst zu vermehren, untermauerte noch die Auffassung eines unbegrenzten Universums, die für das neue Weltbild im Mittelpunkt stand. Profit, der springende Punkt des kapitalistischen Systems ist ohne Ende. Eine „kapitalistische Ökonomie und die moderne methodische Wissenschaft", schrieb der Historiker Alfred von Martin, „ist Ausdruck eines Strebens ins Grundsätzliche, Unbegrenzte, Unendliche, Grenzenlose, eines Willens zur Bewegung, zum ‚Fortschreiten' in *infinitum*. Das ist die notwendige Wirkung des Hervortretens aus der geschlossenen (wirtschaftlichen oder geistigen) Gemeinschaft. Nun tritt an die Stelle der geschlossenen Wirtschaftsgemeinschaft und des von einem privilegierten Stande monopolartig verwalteten traditionellen Wirtschaftsbetriebs beidemale der offene Kreis, dem nun eine entsprechende Struktur auch des Bewußtseins korrespondiert. (8)

Die Betonung des Willens des Einzelnen, die wir mit dem Renaissance-Denken verbinden, insbesondere mit der Händler- und Unternehmerklasse, besaß auch eine augenfällige Verwandschaft mit der neuen arithmetischen Weltanschauung. Diesselbe Klasse, die durch die neue Ordnung an die Macht kam, die die Anstrengung des Individuums verherrlichte und die in der finanziellen Kalkulation einen Weg sah, den gesamten Kosmos zu begreifen, begann die Quantifizierung als Schlüssel zum persönlichen Erfolg zu sehen, weil von der Quantifizierung geglaubt wurde, daß nur sie die Herrschaft über die Natur durch rationelles Verständnis ihrer Gesetzmäßigkeiten ermöglicht. Geld und wissenschaftlicher Verstand (insbesondere in seiner Descarteschen Gleichsetzung mit der Mathematik) besitzen einen rein formalen und daher „neutralen" Aspekt. Sie haben keinen greifbaren Inhalt, lassen sich aber für jeden Zweck einsetzen. Schließlich wurden sie selbst zum Zweck. Geschichtlich gesehen war so der Kreis geschlossen, wie die Figur 8 zeigt:

Figur 8: Der neue Kreislauf des ökonomisch/wissenschaftlichen Lebens im frühneuzeitlichen Europa

Schließlich machte auch die Auffassung von Zeit – und nur wenige Dinge sind für das menschliche Bewußtsein so grundlegend wie die Art, in der der Ablauf von Ereignissen wahrgenommen wird – einen grundlegenden Wandel durch. Wie Mircea Eliade in dem Buch *Der Mythos der Ewigen Wiederkehr* aufzeigt, ist die vorneuzeitliche Zeitauffassung zyklisch. Für die Menschen des Mittelalters folgten die Jahreszeiten und Lebensereignisse einander in tröstlicher Regelmäßigkeit. Die Auffassung, daß Zeit linear verläuft, war dieser Welt in ihrem Erleben fremd und das Verlangen, sie zu messen, dementsprechen gedämpft. Schon ab dem 13. Jahrhundert veränderte sich diese Situation. Zeit, schrieb Alfred von Martin, war nun immer etwas Hinforteilendes. . . Vom 14. Jahrhundert an schlagen in allen italienischen Städten Uhren die 24 Stunden; man wird sich bewußt, daß die Zeit knapp und daher kostbar ist, daß man daher keine Zeit verlieren darf, mit ihr haushalten, wirtschaftlich, sparsam mit ihr umgehen muß, wenn man „sich zum Herren aller Dinge" machen will. Solche Zeitökonomie kannte das Mittelalter noch nicht; es hatte noch Zeit und brauchte sie daher nicht als teures Gut zu schätzen. (9)

Im 16. Jahrhundert trat das neue Interesse an der Zeit, die verstreicht, stark in Erscheinung. Die Redewendung „Zeit ist Geld" stammt aus dieser Periode, ebenso wie die Erfindung der Taschenuhr, mit der man die Zeit dem Gelde gleich in der Hand oder Tasche halten konnte. Die Mentalität, die die Zeit zu erfassen und zu beherrschen sucht, ist dieselbe Geisteshaltung, die die Weltsicht der modernen Wissenschaft hervorbrachte. Die westlichen Industrienationen haben diesen Meinungswandel auf eine fast absurde Spitze getrieben. Unsere Städte sind mit Banken durchsetzt, die die Zeit in riesigen elektronischen Leuchtziffern anzeigen, die jede Minute und manchmal jede Sekunde (am Picadilly Circus gibt es eine, die tatsächlich die Zeit in Zehntel-Sekunden angibt) aufleuchten. Seit dem 17. Jahrhundert wurde die Uhr zu einem Bild für das Universum selber. (10)

Man kann eindeutig von einer Übereinstimmung zwischen Wissenschaft und Kapitalismus im frühneuzeitlichen Europa sprechen. Der Aufstieg der linearen Zeitauffassung und des mechanischen Denkens, die Gleichsetzung von Zeit und Geld und der Uhr mit der Weltordnung waren Elemente ein und derselben Veränderung, und jedes Element trug dazu bei, das andere zu verstärken. Aber können wir unseren Standpunkt noch schlüssiger belegen? Können wir dieses Wechselspiel an Hand ausgewählter Probleme, angewandter Methoden, gefundener Lösungen, der beruflichen Wege einzelner Wissenschaftler veranschaulichen? Im folgenden werde ich versuchen zu zeigen, wie sich diese Trends im Kopf eines Galileo klärten, einer Figur, die für die wissenschaftliche Revolution zentral gewesen ist. Aber unsere Art Galileo zu verstehen, beruht teilweise darauf, daß uns ein weiterer Aspekt der oben beschriebenen Veränderungen bekannt ist: wir wissen, daß im 16. Jahrhundert die Grenze zwischen dem Forscher und dem Handwerker verschwand. Für viele Wissenschaftler einschließlich Galileo, wurde somit eine neue Art der Intellektualität verfügbar, die es ihren eigenen Überlegungen ermöglichte, neue Wege zu gehen.

Über die Ablehnung des Kardinalskollegiums, durch Galileos Fernrohr zu schauen, um die Jupitermonde und die Krater auf der Mondoberfläche zu sehen, ist sehr viel diskutiert worden. In Wirklichkeit kann diese Ablehnung nicht der simplen Halsstarrigkeit und Furcht vor der Wahrheit zugeschrieben werden. Im damaligen Zeitkontext wurde vor allem in Italien der Gebrauch eines von Handwerkern geschaffenen Instruments zur Lösung einer wissenschaftlichen (oder gar einer theologischen)Streitfrage als ein unverständliches Durcheinanderwerfen der Kategorien angesehen. Diese beiden Tätigkeiten, die Wahrheitsfindung und die Warenherstellung waren völlig voneinander getrennt, insbesondere bezüglich der damit jeweilig befaßten sozialen Klassen. Bacons Forderung nach einer Beziehung zwischen Handwerksgeschick und Erkenntnis hatte bis dahin sogar in England nur wenig Fortschritt gemacht, einem Land, das mit Italien verglichen eine enorme Beschleunigung der industriellen Produktion erlebt hatte. Galileo, der die Bewegung von Projektilen im Waffenlager Venedigs studierte, wissenschaftliche Forschungen in einer Art Werkstatt durchführte und behauptete, die Astronomie besser mit dafür hergestellten Hilfsmitteln zu verstehen, war im Italien des 17. Jahrhunderts eine Anomalie. Wo kam solch ein Mensch her?

Schon vor dem ausgehenden 15. Jahrhundert löste sich der starke intellektuelle Vorbehalt gegen handwerkliche Tätigkeit und dem damit verbundenen Geruch nach niederen Schichten auf. Die Krise im feudalistischen Wirtschaftssystem wurde von einer geschichtlich beispiellosen Zunahme sozialer Mobilität in der Handwerkerschicht (einschließlich der Seeleute und Ingenieure) begleitet. (11) Gleichzeitig bezogen die wissenschaftlichen Angriffe auf Aristoteles (und sie waren nicht typisch) ihre Kraft aus der Geschichte des technischen Fortschritts und lobten dabei überschwenglich den nun erhobenen Mechaniker, „der die Wahrheit in der Natur und nicht in Büchern suchte". (12) Das Ergebnis – und das Bächlein, das um 1530 begann, wurde 1600 zum reißenden Strom – war eine Unmenge technischer Bücher, die von Handwerkern veröffentlich wurden (von der Klassenstruktur her gesehen eine starke Abweichung) und eine zunehmende Anzahl methodologischer Kritiken der aristotelisch–scholastischen Wissenschaft wegen ihrer völligen Passivität gegenüber der Natur. Diese neue „Mechaniker"-Literatur, die in der Volkssprache geschrieben war, wurde bei den Händlern und Geschäftsleuten sehr beliebt und des öfteren nachgedruckt. Der Durchbruch der Mechaniker, Handwerker, Ingenieure und Seeleute in den Bereich des Publizierens und Studierens, bemerkt der Historiker Paolo Rossi, „ermöglichte die Zusammenarbeit zwischen Wissenschaftlern und Technikern und das gegenseitige Durchdringen von Technologie und Wissenschaft, das der großen wissenschaftlichen Revolution des 17. Jahrhunderts zugrundelag". (13)

Im großen und ganzen forderte der Handwerkerstand lediglich, daß seine Arbeit Beachtung findet, und suchte nicht nach einer Erkenntnistheorie, die auf der Technologie basierte; jene Autoren, die behaupteten, daß das technische Handeln eine Erkenntnisart darstellte (einschließlich Bacon), wußten nicht, wie solch ein Verschmelzen von Theorie und Praxis aussehen würde. Dennoch erlebte der Zeitabschnitt 1550 - 1650, so Rossi, „eine anhaltende Diskussion über eine Logik des Erfindens, deren Beharrlichkeit an Monotonie grenzte. . ." (14) Natürlich war die Technologie im 16. Jahrhundert nicht gerade neu, aber der Grad ihrer Verbreitung und das Bestehen darauf, daß sie eine Erkenntnisart sei, *waren* neu und diese Ergebnisse begannen unausweichlich einen Eindruck auf Wissenschaftler und Denker auszuüben. Die Technologie, die nicht länger auf solche Hilfsmittel wie Katapulte und Wassermühlen beschränkt war, wurde zu einem wesentlichen Bestandteil der Produktionsweise, und als solche begann sie, eine entsprechende Rolle im menschlichen Bewußtsein zu spielen. Als die Technologie und Ökonomie erst einmal in den Köpfen der Menschen miteinander verbunden waren, begann der Verstand, in mechanischen Begriffen zu denken, Mechanismen in der Natur zu sehen – wie Robert Hooke erkannte. Die gedanklichen Prozesse selber wurden mechanisch-mathematisch-experimentell, das heißt „wissenschaftlich". Der Zusammenschluß des Gelehrten und des Handwerkers, der Geometrie und Technologie fand im Kopf des Einzelnen statt.

Der Meinungswandel über das Handwerk auf der Seite einiger Gelehrter führte ebenfalls zur Wiederentdeckung und Neuauflage einer großen Zahl klassischer technischer Werke, einschließlich der von Euclid, Archimedes, Hero, Vitruvius, Apollonius, Diophantus, Pappus und Aristarchus. Während viel von der vorangegangenen Mathematik in den Begriffen der Numerologie, des pythagoräischen Zahlenmystizismus oder sogar der einfachen Arithmetik entwickelt worden war, wurde es nun zunehmend möglich, sich ihr vom Standpunkt eines Ingenieurs aus zu nähern. Diese Entwicklung sollte unter anderem einen enormen Einfluß auf das Werk Galileos ausüben.

Wir haben gesehen, daß die Methode Galileos eine Verneinung teleologischer Erklärungen (Betonung eher auf dem Wie denn dem Warum) beinhaltete; die Formulierung physikalischer Prozesse als „idealtypische", denen gegenüber die Realität durch Experiment untersucht werden kann und die Überzeugung, daß die mathematischen Beschreibungen der Bewegung und anderer physikalischer Prozesse die Garanten der Genauigkeit und damit der Wahrheit sind. Wir haben auch gesehen, daß Galileo einen sehr praktischen Ansatz zu solchen Untersuchungen (tatsächlich einen ingenieurmäßigen Ansatz) hatte und daß seine Methode ausdrücklich beinhaltete, sich selber von der Natur zu distanzieren, um sie sorgfältiger zu erfassen – ein Ansatz, den ich das nicht partizipierende Bewußtsein genannt habe. Daher überrascht es vielleicht nicht, daß sich Galileos intellektueller Standort aus Einflüssen außerhalb des traditionellen akademischen Bezugsrahmens zusammensetzte. Trotz seiner verschiedenen Professorenstellen war er direkt mit genau jenen Aspekten der technologischen Tradition befaßt, die auf gewisse Gelehrte als Folge des Zusammenbruchs der Dichotomie zwischen Gelehrtem und Handwerker einwirkten. Rossi nennt Galileo richtigerweise den ersten Repräsentanten der technologischen Traditionen, aber auch der Tradition der Gelehrten und es ist das erstere, das betont werden sollte. (15) Mit Professorenstellen in Pisa und Padua, sowie Umgang mit Päpsten, Fürsten und der gebildeten Elite war Galileo eine akademische Karriere vorbestimmt; hinsichtlich seiner Orientierungsrichtung paßte er nicht so bequem in diesen Kontext. Galileo hatte direkten Kontakt mit Matrosen, Kanonieren und Handwerkern. Zwei seiner Mentoren (oder Helden) Niccolò Tartaglia und Giovanni Benedetti hatten keinerlei Universitätsausbildung; ein anderer, Guido Ubaldo studierte Mathemathik als Autodidakt; und ein vierter, Ostilio Ricci war Professor an der

Accademia del Disegno (Hochschule für Gestaltung) in Florenz, einem Ort, der eine neue Art von Handwerkern-Ingenieuren ausbildete. Alle vier Männer standen an der Spitze derer, die während der Renaissance an Archimedes anknüpften, der ebenso wie er Ingenieur gewesen war, Mathematiker war. Tartaglia und Benedetti waren ebenfalls in technische Studien vertieft. Ersterer war der Gründer der Wissenschaft von der Ballistik, sein Buch *Nuova Scientia* (1537) entstand aus dem Problemen, denen er bei der Artillerie in Verona 1531 begegnete; und Benedetti, ein früher Kopernikaner, der Aristoteles heftig kritisierte und die Meinung vertrat, daß Körper ungleicher Masse mit gleicher Geschwindigkeit fallen, diente als Ingenieur am Hofe zu Parma und Turin. Kurz gesagt, Galileo war im frühen 17. Jahrhundert einzigartig. Er war der Erbe der neuen Mechanik, die sich völlig außerhalb der Universitäten entwickelt hatte; aber bezeichnenderweise befand er sich in einer akademischen Umgebung.

Obwohl es in dieser kurzen Erörterung nicht möglich ist, die Einzelheiten über die geistigen Vorläufer Galileos im Detail herauszuarbeiten, sind doch einige Bemerkungen zu Tartaglia angebracht, dessen Arbeiten und dessen Stil einen wesentlichen Schlüssel zu Galileos Methodologie lieferten. *Nuova Scientia* war der früheste Versuch, die Mathmatik auf Projektile anzuwenden, und es befaßte sich weitestgehend mit der Flugbahn von Kanonenkugeln. Tartaglia war der erste, der mit der aristotelischen Vorstellung diskontinuierlicher Flugbahnen brach, um zu behaupten, daß die Geschoßbahn gekrümmt sei und zu zeigen, daß die maximale Reichweite eines Geschosses bei einem Anstellwinkel des Schußgerätes von 45 Grad bestände. Er widersprach Aristoteles, indem er behauptete, daß Luft die Bewegung eher hemmt als fördert. Innerhalb eines Buches über Ballistik legte Tartaglia dann eine theoretische Analyse der Bewegung vor. Dieselbe Kombination finden wir in einem Buch, das er 1551 über das Heben gesunkener Schiffe schrieb, einem Thema von augenscheinlichem Interesse für eine Republik wie Venedig. Dieser Studie fügte er seine italienische Übersetzung von Archimedes Aufsatz *On Bodies in Water* bei. Wiederum trat der Text nicht nur als eine technische Abhandlung auf, sondern als die erste offene Herausforderung an Aristoteles' Gesetz über fallende Körper, denn er benutzte Archimedes' Theorie des Auftriebs und des umgebenden Mediums, um gegen Aristoteles' strenge Unterscheidung zwischen oben und unten zu argumentieren. Galileo sollte Tartaglias Beispiel folgen, indem er behauptete, daß es keine natürliche Bewegung nach oben gäbe, indem er Archimedes benutzt, um Aristoteles zu stürzen, indem er die Mathematik der Geschoßbewegung weiterentwickelte und indem er, wie es schon Tartaglia in seinem Werk getan hatte, technische Feldversuche mit theoretischen Schlußfolgerungen eng verband.

Galileos Interesse an technischen Problemen war während der sogenannten Paduaer Periode (1592 - 1610) am intensivsten, als er mit seinen Bewegungsstudien beschäftigt war. Sein eigenes Laboratorium war wie eine Werkstatt, in der er mathematische Apparate herstellte. Galileo gab Privatunterricht in Mechanik und Ingenieurwesen; forschte über Pumpen, Flußregulierung und den Bau von Befestigungsanlagen; und er brachte sein erstes gedrucktes Werk über den militärischen Kompaß heraus oder „Sektor“, wie er genannt wurde. Er erfand auch das „Thermobaroskop" und zeigte ein starkes Interesse am Ingenieurwesen (das jetzt Werkstoffkunde genannt wurde), das sich mit der Widerstandsfähigkeit von Materialien befaßt. Obwohl Galileo in seinem eigenen Kopf einen Unterschied zwischen Handwerkskunst und Theorie machte, brach er mit der vorherrschenden Sicht, die zwischen beiden Bereichen keinerlei Beziehung sah. Er war nicht nur ein Wissenschaftler, der sich zufällig auch für Technisches interessierte, sondern er benutzte Technologie eher – sowohl dem Sinn als auch der Methode nach – als eine Theoriequelle. Sein letztes Werk, Unterredungen und mathematische Demonstrationen über zwei neue Wissenszweige, beginnt mit der folgenden Unterhaltung zwischen zwei imaginären Gesprächspartnern:

Salviati: Die ständige Aktivität, die ihr Venezianer in eurem berühmten Waffendepot an den Tag legt, läßt den beflissenen Geist auf ein weites Feld von Untersuchungsarbeit schließen, insbesondere den Teil der Arbeit, die die Mechanik einbezieht; denn in dieser Abteilung werden ständig alle Arten von Instrumenten und Maschinen von vielen Handwerkern hergestellt, unter denen einige sein müssen, die teils durch geerbte Erfahrung und teils aufgrund ihrer eigenen Beobachtungen äußerst sachkundig und geschickt im Erklären geworden sind.

Sagredo: Sie haben ganz recht. Auch ich, der ich von Natur aus neugierig bin, besuche oft diesen Ort einfach aus Spaß am Zusehen der Arbeit jener, die wir wegen ihrer Überlegenheit über andere Handwerker „erstklassige Männer" nennen. Eine Aussprache mit ihnen hat mir oft bei meinen Untersuchungen über gewisse Wirkungen geholfen, und zwar nicht nur solcher, die auf der Hand liegen, sondern auch solcher, die abstrus und fast unglaublich sind. (16)

Das Buch enthält nicht nur eine Erörterung der Geschoßbewegung, sondern umfaßt auch eine Tabelle über Schußweiten. Galileo betont den Wert seiner Theorie für die Kanoniere, aber wie sich herausstellte, taten sie viel mehr für seine Wissenschaft als er für die ihre.

Wie zeigte sich die technologische Tradition eigentlich genau in Galileos Studien der Bewegung? Er stimmte nicht nur mit der Literatur dieser Tradition überein, die besagte, daß das Konstruieren eine Art der Erkenntnis sei, daß die Manipulation der Natur ein Schlüssel zu ihrem Verständnis sei, sondern er zeigte auch genau, wie diese Untersuchungsweise angewendet werden sollte.

Natürlich entstammte die Analyse der Geschoßbewegung einem praktischen militärischen Problem und war gleichzeitig ein entscheidender Schlag gegen die aristotelische Physik. Da Aristoteles die Bewegung in zwei Arten, verursachte und natürliche unterteilte, schloß er, daß die Geschoßbewegung (vgl. Fig. 9) diskontinuierlich sein mußte, das heißt sie mußte aus einer Antriebsbewegung (das Objekt in die Luft werfen) und einer natürlichen (der Rückfall zur Erde) bestehen:

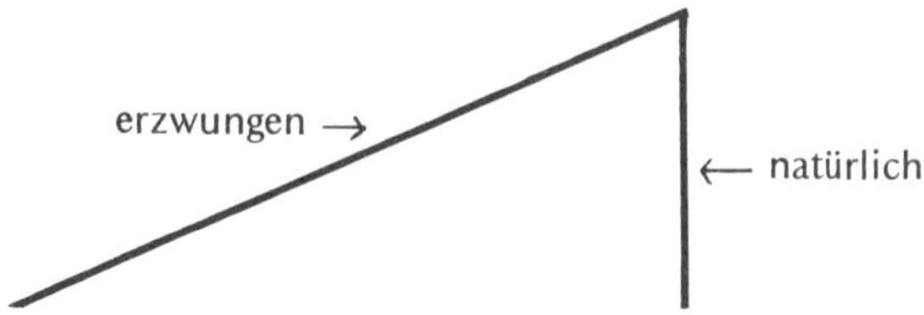

Figur 9: Aristoteles' Vorstellung der Geschoßbewegung

Wenn Menschen das erste Mal von dieser Theorie hören, fragen sie häufig, wie intelligente Männer und Frauen dazu kamen, sie zu glauben, denn alles, was man tun muß, um zu bemerken, daß die obige „Kurve" nicht mit der Wirklichkeit übereinstimmt, ist, ein Projektil anzusehen. Tatsächlich ist Aristoteles Theorie ein gutes Beispiel für ein Gestaltprinzip, wonach man immer das findet, was man sucht. Die meisten Leser haben wahrscheinlich noch keine Geschoßbahn genauer beobachtet, und sicherlich haben nur wenige in ein Schaubild exakt eingetragen, wo sein Scheitelpunkt liegt, und was danach passiert. Außerdem scheint ein Stein, vom Standpunkt des Beobachters aus aufzusteigen und dann senkrecht herunter zu fallen. Schließlich wurden Kanonen nicht vor Ende des 16. Jahrhunderts über weite Entfernungen abgefeuert, diese Art der Bewegung war also nicht Teil der gewohnten Umgebung. Bis 1561 war in einigen Lehrbüchern über das Bild einer Kanone eine graphische Darstellung gezeichnet, die die Bewegung der Kanonenkugel als diskontinuierliche darstellte. (vgl. Abb. 1). In einer Welt der qualitativen Wissenschaft ist das aristotelische Bild in etwa „richtig" in dem Sinne, daß es einen augenfälligen Aspekt in der Geschoßbewegung darstellt. Nur durch das Aufkommen stehender Heere und dem militärischen Konzentrieren auf die Ballistik gab es überhaupt irgendein Interesse an einer präzisen mathematischen Beschreibung der Flugbahnen und Kanonenkugeln, die auf jeden Fall niemals wegen des Einflusses des Luftwiderstandes wirklich parabolisch sind (siehe unten). Man sieht also, wie verschwommen oder komplex eine einfache „Tatsache" sein kann. Sie scheint durch das geformt zu sein, wonach gefragt wird.

Auf jeden Fall machte es die immer genauere Untersuchung von Projektilen immer schwerer, die aristotelische Unterscheidung zwischen verursachter und natürlicher Bewegung aufrechtzuerhalten. Da es praktisch unmöglich ist, die einzelnen Orte eines Objekts in eine Graphik einzutragen, das tatsächlich in die Luft geworfen wurde, abstrahierte Galileo wieder einmal das Wesentliche der Situation und glich sie den Bedingungen im Labor an.

Abb. 1: Die aristotelische Theorie der Geschoßbewegung, aus Daniele Santbech, Problematum Astronomicorum (1561). Mit freundlicher Genehmigung der Ann Ronan Bildbibliothek.

Geschoßbewegung, so folgerte er, ist ein Vorgang des freien Falls mit einer horizontalen Komponente. Am Scheitelpunkt der Kurve beginnt die Abwärtsbewegung des Objekts aufgrund der Schwerkraft, aber es behält immer noch etwas von dem horizontalen Impuls, der ihm ursprünglich gegeben war. Die Flugbahn wäre daher gleichmäßig, nicht diskontinuierlich, wie Aristoteles behauptet hatte; und statt abrupt im senkrechten Fall zur Erde niederzugehen, beschriebe das Objekt eine Kurve, eine Kombination („Resultante") aus den senkrechten und waagerechten Bewegungskomponenten. Galileos Experiment zur mathematischen Ermittlung dieser Kurve beinhaltete das Hinunterrollen einer Kugel von einer schiefen Ebene, die am unteren Ende einen waagerechten Deflektor hatte, und die sich an einer Tischkante befand. Die Kugel wurde von verschiedenen Stellen auf der Ebene losgelassen und landete dabei nach jedem Versuch an einer entsprechend anderen Stelle des Bodens. Dies ergab eine Datenmenge – eigentlich eine Kurvensammlung – die es Galileo mit Hilfe seines Gesetzes des freien Falls ermöglichte, diese Kurven mathematisch als parabolisch zu beschreiben. Schließlich folgerte er, daß die Flugbahn eines Geschosses durch ein Medium ohne Widerstand hindurch eine perfekte Parabel ergeben würde.

Die Bedeutung hierbei lag nicht nur in der mathematischen Beschreibung einer Kurve, sondern in der Herausforderung der aristotelischen Physik. Es schwächte nicht nur die Unterscheidung zwischen verursachter und natürlicher Bewegung, es stellte auch Aristoteles Annahme in Frage, daß es kein Vakuum geben könne (weil die Bewegung eines Projektils vermeintlich durch verdrängte Luft aufrechterhalten wird, die sofort wieder zuströmt, um die Ausbildung eines Vakuums zu verhindern) ebenso wie die gesamten Vorstellungsbereiche einer immanenten Zweckhaftigkeit, die den aristotelischen Lehren über natürliche Bewegung und Ruhelagen innewohnte. Galileos Entdeckung der Unabhängigkeit der horizontalen und vertikalen Komponenten der Bewegung, die einen anderen Aspekt der obigen Untersuchung darstellt, führte ihn zur Formulierung der Zusammensetzung und Auflösung der Kräfte – was wir heute Vektormechanik nennen. Wiederum zeigt sich hier, daß eher das Messen als irgendeine Art von Zweckgerichtetheit den Mittelpunkt wissenschaftlicher Erklärung (wenn man es so nennen kann) ausmacht. Wir sehen also, daß eine militärische Fragestellung, die von einem Ingenieur wie Tartaglia untersucht worden war, in einen kontrollierten Laborversuch verwandelt wurde, um eine mathematische Formel hervorzubringen, die schließlich dazu benutzt wurde, mehrere Grundannahmen des aristotelischen Weltbildes zu zertrümmern. Galileos ballistische Studien widerlegten die aristotelische Vorstellung nicht nur; sie skizzierten auch eine neue Methode zur Erforschung der Wirklichkeit.

Alle Untersuchungen von Galileo dienten als anschauliche Demonstrationen der Beziehung von Theorie und Experiment, die sich langsam in den Köpfen einiger weniger europäischer Denker entwickelte. Sie rechtfertigten ebenfalls die unbewiesene Behauptung in der technologischen Literatur des 16. Jahrhunderts: es *kann* einen grundsätzlichen Zusammenhang zwischen Erkenntnis und Manipulation, zwischen wissenschaftlicher Erklärung und der Beherrschung der Umwelt geben. Darum ist die Wirtschaftsgeschichte, die auf den ersten Seiten dieses Kapitels skizziert wurde, viel mehr als nur ein interessanter Hintergrund für diese Entwicklungen in dem scheinbar abstrakten Bereich des wissenschaftlichen Denkens. Erkenntnis, Realität und die gesamte westliche Wissenschaftsmethode sind mit dem Aufstieg des Kapitalsimus im frühneuzeitlichen Europa innig verwoben.

Wir haben in den Begriffen eines Gestaltprinzips von plastischen Fakten gesprochen, die durch theoretische Konstrukte „geschaffen" wurden, die ihrerseits wiederum mit dem sozio-ökonomischen Entwicklungsrahmen verbunden sind, sowie über die wissenschaftliche Revolution und ihre Methodologie als Teil eines größeren geschichtlichen Prozesses. Wir stehen damit einer beunruhigenden Frage gegenüber: ist die Realität nichts weiter als ein kulturelles Produkt? Sind Galileos Entdeckungen gar nicht die harten Fakten der Wissenschaft, sondern einfach nur die Ergebnisse einer Weltsicht, die eine mehr oder weniger örtlich begrenzte Erscheinung ist? Falls, wie die vorangegangene Analyse nahelegt, die Antwort ein Ja ist, dann treiben wir auf einem Meer radikalen Relativismus umher. Dann gibt es keine Wahrheit, sondern lediglich Deine Wahrheit, meine Wahrheit, die Wahrheit dieser Zeit und dieses Ortes. Das ist die Implikation dessen, was allgemein als Wissenssoziologie bezeichnet wird. Die Unterscheidung von Wissen und Meinung, von Wissenschaft und Ideologie zerbröckelt, und was richtig ist, wird eine Angelegenheit der Mehrheitsentscheidung oder der „Massenpsychologie". (17) Die moderne Wissenschaft, die Astrologie, die Hexenkunst, die aristotelische Lehre, der Marxismus, was auch immer – alle werden gleich wahr beim Fehlen des objektiven Wissens und des Konzepts einer festen, zugrundeliegenden Realität. Gibt es keinen Weg, uns vor einer solchen Schlußfolgerung zu schützen?

Meine Antwort ist, daß der radikale Relativismus aus der eigentümlichen Haltung entstanden ist, die die moderne Wissenschaft dem partizipierenden Bewußtsein gegenüber eingenommen hat, was ich sehr kurz in der Einleitung andiskutiert habe. Es wird daher zunächst notwendig sein, das Wesen des partizipierenden Bewußtseins in einiger Ausführlichkeit zu untersuchen. Um das zu tun, müssen wir der Wissenssoziologie in ein vergessenes Kapitel der Geschichte der wissenschaftlichen Revolution folgen: in die Welt des Okkulten.

III. DIE ENTZAUBERUNG DER WELT (I)

Was uns als Wunder erscheint, ist in Wirklichkeit gar keines.

Simon Stevin

Weber nannte es die *Entzauberung der Welt.* Schiller hatte ein Jahrhundert zuvor schon einen ähnlich treffenden Ausdruck dafür gefunden, indem er von der Entgötterung der Welt sprach. Sowohl der Soziologe als auch der Dichter sind sich einig darüber, daß die westliche Geschichte davon geprägt ist, daß materielle Erscheinungen schrittweise ihrer Seele, beziehungsweise ihres spirituellen Gehaltes verlustig gingen.

Es ist ein untrügliches Kennzeichen des modernen Bewußtseins, daß es nicht mehr fähig ist, in den sogenannten unbelebten Objekten, die uns umgeben, die lebendige Seele oder den Geist zu entdecken. Genaugenommen basiert die gesamte Betrachtungsweise des Materialismus auf der Vorstellung, daß „da draußen" eine Welt existiert, die völlig unabhängig ist, von dem „hier drinnen", dem menschlichen Denken. Ebenso geht sie davon aus, daß die Erde bis auf einige wenige langsame Veränderungen im Rahmen der Evolution über Jahrtausende hinweg gleich geblieben ist, und nur die Menschen durch veränderte Betrachtungsweisen die Dinge immer wieder anders gesehen haben, obwohl die materiellen Erscheinungsformen immer gleich geblieben waren. Die heutige Wissenschaft geht davon aus, daß je weiter man in der Zeit zurückgeht, desto unzureichender und irriger die Vorstellungen von der Welt werden, die sich der Mensch gemacht hat. So gesehen ist unser eigenes Wissen natürlich auch noch nicht perfekt, aber immerhin sind wir dabei, im Eiltempo die wenigen, noch bestehenden Irrtümer auszumerzen und werden somit in Kürze bei einem exakten und fehlerlosen Verständnis der Natur angelangt sein, frei von jeglichem animistischen und metaphysischen Ballast. Ganz offensichtlich betrachtet das moderne Bewußtsein die Denkweisen früherer Zeiten nicht als andere legitime und mögliche Formen des Bewußtseins, sondern als fehlgerichtete Anschauungen von der Welt, die wir glücklicherweise überwunden haben. Man ist davon überzeugt, daß die Männer und Frauen jener Zeiten zwar *glaubten*, die Natur begriffen zu haben, daß diese Ansichten jedoch ohne unser naturwissenschaftliches Wissen einfach nichts weiter als kindischer Animismus waren. Der Reifungsprozeß, den der menschliche Intellekt über die Jahre hinweg durchgemacht hat, vor allem in diesem Jahrhundert, vermochte (wie es heißt) diese Anhäufung von Aberglauben und verwirrtem Denken fast völlig zu korrigieren. (1)

Eines der Ziele dieses Kapitels besteht darin, zu zeigen, daß es eher die soeben dargestellten Auffassungen und nicht der Animismus sind, die sich auf dem Irrweg befinden, und daß sie zum Teil in unserer Unfähigkeit begründet liegen, uns in die Sicht der Welt, die der Mensch vor unserer Zeit hatte, hineinzuversetzen. Wie wir zuvor schon nachgewiesen haben, sind moderne Wissenschaft und Kapitalismus historisch gesehen unlösbar miteinander verbunden, womit auch verständlich wird, daß sowohl die Erkenntnisse als auch die Ideologie der modernen Wissenschaft nur Teil umfassender sozialer und ökonomischer Entwicklungen ist. Aber eben weil dieses Wissenschaftsdenken *unser* Bewußtsein ist, ist es beinahe unmöglich, sich davon zu lösen, nicht einmal für Augenblicke. Geschieht dies doch einmal, dann wird es normalerweise sofort als der erste schlagkräftige Beweis einer Geisteskrankheit gewertet. Aber selbst die Erkenntnis der Relativität unseres eigenen Bewußtseins vermag uns nicht den Zugang zu einem anderen Bewußtsein schaffen. Ganz offensichtlich ist es also äußerst schwierig, ein verläßliches Bild von einem vorneuzeitlichen Bewußtsein des Menschen zu zeichnen.

Eines kann man jedoch mit Sicherheit über die Geschichte des westlichen Bewußtseins sagen: Sie ist seit ungefähr 2000 Jahren v. Chr. gekennzeichnet durch einen fortschreitenden Prozeß der Entzauberung oder „Entgötterung". Es mag dahingestellt bleiben, inwieweit der Animismus seine Gültigkeit hat – hinsichtlich der Tatsache, daß er mehr und mehr aus dem westlichen Denken verbannt wurde, bestehen allerdings keine Zweifel. Aus bisher noch unerfindlichen Gründen waren vor allem zwei Kulturen für den Beginn dieser Entwicklung verantwortlich, die jüdische und die griechische. Obwohl das Judentum ein sehr reiches gnostisches Erbe besaß (von dem die Kabbala als einziges überlebte), basierte die offizielle rabbinische (später talmudische) Tradition genau auf der Ausmerzung animistischen Glaubens. (2) Jahwe ist ein eifersüchtiger Gott: „Du sollst keine anderen Götter neben mir haben." Und durch die gesamte jüdische Geschichte hindurch war das Gebot gegen den Totemismus – die Verehrung von Bildern – ein zentraler Punkt. Das Alte Testament ist die Geschichte des Triumphs des Monotheismus über Astarte, Baal, das Goldene Kalb und die Naturgötter benachbarter „heidnischer" Völker. Auch wird hier ein erstes Aufflackern dessen deutlich, was ich als das nicht-partizipierende Bewußtsein bezeichnet habe: Erkenntnis wird dadurch erlangt, daß man die *Trennung und Distanz* zwischen dem eigenen Selbst und der Natur anerkennt. Ekstatische Verschmelzung mit der Natur wird nicht nur als Dummheit ausgelegt, sondern als Götzendienst. Göttlichkeit hat ihren Platz ausschließlich im menschlichen Herzen und muß demzufolge auch dort erfahren werden; ganz sicherlich ist sie nichts, was der Natur immanent wäre. Die Zurückweisung des partizipierenden Bewußtseins, oder wie Owen Barfield es nannte, der „ursprünglichen Partizipation", war der Inhalt des Abkommens zwischen Jahwe und dem jüdischen Volk. Eben dieses Abkommen machte die Juden zum „auserwählten" Volk und gab ihm seinen in der Geschichte einzigartigen Auftrag. (3)

Bei den Griechen ist der Fall etwas schwieriger zusammenzufassen. Irgendwann zu einem Zeitpunkt zwischen den Lebzeiten Homers und Platos ist in der griechischen Erkenntnistheorie ein scharfer Bruch zu verzeichnen, der eine Abkehr von der ursprünglichen Partizipation bedeutete und aus den verschiedensten Gründen zum allmählichen Verschwinden des Animismus beitrug. Es ist schwierig, sich ein Bewußtsein vorzustellen, das tatsächlich keine Trennung machte zwischen subjektiven Denkprozessen und dem, was wir als äußere Welt der Erscheinungen bezeichnen, aber es ist wahrscheinlich, daß dies bis zur Zeit der *Iliade* (ca. 900 - 850 vor Christus) der Fall war. Die *Iliade* enthält keine Wörter, die innere Bewußtseinszustände bezeichnen würden. So, wie das griechische Wort *psyche* im Kontext (der *Iliade* verwendet wird, müßte es mit dem Wort „Blut" übersetzt werden. Ungefähr ein Jahrhundert später, in der Odyssee, hat das Wort psyche jedoch eindeutig die Bedeutung „Seele" angenommen. Die Trennung von Körper und Geist, Subjekt und Objekt macht sich ungefähr im 6. Jahrhundert vor Christus als geschichtliche Tendenz bemerkbar; und die poetische oder Homerische Mentalität, bei der das Individuum in einem Meer widersprüchlicher Erfahrungen treibt und die Welt durch die emotionale Identifikation mit ihr kennenlernt (ursprüngliche Partizipation), ist genau das, was Plato und Sokrates zu zerstören suchten. In seiner Apologie empört sich Plato darüber, daß Handwerker ihr Handwerk über den „bloßen Instinkt" erlernen und ausüben, das heißt, über den Weg gesellschaftlicher Osmose und persönlicher Intuition. Wie Nietzsche bemerkte, faßte dieser Begriff des „bloßen Instinktes", der aus Sokrates Mund nur Verachtung ausdrücken konnte, deutlich die griechische Haltung des Rationalismus zusammen, der sich gegen alle anderen möglichen Formen der Erkenntnis stellte. Deshalb fand er Sokrates (und sogar die gesamte westliche Zivilisation) auf eine tragische Weise auf den Kopf gestellt.
Der kreative Mensch, schrieb Nietzsche, arbeitet mit dem Instinkt und überprüft sich mit dem Verstand; Sokrates machte es genau umgekehrt. Und, so Nietzsche weiter, eben diese Form sokratischen Denkens setzt sich trotz Sokrates' Prozeß und Verurteilung nach seinem Tode im gesamten Hellenismus durch. (4)

Nach Eric Havelock galt für Plato ein partizipierendes Bewußtsein, wie es sich in der poetischen Tradition der Griechen darstellt, als pathologisch. (5) Aber eben diese Form des Bewußtseins war bei den Griechen bis ins 5. oder 6. Jahrhundert vor Christus bestimmend und diente während dieser Zeit als Mittler und Grundlage jeglichen Lehrens und Lernens. Dichtung wurde mündlich vermittelt und weitergegeben. Sie wurde vor einer großen Zuhörerschaft rezitiert, die sich die Verse in einem Zustand der Autohypnose einprägte. Plato gebrauchte den Begriff der *Mimesis* oder der aktiven, emotionalen Identifikation, um diesen Zustand der Unterwerfung unter den Zauber des Vortragenden zu beschreiben; einen Vorgang, dessen physiologische Wirkung sowohl entspannend als auch erotisch war, und bei dem man in den anderen eintauchte und mit ihm verschmolz. Havelock schließt, daß das vor-Homerische Leben in Griechenland „eine Daseinsform war, in der es noch keine bewußte Selbstbeobachtung des Einzelnen gab, gleichzeitig jedoch unübertroffen darin war, wie es die Quellen des Unbewußten zu nützen wußte, um es mit dem Bewußten harmonisch zu vereinigen".

Plato selbst repräsentierte eine relativ neue geistige Strömung, die vielmehr danach strebte, Ereignisse zu analysieren und zu klassifizieren als sie „nur" zu erfahren oder sie nachzuahmen. Er postulierte, daß Subjekt ungleich Objekt ist, und es Aufgabe des ersteren ist, letzteres zu prüfen und zu bewerten. Diese Vorstellung konnte jedoch nie zum Tragen kommen, wenn Subjekt und Objekt im Akt der wechselseitigen Erkenntnis miteinander verschmolzen waren, oder, um es präziser auszudrücken, den Akt der Trennung überhaupt noch nicht vollzogen hatten. In der Tradition der Dichtkunst liefen Lernprozesse grundsätzlich über sinnliche Erfahrungen ab. Den Gegensatz dazu schuf Sokrates mit seinem Diktum „erkenne dich selbst", das für einen gänzlich unsinnlichen Typus der Erkenntnis steht.

Platos Werk kennzeichnet somit die Heiligsprechung der Trennung von Subjekt und Objekt in der westlichen Welt. In zunehmendem Maße sah sich der griechische Mensch als autonomes Wesen abgetrennt von seinen Taten und Handlungen, nicht mehr als eine Abfolge von Zuständen und Stimmungen, sondern als ein vereinzeltes Bewußtsein. Dichtung sprach nach Plato von einander widersprüchlichen Erfahrungen, beschrieb einen vielschichtigen Menschen mit ständig wechselnden Wesenszügen und Wahrnehmungen. Nach Platos Vorstellung besitzt der Mensch einen Kern, ein Zentrum (Ego), um das herum er sich gruppiert; seinen Willen setzt er ein, um damit seine Instinkte zu beherrschen und auf diesem Wege seine Psyche zu vereinen. Die Vernunft wird somit zum zentralen Punkt im menschlichen Wesen und ist als die Instanz charakterisiert, die die Distanz und Trennung zwischen Individuum und Objektwelt herstellt und somit die Aufrechterhaltung der Identität ermöglicht.

Auf der anderen Seite stehen Dichtkunst, *Mimesis* und die gesamte Homerische Tradition; sie bedeutet Identifikation des Individuums mit den Dingen und den Handlungen anderer Menschen und somit die Auslieferung der Identität. Erst die Aufhebung dieser Tradition vermochte für Plato die Situation herzustellen, in der das Subjekt erst durch die Distanz zu den Objekten zur Erkenntnis gelangt. Während bei den Juden das partizipierende Bewußtsein als Sünde galt, betrachtete es Plato als pathologisch, als Erzfeind des Intellekts. Im Grunde genommen, sagt Havelock, kommt der Platonismus „einer Aufforderung gleich, eine bildhafte Vorstellung von der Welt durch eine rein begriffliche zu ersetzen". (6)

Selbstverständlich konnte Plato seinen Sieg nicht von einem Tag auf den anderen davontragen. Owen Barfield weist darauf hin, daß die ursprüngliche Partizipation, das heißt das Erlangen von Erkenntnis durch bildhafte und nicht begriffliche Vorstellungen, in der westlichen Welt bis ins Zeitalter der wissenschaftlichen Revolution überlebte. Noch durch das gesamte Mittelalter hindurch empfanden die Menschen die Welt in erster Linie als ein feines

Gewebe, das sie auf dem Leib trugen und nicht als eine Ansammlung disparater Objekte, dem sie distanziert gegenüberstanden. Doch schon seit der Zeit Platos hatte die mimetische Tradition Einbußen erlitten, weil seit dieser Zeit so etwas wie Objektivität in der Luft lag. Es waren im wesentlichen die Magie und die Alchemie, die es sich zur Aufgabe gemacht hatten, nachzuweisen, wie beschränkt dieser Begriff von Objektivität war.

Die „Hermetische Weisheit" wie sie genannt wurde, hatte sich der Vorstellung verschrieben, daß wahre Erkenntnis nur in der Vereinigung von Subjekt und Objekt zu erlangen sei, in einem Akt der Identifikation von Gefühl und Seele mit einer Welt der Bilder und nicht in einer rein intellektuellen Untersuchung von Begriffen und Vorstellungen. Wie schon an anderer Stelle erwähnt, war diese Auffassung auch die Basis dessen, was ich Homerisches oder vor-Homerischen Bewußtsein genannt habe. In der folgenden Analyse der Weltanschauung der Renaissance und des Mittelalters werden wir davon ausgehen, daß das Bewußtsein des vor-neuzeitlichen Menschen irgendwo zwischen dem vor-Homerischen und dem Standpunkt der Objektivität, von dem das Europa im 17. Jahrhundert geprägt war, angesiedelt war. Die wissenschaftliche Revolution verdrängte die letzten noch beträchtlichen Überreste der ursprünglichen Partizipation und wurde zum Wegbereiter einer äußerst bedeutungsvollen Etappe in der Geschichte des westlichen Bewußtseins.

Das 16. Jahrhundert war, was die europäische Geistesgeschichte betrifft, eine äußerst ungewöhnliche Periode, in der die okkulten Wissenschaften in sehr starkem Maße das, was das ganze Mittelalter hindurch die große Kirche des Aristoteles erfolgreich zu verhindern gewußt hatte, wiederbelebten. Trotz seiner großen Unterschiede zu den Aristotelischen Auffassungen war es den Alchemisten mit ihren Vorstellungen bis zu einem gewissen Grad gelungen, das mittelalterliche Bewußtsein zu durchdringen.

Aristoteles Doktrin vom natürlichen Ort und der Bewegung war zum Beispiel Teil der magischen Doktrin von der Sympathie, daß Gleiches Gleiches anzieht; und die Vorstellung, daß die Vorfreude auf das „Ankommen" einen Körper im freien Fall dazu bringt, schneller zu fallen, je mehr er sich der Erde nähert, ist sicherlich Ausdruck eines partizipierenden Bewußtseins. Darüberhinaus wurde der durch ständige Wiederholung stark meditative Charakter alchemischer Prozesse (Zerstoßen, Destillieren usw.), der durch die schrittweise Zentrierung der Aufmerksamkeit veränderte Bewußtseinszustände bewirkte, im Mittelalter in Hunderten von Handwerkskünsten nachgeahmt, wie zum Beispiel der Glasmalerei, im Weben, der Kalligraphie, der Metallbearbeitung und der Buchgestaltung. Im großen und ganzen war das mittelalterliche Leben und Denken in hohem Maße beeinflußt von animistischen und Homerischen Vorstellungen und kann deshalb bis zu einem gewissen Grad als einheitliches Bewußtsein betrachtet werden. (7)

Was waren die gemeinsamen Nenner dieses Bewußtseins? Woraus bestand Wissen und Erkenntnis, wenn man den erkenntnistheoretischen Rahmen eines Europas im 16. Jahrhundert voraussetzt? Kurz gesagt, in dem Erkennen von Ähnlichkeiten. (8) Die Welt bestand aus einer riesigen Anzahl von Korrespondenzen. Alle Dinge stehen in Beziehung zueinander und sind durch Sympathie oder Antipathie miteinander verbunden. Männer ziehen Frauen an,

Magneteisensteine ziehen Eisen an, Öl stößt Wasser ab, und Hunde vertragen sich nicht mit Katzen. Dinge mischen sich, fließen ineinander, berühren sich in einer endlosen Kette, einem Band, das, wie Della Porta in seinem Werk „Natürliche Magie" schrieb, durch den Gott, den Urgrund aller Dinge, in seine ersten Schwingungen versetzt wurde. Das große alchemische Konzept vom Mikrokosmos und Makrokosmos setzt die uns umgebenden Dinge in Analogie zum Menschen: das Knochengerüst der Erde besteht aus ihren Bergen und Felsen, die Flüsse sind ihre Adern, die Wälder ihr Haar. Die Welt reproduziert und spiegelt sich in einem endlosen Netzwerk aus Ähnlichkeit und Unähnlichkeit. Sie ist ein System aus Hieroglyphen, ein aufgeschlagenes Buch, das „von einer Fülle geschriebener Zeichen und Symbole strotzt".

Wie aber kann man wissen, was zueinander paßt? Wie man sich vorstellen kann, besteht die Lösung des Rätsels aus der Entzifferung dieser Zeichen und wurde die „Signaturenlehre" genannt.

„Entspricht es etwa nicht der Wahrheit", schrieb Oswald Croll im 16. Jahrhundert, daß „alle Kräuter, Pflanzen, Bäume und andere Dinge, die aus dem Schoß der Erde gewachsen sind, wie magische Zeichen sind?" Durch die Sterne prägte sich das Bewußtsein Gottes der Welt der Erscheinungen auf, und deshalb trug das Wissen, die Erkenntnis, die Züge der Ahnung und Weissagung, die gleichzeitig die Suche nach dem Göttlichen beinhalteten. Dieses Göttliche zu finden bedeutete, an dem universalen Geist zu partizipieren, der hinter allen Erscheinungen steht. Croll liefert als Beispiel die „Tatsache", daß Walnüsse Erkrankungen des Kopfes vorbeugen, weil ihr Inneres dem menschlichen Gehirn ähnlich sieht. Ebenso müssen Gesicht und Hände eines Menschen seiner Seele ähnlich sein – eine Auffassung, die sich bis in unsere Zeit hielt, wenn man an die Kunst des Handlesens denkt, oder an den in vielen Sprachen verbreiteten Ausspruch, daß „die Augen die Fenster zur Seele des Menschen" sind. Eine der klarsten Ausführung findet sich in „Die okkulte Philosopie" (1533) (9) des großen Magiers der Renaissance, Agrippa von Nettesheim. In Kapitel 33 seines Buches schreibt er: „Alle Sterne haben ihre eigenthümliche Natur und Beschaffenheit, deren Zeichen und Merkmale sie durch ihre Strahlen auch in unserer Welt den Elementen, Steinen, Pflanzen, Tieren und deren Gliedern mitteilen. Jede Sache erhält daher gemäß der harmonischen Ordnung und von ihrem sie bestrahlenden Sterne ein besonderes Zeichen oder Merkmal eingedrückt, das den betreffenden Gestirneinfluß genau charakterisiert und eine besondere, entweder nach der Gattung oder Art oder der Zahl des Gegenstandes von andern verschiedene Kraft in sich enthält. Es erhält somit jedes Ding zum Zwecke einer bestimmten Wirkung seinen eigenthümlichen Charakter von einem Sterne, besonders von jenem, der vor den übrigen eine Herrschaft über dasselbe ausübt."

In diesem Erkenntnissystem bestehen Unterscheidungen, wie wir sie in unserer Zeit machen, zum Beispiel zwischen dem Innen und dem Außen, zwischen dem Psychischen und Physischen nicht. Wenn Du die Liebe fördern willst, sagt Agrippa, dann esse Tauben, wenn Du Mut brauchst, die Herzen von Löwen. Ein lüsternes Weib oder ein charismatischer Mann besitzen dieselbe Eigenschaft wie ein Magnet, nämlich die der Anziehung. (10) Diamanten dagegen schwächen den Magnet und Topase schwächen die Lust. Auf diese Weise trägt alles das Zeichen unseres Schöpfers, und Wissen besteht, wie Agrippa sagt, aus einer „gewissen Anteilnahme", einem sinnenhaften Teilhaftigwerden der Göttlichkeit. Es ist eine Welt, die durchdrungen ist von Bedeutung, in der alles seinen Platz erhält durch die Zeichen, die es trägt. „Es gibt nichts auf der ganzen Welt", schreibt er, „das nicht wenigstens einen Funken der Tugend der (Weltseele) trüge. Jedes Ding hat seinen vorbestimmten und besonderen Platz in unserer Welt."

Während Lebzeiten wurde Agrippa als Scharlatan und Blender gebrandmarkt, und wie wir gesehen haben, standen Magie und Hermetismus in ständigem Streit mit der Kirche. Aber dieser Streit barg auch einige Elemente der Ähnlichkeit, da die Kirche im Mittelalter, wie wir im folgenden sehen werden, in magischen Praktiken und Sakramenten verankert war, die ihr im direkten Kontakt zum Volk ihre Macht verlieh. Infolgedessen würde sie bei diesem Wettstreit auch keinen Rivalen dulden. (11) Der entscheidende Punkt bei dieser ganzen Diskussion ist jedoch, daß alles vorneuzeitliche Wissen gleich strukturiert war. Wie Michel Foucault sagt, ist die Prophezeiung „nicht eine rivalisierende Form von Wissen, sondern ist vielmehr Teil des umfassenden Wissens selbst." Gelehrtheit und Hermetismus, Petrarca und Ficino bevölkerten letztendlich ein und dasselbe geistige Universum.

Und eben der Zusammenbruch dieses geistigen Universums, der, falls man ein solches Ereignis überhaupt datieren kann, im späten 16. Jahrhundert begann, war es, der die radikale Abtrennung vom Mittelalter zur Neuzeit auslöste; und nirgendwo ist dies besser dokumentiert als im *Don Quijote* des Cervantes. (12) Die Abenteuer des Don Quijote sind ein Versuch, die Welt zu entschlüsseln und die Realität selbst in ein Zeichen zu transformieren. Seine Reise ist eine Suche nach Analogien in einer Gesellschaft, die schon an dem Punkt angelangt war, deren Bedeutung in Frage zu stellen. Und diese Gesellschaft erklärt ihn daraufhin auch für verrückt, für „quijotisch". Wo er Mambrins Helm sieht, sieht Sancho Panza nur eine Barbierschüssel; wo Don Quijote (um das berühmteste Beispiel zu wählen) Riesen wahrnimmt, sieht Sancho nur Windmühlen. Folglich ist die wörtliche Übersetzung von *Paranoia:* neben dem Sinn. Die Trennung zwischen psychisch und physisch, Körper und Geist, symbolischem und wörtlichem Sinn ist somit endgültig vollzogen. Der Verrückte nimmt Ähnlichkeiten wahr, die gar nicht existieren und die keinerlei Bedeutung haben. Um 1600 gilt dieser Verrückte als „der Analogie entfremdet", wohingegen er vier oder fünf Jahrhunderte früher als der typische gebildete Europäer galt. Für einen Verrückten macht „die Krone den König aus" und Shakespeare fing die Verschiebung hinsichtlich der Definition von Realität in der Zeile ein: „ All hoods do not monks make." (Eine Kapuze macht noch keinen Mönchen). Angesichts der Sinnlosigkeit solcher Assoziationen konnten Praktiken wie zum Beispiel das Zaubern oder Hexen nicht mehr länger als wirkungsvoll betrachtet werden. „Ich kann die Geister aus der dunklen Tiefe herbeirufen", sagt Glendower zu Hotspur in *Heinrich IV*, Teil I. „Das kann ich ebenso gut wie jeder andere", antwortet letzterer; „Aber werden sie auch kommen, wenn Du nach ihnen rufst?"

Hotspurs Worte sind die ersten Schritte in eine Beziehung zur Welt, die uns sehr vertraut ist. Glendower schwingt dagegen die letzten übriggebliebenen Akkorde einer Welt an, die unseren Vorstellungen und Bildern zum größten Teil abhanden gekommen ist; eine Welt der Schwingung und des Widerhalls, der Analogien und des Wiedererkennens, der Üppigkeit und Fülle. Doch diese Akkorde klingen möglicherweise – selbst in unserer heutigen Zeit – leise und verschwommen in unserem Bewußtsein nach. Bevor wir uns einer ausführlicheren Diskussion über den Zerfall des partizipierenden Bewußtseins zuwenden, werden wir noch etwas verweilen und versuchen, ob wir uns nicht in diese Denkweise hineinfühlen können.

Partizipation bedeutet, daß das Ich und Nicht-Ich im Augenblick der Erfahrung eins sind. Der prä-homerische Grieche, der mittelalterliche Engländer (zu einem geringeren Ausmaß natürlich) und der heutige afrikanische Stammesangehörige erkennen ein Ding vollkommen in diesem Akt der Identifikation, des Einsseins; und diese Identifikation ist ebenso sinnlich wie intellektuell. Sie bedeutet eine Totalität der Erfahrung: den sinnlichen Intellekt – falls sich der Leser dieses Buches so etwas überhaupt vorstellen kann. Uns ist die Fähigkeit zu dieser Identifikation so sehr abhanden gekommen, daß uns nur noch zwei Erfahrungen geblieben sind, die aus diesem partizipierenden Bewußtsein bestehen: Lust und Angst. Wenn ich mit meiner Partnerin sexuell verkehre, wenn ich langsam in ihrem Körper versinke, „verliere" ich mich mehr und mehr. Im Augenblick des Orgasmus *bin* ich der Sexualakt; es existiert kein „Ich" mehr, das den Akt erfährt. Panik hat ein ganz ähnliches Moment – in Augenblicken höchster Panik besteht keine Trennung mehr zwischen mir und dem, was mir geschieht. Im Augenblick der psychotischen (oder mystischen) Erfahrung stellt meine Haut keine Grenze zum Außen mehr dar. Ich bin aus meinem Selbst herausgetreten und zu meiner Umgebung geworden. Der wesentliche Punkt der ursprünglichen Partizipation ist das Gefühl, daß hinter den Erscheinungen etwas ist, das für etwas steht und das von derselben Natur ist, wie ich selbst – Mana, Gott, der Weltgeist. (13) Diese Auffassung, daß Subjekt und Objekt, Ich und Nicht-Ich, Mensch und Umwelt letztendlich eins sind, wird holistische Weltsicht genannt.

Natürlich erfahren wir Partizipation manchmal in weniger intensiver Form, obwohl sexuelle Lust und Angst die besten Beispiele darstellen. In Wirklichkeit ist – wie ich in Kapitel V ausführlicher zu zeigen versuche – für den Menschen der Moderne Partizipation eher die Regel als die Ausnahme, obwohl er sich dessen, im Gegensatz zu seinen Ahnen, nicht bewußt ist. Als ich zum Beispiel die ersten Seiten dieses Kapitels niederschrieb, war ich so vertieft in diese Tätigkeit, daß ich überhaupt kein Bewußtsein mehr von mir selbst hatte. Dieselbe Erfahrung mache ich zum Beispiel bei einem Film, bei einem Konzert oder bei einem Tennisspiel. Das Bewußtsein der herrschenden Kultur diktiert jedoch meiner „Erkenntnis", daß ich niemals mit meinen Erfahrungen identisch sein kann. Während mein Vorgänger aus vergangenen Zeiten spürte und sah, daß er seine Erfahrungen war – daß sein Bewußtsein nichts von ihm Losgelöstes und Abgetrenntes war – klassifiziere ich meine eigene Partizipation als eine Art „Entspannung" und nehme Realität im Sinne der Überprüfung und Bewertung auf – genau wie Plato es sich erhofft hatte. Ich empfinde mich daher als eine Art Insel, wohingegen mein Vorgänger im Mittelalter oder der Antike sich eher als Embryo empfand. Und obwohl es keinen Weg zurück in den dunklen Schoß gibt, können wir zumindest ermessen, wie trostreich und bedeutungsvoll dieser Bewußtseinszustand und diese Sicht der Welt war.

Aber war diese Sicht der Welt überhaupt real? Lebten meine Vorfahren vielleicht nicht in derselben Welt wie ich und faßten sie nur in andere Begriffe (möglicherweise sogar in die falschen)? Stellt die Subjekt-Objekt-Dichotomie nicht einen entscheidenden Sieg der menschlichen Erkenntnis über diese primitive, ja orgiastische Identifikation von Ich und Nicht-Ich dar? Diese Fragen, die sich im Grunde genommen alle mit demselben Thema beschäftigen, sind innerhalb der Geschichte des Bewußtseins die entscheidendsten und fordern daher eine detaillierte Untersuchung. Und als Antwort bieten sich nur zwei Möglichkeiten: Entweder war die ursprüngliche Partizipation, die bis ins späte 16. Jahrhundert hinein die grundlegendste Methode menschlicher Erkenntnis war (trotz ihrer allmählichen Abschwächung), nur eine Selbsttäuschung, oder aber sie existierte wirklich und war eine reale Tatsache. (14) Wir werden versuchen, zwischen diesen beiden Alternativen zu entscheiden, indem wir uns mit dem Beispiel einer Wissenschaft der „Partizipation" beschäftigen, der Alchemie.

Schenkt man den Standardwerken der Geschichtsbücher Glauben, dann beschäftigte sich die Alchemie mit dem Versuch, eine chemische Substanz zu finden, die, wenn sie Blei hinzugefügt wurde, dies in Gold verwandelte. Auf der anderen Seite versucht sie eine Flüssigkeit herzustellen, das *elexier vitae* (Lebenselexier), die das menschliche Leben ewig zu verlängern vermochte. Da keines dieser Ziele erreichbar ist, wird das gesamte alchemische Unterfangen in der Geschichte der Wissenschaften als sinnlose Episode (die allerdings länger als 2.500 Jahre andauerte) abgetan, ein abenteuerliches Unternehmen, dessen Ausgang als tragisch bezeichnet werden könnte, wenn es von seinem Inhalt her nicht so töricht gewesen wäre. Bestenfalls räumt die moderne Wissenschaft ein, daß die Alchemisten bei der Verfolgung ihrer fadenscheinigen Ziele als brauchbares Nebenprodukt wenigstens ein paar Medikamente und chemische Substanzen entdeckt hätten.

Wie es Clichés so an sich haben, beinhaltet auch dies ein Körnchen Wahrheit. Die unmittelbare Herstellung des *Lapis* oder Stein des Weisen, war für viele Alchemisten sicherlich ein unwiderstehliches Ziel, und der Ausdruck „Paffer" wurde zur Benennung des auf kommerzielle Zwecke ausgerichteten Opportunisten und Scharlatans verwendet. „Von allen Menschen", schrieb Agrippa, „sind die Metallegierer und Metallschmelzer die schlimmsten." (15) Es bedarf jedoch nur einer kurzen Durchsicht alchemischer Abbildungen aus dem Mittelalter oder der Renaissance, wie zum Beispiel die, die sich in der Sammlung Carl Jungs befinden, um uns davon zu überzeugen, daß diese Scharlatanerie kaum alles gewesen sein kann. (16) Was konnten diese seltsamen Bilder möglicherweise bedeuten? (Siehe Abbildungen 2 - 6) Eine rotgrüne Schlange, die ihren eigenen Schwanz verschlingt; ein androgynes, bzw. ein männliches und ein weibliches Wesen, an der Taille zusammengewachsen, dahinter ein Adler mit ausgebreiteten Schwingen, ein Haufen toter Adler zu ihren Füßen. Ein grüner Löwe, der die Sonne verschlingt (in Wirklichkeit Merkur), worauf Blut (eigentlich Quecksilber) aus der Wunde fließt. Ein mensch-

Abb. 2: *Der Uroburos,* Symbol der Integration. Synosius, MS. grec 2327, f. 279. Phot. Bibl. nat. Paris.

liches Skelett, hoch auf einer schwarzen Sonne stehend; die Sonne, die bis hinter die Erde einen großen Schatten wirft – diese und andere Bilder sind so phantastisch, daß sie sich unserem letztendlichen Verständnis entziehen. Falls alles, wonach man strebte, Gesundheit und Reichtum war, bestand im Grunde genommen keine Notwendigkeit, solche gekonnt illustrierten Texte auf eine derart sorgfältige und ausgefeilte Art und Weise anzufertigen. Mythopoetische Kunst dieser Art zwingt uns jedoch, die vereinfachte und nur auf einen Zweck ausgerichtete Deutung der Alchemie zu verwerfen und stattdessen zu versuchen, in dieses uns völlig fremdartige Bewußtseinsterrain einzutreten, das diese bizarre Bilderwelt repräsentiert. Es ist das Verdienst Carl Jungs, als erster mit Hilfe klinischer Daten aus der Traumanalyse die Symbole der Alchemie dechiffriert zu haben. Auf der Grundlage dieses Datenmaterials formulierte er dann die Behauptung, daß Alchemie letztendlich eine Landkarte des menschlichen Unbewußten sei. Zentraler Punkt der Jungschen Psychologie ist das Konzept der „Individuation", das heißt der Prozeß innerhalb dessen ein Individuum sein Selbst entdeckt und entwickelt, so wie es sich im Gegensatz zu seinem Ego darstellt. Das Ego konstituiert sich aus Cha-

Abb. 3: Das alchemische Zwitterwesen. *Aurora consurgens*, Zentralbibliothek Zürich.

Abb. 4: Der grüne Löwe verschlingt die Sonne. Arnold von Villanova, *Rosarium philosophorum* (1550), Kantonsbibliothek (Vadiana), St. Gallen.

Abb. 5: *Sol niger: das nigredo;* aus J. D. Mylius *Philosophia reformata* (1622). Reproduktion in C. G. Jung, *Gesammelte Werke,* Walter-Verlag.

raktermasken, entstanden aus der Notwendigkeit täglicher sozialer Interaktionen. Als solche bilden sie den Kern unseres bewußten Lebens und unser Verständnis von uns selbst durch die Augen der anderen. Unser Selbst auf der einen Seite ist unser echtes Zentrum, die Wahrnehmung von uns selbst ohne Beeinflussung von außen; entfaltet wird es dadurch, daß das Bewußte und Unbewußte in uns in harmonischen Einklang gebracht werden. Die Traumanalyse ist eines der Wege, um diese Harmonie zu erreichen. Wir können unsere Traumsymbolik aufschlüsseln und dann im Wachzustand auf diese Träume einwirken, was sich in der Folge wieder verändernd auf unsere Träume auswirken wird. Aber wie sollen wir unsere Träume analysieren? Häufig sind sie mehrdeutig und widersprechen so vollkommen allen Regeln einer logischen Kausalität, daß sie an ein unverständliches Kauderwelsch erinnern. Aber wie Jung entdeckte, kann genau an diesem Punkt die Alchemie einen entscheidenden Beitrag leisten. Tatsächlich ist es so, daß wir mit Hilfe von etwas wie der

Abb. 6: *Die Sonne und ihr Schatten vollenden das Werk,* von Michael Maier, *Scrutinium chymicum* (1687) Reproduktion in C. G. Jung, *Gesammelte Werke,* Walter-Verlag.

Lehre von den Zeichen die Fähigkeit erlangen, herauszufinden, was unsere Träume bedeuten. (17)

Die Sprache sowohl der Alchemie als auch der Träume folgt einer Argumentationslinie, die ich „dialektisch" genannt habe und die im Gegensatz zur kritischen Vernunft steht, die für das rationale oder wissenschaftliche Denken charakteristisch ist. (18) Wie wir an früherer Stelle gesehen haben, betrachtete Descartes Träume als widernatürlich, weil sie das Prinzip der Widerspruchsfreiheit verletzen. Aber diese Verletzung ist nicht willkürlich, sondern erfolgt vielmehr aus einem eigenen Paradigma heraus, das sehr wohl alchemisch genannt werden kann. Der zentrale Punkt dieses Paradigmas ist, daß die Realität paradox ist, daß zwischen allen Dingen und ihrem Gegenteil eine enge Verwandtschaft besteht und daß Zuneigung und Abwehr denselben Ursprung haben. All dies sagt uns ja schon unsere Intuition, da wir ja von Haßliebe sprechen; erkennen, daß uns das, wovor wir am meisten Angst haben, am ehesten befreit und mißtrauisch werden, wenn der, den wir als Missetäter bezichtigen, allzu heftig seine Unschuld beteuert. Kurzum, etwas kann gleichzeitig sein und nicht sein, und wie Jung, Freud und offensichtlich die Alchemisten wußten, ist es für gewöhnlich auch so. Innerhalb des alchemischen Paradigmas ist es die kritische Vernunft, die sinnlos erscheint, ja geradezu schon dumm in ihrem Bemühen, vielsagende Vorstellungen und Bilder ihrer Bedeutung zu berauben. Wie wir in dem Beispiel aus Kapitel I gesehen haben, ist es, wenn ich träume, ich sei mein eigener Vater, und streite mit ihm, völlig irrelevant, daß dies nicht logisch oder von empirischen Gesichtspunkten überhaupt möglich ist. Was wirklich relevant ist, ist die Tatsache, daß ich schweißgebadet aus dem Traum erwache und für den Rest des Tages beunruhigt bin; daß sich meine Seele in einer Art Bürgerkrieg befindet, hin- und hergerissen zwischen dem, was ich für mich selbst gutheiße und was mein introjizierter Vater für mich gutheißt. In demselben Maße wie dieses Problem ungelöst bleibt, werde ich selbst zersplittert und von meiner Ganzheit entfernt sein; und da, wie Jung annahm, das Streben nach Ganzheit ein der Psyche innewohnender Bestandteil ist, wird das Unbewußte einen Traum nach dem anderen zu diesem Thema produzieren, so lange, bis ich Schritte unternehme, den dahinterstehenden Konflikt zu lösen. Und da das Leben dialektisch ist, werden auch die Bilder meines Traumes dialektisch sein. Sie werden weiterhin gegen die logischen Abfolgen von Zeit und Raum verstoßen, und sie werden weiterhin gegensätzliche Begriffe und Vorstellungen darstellen, von denen sich bei genauer Betrachtung herausstellt, daß sie eigentlich identisch sind.

Jungs spezieller Beitrag – sowohl zur Geschichte der Alchemie als auch zur Tiefenpsychologie – bestand in der Entdeckung, daß Patienten ohne vorherige Kenntnis der Alchemie Träume hatten, die in einer verblüffenden Ähnlichkeit die Vorstellungen und Bilder alchemischer Texte reproduzierten. In seinem berühmten Aufsatz über individuelle Traumsymbolik und Alchemie zeichnete C. G. Jung eine Serie von Träumen eines seiner Patienten und wies für nahezu jeden dieser Träume eine alchemische Abbildung nach, die mit den Traumsymbolen in ganz unmißverständlicher Weise übereinstimmte. (19) Insofern er behauptete, daß andere im Verlaufe ihres Individuationsprozesses ähnliche Traumbilder hervorgebracht hatten, war er gezwungen, den Schluß zu ziehen, daß dieser Vorgang ein der Psyche innewohnender Bestandteil war, und daß die Alchemisten, ohne eigentlich genau zu wissen, was sie taten, ihr eigenes Unbewußtes aufgezeichnet und dann auf die Welt der Materie projiziert hatten. Das Gold, von dem sie sprachen, war somit nicht wirklich Gold, sondern ein „goldener" Bewußtseinszustand, ein Bewußtsein, das einen Menschen überwältigt in einer Erfahrung wie zum Beispiel dem *Satori* im Zen, oder einer Gott-Erfahrung, wie sie zum Beispiel von Jakob Böhme (selbst ein Alchemist), Johannes vom Kreuz oder der heiligen Theresa von Avila beschrieben wird. Weit davon entfernt, eine Pseudo-Wissenschaft oder Pseudo-Chemie zu sein, war die Alchemie ein Stück Wirklichkeit – in der westlichen Welt der letzte große Versuch, das menschliche Unbewußte bildhaft und synthetisch darzustellen. Oder, um es mit den Worten Norman O. Browns zu sagen: „der letzte Versuch des Menschen in der westlichen Hemisphäre, eine Wissenschaft hervorzubringen, die auf einer erotischen Vorstellung von der Realität basierte." (20)

Die Ablehnung der Alchemie als Wissenschaft fiel nach Ansicht Jungs mit der Unterdrückung des Unbewußten zusammen, wie es für die westliche Welt seit der wissenschaftlichen Revolution charakteristisch ist – eine Unterdrükkung, von der er vorhersah, daß sie in der Neuzeit tragische Folgen haben, bzw. in einer weitverbreiteten Zunahme von Geisteskrankheiten, sowie wahren Orgien von Völkermord und Barbarei enden würden. (21) Und so war Jung überzeugt, daß das Unvermögen des Einzelindividuums, sich mit seinen inneren Dämonen zu konfrontieren, also dem Teil seiner Persönlichkeit, den er fürchtete und haßte, (dem „Schatten", wie er es nannte) ganz sicherlich verheerende Folgen haben würde; die einzige Hoffnung, die es seiner Meinung nach wenigstens auf der persönlichen Ebene noch gab, bestand darin, sich auf die Reise der Seele zu begeben, die letztendlich nichts anderes war als das, was die Alchemie ihrem Wesen nach beinhaltete. In den geheimnisvollen Worten von Michael Maier, einem Alchemisten und Rosenkreuzer des 17. Jahrhunderts, ausgedrückt; „Die Sonne und ihr Schatten vollenden das Werk." (Siehe Abbildung 6) (22) Die Entfaltung des Selbst geschieht nicht durch eine Unterdrückung des Unbewußten, sondern durch ein Zurückführen in das Bewußtsein.

Mit dieser Analyse im Hintergrund fand Jung, daß die eigenartige Bilderwelt der alchemischen Texte plötzlich Sinn ergab. Der Ourobouros von Abbildung 2 und 3 ist ein Symbol, das in der einen oder anderen Form in beinahe jeder Kultur vorhanden ist und das Erreichen psychischer Integration, die Vereinigung von Gegensätzen darstellt. Grün ist die Farbe, die in einem frühen Stadium alchemischer Prozesse auftritt, wogegen rot (das „rubedo", wie es genannt wird) ein späteres Stadium anzeigt. Und somit werden, wie die Abbildung zeigt, Anfang und Ende, Kopf und Schwanz, Alpha und Omega miteinander vereint. Das Gold, oder das Selbst, das von Anfang an da war, scheidet sich zum Schluß ab. Die Welt ist gleich geblieben, aber der betreffende Mensch hat sich verändert; wie T. S. Eliot es in seinem „Little Gidding" ausdrückte:

> Wir werden nie aufhören, auf Entdeckungsreise zu gehen
> und am Ende all unserer Entdeckungen
> werden wir dort ankommen, wo unser
> Ausgangspunkt war
> und diesen Ort zum ersten Mal erkennen.

Die dialektische Natur der Wirklichkeit, die in der Theorie der Ähnlichkeit eingebettet war, wurde in der Alchemie widergegeben durch Bilder von androgynen Wesen (Abbildung 3), Hermaphroditen und Vermählungen oder sexuelle Verbindungen von Bruder und Schwester. Die Vereinigung von Gegensätzen vollzieht sich in alchemischen Destillierkolben; Blei galt „in potentia" als Gold, Quecksilber sowohl als Flüssigkeit als auch als Metall; im Destillierkolben verfestigte sich das, was flüchtig war (versinnbildlicht in der Gestalt des sich erhebenden Adlers), und das, was fest war, verflüchtigte sich (in unserem Bild symbolisiert durch die toten Adler).

In Abbildung 4, die einen grünen Löwen darstellt, der versucht, die Sonne zu verschlingen, wird die Gefahr aufgezeigt, die die alchemische Arbeit beinhaltet. Wie schon angedeutet, zeigt die Farbe grün ein frühes Stadium des alchemischen Prozesses an, wo die noch unverformte, vegetative Kraft des Unbewußten zutage tritt und das Bewußtsein sich in Gefahr sieht, verschlungen zu werden. Der alchemische Merksatz „Verwende keine zu hohen Hitzegrade" ist hier angebracht. Der Prozeß der Veredelung und Destillierung geht, wie alle anderen alchemischen Vorgänge langsam und unendlich langwierig vonstatten, und jeder Versuch, diesen Prozeß zu beschleunigen, wird diesen fehlschlagen lassen. Rührt man an das Unbewußte, dann läuft man Gefahr, mit mehr konfrontiert zu werden, als man gerechnet hat; das unterdrückte Unbewußte wird das Bewußte möglicherweise überschwemmen und überwältigen, sobald ein Loch in den Deich gebohrt wird, der die beiden Sphären voneinander trennt. Dieses Phänomen ist sowohl Psychiatern als auch Leuten bekannt, die Yoga oder Meditation praktizieren und mit psychedelischen Drogen („zu hohe Hitzegrade") experimentiert haben. (23) Derjenige, der auf der Suche nach Integration ist, lebt möglicherweise in dauernder Angst davor oder ist ständig gezwungen, diese Suche immer wieder von neuem zu beginnen. Im schlimmsten Falle können sich diese eruptionsartigen Botschaften des Unbewußten regelrecht zersetzend auf die Psyche auswirken und in der Psychose resultieren. (24) Der alchemische Prozeß wird häufig in dem Satz *solve et coagula* zusammengefaßt: die Charaktermaske wird (auf)gelöst (auf der Ebene der Psyche), um somit das wirkliche Selbst zu befähigen, sich zu verdichten und zu verfestigen, zu koagulieren; solch ein Ergebnis mag in der Tat vor allem in einer Kultur unwahrscheinlich sein, die in panischer Angst vor dem Unbewußten lebt und deshalb keine Zeit verliert, wenn es darum geht, den Einzelnen mit Hilfe von Medikamenten in das zurückzubefördern, was sie als Realität definiert. (25) Sogar die relativ alchemische Kultur des Mittelalters war sich solch einer Gefahr ganz klar bewußt, wie Abbildung 4 zeigt, und es war Bestandteil des alchemischen Wirkens, den grünen Löwen zu „zähmen", oder ihm seine Pfoten abzuschneiden" – einem Akt, der (auf der praktischen Ebene der Umsetzung) darin bestand, Schwefel mit Quecksilber in Verbindung zu bringen oder ihn einen ganzen Tag lang in Säure zu kochen. Falls diese Zähmung nicht in Angriff genommen wurde, konnte der Durchbruch des Unbewußten, die Auflösung des Ego, der Zusammenbruch der Subjekt-Objekt-Trennung, die plötzliche Einsicht, daß hinter den Erscheinungen ein einziges großes Bewußtsein stehe – dieser einzigartige geistige Lichtblitz konnte den Betroffenen möglicherweise in den Himmel oder die Hölle katapultieren, je nach seinen persönlichen Umständen. Deshalb noch ein weiterer zentraler alchemischer Lehrsatz: *Nonnulli perierunt in opere nostro* – „nicht wenige sind bei unserer Arbeit zugrundegegangen."

Und schließlich stellt Abbildung 5 die erste Phase des alchemischen Prozesses dar, das *nigredo*, die Lösung des Bleis, wobei die Farbe der Lösung schwarz ist. Dies ist die dunkle Nacht der Seele, der Punkt, an dem sich die Charaktermaske aufzulösen beginnt und das Selbst am Horizont noch nicht sichtbar ist. Deshalb das Skelett, der Tod des Ego und die schwarze Sonne (*sol niger*), Verkörperungen akuter Depression. Der Schatten hat nun das Ego vollkommen verdunkelt. In *Das geteilte Selbst* führt Laing eine Patientin an, die ohne vorherige Kenntnis der Alchemie den Ausdruck „Schwarze Sonne" zur Beschreibung ihrer Erfahrung der Welt verwendet. Dialektisch betrachtet, enthält Blei den Klumpen Gold, und der erfahrene Alchemist kann die Umwandlung durch sorgfältige Überwachung und Durchführung seiner Experimente herbeiführen. Hier die abschließende Bemerkung in Laings Buch: „Könnte man tief genug in den dunklen Schoß der Erde steigen, würde man dort ‚das strahlende Gold' entdecken; könnte man unendlich tief ins Meer hinabtauchen, würde man dort auf dem Grunde des Meeres die Perle entdecken." (26)

Jungs Analyse der Alchemie ist brilliant und legt mit aufreizender Offenheit Zeugnis davon ab, daß sich die Alchemisten des psychischen Aspekts ihrer Verfahren durchaus bewußt waren. *Aurum nostrum non est aurum vulgi*, schreiben sie – „unser Gold ist nicht das gemeine Gold"(im Sinne des käuflichen). *Iam ethice quam physice* – „von ebenso ethischer wie materieller Beschaffenheit"; oder wie der Alchemist Gerhard Dorn es offen ausdrückte: „Verwandelt euch in lebendige Steine des Weisen!" So mochte Jung zu Recht behaupten, daß das, was sich „in Wirklichkeit" im Labor des Alchemisten zutrug, der psychische Prozeß der Selbsterkenntnis war, der dann auf die Inhalte der Schmelztiegel und Destillierkolben übertragen wurde. Der Alchemist *glaubte*, Gold herzustellen, aber natürlich war dies nicht der Fall; vielmehr stellt er ein Gebräu her, das er infolge seines veränderten Bewußtseinszustandes „Gold" nannte.

Diese Hypothese klingt sehr eingängig, zumal wir wissen, daß Alchemisten bei ihrer Arbeit auch eine Anzahl von Techniken verwendeten, die diese veränderten psychischen Zustände hervorrufen können, wie zum Beispiel Meditation, Fasten, Yoga oder spezielle Atemtechniken, und manchmal auch das Singen von Mantras. Diese Techniken werden schon seit Jahrtausenden – vor allem in Asien – angewandt, mit dem ausdrücklichen Zweck (in unseren Begriffen), die Trennung zwischen den bewußten und unbewußten Teilen unseres Selbst aufzuheben. Sie befreien den Menschen von allen weltlichen Begierden und befähigen ihn, in eine andere Dimension der Wirklichkeit vorzudringen. Und diese Techniken haben, wie die westliche Wissenschaft zu erkennen beginnt, ganz sicher physiologische Auswirkungen, vor allem, wenn wir den (für mich recht überzeugend klingenden) Standpunkt einnehmen, daß der Begriff Seele nur eine andere Bezeichnung für das ist, was der Körper tut. So fällt es nicht schwer anzunehmen, daß der psychische Aspekt die Realität darstellt und der materielle nur irreführend oder irrelevant ist.

Leider sagt Jungs Interpretation nichts darüber aus, was der Alchemist nun wirklich mit seinen Tiegeln und Destillierkolben anstellte. Vielmehr hebt sie aus seiner Tätigkeit den Teil heraus, den wir noch zugänglich und verständlich finden, und läßt den Rest unberücksichtigt. Diese Art des Bewußtseins ist, kurz gesagt, das Produkt eines wissenschaftlichen Bewußtseins der Neuzeit, das von der Annahme ausgeht, daß die uns umgebende materielle Welt seit jeher gleich und unverändert geblieben ist und sich nur das Bewußtsein (die Vorstellungskonzepte, die wir uns von dieser materiellen Welt machen) verändert hat. Aber die alchemische Weltsicht strukturierte Wirklichkeit in ganz anderen Begriffen als wir. Die Subjekt-Objekt-Trennung war von vornherein völlig verschwommen, weshalb eine derartige Interpretation von Wirklichkeit überhaupt keinen Sinn ergibt, da ja der Begriff der „Projektion" schon von vornherein eine Dichotomie voraussetzt, die der Alchemist nicht kannte. Ganz offensichtlich tat der Alchemist *etwas*, aber mit dem Argument der Projektion nimmt man ihm – obwohl es sich hierbei um ein Argument handelt, das zumindest schon weiter als die Standardbuchversion gediehen ist – in keinster Weise ernst. Das Ziel der magischen Praxis war, ein gewandter und erfahrender Praktiker zu werden, und nicht ein Individuum, das sich seiner selbst bewußt wird. Die von mir angeführten Zitate von Dorn und anderen Alchemisten gelten nicht als typisch und stammen zudem aus dem 16. und 17. Jahrhundert, einem Zeitpunkt also, als die wissenschaftliche Revolution begann, gnadenlos einen Keil zwischen Materie und Bewußtsein zu treiben. Für den größten Teil ihrer Geschichte war die Alchemie als exakte Wissenschaft und nicht als spirituelle Metapher verstanden worden. Wenn wir Jungs Formulierung unterliegen, dann deshalb, weil wir unfähig sind, in ein Bewußtsein einzutreten, in dem das Göttliche und das Technologische eins waren, ein Bewußtsein, in dem die erfolgreiche Suche nach einer Wissenschaft von der Materie gleichgesetzt war mit dem Teilhaftigwerden an Gott. Deshalb fordert Jungs Formulierung Fragen geradezu heraus, denn gerade dieses Bewußtsein ist es, das wir zu erfassen suchen. Doch genau die Modernität dieses Projektionskonzepts schließt diese Möglichkeit aus. Das Problem kann nur dadurch, wenn überhaupt, gelöst werden, daß man versucht, die alten alchemischen Verfahren zu neuem Leben zu erwecken, um somit herauszufinden, was der Alchemist in Wirklichkeit tat.

Die Alchemie war zuerst und vor allen Dingen ein Handwerk, ein „Mysterium" in der Auffassung des Mittelalters, und jedes Handwerk wurde, seit urdenklichen Zeiten als heilige Handlung angesehen. Wie die Schöpfungsgeschichte besagt, ist die Erschaffung oder Veränderung von Materie, der zentrale Punkt jeglicher Handwerkskunst, Gottes erste Handlung. Die Metallurgie wurde bewußt mit Geburtshilfe verglichen: im Schoß der Erde wuchsen Erze wie Embryos. Man nahm an, daß die Rolle dessen, der das Erz schürfte oder bearbeitete, darin bestand, durch Veränderung des Zustandes der Materie beschleunigend auf das unendlich langsame Tempo der Natur einzuwirken. Das zu tun, bedeutete jedoch, der Natur ins Handwerk zu pfuschen, geheiligtes Gebiet zu betreten; das Graben einer neuen Mine geschah deshalb bis ins 15. Jahrhundert im Geleit religiöser Zeremonien, bei denen die Minenarbeiter fasteten, beteten und eine spezielle Abfolge von Ritualen einhielten. Auf ähnliche Weise betrachtete man das alchemische Laboratorium als künstlichen Uterus, in dem das Erz in relativ kurzer Zeit (verglichen mit demselben Vorgang in der Erde) seine Ausreifung beenden konnte. Sowohl in der Alchemie als auch im Bergbau war man der Meinung, daß der Mensch in den kosmischen Rhythmus eingreifen konnte und der, der ein Handwerk ausübte, galt, wie Mircea Eliade schreibt „als Kenner von Geheimnissen, als Magier . . .". Aus diesem Grund beinhalteten alle Handwerkskünste „eine Art Initiation und wurden über eine okkulte Tradition weitergegeben. Derjenige, der wirkliche Dinge ‚macht', ist der, der um die Geheimnisse *weiß*, wie man sie macht." (27)

Diesen alten Quellen entstammt die zentrale Vorstellung der Alchemie: daß alle Metalle auf dem Wege sind, zu Gold zu werden, daß sie Gold *in potentia* sind und daß der Mensch eine Reihe von Verfahren entwickeln kann, um diese Entwicklung zu beschleunigen. Alchemie zu praktizieren, bedeutet deshalb nicht den Versuch, die Rolle Gottes zu übernehmen, sondern – um die Metapher der Geburtshilfe weiterzuführen – eine Art Hebammendienst. Die Verfahren wurden die „spagyrischen Künste" genannt, die Trennung des Groben vom Feinen, um auf diesem Wege hilfreich in die Entwicklung einzugreifen und das Gold zu gewinnen, das tief im Innern des Bleis verborgen lag. „Kupfer ist so lange ruhelos, bis es zu Gold wird", schrieb im 13. Jahrhundert der Mystiker Meister Eckhardt; (28) und obwohl Meister Eckhardt von seinem Bewußtsein her eher so etwas wie ein Metallurgist war, machte ein Alchemist, wie wir wiederholt gesehen haben, keine derartige Unterscheidung, sondern konzentrierte sich (nach unseren Begriffen) auf seine Reagenzien und ließ die Natur (sowohl die organische, menschliche als auch anorganische) ihren Verlauf nehmen.

Und wie sahen diese Verfahren aus? Bei der Beschäftigung mit alchemischen Texten fällt zuallererst auf, daß darüber die Meinungen auseinandergehen. Umwandlung bestand aus folgenden Verfahren: Reinigung, Lösung, Zersetzung, Destillation, Sublimation, Trocknung und Verfestigung. Unklar sind jedoch die Reihenfolge der Anwendung und ihr Inhalt, außerdem wandten nicht alle Alchemisten sämtliche Verfahren an. Die unterschiedlichen Gegebenheiten, vor allem die unterschiedliche Beschaffenheit der Erze, schienen immer wieder Variationen der Verfahren erforderlich zu machen. Die Punkte, in denen hinsichtlich der Verfahren übereinstimmende Aussagen bestehen, sind sehr allgemein gehalten und umfassen nur die wesentlichsten Hauptmerkmale. Quecksilber ist ein Lösungsmittel, das aktive Prinzip der Dinge und ist tatsächlich schon seit uralten Zeiten bei der Vergoldung zum Auswaschen von Gold aus anderen Mineralien verwendet worden. Schwefel (auch der grüne Löwe genannt) ist ein Koagulans, der Erschaffer einer neuen Form. Der erste Schritt ist die Lösung des Metalls zur *prima materia*, der ersten Materie, auf den das erneute Koagulieren der formlosen Masse folgt. Falls die Schritte richtig ausgeführt wurden, ist Gold das Resultat. *Solve et coagula* bedeutete Rückführung ins Chaos – eine wässrige Lösung, ein Urzustand – gefolgt von der Verfestigung in eine neue Struktur.

In Wirklichkeit verlief dieser Vorgang selten auf so direktem Wege. Schon allein die äußerst schwierige und empfindliche Natur der Verfahren bedeutete, daß er durch den geringsten Fehler zunichte gemacht werden konnte. Darüberhinaus war ein zentraler Punkt in der Alchemie schon immer gewesen, daß jeder Adept dieses komplexe Verfahren allein lernen mußte. Es existierte keine standardisierte Anweisung, die weitergereicht werden konnte, dafür aber eine Reihe komplizierter Verfahren, die eine tiefgreifende Hingabe an die Sache erforderten. Variable Faktoren gab es deshalb in Unmengen; Fehlschläge waren viel eher die Regel als der Erfolg. Eine ganze Anzahl von Zwischenstufen, wie Zersetzung, Destillation, Sublimierung und Trocknung mußten normalerweise eingesetzt werden, und zweifelsohne drückte die knappe Formel *solve et coagula* nur eine Idealvorstellung aus.

Manchmal mußte das Metall erst dazu gebracht werden, zu verrotten oder sich zu zersetzen. Der Gestank dieses Prozesses kam vom Schwefelwasserstoff (der Geruch verfaulter Eier), der durch die metallischen Lösungen hindurchgeleitet wurde, wodurch unterschiedliche Farben zum Vorschein kamen (im Mittelalter waren Farben und Gerüche substantielle Wirklichkeiten und keine Sekundärqualitäten). Oder eine flüchtige Substanz mußte aus ihrer Verbindung herausgelöst werden, um sie somit in purem Zustand zu gewinnen. Vor allem Schwefel wurde auf diese Weise gewonnen. Deshalb der langwierige Prozeß der Sublimation, der seinerseits den Prozeß der Destillation oder des Filterns erforderlich machte. War ein Metall nicht löslich, so wurde es verascht, in ein lösliches Oxid verwandelt, das gelöst und abgeschieden werden konnte. (29)

Daß zwischen diesen Verfahren und den Bereichen der Psychoanalyse und Religion eine Wechselbeziehung besteht, ist wahrscheinlich offensichtlich. Eine spirituelle Deutung ergibt, daß alle Individuen (Metall, Erze) potentiell göttlich (golden) sind und versuchen, zu ihrem wahren Wesen vorzudringen, über die Last ihrer Vergangenheit (Blei) hinauszugehen, zu transzendieren. Eine alte Wirklichkeit von mir geht zu Grunde, zersetzt sich; ich tauge mir nichts (wörtl.: ich stinke mir) und fühle mich ekelhaft, aber diese Veränderung ist gut, weil sie letztendlich eine Veränderung der Dinge bedeutet, die wirklich zählen. Alte Realitäten sterben ab, neue Dinge werden zu meiner Realität. Das erstarrte Gefüge meiner Persönlichkeit löst sich auf, was zuläßt, daß allmählich neue Muster integriert werden. Schrittweise schwächt sich im Selbst das unbändige Verlangen nach vorgegebenen Mustern ab und ich beginne, ein früheres Muster als eine Möglichkeit unter vielen zu betrachten. Anstatt weiterhin starr und unnachgiebig zu sein, werde ich toleranter. Ich erkenne, daß alles wirklich Lebendige im Fluß und schöpferisch ist, etwas, das durch das Quecksilber verkörpert wird. (Im engl. Text „mercury", was sowohl für den Planeten Merkur als auch für das Element Quecksilber steht; Anm. d. Übers.) Quecksilber/Merkur oder Hermes, der Götterbote agiert hier als Trickster, obwohl er „Psychopomp", der Führer der Seele genannt wird. Wie Freud erkannte, müssen wir mit Tricks in die Bewußtwerdung hineingelockt werden und unsere wahre Natur beinahe zufällig erkennen, zum Beispiel durch Witze oder Versprecher. Quecksilber wurde außerdem mit Glas in Verbindung gebracht, das Material, das einem Einblick gewährt. Das Behältnis meiner Schwierigkeiten ist transparent: ich gelange zu der Einsicht, daß meine Schwierigkeiten nicht nur gleichzeitig deren Lösung enthalten, sondern daß sie selbst die Lösung *sind*. Und so sagt R. D. Laing: „Das Leben, das ich versuche zu greifen, ist mein Selbst, das es versucht zu greifen."

Der Alchemist gleicht demnach einem Bergarbeiter, der tiefer und tiefer in immer größere Tiefen nach den Erzvorkommen gräbt. Eine Spur führt dabei zur nächsten, eine einzig richtige Antwort gibt es nicht. Das Leben und das menschliche Wesen sind in ihrem Kern verrückt und breit gefächert; Neurose ist die Unfähigkeit, diese Tatsache akzeptieren zu können. Das herkömmliche Modell einer gesunden Seele fordert, daß wir diese vielen Facetten in eine Ordnung oder Identität zwingen; die alchemische Tradition betrachtet dieses Ergebnis jedoch als ein mißgestaltetes Metall, das durch Schwefel zu schnell ausgehärtet wurde. *Solve et coagula* sagt der Alchemist; löse Dich von diesem vorzeitig erstarrten Ego, das Dich in vorhersagbares Verhalten und ein Leben institutionalisierter Geisteskrankheit zwingt. Um wirklich Herr über

Dein Leben zu werden, sagt die Tradition, mußt Du Deine künstlichen Kontrollmechanismen aufgeben, Deine sogenannte „Identität", das brüchige Ego, von dem Du so versessen glaubst, es für Dein Überleben zu brauchen. Echtes Überleben, das Gold, besteht darin, den Geboten Deiner eigenen Natur zu folgen, was wiederum nicht eher der Fall sein kann, bis Du der Gefahr Deines eigenen psychischen Todes Aug' in Auge gegenübergestanden hast. Nach Auffassung der Alchemie liegt darin die Bedeutung der Leidensgeschichte Christi. Als Christus sagte: „Ich bin der Weg", meinte er damit, „Du ganz allein mußt durch dieselbe Prüfung wie ich hindurchgehen." Niemand anderes kann für Dich Deinen Dämonen entgegentreten; niemand anderes kann Dir Dein wahres Selbst geben. (30)

Somit scheint der Schluß naheliegend, daß die Alchemie einer Ursubstanz des Unbewußten entspricht, und sowohl R. D. Laing als auch der Jung-Schüler John Perry bemerkten, daß die Vorstellungen und Bilder, die eine gequälte Seele im Augenblick der psychotischen Erfahrung von sich gibt, eine Bilderwelt ist, die ihrem Wesen nach eindeutig alchemischer Natur ist. (31) Nichtsdestotrotz betrachtete sich der Alchemist weder als Yogi noch als Schamane, sondern als Experte auf dem Gebiet der Beschaffenheit der Materie. Betrachtet man obige Beschreibung der einzelnen Laborverfahren, frage ich mich, was wir über den materiellen Aspekt alchemischer Arbeit erfahren haben. Im Grunde genommen nichts. Daß es dem Alchemisten mit seiner Arbeit und der Herstellung von Gold ernst war, steht außerhalb jeglicher Zweifel. Aber was *tat* er in Wirklichkeit in seinem Labor? Mit dieser Frage geraten wir in eine völlige Sackgasse. In der Literatur über Alchemie ist nachzulesen, daß Gold tatsächlich hergestelllt wurde, und die Beweise dafür können nicht so leicht abgetan werden. Ein Fall einer Umwandlung wird von Helvetius (Johann Friedrich Schweitzer), Leibarzt des Prinzen von Oranien, im Jahre 1666 bezeugt und von einer Reihe weiterer Zeugen, einschließlich eines holländischen Metallprüfmeisters und eines berühmten Silberschmiedes bestätigt. Spinoza selbst war in den Fall verwickelt und gab die Zeugenaussage wieder, ohne sie in Frage zu stellen. (33) Schließlich mag die Antwort auf unsere Ausgangsfrage nur davon abhängen, ob man glaubt, daß in der Metallurgie solche Umwandlungen möglich sind oder nicht.

Nichtsdestotrotz glaube ich, daß wir bei diesem Problem noch einen Schritt weitergehen können. Da die Welten, die sich aus partizipierendem oder nicht-partizipierendem Bewußtsein aufbauen, jeweils eine andere Sprache sprechen, stellt sich die Frage, was der Alchemist in Wirklichkeit tat, als Falle heraus, wenn wir untersuchen, was wir mit dem „in Wirklichkeit" meinen. Wir meinen damit das, was *wir* oder ein Chemiker der Neuzeit tun würde, wenn wir oder er zeitlich oder räumlich in das Laboratorium eines Alchemisten zurückversetzt werden könnten. Aber was tatsächlich vor sich ging, war das, was der *Alchemist* tat und nicht, was wir Menschen der Moderne mit unserem nicht-partizipierenden Bewußtsein tun würden, wenn man uns ins 14. Jahrhundert zurückversetzen könnte. Hätten wir zu diesem Zeitalter gehört, dann hätten wir ein partizipierendes Bewußtsein besessen und infolgedessen das getan, was der Alchemist tat. Somit kann es auf die Frage „was tat der Alchemist tatsächlich" von einem neuzeitlichen Standpunkt aus keine sinnvolle Antwort geben. Mit anderen Worten ausgedrückt: Die Welt, in der die Alchemie lebte, erkannte keine klaren Unterschiede zwischen geistigen und materiellen Phänomenen. Unter diesen Bedingungen gab es nichts derartiges wie „Symbolik", das heißt, alle Ereignisse und Vorgänge, die in der Realität stattfanden, hatten ihre Äquivalente und Abbilder im Bereich der Psyche. Somit war die Alchemie – von unserer Sicht aus – ein Verbund unterschiedlicher Aktivitäten. Sie war die Wissenschaft von der Materie, der Versuch, die Geheimnisse der Natur aufzudecken; sie stellte eine Reihe von Verfahren, die im Bereich des Bergbaus, der Färberei, der Glasmanufaktur und der Zubereitung von Arzneien zur Anwendung gelangten; und gleichzeitig war sie eine Art Yoga, eine Wissenschaft der psychischen Transformation. (33) Da Materie demnach Bewußtsein besaß, bedeutete die Fähigkeit, erstere zu transformieren, automatisch, daß derjenige auch die Fähigkeit besaß, mit zweiterer zu arbeiten – eine Tradition, die heute nur noch in Bereichen wie Dichtung und Kunst oder handwerklichen Künsten erhalten ist, bei denen wir (zur Recht oder Unrecht) die Fähigkeit, Dinge von großer Schönheit zu kreieren, als Widerspiegelung der Persönlichkeit des betreffenden Schöpfers sehen. Wir kommen somit dazu, zu sagen, daß die Befähigung eines Alchemisten von seiner Beziehung zu seinem eigenen Unbewußten abhängig war; gleichzeitig stellen wir mit dieser Aussage die Grenzen unseres eigenen Verständnisses unter Beweis. Der Begriff „unbewußt" gehört – ob jetzt von Jung oder irgendjemand anderem benutzt – zur Sprache des modernen entkörperlichten Intellekts. Für den Alchemisten war alles eine Einheit: es *gab kein* „Unbewußtes". Der neuzeitliche Geist kann gar nicht anders, als die okkulten Wissenschaften als ein riesiges Durcheinander wirrer Auffassungen über das Wesen der materiellen Welt zu sehen, da er meistens gar nicht in Erwägung zieht, daß das Bewußtsein, mit dem der Alchemist der Welt entgegentrat, völlig verschieden von seinem eigenen war. Falls man sich diese Art des Bewußtseins überhaupt vorstellen kann, dann am ehesten dadurch, daß man sagt, daß der Alchemist Materie nicht *entgegentrat*, sondern in sie *eindrang*. Somit ist es zweifelhaft, ob der Alchemist einem Chemiker der Neuzeit, den man in seine Zeit versetzt hätte, hätte erklären können, was er tat, selbst wenn er gewollt hätte. Sein Gebiet war (wiederum von einem neuzeitlichen Standpunkt aus gesehen) teilweise ein Gebiet der Psyche, das von keiner nicht-psychischen Methode (außer beim Beschuß durch Neutronen in einem Reaktor) zu erreichen war. Die Herstellung von Gold bestand nicht im Nachvollzug einer chemischen Formel, sie war vielmehr Teil eines viel größeren Unterfangens, und unser Versuch, die materielle Essenz aus einem ganzheitlichen Prozeß herauszulösen, enthüllt, wie eingeschränkt unser Wissen von der Welt geworden ist. Wir können den alchemischen Prozeß der Herstellung von Gold so lange nicht verstehen, wie wir nicht „das Wesen" von Gold verstanden haben. Wir können die Beziehung zwischen dem zu Gold werden und zu Gold machen, nicht erfassen; der Alchemist des Mittelalters dagegen vollendete sich in diesem Vorgang; die Synthese von Gold war gleichzeitig seine eigene Synthese.

Das einzige Resultat zu dem ich somit gelangen kann, wird den meisten Lesern als überaus radikal erscheinen. Obige Analyse zwingt mich, den Schluß zu ziehen, daß die Menschen der damaligen Zeit nicht nur annahmen, daß Materie Bewußtsein besitzt, sondern daß dies „tatsächlich" auch der Fall war. Sollte der offensichtliche Einwand erhoben werden, daß die mechanistische Weltauffasssung die richtige und wahre sei, weil sie uns ja, wie man sehen kann, dazu befähigt, Menschen auf den Mond zu schicken oder Technologien zu ersinnen, die nachweislich funktionieren, dann kann ich darauf nur erwidern, daß die animistische Weltauffassung, die sich über Jahrtausende hinweg hielt, für seine damaligen Anhänger ebenso wirksam erwies. Das heißt, daß unsere Vorfahren Wirklichkeit auf eine Art und Weise strukturierten, die nachweislich überprüfbare Ergebnisse erzielte, und genau aus diesem Grunde trifft Jung mit seiner Theorie der Projektion nicht ins Schwarze. Ereignete sich in der Geschichte des Bewußtseins ein ebenso gewaltiger Bruch, wie der, der sich durch die wissenschaftliche Revolution vollzog, dann würden die Menschen, die auf der anderen Seite der Wasserscheide stehen, möglicherweise den Schluß ziehen, daß unsere Erkenntnistheorie der Natur die mechanistische Weltauffassung irgendwie „aufprojizierte". Aber die moderne Wissenschaft – mit der bedeutsamen Ausnahme der Quantenmechanik – betrachtet die Gestalt von Materie-Bewegung-Experiment-Quantifizierung nicht als eine *Metapher* für die Realität; sie betrachtet sie als Prüfstein für die Realität. Und wenn das ausschlaggebende Kriterium Effizienz heißt, dann können wir nur bemerken, daß unsere eigene Weltsicht pragmatische Anomalien aufweist, die ebenso beträchtlich sind wie die der magischen oder Aristotelischen Weltsicht. Wir sind zum Beispiel nicht fähig, Psychokinese, ASW, Geistheilung oder andere paranormale Phänomene zu erklären. Es gibt keine Möglichkeit, auf einer pragmatischen Grundlage ein Urteil über die Überlegenheit der einen oder anderen Erkenntnistheorie zu fällen; möglicherweise nimmt sogar die ursprüngliche Partizipation den ersten Rang ein, wenn es darum geht, eine begreifbare Welt zu liefern. Partizipation bildet so lange eine unüberwindliche historische Barriere, wie wir nicht bereit sind, ein vergangenes Evolutionsmuster zu neuem Leben zu erwecken – ein Akt, der uns zu einer Weltauffassung zurückbringen könnte, in der es völlig sinnlos wäre zu fragen: Welche Erkenntnistheorie ist die überlegene? Durch eine Wiederbelebung des zugrundegegangenen Musters wären wir, in einem bedeutungsvollen Sinne, durch das Loch in der Erde dorthin gefallen, wo wir ursprünglich hergekommen sind. In einer solchen Welt ist die Umwandlung von Blei zu Gold sehr wohl möglich, aber wir können das weder für unsere Zeit noch für das Mittelalter wissen.

Selten wird einmal aufgedeckt, wieviel Irrglauben das moderne Denken über andere Wirklichkeiten produziert. Die meisten historischen und anthropologischen Studien über das Hexenwesen ziehen nie in Erwägung, daß die riesige Anzahl von Hexenprozessen während des 16. Jahrhunderts möglicherweise durch mehr als nur Massenhysterie hervorgerufen wurde (Werden unsere Nachkommen, so frage ich mich, unsere Verquickung mit Wissenschaft und Technik als Massenhysterie interpretieren oder genauer erkennen, daß es eine bestimmte Art zu leben war?). Die Anzahl der Werke, in denen das partizipierende Bewußtsein mit großem Einblick geschildert wird, wie zum Beispiel Chinua Achebes Beschreibung des Lebens in einem Dorf in Nigeria, ist in der Tat sehr gering; und ich kenne nur einen, der es geschafft hat, sowohl in diese Welt einzutreten als auch ihre Erkenntnistheorie in neuzeitlichen Begriffen wiederzugeben – Carlos Castaneda. (34) Ich werde an anderer Stelle dieses Buches näher auf den Punkt der anderen Wirklichkeiten eingehen. Für diesen Augenblick sollte sich der Leser nur bewußt sein, wie begrenzt seine Wahlmöglichkeiten wirklich sind; entweder waren diese Wirklichkeiten Massenhalluzinationen, die jahrhundertelang andauerten, oder es handelte sich dabei tatsächlich um Wirklichkeiten, die jedoch durch nichts mit der unsrigen vergleichbar sind. In seiner Kritik von Castanedas Werk geht der Anthropologe Paul Riesman ganz direkt auf diesen Punkt ein, obwohl der Leser beachten sollte, daß Riesman kaum als Vertreter der gängigen Meinungen zu diesem Thema gelten kann:

Unsere Sozialwissenschaften, schreibt er, behandeln die Kultur und die Kenntnis anderer Völker als Formen und Strukturen, die für das menschliche Leben eine Notwendigkeit darstellen und die jene Leute entwickelt und einer Realität aufgezwungen haben, die wir – oder zumindest unsere Wissenschaftler – besser kennen als sie selbst. Wir können diese Formen deshalb im Verhältnis zur „Realität" studieren und abwägen, wie gut oder schlecht sie dieser Realität angepaßt sind. In ihren Studien über die Kulturen anderer Völker ziehen nicht einmal jene Anthropologen, die das Volk, das sie studieren, auch lieben, die Möglichkeit in Erwägung, daß sie darüber, wie die Welt in Wirklichkeit ist, etwas erfahren können. Sie sehen sich viel mehr in der Rolle derer, die herausfinden, was anderer Völker *Vorstellungen* von der Welt sind. (35)

Im Falle der Geschichte der Alchemie oder allgemein gesehen in den Denkweisen der Vormoderne, haben wir eben diesen Fehler begangen. Wir versuchen zu beschreiben, was der *Alchemist dachte*, worauf er aus war. Wir erfassen nie, daß das, was er „tatsächlich" tat, auch real war. Überdies wenden wir sehr selten diese Methodologie auf unsere eigene Methodologie an. Es gelingt uns nie, *unsere* Kultur und unser Wissen als „Formen und Strukturen" zu sehen, die sich eben für ein Leben in westlichen Industrienationen als „notwendig" erweisen. Tatsächlich können wir vergangene Weltsichten immer mit dem Prädikat des Mangels versehen, wenn wir sie mit unseren Begriffen werten. Der Preis dafür ist jedoch, daß das, was wir über sie in Erfahrung bringen könnten, schon begrenzt ist, bevor die Untersuchung überhaupt begonnen hat. Ein nicht-partizipierendes Bewußtsein kann ein partizipierendes ebensowenig „sehen", wie eine kartesianische Analyse künstlerische Schönheit „sehen" kann. Im 6. Jahrhundert vor Christus formulierte dies Heraklit vielleicht am besten, als er schrieb, „das Göttliche entzieht sich der Sicht des Menschen, weil er ungläubig ist." (36)

Dies bringt uns schließlich zur Frage der Wertungen, eine Frage, die deshalb besonders wichtig ist, weil Wertvorstellungen bei der Bildung unserer Ansichten eine große Rolle spielen. Der Zweck, den wir in Bezug auf das Gold verfolgen, ist nicht sehr verschieden von dem, den König Midas verfolgte. Wir versuchen, herauszufinden, wie der Alchemist „es machte", weil wir das Gold als ein Mittel ansehen, mit dem wir andere Dinge erreichen wollen. Für den wahren Alchemisten war jedoch das Gold das Ziel, nicht der Zweck. Die Herstellung von Gold war der Höhepunkt seiner eigenen langwährenden spirituellen Entwicklung, und dies war der Grund für sein Schweigen. „Das materielle Ziel der Alchemisten", schreibt der Historiker Sherwood Taylor, „die Umwandlung von Metallen, ist nun von der Wissenschaft verwirklicht worden, und der alchemische Kolben ist jetzt die Spaltung des Urans. Dieser Erfolg ist genau das Ergebnis, das die Alchemisten fürchteten und vor dem sie auf der Hut waren, nämlich daß eine übermächtige Kraft in die Hände derer fiel, die durch keine spirituelle Einübung fähig waren, mit ihr umzugehen. Wären Wissenschaft, Philosophie und Religion so miteinander verbunden geblieben, wie sie es in der Alchemie gewesen waren, wären wir heutzutage nicht mit diesem beängstigenden Problem konfrontiert." (37)

Um 1700 war die Alchemie durch die mechanistische Weltauffassung entscheidend in Mißkredit gebracht oder in den Untergrund vertrieben worden, um dort Teil der Ideologie sogenannter Dunkelmänner-Gruppen zu werden: Rosenkreuzern, Freimaurern und anderen. Im Sinne eines wirklichen Anspruchs auf die vorherrschende Kultur trat sie nur noch während des englischen Bürgerkriegs und während der Periode Cromwells in Erscheinung, und ihr letzter großer Praktiker war Isaac Newton, obwohl er diese seine Beschäftigung wohlweislich für sich behielt. (38) Da jedoch die Alchemie (und alle anderen okkulten Wissenschaften) wie eine Landkarte des Unbewußten ist, weil sie ganz sicherlich einem psychischen Substrat entspricht, das über jegliche Geschichte hinausgeht, existiert sie immer noch unter uns, sowohl in öffentlichen als auch in privaten Bereichen, und es ist zweifelhaft, ob ihre Dialektik jemals ganz ausgelöscht werden wird. Im privaten Bereich überlebt sie, wie wir geschen haben, in Träumen und auch in der Psychose. (39) Öffentlich hat sie nur eine Domäne, in der sie überlebt – in der Welt der surrealistischen Kunst. Das ausdrückliche Ziel der surrealistischen Bewegung in der ersten Hälfte des 20. Jahrhunderts war, eine Befreiung von Mann und Frau dadurch zu erreichen, daß die Bilder ihres Unbewußten durch absichtliche Bewußtmachung befreit wurden. Das Ergebnis ist eine eigenartige visuelle Verbindung zwischen alchemischen Abbildungen, Träumen und surrealistischer Kunst, die über die äußeren Erscheinungsformen hinauszugehen scheint. Alle drei Bereiche bedienen sich der Allegorie und der widerspruchsvollen Nebeneinanderstellung von Objekten; und alle drei verletzen sie die Prinzipien wissenschaftlicher Kausalität und Widerspruchsfreiheit. Trotzdem vermitteln sie eine Botschaft, indem sie bestimmte, vertraute Bewußtseinszustände reflektieren oder provozieren. Diese Botschaften sind eher intuitiv, verschlüsselt als kognitiv-rational; trotzdem „wissen" wir irgendwie was sie aussagen. Ihre Regeln gehören zu der Logik aus der Vormoderne des partizipierenden Bewußtseins, der Ähnlichkeit, bzw. Analogie und „einer geheimnisvollen Affinität zwischen bestimmten Bildern." „Über das Geheimnis kann man nicht sprechen", schrieb René Magritte, „man muß von ihm ergriffen werden." (40) Hierzu das Bild „Die Erklärung", das sehr stark alchemischen Charakter hat; dargestellt, zum einen eine Karotte und eine Flasche als zwei klar unterscheidbare Objekte, zum anderen – und ebenso überzeugend – als zu einem einzigen Gegenstand verschmolzen. Salvador Dalis „Die Beständigkeit der Erinnerung" (Abb. 8) ist von derselben traumartigen Qualität, in der die lineare, mechanische

Abb. 7: Rene Magritte, *Die Erläuterung* (1952). Copyright by A. D. G. P. Paris.

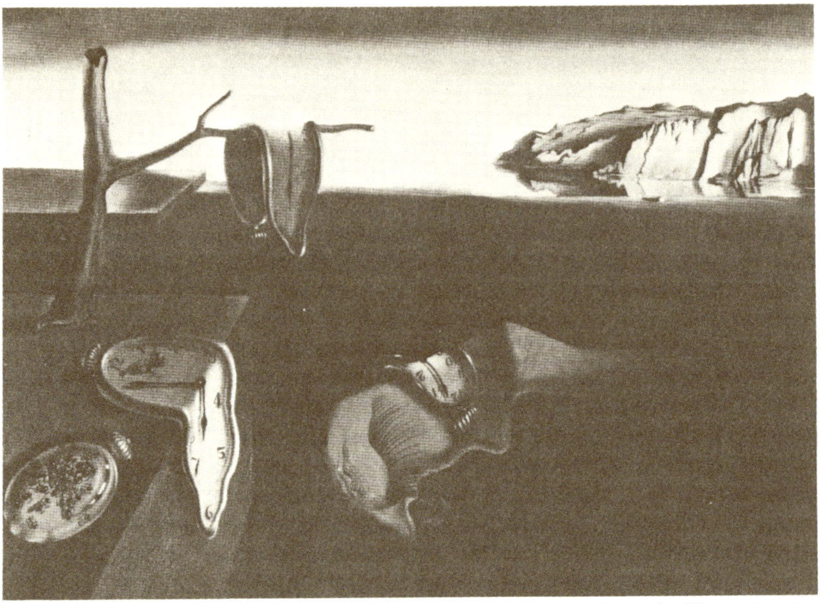

Abb. 8: Salvador Dali, *Die Fortdauer der Erinnerung* (1931), Öl auf Leinwand, 9 1/2 " x 13".
Sammlung, The Museum of Modern Art, New York.

Zeit begonnen hat, dahinzuwelken und in der ausgedörrten Wüste des 20. Jahrhunderts zu verkommen. In beiden Gemälden ist dieselbe Art von Metaphorik und Logik zu finden wie in den Abbildungen 2 - 6.

An späterer Stelle dieses Buches werden wir uns näher damit auseinanderzusetzen haben, was die öffentliche Wiederbelebung der Alchemie im 20. Jahrhundert möglicherweise bedeuten könnten. Im Augenblick besteht unsere Aufgabe jedoch darin, herauszufinden, weshalb sie uns überhaupt einmal verlorengegangen ist. Möglicherweise ist es uns gelungen, uns in diese spezielle Weltsicht hineinzudenken, was aber nicht heißt, daß wir uns auch schon mit der Frage beschäftigt haben, wie es der modernen Wissenschaft gelungen ist, sie auf diese Weise zurückzudrängen. Der holistische Rahmen der okkulten Wissenschaften überdauerte Jahrtausende, das westliche Europa schaffte es jedoch in lächerlichen 2 Jahrhunderten – ungefähr zwischen 1500 und 1700, diesen Rahmen zu zerstören und damit deutlich zu machen, daß die hermetische Tradition, trotz ihrer langen Dauer, von recht zerbrechlicher Natur war.

Das Problem lag in dem – aus unserer Sicht – inhärent dualistischen Charakter dieser Tradition. Magie war zugleich spirituell und manipulativ, oder in der Terminologie D. P. Walkers, subjektiv und transitiv. (41) Jede der okkulten Wissenschaften, einschließlich der Alchemie, Astrologie und der Kabbala zielten darauf ab, sowohl praktische weltliche Ziele als auch eine Vereinigung mit dem Göttlichen zu erreichen. Zwischen beiden Zielen bestand immer ein Spannungsfeld (was nicht dasselbe wie ein Antagonismus ist), weil beide zusammen ein recht empfindliches ökologisches Gefüge bildeten.

Wenn ich zum Beispiel als „Hebamme" der Natur agiere und ihr Tempo beschleunige, indem ich den Charakter der Materie verändere, dann ist es klar, daß ich ihren natürlichen Rhythmus beeinträchtige. Jegliches menschliches Eingreifen in die Natur kann so gesehen werden. Der springende Punkt dabei ist jedoch, daß dieses Eingreifen immer bewußt akzeptiert wurde. Es war durch das Ritual sanktioniert, so daß sich die Erde durch diesen Eingriff in ihren Schoß am Menschen nicht rächen würde. Die Einmischung vollzog sich also im Kontext einer geistigen Haltung und einer Ökonomie, die die *Harmonie* mit der Natur suchte und die den Begriff der Beherrschung der Natur als einen Widerspruch in sich betrachtet hätte. Nichtsdestotrotz beinhaltete diese Unterscheidung letztendlich eher einen graduellen Unterschied als einen Unterschied in der Sache, denn wann können wir, wenn wir das Tempo der Natur beschleunigen, noch sagen, wann der Punkt des reinen Hebammendienstes bereits überschritten ist und wir die Geburt bereits künstlich eingeleitet haben oder schon bei der Abtreibung angelangt sind? Bei welchem Grad der Einmischung schlägt die ausbalancierte Harmonie in den Versuch der Beherrschung um? In einer feudalistischen Subsistenzökonomie und einer nur mäßigen Verbreitung von Technologie, in einem religiösen Umfeld, das die Natur als lebendes Wesen betrachtete und das Verhältnis zu ihr durch das Moment der Partizipation geprägt war, kam eine solche Frage fast nicht auf, und von daher gesehen war die Alchemie alles andere als ein zerbrechliches Gebilde. Aber zusammen mit den gesellschaftlichen und ökonomischen Veränderungen, die im 16. und 17. Jahrhundert geschmiedet wurden, entstand zwischen dem Heiligen und dem Manipulativen ein direkter Bruch. Letzteres vermochte ohne Schwierigkeiten im Kontext von Profit, expandierender Technologie und weltlicher Heilslehre zu überleben; darin zeigte sich sehr genau, was dieser Aspekt des Manipulativen, losgelöst von seiner religiösen Grundlage, war. So nennt Eliade zu Recht die moderne Wissenschaft die säkulare Version des Traumes der Alchemisten, denn latent in diesem Traum enthalten ist „das erschütternde Programm der Industriegesellschaften, deren Ziel die totale Umwandlung der Natur ist, deren Transformation in ‚Energie'." (42) Der Aspekt des Heiligen wurde für die herrschende Kultur uneffektiv und letztendlich bedeutungslos. Mit anderen Worten heißt das, daß die Beherrschung der Natur schon immer als eine Möglichkeit in der hermetischen Tradition verankert war, jedoch bis zur Renaissance immer als untrennbar verbunden mit ihrem esoterischen Bezugsrahmen betrachtet wurde. In der Trennung, die schließlich doch erfolgte, lag die Weltsicht der Moderne: des Technologischen, des Zweckrationalen, des Logos.

Was vielleicht von einem modernen Standpunkt aus bemerkenswert ist, ist die Tatsache, daß die Magie eigentlich als Matrix für die wissenschaftliche Revolution gedient haben könnte. Wie schon in Kapitel 2 erklärt, hatte die Technologie keine theoretische oder ideologische Grundlage, zumindest nicht bis zu Francis Bacon. Selbst bis in die Zeit von Leonardo da Vinci neigte man dazu, Maschinen als Spielzeuge zu betrachten, während das Prinzip der Kraft und des Antriebs mit der hermetischen Auffassung universaler Belebtheit in Verbindung gebracht wurde. (43) Kurzum, Technologie konnte mit dem Aristotelianismus nicht rivalisieren, da es keine *Philosophie* über die

Funktionsweise des Universums war. Magie dagegen war es. Sicherlich gab es viele verschiedene Arten der magischen Praktiken und viele magische Philosophien, die alle, in scharfem Gegensatz zur Kirche des Aristotelianismus stehend, den Praktizierenden dazu trieben, auf die Natur einzuwirken, sie zu verändern und nicht passiv zu bleiben. Von daher gesehen deckte sich das Aufkommen magischer Doktrin und Techniken im 16. Jahrhundert mit den frühen Phasen des Kapitalismus, und Keith Thomas zeichnete (zumindest für England) auf, wie extensiv und intensiv okkulte Aktivitäten während dieser Zeit waren. (44) Der Gedanke einer Beherrschung der Natur entsprang der magischen Tradition, seine erste Ausformulierung auf expliziter Ebene erschien möglicherweise in einem Werk von Francesco Giorgio im Jahre 1525 (*De Harmonia Mundi)*, das sich nicht mit Technologie beschäftigt, sondern – ausgerechnet – mit Numerologie. Diese Kunst, heißt es in dem Werk, wird dem Menschen hinsichtlich seiner Umwelt „vis operandi et dominandi", „die Macht geben, sie zu handhaben und zu beherrschen." Es sollte uns nicht erstaunen, daß diese Auffassung im 16. Jahrhundert von der Numerologie ohne weiteres auf Buchhaltung und Maschinenbau ausgedehnt wurde.

Die Numerologie bietet in der Tat ein sehr lehrreiches Beispiel für den Bruch zwischen den esoterischen und exoterischen Traditionen innerhalb der okkulten Wissenschaften. Herzstück der Kabbala war zum Beispiel die Vorstellung von einer Buchstaben-Zahlen-Kombination. Im hebräischen Alphabet sind Buchstaben gleichzeitig Zahlen, was bedeutet, daß auch zwischen den Wörtern, die in keinerlei Beziehung zueinander stehen, eine Äquivalenz hergestellt werden kann, weil sie dieselbe Quersumme bilden. Man glaubte, daß die richtige Kombination den Adepten in Kontakt mit Gott versetzen würde. Pico della Mirandola war zum Beispiel fasziniert von der mystischen Ekstase, die durch die Zahlenmeditation herbeigeführt wurde, eine Art Trance, bei der, wie es heißt, die Kommunikation mit dem Göttlichen zustande kam (die Meditation konnte solche Ekstasen hervorbringen, wenn die Aufmerksamkeit durch die Zahlen-Aktivität in Yoga-Manier focusartig verengt wurde). (45) Ähnliche Techniken bildeten gleichzeitig die Grundlage einer auf den praktischen Alltag ausgerichteten Kabbala, mit der der Adept versuchte, Liebe, Reichtum, Einfluß usw. zu erlangen.

Unter dem Druck der technischen und wirtschaftlichen Veränderungen des 16. Jahrhunderts erschien das Streben nach Gott oder der Harmonie in der Welt als zunehmend altmodisch und überholt; die Bedeutung, die auf der praktischen oder exoterischen Tradition gelegen hatte, mündete beim Gebrauch des hebräischen Alphabets in einen rein repräsentativen Charakter. Diese Wandlung ist deutlich an zwei Büchern abzulesen, die nur im Abstand von einem Jahrzehnt von Robert Fludd und Joseph Solomon Delmedigo herausgegeben wurden. In Abbildung 9, die Fludds Darstellung des ptolemäischen Universums (1619) zeigt, stehen für die hebräischen Buchstaben die „spirituellen Intelligenzen", von denen jede der 22 Sphären regiert wird und die vom Weltgeist („Menschheit") bis hinunter zur Sphäre der Erde reichen. (Dieselbe Art der Benennung findet sich in kabbalistischen Darstellungen des menschlichen Körpers, bei denen hebräische Buchstaben die spirituellen Intelligenzen, von denen jeder einzelne Körperteil regiert wird, bezeichnen.)

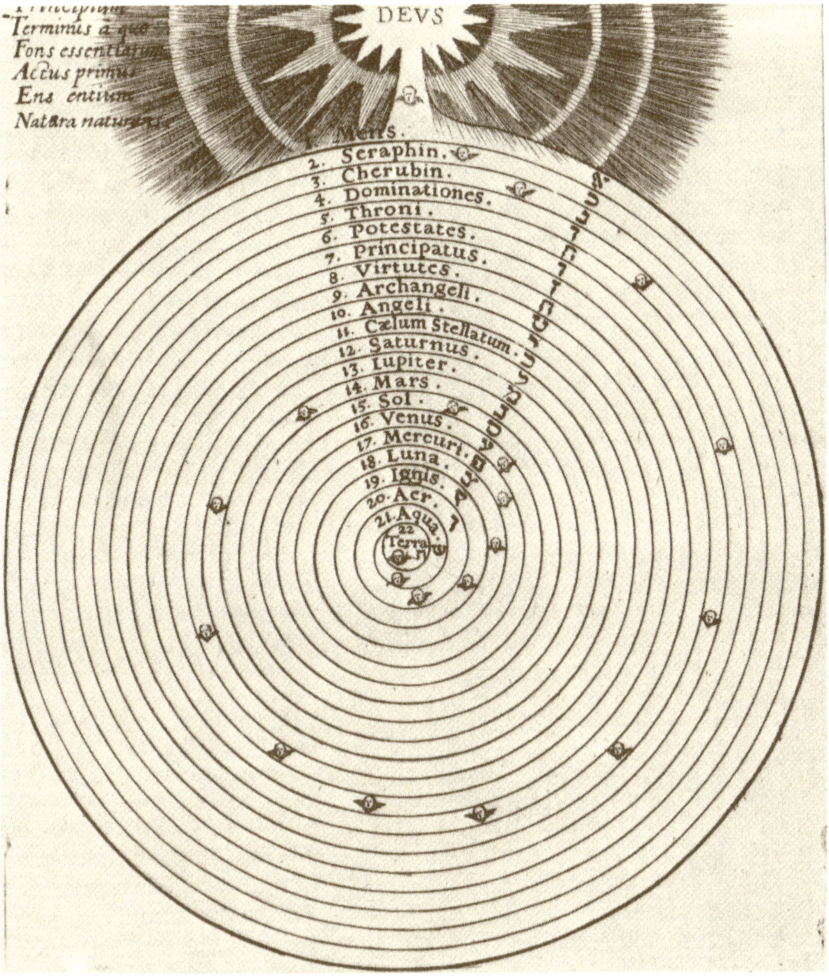

Abb. 9: Das ptolemäische Universum gemäß Robert Fludd, (1619). Mit freundlicher Genehmigung der Bancroft Library, University of California, Berkeley.

Fludd war ein Hauptvertreter der Ansicht, daß die hebräischen Buchstaben des Diagramms mit etwas wirklich Existierenden korrespondieren: sie identifizierten auf konkrete Weise die herrschenden Archetypen jeder Zone, wobei diese Information mit ganz bestimmten kabbalistischen „Gleichungen" in Verbindung gebracht wurden, um daraus die für die Beteiligten bedeutungsvollen Ergebnisse zu ersehen. Es war fast nie ein Problem, für die Buchstaben Bezüge zu gegenständlichen oder realen Dingen zu finden. Eine völlig andere Verwendung findet das hebräische Alphabet in Abbildung 10, einer technischen Zeichnung aus Joseph Solomon Delmedigos Buch *Elim* (1629). Hier

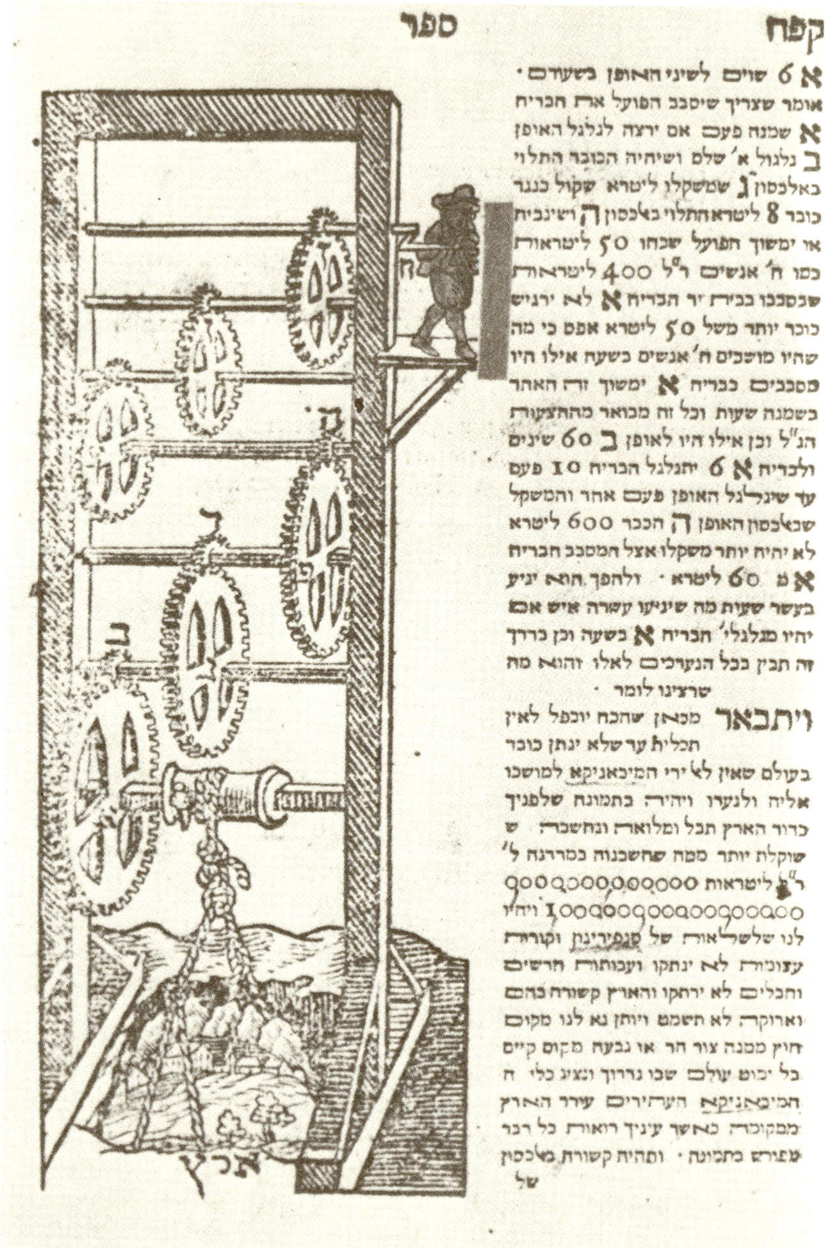

ספר קפח

א 6 שוים לשיני האופן בשעורם ·
אומר שצריך שיסבב הפועל את הבריח
א שמנה פעם אם ירצה לגלגל האופן
ב גלגול א׳ שלם ושיהיה הכוכב התלוי
באלכסון ג שמשקלו ליטרא שקול כנגד
כוכב 8 ליטרא התלוי באלכסון ה ויצניבית
או ימשוך הפועל שכחו 50 ליטראות
כמו ח׳ אנשים ר״ל 400 ליטראות
שכסבבו בבירת יד הבריח א לא ירגיש
כוכד יותר משל 50 ליטרא אפס כי מה
שהיו מושכים ח׳ אנשים בשעה אילו היו
מסבבים בבריח א ימשוך זרה האחר
בשמנה שעות וכל זה מבואר מהתצורת
הנ״ל וכן אילו היו לאופן ב 60 שינים
ולבריח א 6 יתגלגל הבריח 10 פעם
עד שיגלגל האופן פעם אחר והמשקל
שבאלכסון האופן ה הככר 600 ליטרא
לא יהיה יותר משקלו אצל המסבב הבריח
א מ 60 ליטרא · ולהפך הוא יגיע
בעשר שעות מה שיגיעו עשרה איש אם
יהיו מגלגלי׳ הבריח א בשעה וכן כדרך
זה תבין בכל הנערכים לאלו והוא מה
שרצינו לומר ·
ויתבאר מכאן שהכח יוכפל לאין
תכלית עד שלא ינתן כוכד
בעולם שאין לא ירי המיכאניקא למושכו
אליה ולגערו ויהיה בתמונה שלפניך
כדור הארץ תבל ומלואה ונחשבה ש
שוקלת יותר ממה שחשבנוה במדרגה ל׳
ר״ע ליטראות 900000000000
ויהיו 1000000000000000
לנו שלשלאות של סנפירינון וקורות
עבותות לא ינתקו ועבותות חרשים
וחבלים לא ירתקו והארץ קשורה בהם
וארוכה לא תשמט ויותן נא לנו מקום
חוץ ממנה צור הר או גבעה מקום קיים
בל יכוט עולם שבו נדרוך ונציג כלי ה
המיכאניקא הערירים עידי הארץ
ממקומה כאשר עיניך רואות כל דבר
מצויר בתמונה · ותהיה קשורת באלכסון
של

Abb. 10: Darstellung einer Maschine aus *Elim*, von Joseph Solomon Delmedigo, (1629).

werden die Buchstaben zur Bezeichnung eines Getriebes verwendet, das in einer Zeichnung veranschaulicht, wie Kraft vervielfältigt werden kann, so daß jemand von einem Standplatz aus, in Archimedes'scher Manier ein großes Stück Erdreich bewegen kann. Es bedeutet wohl keinen Zufall, daß Rabbi Delmedigo ein Student von Galileo zu Padua gewesen war, daß er ein eifriger Anhänger der Lehren von Kopernikus war, daß er der erste jüdische Gelehrte war, der Logarithmen anwendete und daß er letztendlich führend war in der Popularisierung wissenschaftlicher Erkenntnisse. Aber die Bezeichnungen auf der gezeigten Darstellung tragen darüberhinaus eine komplexere Bedeutung. *Elim* bedeutet „Mächte" oder „Kräfte", und kann sowohl ein Hinweis auf das Heilige als auch auf das Profane sein. So wird Jehovah in der hebräischen Liturgie mit *El* angerufen; mit *el* wird dabei im allgemeinen eine rein materielle Kraft bezeichnet, die den Kern Gottes („spirituelle Intelligenz") in sich trägt. *El* kann aber auch eine rein materielle Kraft sein, vergleichbar der, die zum Beispiel durch ein Getriebe erzeugt wird. Diese Mehrdeutigkeit spiegelt sich in dem Buch selbst wider, das sowohl religiöse als auch wissenschaftliche Themen behandelt; und er zeigt auch die Einstellung des Autors gegenüber der Kabbala – eine Einstellung, die sich so mehrdeutig darstellt, daß sich jüdische Gelehrte bis zum heutigen Tag noch nicht schlüssig sind, ob Delmedigo ihr Kritiker oder ihr Verfechter war.

Eine Zeitlang konnten also voneinander völlig verschiedene Zahlenkonzepte nebeneinander bestehen, sogar innerhalb eines einzigen Bewußtseins; letzten Endes war die esoterische Tradition jedoch nicht fähig, zu überleben. Unter dem Druck einer neuen Ökonomie verlor der spirituelle Aspekt der Kabbala zusammen mit der beschwörenden Kraft des hebräischen Wortes zunehmend an Bedeutung. Der Grund lag nicht darin, daß die Kabbala „falsch" war, sondern daß Technologie und das merkantile Kapital wenig Verwendung für eine religiöse Form der Mathematik hatten. (46)

Eine ähnliche Wandlung vollzog sich während des 16. und frühen 17. Jahrhunderts in allen okkulten Wissenschaften, vielleicht mit Ausnahme des Hexenwesens, das (meines Wissens) rein transitiv war und weder den Charakter der Subjektivität noch den der Eigentransformation trug. Was die Wissenschaft erreichte, (oder eher, was zur Wissenschaft wurde), war die Übernahme des erkenntnistheoretischen Rahmens, bzw. der gesamten Ideenwelt der exoterischen Tradition. Alle „Naturmagier" des 16. Jahrhunderts, wie zum Beispiel Agrippa, Della Porta, Campanello, John Dee und Paracelsus bis zu Francis Bacon bezogen sich in der Aussage „die Kräfte der Natur herbeizubeschwören", sowohl auf technologische, als auch auf hermetische Überlieferungen. Beide Traditionen begannen sich zu diesem Zeitpunkt zu verbinden und die Grundlage des wissenschaftlichen Experiments zu werden. Beide stellen sie den *aktiven* Zugang und die *aktive* Beschäftigung mit der Natur dar und somit auch einen scharfen Gegensatz zum statischen Charakter der griechischen Wissenschaft und dem erstarrten Verbalismus mittelalterlicher scholastischer Diskurse. Der Zusammenfall von Wissen und seiner praktischen Anwendung, das in Kapitel 2 diskutiert wurde, das „Tun, das selbst Wissen ist", und seinen klarsten Ausdruck im Werk Bacons fand, leitete sich aus den zahlreichen Schriften über Magie und Alchemie her, die während des 16. Jahrhunderts in Europa erschienen. (47) Della Porta nannte die Magie ganz offen den „praktischen Teil der Naturwissenschaft", und Männer wie Dee, Campanella und Agrippa waren es gewöhnt, sich in ihrer Umwelt durch die Kunst der Navigation und die Astrologie zu orientieren, ein Vorgang, der aus unserer heutigen Sicht diese Orientierung eher als verschwommen erscheinen läßt. Vor und während des englischen Bürgerkriegs, bemerkte John Aubrey in *Brief Lives*, „wurden der Astrologe, der Mathematiker und Zauberkünstler für ein und dasselbe gehalten." (49) Erst nachdem die Magie die Technologie mit einem methodologischen Programm ausgestattet hatte, befand sich letztere in einer Position, von der aus sie erstere zurückweisen konnte. Allerdings ging die esoterische Tradition eher in der Verschmelzung der beiden als in ihrer darauffolgenden Trennung verloren.

Beispiele dieser Art lassen sich unendlich erweitern. Die esoterische Tradition innerhalb der Astrologie, wie sie zum Beispiel durch den florentinischen Gelehrten Marsilio Ficino (1433 - 99) vertreten wurde, der zwischen 1462 und 1484 für Cosimo de Medici das gesamte hermetische Corpus übersetzte, strebte danach, Körper und Geist durch Musik oder Zauberformeln zu konditionieren, um auf diesem Wege die Persönlichkeit zu verändern („den Einfluß des Himmels zu empfangen"). Bacon selbst billigte diesen Aspekt der Astrologie und nannte es „Astrologia sana", und D. P. Walker drückte im Grunde genommen dasselbe aus, wenn er Ficinos System „astrologische Psychotherapie" nennt. (50) Aber das endgültige Erbe dieser Tradition – selbst unter den Astrologen unserer Tage, die sich zu ernsthaften Vertretern der Astrologie zählen – ist weitestgehend manipulativ und auf das Diesseits ausgerichtet; die Horoskope in den Tageszeitungen stellen wohl am besten das erschütternde Resultat dessen dar, was einst ein prachtvolles Gebäude dialektischen Denkens war.

Im Falle der Alchemie waren die Gründe für die Trennung zwischen dem Esoterischen und Exoterischen wieder einmal technologischer Natur, basierend vor allem auf der uralten Verbindung der Alchemie mit Bergbau, Metallurgie und zahllosen Künsten und Handwerken. Im 16. Jahrhundert entwikkelte sich eine Gruppe von Handwerkern, die die Alchemisten verunglimpften, was am klarsten in den Werken wie Biringuccios *Pirotechnia* und Agricolas *De Re Metallica* zum Ausdruck kommt. (51) Die Trennung ist gleichzeitig eine Reaktion auf sich wandelnde ökonomische Verhältnisse, vor allem den Zusammenbruch der Zünfte. Eine sich mehr und mehr ausbreitende laissez--faire-Ökonomie stellte sowohl für die feudalistische Auffassung, die die Geheimhaltung bestimmter Handwerkstechniken anstrebte, eine Herausforderung dar, als auch für die mündliche Weitergabe, die die Grundlage für die Initiation in diese „Mysterien" dargestellt hatte. Der Druck, diese Geheimnisse zu enthüllen, sie alle mit Hilfe Gutenbergs zugänglich zu machen, führte zur Veröffentlichung von Handwerks-Büchern (wie zum Beispiel die von Biringuccio und Agricola), die detaillierte Beschreibungen sowie Illustrationen der praktischen Vorgehensweisen der einzelnen Zünfte lieferten (siehe Abbildung 11). Diese Veröffentlichungen, die im Mittelalter noch mit Grauen beobachtet worden wären, dienten nun den Interessen einer großen amorphen gesellschaftlichen Schicht. Handwerkliche Abläufe waren selbst zur Ware

Abb. 11: Die Trennung von Gold und Silber, von *De Re Metallica* (1556). Mit freundlicher Genehmigung der Bancroft Library, University of California, Berkeley.

geworden, Geheimhaltung zu enthülltem Wissen und Analogie zwischen Mikrokosmos und Makrokosmos wurden von einer Handwerkerschaft, die sich zunehmend mit der Marktwirtschaft verflocht, als überflüssig, ja sogar schädlich erachtet. Als der Chirurg Ambroise Pare (1510-90) angeklagt wurde, Zunftgeheimnisse preisgegeben zu haben, fühlte er sich selbstsicher genug, zu antworten, daß er nicht zu jenen gehöre, die „aus dem Handwerk eine Geheimlehre" machen. (52) In der Tat war das gesamte Konzept wissenschaftlicher Organisation, das von Bacon im *New Atlantis* ausposaunt worden war, völlig unvereinbar mit dem mittelalterlichen Ideal bewußter Verschwiegenheit und Geheimhaltung.

Die Ideologie dieses Angriffes trug stark verbalen Charakter. War erst einmal die Vorstellung von einer inneren Seelenlandschaft (nach unseren Begriffen) oder ursprünglichen Partizipation zum Teil verlorengegangen, konnte die Technologie die alchemische Tradition vom Standpunkt technischer Klarheit und Präzision aus beurteilen, um sie, wie könnte es anders sein, für äußerst mangelhaft zu befinden. Wie wir gesehen haben, gleicht die Sprache der Alchemie dem Traum, ist symbolisch, bildhaft; aber die ihr zugrundeliegende Welt der Ähnlichkeiten war im Zerfall begriffen. Karotten waren keine Flaschen, Löwen verschlangen nicht mehr die Sonne und androgyne Wesen galten jetzt als ähnliche Erfindungen wie Einhörner. Mit geheimnisvollen Aussagen, wie „die Sonne und ihr Schatten vollenden das Werk", konnte man keine Töpfe glasieren oder Zinn gießen und Bezeichnungen von Substanzen wie „Antimoniumbutter" oder „Arsenikblüten", (die allerdings bis ins späte 18. Jahrhundert hinein überlebten), galten jetzt als schwerfällig und ungeschickt. Die gesamte Vorstellungswelt der Alchemie, nach der die Dinge gleichzeitig sie selbst, als auch ihr Gegenteil sein konnten, oder eine ihnen innewohnende Ambiguität besaßen, galt von nun an als dumm, unverständlich, als ein Hindernis, das es zu beseitigen galt. Biringuccio, Bacon, Agricola, Lazarus Ercker und viele andere stellten sich absichtlich gegen das herkömmliche „Staunen im Angesicht der Natur", die Glaubwürdigkeit fabelartiger Tiere, Pflanzen und Steine – eine Tradition, die ein Kennzeichen der Literatur des Mittelalters von Plinius bis Agrippa gewesen war. Die Auffassung vom *Satsang*, die immer noch in den esoterischen Bereichen des Zen und Yoga vertreten ist und die besagt, daß die Wahrheit und Erkenntnis auf wunderbare Weise durch die Beziehung zu einem Lehrmeister übertragbar ist, wirkte auf diese Männer wie ein Fluch, da sie ganz genau sahen, daß der Versuch, die Natur zu beherrschen, von der Klarheit der Erkenntnis abhing. Der Niedergang einer ökologischen oder holistischen Einstellung gegenüber der Natur ging Hand in Hand mit der Ablehnung dialektischer Vernunft. (53)

Der zweite Faktor, der zu einem Bruch zwischen exoterischer und esoterischer Tradition führte, waren organisierte Religionen wie Katholizismus und Protestantismus. Das enge und vertraute Band zwischen Magie und Katholizismus führte letztendlich zu einer Überbetonung der esoterischen Aspekte der Alchemie, was dazu beitrug, den Gegensatz zwischen der esoterischen Tradition und dem ständig wachsenden Gebäude an technologischen Studien, die diese Tradition von Anfang an abgelehnt hatten, zu verschärfen. Und eben diese Art der Vertrautheit beließ die Magie sowohl während, als auch nach der Reformation in einer äußerst angreifbaren Position gegenüber protestantischem Rationalismus.

Nach Keith Thomas war die Kirche während des Mittelalters auf lokaler Ebene sehr umfangreich in magische Praktiken miteinbezogen. Es ist auch tatsächlich zweifelhaft, daß die Kirche ohne dieses Netzwerk von Ritualen und Sakramenten so viel Einfluß gewonnen hätte. Die Liturgie der damaligen Zeit enthielt Rituale, in denen Häuser, Gerätschaft und Ernte sowie diejenigen, die sich auf Reisen begaben, gesegnet wurden; ebenso gab es Fruchtbarkeit und Exorzismusrituale. Im Volksglauben besaß der Priester außergewöhnliche Kräfte, und rund um die Zelebrierung der Messe war ein breiter Fächer von Glauben und Aberglauben erwachsen. Somit wurde der Hostie die Kraft, Blinde wieder sehen zu machen, zugesprochen, außerdem konnte sie, zerkleinert und in den Garten gestreut, Raupen den Garaus machen. Gleichzeitig verwischte die Kirche absichtlich den Unterschied zwischen Gebeten, die die Anrufung übernatürlicher Kräfte darstellten und den Hilfsmitteln der Magie, wie zum Beispiel Zauber- und Beschwörungsformeln, von denen man glaubte, daß sie von selbst funktionierten. Die Kirche empfahl zum Beispiel, Gebete beim Sammeln von Kräutern zu sprechen; und die Wiederholung von *Ave Marias* und *Pater Nostern* förderten die Auffassung, daß diese lateinischen „Beschwörungsformeln" automatisch Wirkungskraft entwickelten. Alles in allem erschien die Kirche trotz ihres offiziellen Widerstandes gegenüber der Magie bei der Masse des Volkes „als ein beinahe unerschöpfliches Füllhorn magischer Kräfte, die sich für eine Reihe weltlicher Zwecke einsetzen ließen." (54)

Was die Alchemie anbelangt, so war ihr Verhältnis zur Kirche, zumindest während des Mittelalters, eher ketzerisch zu nennen, da sie immer wieder einmal behauptete, einzig und allein den eigentlichen Sinn des Christentums aufzuzeigen, was ihrer Meinung nach keine institutionalisierte Kirche leisten konnte. (55) Deshalb sprach sie sich von Zeit zu Zeit für eine Analogie zwischen Christus und alchemischer Arbeit aus, der sogenannten Lapis-Christus-Parallele. Diese Analogie und die Behauptung der Alchemie, Materie umwandeln zu können, resultierten in mehreren Enzykliken und päpstlichen Bullen gegen die Alchemie; als jedoch die soziale Struktur der Kirche im 15. Jahrhundert zu zerbröckeln begann, verflochten sich Alchemie und Kirche auf die ungewöhnlichste Weise. Vor allem gewann der soteriologische Aspekt (Heilsaspekt) der Alchemie mehr und mehr an Beachtung, selbst als die „Paffer" und Scharlatane zunehmenden Angriffen ausgesetzt waren. Diese Entwicklung war in der Tat ein weiterer Aspekt des Bruches zwischen esoterischer und exoterischer Traditon. Sir George Ripley (1415 - 90) seines Zeichens Kanonikus von Bridlington und gleichzeitig Alchemist, erklärte offen, daß der Zweck der Alchemie die Vereinigung von Seele und Körper sei. Bis zum 16. Jahrhundert hatte die Kirche eine Schrift abgefaßt, die Korrespondenzen zwischen den einzelnen alchemischen Prozessen und den Sakramenten herstellte. Demnach entsprach die Reinigung der Letzten Ölung, Destillierung der Priesterweihe; Trocknung der Buße und Koagulation der Vermählung und natürlich die Transmutation der Messe. (56) Von diesen Korrespondenzen läßt sich möglicherweise ableiten, daß der Zusammenbruch kirchlicher Magie unter dem Druck ketzerischer Sekten und später unter dem Druck der protestantischen Reformation zu einer Überbetonung der religiösen Dimension der Alchemie führte. Diese Tatsache, sowie der Angriff von seiten einer ständig zunehmenden technologischen Literatur, führten zum Bruch mit der exoterischen Tradition.

Während der Renaissance wurde dieser soteriologische Aspekt der Alchemie bis zu seinem Extrem vorangetrieben und wurde, wie Jung sagt, „eine Unterströmung des Christentums, das auf der Oberfläche herrschte". Zusätzlich zur Lapis-Christus-Parallele verwiesen manche Texte auf Merkurius als die Jungfrau Maria und den Geist Merkurius als den Heiligen Geist. Sir George Ripley vermischte unaufhörlich christliche und alchemische Symbole auf eine Weise, die zu einer unabsichtlichen Parodie des Katholizismus führten. In einer seiner Zeichnungen liegt zum Beispiel der grüne Löwe blutend im Schoße der Jungfrau, ganz offensichtlich ein Zerrbild der Pieta. (57) Die damalige Haltung des Christentums gegenüber der Alchemie enthüllt sich auch in der Wahl der Tiere, die als Metaphern für Hermes stehen und dieselben sind, die in der patristischen Literatur für Christus verwandt wurden: Drachen, Fisch, Einhorn, Adler, Löwe und Schlange. Transubstantiation wurde im wesentlichen als alchemischer Prozeß angesehen. Ripley und andere priesen die Herstellung des Steines als die Wiederkehr von Christus, die, wie Jung bemerkt, „aus dem Munde eines mittelalterlichen Ekklesiastikers wahrhaft sonderbar klingt." Tatsächlich zeigte sich hier eine unbeabsichtigte Verzerrung des Christentums, eine Verherrlichung, die gleichzeitig eine Schmälerung war. Die mittelalterliche christliche Synthese wurde somit in alchemische Begriffe umgegossen, eine Tendenz, die ihren Höhepunkt am Ende des

16. Jahrhunderts mit dem Aufkommen der Rosenkreuzer, einer halb geheimen, okkulten Bruderschaft, die heute noch existiert, erreichte.

Gegen Ende des 16. Jahrhunderts war die intime Beziehung zwischen Magie und Kirche zu solch einem klaren Angriffsziel für die Reformation geworden, daß verschiedene magische Praktiken ins Kreuzfeuer sowohl katholischer, als auch protestantischer Sektionen geriet. Dieses Stück Geschichte stellt sich deshalb ziemlich kompliziert dar, weil die Beziehungen zwischen Katholizismus und Protestantismus an sich schon recht komplex waren und der Angriff auf die Magie nur Teil eines mörderischen Kreuzfeuers war, das nur sehr schwer zu entschlüsseln ist. Die katholische Opposition gegenüber der Magie wurde erleichtert durch ein protestantisches Bekenntnis zur hermetischen Tradition von seiten jener, die, wie Jung nahelegt, diese Tradition (mehr oder weniger unbewußt) als eine Möglichkeit sahen, um katholisch zu bleiben. Deshalb begannen gegen Ende des 16. Jahrhunderts in Deutschland eine Gruppe okkulter Praktiker öffentlich das Wort für den Hermetismus zu ergreifen und ihn als den Pfad zur göttlichen Erleuchtung darzustellen, indem sie explizit die Lapis-Christus-Parallele statuierten. (58) Diese Gruppe begann, Einfluß auf lutherische Kreise zu gewinnen und sich hinter den protestantischen Kräften zu scharen, die ihnen Schutz vor dem langen Arm der Inquisition bieten konnten. Die Bewegung erhielt somit einen leicht politischen Anstrich, der in anonymen Manifestos von 1614 - 15 auftauchte, in denen Rosenkreuzer und die okkulten Wissenschaften verteidigt wurden.

Bald fand sich Europa in einem wahren Begeisterungstaumel über die Rosenkreuzer und deren häretischen Implikationen. Die orthodoxe Religion war davon überzeugt, daß etwas existierte, das sich einer weltweiten Verschwörung näherte, eine Anschuldigung, die jedoch der Alchemist Michael Maier in seinen *Die Gesetze der Bruderschaft der Rosenkreuzer* (Lateinische Ausgabe 1618) entschieden zurückwies; nichtsdestotrotz bestätigte dieses Buch die Existenz einer geheimen Bruderschaft erleuchteter Mystiker, die sich der Vervollkommnung der Menschheit verschrieben hatten. Zwei Jahre davor publizierte der Physiker und Alchemist Rober Fludd seine eigene Verteidigung der Bruderschaft (Apologia Compendaria Fraternitatem de Rosea Cruce), auf die zwischen 1617 und 1621 eine Reihe weiterer Bände folgte. Fludd ergriff darin das Wort für den inneren Gehalt der okkulten Wissenschaften, für eine alchemische Interpretation der Bibel (in der zum Beispiel die Schöpfung als ein göttlicher Trennungsprozeß angesehen wurde), sowie für eine Sichtweise, in der die Natur als einziger großer alchemischer Prozeß dargestellt wurde.

Sicherlich spiegelten eine Bruderschaft von Alchemisten, die der Alchemie das Wort redeten, als auch Publikationen, die die Gruppe verteidigten, nicht so sehr die Stärke dieser Tradition wider, als vielmehr die Tatsache, daß sie dem Aussterben nahe war. Bedrohlich wie eine Verteidigung religiöser Alchemie für die Kirche war, ist es von späterer Warte her gesehen klar, daß diese Verteidigung zum Teil als der Versuch zu werten ist, das zu erhalten und beizubehalten, was sie als den ursprünglichen spirituellen Gehalt des Katholizismus betrachtete. Im Kontext der Zeit gesehen, mußte jedoch der Anspruch der Alchemie, den einzig wahren Weg zur Erlösung aufzuzeigen, als verderbliche Ketzerei erscheinen.

1623 wurde in Paris die Ankunft der Bruderschaft verkündet, die jedoch unsichtbar aber nichtsdestotrotz den Menschen den richtigen Weg weisen würde. Im folgenden Jahr wurde eine Gruppe, die sich zur Verteidigung alchemischer Thesen gebildet hatte, durch einen Beschluß des Parlaments aufgelöst und der führende Vertreter (ein Estienne de Clave) gefangengenommen. Dies waren die Umstände, aus denen heraus der Franziskanermönch Marin Mersenne zur Rettung sowohl von Kirche und Staat als auch der Philosophie an sich schritt, um sie aus den Klauen dieser gefährlichen Wende zu befreien. Dieser Angriff hatte so lawinenartige Folgen, und schlich sich in so überwältigendem Maße selbst in die Köpfe der feinsten Denker Europas, daß zu Recht behauptet wurde, daß er die Totenglocke des Animismus in der westlichen Welt gewesen ist. Er hatte nicht nur eine weitverbreitete Ablehnung der esoterischen Alchemie zur Folge, sondern formulierte wahrscheinlich zum ersten Male klar die Ding-Wert-Unterscheidung und die positivistische Konzeption der Wissenschaft. Als jemand, der ein starkes Interesse an Religion und Naturphilosophie hatte, war Mersenne nicht nur durch das Auftreten der Rosenkreuzer in Alarmzustand versetzt worden, sondern auch durch die Tatsache, daß ein wachsendes Unbehagen am Aristotelianismus viele Gelehrte zum Hermetismus geführt hatte, der einen viel aktiveren und experimentelleren Zugang zur Natur bot. Er erkannte, daß es nicht nur notwendig sein würde, Fludd zu widerlegen, sondern gleichzeitig eine christianisierte Version des aristotelischen Rationalismus auszuarbeiten, die auf gleiche Weise einen dynamischen Zugang zur Natur eröffnen würde. In langatmigen Ausführungen, die zwischen 1623 und 1625 erschienen, denunzierte Mersenne Fludd als „üblen Magier" und beschimpfte die Alchemie als den Versuch, Erlösung ohne den Glauben zu offerieren und sich als Gegenkirche etablieren zu wollen. Indem die hermetische Tradition den Dingen eine ihnen selbst innewohnende Kraft zugesprochen hatte, hatte sie die Macht Gottes geleugnet, der richtigerweise als Herrscher über die Welt und nicht als eine ihr immanente Größe gelten sollte. Anstatt die Abschaffung der exoterischen Alchemie zu verfechten, schlug Mersenne etwas vor, das in diesem Falle viel wirkungsvoller war: der Staat sollte Akademien der Alchemie einrichten, um damit den Scharlatanen auf diesem Gebiet den Garaus zu machen. Diese Akademien würden die Sprache der Alchemie säubern und sie durch eine klare Terminologie ersetzen, die auf beobachtbaren chemischen Versuchen basierte. Sie würden außerdem dafür sorgen, daß eine Diskussion von Religion und Philosophie vermieden werden würde. Genaugenommen schlug er damit die bewußte Trennung zwischen Ding und Wert vor, was bald zum untrüglichen Kennzeichen moderner Wissenschaft werden sollte.

Im Verlaufe seines Angriffs auf Fludd heuerte Mersenne die Dienste seines Ordensbruders Pierre Gassendi an. Ehemals Professor in Aix-en-Provence zog Gassendi 1624 nach Paris und wurde schließlich (unter dem Einfluß von Kardinal Richelieu) Provost der Kathedrale von Digne und Professor für Mathematik an dem Collège Royale. Sein Angriff auf Fludd war wie der Mersennes religiöser Natur und lastete dem Engländer an, den Versuch gemacht zu haben, die Alchemie „zur alleinigen Religion der Menschheit machen zu wollen"; darüberhinaus enthielt er eine wissenschaftliche Kritik, die besagte, daß Fludds zentrale Thesen nicht empirisch nachgewiesen werden konnten. So gab es zum Beispiel keine Möglichkeit zu beweisen, daß alle menschlichen Seelen einen Teil von Gott enthielten oder so etwas wie eine Weltseele tatsächlich existierte. Gassendis Angriff auf Fludd ist, genau betrachtet, wahrscheinlich das früheste Zeugnis wissenschaftlichen Positivismus. Diese Gleichsetzung des Meßbaren mit dem tatsächlich Existierenden war eine andere Version des Standpunktes, den Newton der Öffentlichkeit gegenüber einnahm, als man das Konzept der Schwerkraft als einen Fall von Okkultismus anprangerte.

Gassendis Angriff ging jedoch weit über eine bloße Kritik hinaus. Um 1630 entwickelte er ein System der Materie und ihrer Bewegung, das trotz seiner Unterschiede zu den Ideen von Hobbes und Déscartes auf eine Billard-Ball-Konzeption hinauslief. Veränderung kam von außen, hervorgerufen durch physische Verursachung und nicht durch inhärente (dialektische) Prinzipien, wie sie von den Alchemisten angenommen werden. Alles, was wir erkennen können, so argumentierte er, sind Erscheinungen und nicht die Dinge an sich. Sowohl Materie als auch die Erde sind letztendlich unbelebt; und Gott ist nicht die Weltseele, sondern der Verwalter der Welt. (59)

Die Ähnlichkeiten, die der Leser vielleicht zwischen kartesianischer Physik und den Auffassungen Mersennes und Gassendis festgestellt haben mag, sind nicht zufällig. Descartes, der 1623 nach Paris gesiedelt war, stand Mersenne ebenfalls nahe und trug zu der gemeinsamen Bemühung bei, einen christlichen Atomismus zu entwickeln, der sowohl die religiöse als auch die politische Stabilität sichern würde. In den *Prinzipien der Philosophie* war der Weltgeist der Alchemisten zu einer Weltmaschine geworden (Äther bewegte sich in Strudeln), der Geist aus der Materie getilgt und Gott an die Peripherie verbannt worden. Die Zerstörung des partizipierenden Bewußtseins und ein Gott, der in der Rolle des externen Verwalters fungierte, konnten wohl kaum als harmlose Erscheinungsformen dieses Systems bezeichnet werden. Beides lieferte vielmehr „wissenschaftliche" Sanktionen gegen autonomes religiöses oder politisches Denken. Nicht umsonst schrieb im Jahre 1630 Déscartes an Mersenne „Gott stellt in der Natur mathematische Gesetze auf, ebenso wie ein König in seinem Königreich Gesetze erläßt."

Der Niedergang der Alchemie war nicht nur das Ergebnis wissenschaftlicher Publikationen, sondern resultierte auch aus der Organisation der Wissenschaft selbst. Mersennes Klosterzelle wurde das tugendhafte Herzstück der europäischen Wissenschaft. Er hielt wöchentliche Zusammenkünfte ab und korrespondierte in großem Rahmen mit Wissenschaftlern aus allen Ländern, indem er ihnen gegenseitig ihre Arbeiten vorstellte und sie darüberhinaus einer gebildeten Schicht in der Öffentlichkeit zugänglich machte. Verfechter des Mechanismus, wie zum Beispiel Galileo, wurden übersetzt und erklärt. Kontakte zu solchen Männern wurden geschlossen, die später Schlüsselfiguren in der Royal Society of London waren; diese Bande verstärkten sich noch, als einige von ihnen während des Bürgerkriegs nach Paris ins Exil gingen. Im Jahre 1654 stellte Walter Charleton Gassendis Ausführungen in England vor. Bald darauf startete Robert Boyle eine Reihe von Publikationen, in denen er die Alchemie angriff und einer mechanistischen Weltsicht das Wort redete, die, wie er experimentell zu zeigen versuchte, mit der realen Erfahrung übereinstimmte. Alchemische Doktrin wurde „in Chemie umgesetzt", indem sie sprachlich gesäubert und in strikt exoterische Begriffe übertragen wurde. Die mechanistische Philosophie und die Trennung zwischen Ding und Wert fanden ihren unmittelbaren Platz in den Richtlinien der Royal Society.

Nach Mersennes Tod führte Gassendi bei den wöchentlichen Sitzungen den Vorsitz, die nun im Hause des wohlhabenden Habert de Montmor stattfanden. Dieses Haus wurde 1657 zur Montmor-Akademie und den Treffen wohnten fortan Staatssekretäre, zahlreiche Abbes des Adels und andere hochgestellte Persönlichkeiten des öffentlichen Lebens bei. Die Akademie setzte sich für die mechanistische Philosophie ein und unterhielt enge Bande zur Royal Society. Im Jahre 1666 gestaltete sie Colbert, ein Minister Ludwig XIV. zur französischen Akademie der Wissenschaften um. Wie es schon zuvor bei der Royal Society der Fall gewesen war, war der Begriff der wertfreien Wissenschaft Teil einer politischen und religiösen Kampagne zur Aufrechterhaltung der bestehenden gesellschaftlichen und kirchlichen Struktur Europas. Was die neuzeitliche Wissenschaft später als abstrakte Wahrheiten bewertete, wie zum Beispiel die radikale Trennung zwischen Materie und Geist oder Geist und Körper, war damals zentraler Punkt der Kampagne. Die Durchschlagkraft der mechanistischen Weltauffassung kann keinem ihr möglicherweise innewohnenden Sinn zugeschrieben werden, sondern ist (teilweise) das Ergebnis eines mächtigen Angriffs von seiten der Politik und Religion auf die hermetische Tradition, ausgeführt von den herrschenden europäischen Eliten. (60)

Ebenso wie die Opposition des Mersenne-Zirkels gegen den Hermetismus die Form eines Angriffs auf die Verbindung zwischen Protestantismus und Okkultismus annahm, war der Angriff der Protestanten auf die Magie integraler Bestandteil ihrer Opposition gegenüber dem Katholizismus. Wir haben schon gesehen, wie eng und vertraut die Bande zwischen Magie und der Kirche auf lokaler Ebene waren und wie bedeutsam sie für die Aufrechterhaltung ihrer Autorität war. Es sollte uns deshalb nicht erstaunen zu entdecken, daß die Reformation eine bewußt rationalistische Haltung einnahm. Alle Sakramente wurden auf ihre Verbindungen zur Magie hin untersucht. Listen mit Päpsten, die angebliche Verschwörer gewesen waren, wurden gesammelt und verbreitet und selbst Gebräuche wie „Gott segne Dich" zu sagen, wenn jemand nieste, wurden als abergläubischer Klimbim attackiert. Zuguterletzt trug der Angriff den Sieg davon. Bis ungefähr 1600 hatte sich mehr und mehr die Auffassung durchgesetzt, daß Gott nicht herbeigeschworen werden konnte und daß rituelle Zeremonien (wie die Transubstantiation) keine echte Wirkung hervorbringen könne. Die Vorstellung, daß Materie auch von einem Geist, oder *Mana* durchdrungen und durch Exorzismus oder alchemische Prozesse veränderbar war, ging somit auf tragische Weise mehr und mehr verloren. (61)

Obendrein unterhöhlte der Protestantismus die Heilsversprechungen des Hermetismus durch das Konzept weltlicher Erlösung. Interessant dabei ist, daß dieses Konzept selbst die Form magischer Praktiken annahm. Wie wir schon bemerkt haben, war der Erfolg eines Adepten unmittelbar abhängig von seiner inneren Tugend. Ebenso war im Calvinismus zum Beispiel der weltliche Erfolg, den jemand aufweisen konnte, der Beweis für die göttliche Gnade. Wie Weber in allen Einzelheiten aufzeigte, wurde Geld als etwas gesehen, in dem sich die Erlösung offenbarte und somit zum Prüfstein wahrer Frömmigkeit. Und im Umfeld des aufkeimenden Kapitalismus konnte das Konzept der persönlichen Erlösung durch innere seelische Erneuerung, wie es nun offen von Gruppen wie den Rosenkreuzern verfochten wurde, nicht bestehen. Für die Mittel- und Oberschicht konnte das Vakuum, das durch den protestantischen Angriff auf das Übernatürliche entstanden war, zumindest durch Gebet und weltlichen Erfolg gefüllt werden. Aber da die weltliche Erlösung ganz offensichtlich eine Philosophie des Sieges war, sah sich der Protestantismus gezwungen, dem gemeinen Volk, das lange Zeit an andere Erklärungen gewöhnt war, dadurch beizukommen, daß er ihm eine Doktrin aufzwang. (62)

Im ganzen nördlichen Europa wurde die Weltanschauung der aufkommenden Bourgeoisie sowohl von der mechanistischen Philosophie als auch der Vorstellung vom weltlichen Heil beeinflußt; ganz eindeutig wurde nur für die spirituellen Bedürfnisse dieser Schicht gesorgt. Die Auferlegung einer jetzt neuen Doktrin beinhaltete nicht nur die Unterdrückung anderer, sondern auch die Unterdrückung des eigenen Selbst. Puritanische Werte wie Konkurrenzdenken, Ordnung und Selbstkontrolle wurden mehr und mehr zu den typischen Merkmalen einer Welt, in der diese Verhaltensweisen zuvor als anormal gegolten hatten, oder im Falle von Isaac Newton als schlichtweg pathologisch. (63) Oder wie Christopher Hill es ausdrückt: „Die Prediger wußten genau, was sie taten. . . Sie kämpften gegen den ‚naturhaften Menschen'. Die Art zu denken, zu fühlen und die Art der Unterdrückung, die sie auf den Menschen ausübten, lief der Natur völlig zuwider." (64)

Wir, als die Menschen der Moderne, müssen mit den Folgen ihres Erfolges leben und empfinden ihn zusammen mit der mechanistischen Weltauffassung als „normal". Aber falls der Hermetismus wirklich Entsprechungen zu einer archaischen Substanz der menschlichen Seele aufweist, worauf Jungs Werk hinzuweisen scheint, und falls Kreativität und Individuation Antriebe sind, die integrale Bestandteile der menschlichen Natur sind, dann erkaufen wir uns unsere heutige Auffassung von der Wirklichkeit zu einem astronomischen Preis. Denn was letztendlich durch die Wende vom Animismus zum Mechanismus entstand, war nicht nur eine neue Wissenschaft, sondern auch eine dazu passende Persönlichkeitsstruktur; und Isaac Newton kann ganz richtig als Mikrokosmos oder Inbegriff dieser Änderungen gesehen werden. Ich möchte, um diesen Überblick über den Niedergang des partizipierenden Bewußtseins zu vervollständigen, mit einer gesonderten Untersuchung über Newtons Leben und Werk im Verhältnis zu den politischen und religiösen Ereignissen seiner Zeit fortfahren. Erst dann werden wir in der Lage sein einzuschätzen, wie hoch der Preis war, den wir für den Verlust einer holistischen Weltauffassung in der westlichen Welt bezahlen mußten und die Frage zu eröffnen, was für diejenigen von uns, die sowohl in philosophischer als auch psychologischer Hinsicht die Erben Newtonscher Synthese sind, noch machbar ist.

IV. DIE ENTZAUBERUNG DER WELT (II)

Denn die Natur arbeitet in stetigen Kreisläufen, erzeugt Flüssiges aus Festem und Festes aus Flüssigem; Stabiles aus dem Flüchtigen und Flüchtiges aus Stabilem; das Feine aus dem Groben und das Grobe aus dem Feinen; Dinge, die aufsteigen und zu den Säften im oberen Bereich der Erde werden, zu Flüssen und dann zur Atmosphäre und in der Folge andere, die als Ausgleich hierzu hinabsteigen.

Es scheint mir wahrscheinlich, daß Gott zu Anfang Materie in festen, massiven, harten, undruchdringlichen und beweglichen Partikeln formte in solcher Ausdehnung und in solchen Figuren, mit solchen Eigenschaften und in solchen Raumproportionen, daß sie dem Zweck, weshalb er sie formte am besten entsprachen ... und deswegen, da die Natur unveränderlich ist, vollziehen sich die Veränderungen von körperlichen Dingen durch die verschiedensten Trennungen, neuen Gruppierungen und Bewegungen dieser Partikel.

Isaac Newton in einem Brief an
Henry Oldenburg, 25. Jan. 1675/6

Isaac Newton steht als Symbol für die westliche Wissenschaft und seine *Principia* kann wohl zu Recht als Dreh- und Angelpunkt des wissenschaftlichen Denkens der Neuzeit bezeichnet werden. Wie wir in Kapitel 1 gesehen haben, definierte Newton die Wissenschaftsmethode an sich, die Begriffe von Hypothese und Experiment, sowie die Vorgehensweisen, an Hand derer die rationale Beherrschung der Welt zu einem lebensgefähigen intellektuellen Programm erhoben werden konnte. Durch den Standort, den Newton und dessen Schüler Roger Cotes in der Öffentlichkeit annahmen, wurde die positivistische Konzeption von Wahrheit, die zuerst von Mersenne vertreten worden war, dem europäischen Geist eingeprägt. Und obwohl die Physik des 20. Jahrhunderts Details der Newtonschen Synthese beträchtlich modifizierte, bleibt das gesamte wissenschaftliche Denken, wenn nicht sogar der Charakter des zeitgenössischen empirisch-rationalen Denkens im allgemeinen seinem Wesen nach durch und durch Newtonisch.

Mit einigem Erstaunen reagierte deshalb der britische Ökonom John Maynard Keynes, als er beim Durcharbeiten der unzähligen Manuskripte Newtons, die von seinen Nachfahren 1936 bei Sotheby's zur Versteigerung freigegeben worden waren, entdeckte, daß Newton sich intensivst mit okkulten Wissenschaften und hier speziell mit der Alchemie befaßt hatte, ja beinahe besessen davon gewesen war. (1) Keynes konnte nicht umhin, folgendes Urteil abzugeben:

> Newton war nicht der erste Vertreter des Zeitalters der Vernunft. Er gehörte vielmehr zu den letzten Magiern. Er betrachtete das gesamte Universum und alles, was darin existiert, als ein Rätsel, ein Geheimnis, das dadurch entschlüsselt werden konnte, daß reines Denken auf das angewandt würde, was augenscheinlich gewiß war, auf bestimmte mystische Anhaltspunkte, die Gott über die Welt verteilt hatte, um eine Art philosophischer Schatzsuche nach esoterischer Bruderschaft zuzulassen. Er glaubte, daß diese Anhaltspunkte teilweise in den Zeichen des Himmels und der Beschaffenheit der Elemente gefunden werden konnten (und genau dies ist es, was den falschen Eindruck vermittelt, daß er ein Experimental- und Naturphilosoph sei), aber auch teilweise in gewissen Dokumenten und Traditonen, die von den Brüdern in ununterbrochener Folge bis zu der ursprünglichen kryptischen Offenbarung in Babylonien weitergegeben wurden. Er betrachtete das Universum als ein Kryptogramm des Allmächtigen. (2)

Keynes erkannte, daß das 18. Jahrhundert „Newton" eigentlich für die Öffentlichkeit „zurechtgemacht" hatte, daß die *Principia* und die *Opticks* nur der an die Öffentlichkeit gelangte Teil einer insgesamt viel umfangreicheren Suche waren, die viel mehr gemeinsam hatte mit der Weltsicht eines Robert Fludd als mit der eines Physikers des 19. Jahrhunderts. Aber die in jüngster Zeit von Frank Manuel erstellte Biographie Newtons hat, ebenso wie die von David Kubrin erstellte brillante Studie über Newton und seinen kulturellen Hintergrund gezeigt, daß Newton selbst in großem Umfang „gesäubert" hat. (3) Um die Antwort auf das Rätsel der Schwerkraft zu finden, wandte sich Newton an die hermetische Tradition; und er begann sich, wie Keynes ausführt, als den zeitgenössischen Vertreter, ja sogar als den von Gott erwählten Erben dieser Tradition zu betrachten. Aber sowohl aus psychologischen als auch aus politischen Gründen sah es Newton als notwendig an, diesen Teil seiner Persönlichkeit und seiner Philosophie zu unterdrücken und die nüchterne Fassade eines Positivisten zur Schau zu tragen. Die Evolution von Newtons eigenem Bewußtsein spiegelt nicht nur auf signifikante Art und Weise das

Schicksal der alchemischen Tradition Englands zur Zeit der Restauration wider, sondern auch die Evolution des westlichen Bewußtseins im allgemeinen. Und so behauptet Manuel, daß Newtons Persönlichkeit ebenso wie seine Sichtweise nichts weiter als extremer Ausdruck seiner Zeit waren. (4)

Newtons Kindheit war geprägt von einem sehr hohen Maß an Verlustangst,die zu unseren frühesten Kindheitserfahrungen zählt und später als Muster für die körperlichen Empfindungen dient, die dann auftreten, wann immer wir uns durch Objektverlust bedroht fühlen. Newtons Vater starb drei Monate vor Geburt seines Sohnes, und seine Mutter heiratete wieder, als ungefähr drei Jahre alt war. Sie verließ darafhin ihren Sohn, um umgefähr eineinhalb Meilen von ihm entfernt mit ihrem neuen Ehemann Pfarrer Barnabas Smith zusammenzuleben; Isaac blieb in dieser Zeit bei seiner Großmutter in seinem Geburtsort in Woolsthorpe, Lincolnshire. Seine Mutter kehrte erst nach dem Tod ihres zweiten Mannes nach Woolthorpe zurück, als Newton bereits elf Jahre alt war. Somit war Newton während entscheidender Phasen seiner Entwicklung im wahrsten Sinne des Wortes verlassen und im Stich gelassen worden, und dies nachdem seine Mutter sowieso schon als alleiniger Elternteil seine einzige Bezugsperson gewesen war. Als Ergebnis, schrieb Manuel,

> war seine Fixierung auf sie absolut und vollkommen. Das Trauma, ursprünglich von ihr verlassen worden zu sein, der Entzug ihrer Liebe, erzeugten großen Schmerz, Agressivität und Angst in ihm. Nachdem sie uneingeschränkt ihm gehört hätte – von keinem Rivalen gestört, nicht einmal von einem Vater, beinahe so, als wäre er von einer Jungfrau geboren worden – wurde sie ihm genommen und er im Stich gelassen.

„Seine Mutter an einen anderen Mann zu verlieren", fährt Manuel fort, „war ein traumatisches Erlebnis in Newtons Leben, von dem er sich nie erholte." Newton schrieb als Jugendlicher in eines seiner Notizbücher unter das Wort „Sünde": „gegen meinen Vater und meine Mutter Smith die Drohung ausstoßen, sie möchten samt ihrem Haus verbrennen", und „ganz bestimmten Personen den Tod wünschen."

Bedeutungsvoll in diesem Zusammenhang ist auch, daß Newtons Überzeugung, ein Glied in der *aurea catena*, der „Goldenen Kette" der Magier zu sein, der einzigartigen, die von Gott in einem jeden Zeitalter dazu ausersehen waren, das uralte hermetische Wissen zu erhalten, noch durch die besonderen Umstände seiner Geburt verstärkt wurden. Er war am Weihnachtstag des Jahres 1642 früh zur Welt gekommen, und man nahm nicht an, daß er überleben würde. Tatsächlich war in der Gemeinde, in der er zur Welt kam, die Kindersterblichkeitsrate auffallend hoch, und Newton war später davon überzeugt, daß die Tatsache, daß er am Leben geblieben war, (ebenso wie der Umstand, daß er als junger Mann nicht der Pest zum Opfer gefallen war) ein Zeichen göttlicher Einmischung war. Wie Manuel weiterhin aufzeigt, kursierte in derselben Gemeinde außerdem die weitverbreitete Ansicht, daß ein Junge, der nach dem Tode seines Vaters geboren wird, mit außergewöhnlichen Kräften ausgestattet sei. Diese Haltung bildete zusammen mit der geschilderten ungewöhnlich großen Verlustangst die Grundlage für den ganz besonderen Standort, den Newton hinsichtlich vergangener und zeitgenössischer Denker einnimmt: Moses Thot, Hermes Tales, Pythagoras konnten sich einer Lobpreisung und Wertschätzung durch ihn gewiß sein, wohingegen zeitgenössische Wissenschaftler im großen und ganzen eine Bedrohung darstellten. Newton geriet in Wogen überschäumender Wut, wenn es um die Frage der Überlegenheit über einen Hook oder Leibniz ging, und er betrachtete das Weltsystem, so wie es in der *Principia* beschrieben ist, als seinen persönlichen Besitz. Er war überzeugt, „daß Gott sich in jeder Generation nur einem einzigen Propheten enthüllt, was parallele Entdeckungen unmöglich macht." In den unteren Rand seines Alchemie-Notizbuches ritzte Newton als Anagramm seines lateinischen Namens Isaacus Neuutonus: Jeova sanctus unus – Jehovah, der Heilige.

Zusätzlich zu diesen geschilderten Eigenschaften wies Newton typisch puritanische Züge auf: Strenge, Disziplin und vor allem Schuld und Scham. „Er hatte einen eingebauten Zensor in sich", meint Manuel „und lebte beständig unter dem gestrengen Blick eines Aufsehers ..." Zu solchen Schlüssen gelangt Manuel nach der Durchsicht von Übungsheften des jugendlichen Newton, die unter anderem Sätze enthalten, die Newton in freier Assoziation gewählt hatte, um sie ins Lateinische zu übersetzen. Diese Sätze enthalten im Überfluß Themen von Angst, Selbstherabsetzung und Einsamkeit:

> Ein junger Bursche,
> er ist blaß.
> Für mich gibt es keinen Platz, wo ich
> sitzen kann.
> Zu welcher Beschäftigung taugt er?
> Er ist gebrochen.
> Das Schiff sinkt.
> Es gibt da etwas, das mir Kummer bereitet.
> Er hätte bestraft werden sollen.
> Niemand versteht mich.
> Was wird aus mir werden.
> Ich werde Schluß machen.
> Ich weiß nicht mehr, was ich tun soll.

Für einen Jugendlichen sind dies zweifelsohne sehr ungewöhnliche Sätze, um ins Lateinische übersetzt zu werden; die Auswahl ist beinahe nicht zu glauben. „Bei all diesen Notizen des Jungen", schreibt Manuel,

> erstaunt vor allem, daß kein einziges Mal die Äußerung eines positiven Gefühles auftaucht. Das Wort *Liebe* fehlt völlig, und Äußerungen von Freude, Wunsch und Verlangen sind selten ... Fast alle Aussagen enthalten Negationen, Ermahnungen, Verbote. Das Leben erweist sich als feindlich und auf Strafe bedacht.

Wäre darüberhinaus nichts weiter von Isaac Newton an die Geschichte liefert worden, dann hätten diese Notizbucheintragungen den Status eines psychiatrischen Kuriosums erhalten. Anstattdessen haben wir es bei Isaac Newton mit dem Erschaffer der Wissenschaftsauffassung der Neuzeit zu tun; und diese Auffassung, die besagt, daß alles hundertprozentig vorhersagbar und rational berechenbar ist („töte alles, was in Bewegung ist", wie Philip Slater es ausdrückt), kann keinesfalls getrennt von ihrer pathologischen Grundlage betrachtet werden. „Eine der wichtigsten Quellen für Newtons Drang nach Wissen", schreibt Manuel, „war seine Furcht und Angst vor dem Unbekannten. Wissen, das in mathematische Formeln gebracht werden konnte, vermochte seiner quälenden Unsicherheit und Ungewißheit ein Ende zu bereiten ... (Die Tatsache), daß die Welt mathematischen Gesetzen gehorchte, bedeutete seine eigene Sicherheit."

> Alles auf Himmel und Erden in einen einzigen starren, engen Rahmen zu zwingen, dem nicht einmal per Zufall das kleinste Detail entkommen konnte, um frei umherzuschweifen, war für diesen von Angst und Furcht verfolgten Mann eine innere Notwendigkeit. Und bis auf wenige Ausnahmen ging diese Phantasie während seiner Lebzeiten in Erfüllung. Das System war sowohl in seinen physikalischen als auch historischen Dimensionen vollständig. Die Welt in solch absolutistischer Art und Weise zu strukturieren, daß jegliches Ereignis, das heißt sowohl das naheliegendste als auch das entfernteste, fein säuberlich in das erdachte System paßt, ist als Zeichen von Krankheit bezeichnet worden, vor allem, wenn sich andere weigern, sich diesem zwanghaften System anzuschließen. Es war Newtons Glück, daß die Gesellschaft Europas einen großen Teil seines gesamten Systems als ein perfektes Abbild der Wirklichkeit akzeptierte, so daß sich sein Name aufs Engste mit seinem Zeitalter verband. (5)

Der Schizophrene, schrieb der Anthropologe Geza Roheim, ist der Magier, der gescheitert ist. (6) Trotz seines gelegentlichen Nervenzusammenbruchs war Newton kein Psychotiker; es steht jedoch außer Zweifel, daß er sich an der Grenze zu irgendeiner Form des Wahnsinns bewegte, den er durch eine völlig auf den Tod ausgerichtete Natursicht zu beschwichtigen versuchte. Bemerkenswert daran ist jedoch weniger diese Natursicht selbst als vielmehr die Zustimmung und der Beifall, den sie auf breiter Ebene fand. Newton war der Magier, der zum Erfolg gelangte. Anstatt irgendein einsamer, eigenartiger Kauz zu bleiben, gelang es ihm, ganz Europa dazu zu bringen, „sich diesem großen, zwanghaften Modell anzuschließen", Präsident der Royal Society zu werden und 1727 mit Glanz und Glorie in der Westminster Abtei in einem Akt internationaler Bedeutung begraben zu werden. Man könnte sagen, daß Europa, nachdem es die Newtonsche Sicht der Welt übernommen hatte, geschlossen den Verstand verlor.

Wie paßt nun Newtons Hermetismus in all dies? Wie wir schon gesehen haben, betrachtete sich Newton als Erbe einer uralten Überlieferung, die

D.P. Walker die *prisca theologica* (Theologie aus alter Zeit) genannt hat. Es handelt sich dabei um eine Sammlung kirchenbezogener Texte, von der man in der Renaissance glaubte, daß sie aus altem Wissen, das bis in die Zeit von Moses zurückdatierte, war, und die Geheimnisse der Materie und des Universums enthielten. (7) Newtons Sammlung alchemischer Texte war tatsächlich äußerst umfangreich, und alchemische Experimente waren ein wichtiger Bestandteil seines Lebens bis zum Jahre 1696, als er nach London übersiedelte, um Meister der Münze zu werden. Newton war der Alchemie durch etwas verbunden, das in unmittelbarem Zusammenhang mit seiner größenwahnsinnigen Vorstellung, Erbe einer geheiligten Überlieferung zu sein, stand, daß nämlich Materie träge und nur durch ein aktives Prinzip in Bewegung zu versetzen war. Newton hoffte, in der Alchemie die mikrokosmische Entsprechung zur Gravitationskraft zu finden, die er auf der Ebene des Makrokosmos etabliert hatte. Wie Gregory Bateson zu Recht bemerkte, entdeckte Newon die Schwerkraft nicht, er *erfand* sie. (8) Diese Erfindung war jedoch nur Teil einer Suche viel größeren Ausmaßes: Newtons Suche nach dem System der Welt, dem Geheimnis des Universums – einem uralten Rätsel, das, wie Keynes sagt, bis in die Zeit der Babylonier zurückreicht. Die hermetische Tradition war somit das Gerüst frühen Newtonischen Denkens und Gravitationskraft nur der Name für das Trägheitsprinzip, von dem er sicher war, daß es existierte. (9) Newton war zu dieser Zeit, wie Keynes bemerkte, ein Alchemist. Im Laufe der Jahre entwickelte er sich jedoch – als Ergebnis seiner Selbstunterdrückung, hinter der wichtige politische Motive standen – allmählich zu einem Philosophen des Mechanismus.

Das Interesse Englands an Alchemie und Mystik trat vor allem in der Zeit von Newtons Kindheit, dem Bürgerkrieg und der Zeit danach stark hervor. Zwischen 1650 und 1660 wurden mehr alchemische und astrologische Texte ins Englische übersetzt als in dem gesamten vorangegangenen Jahrhundert. (10)

Die Gründe für dieses verstärkte Interesse waren größtenteils politischer Art. Selbst heutzutage ist unsere Sicht von Materie und Kraft unweigerlich eine religiöse Frage; und im Kontext des 17. Jahrhunderts gehörten religiöse Fragen ebenfalls zu den typischen politischen Diskussionspunkten. Zum einen zeigte der Bürgerkrieg den Zusammenbruch einer feudalistischen Wirtschaft an; die Opposition der neuen Bourgeoisie mit ihrem laissez-faire-Standpunkt gegenüber den monopolistischen Praktiken der Krone. Dieser Kampf auf wirtschaftlicher Ebene spiegelte sich politisch in den Auseinandersetzungen zwischen Royalisten und Parlamentariern wider, in religiöser Hinsicht in dem Triumph des Puritanismus. Aber der Krieg wies noch eine andere Dimension auf, in unserer Zeit wiederentdeckt in dem Werk Christopher Hills: es war der Versucht einer großen Anzahl von Sekten, die Krone zu bekämpfen und später die Parlamentarier mit der Ideologie des Kommunismus oder dem, was Engels utopischen Sozialismus nannte, und sich für direkte Gotterfahrung auszusprechen, im Gegensatz zu einer Erlösung durch Taten oder blinden Glauben. (11) Die Religion dieser Gruppen, wie zum Beispiel den Levellers, Diggers, Muggletorians, Familists Behmenists, Fith Monarchy Men, Ranters und Seekers bestand in vielen Fällen aus einer Mischung aus Hermetismus, den Lehren Paracelsus oder soteriologischer Alchemie; in der Meinung der Öffentlichkeit wurden sie häufig mit dem Begriff der „Verzückung" in Verbindung gebracht, die Unmäßigkeit in Dingen des Glaubens bedeutete, einschließlich der Besessenheit durch Gott oder prophetischer Ekstase. Alle mystischen Erfahrungen wurden natürlich unter diesen Begriffen eingeordnet, und zahlreiche dieser Radikalen hatten ganz klar solche ekstatischen Einblicke getätigt. (12) Gerade „in den mystischen Sekten", schreibt Keith Thomas, „schlug die Alchemie ihre tiefsten Wurzeln." (13) Während es bisher keine Studien gibt, die das Ausmaß dieser Glaubensinhalte in den unteren Schichten und in radikalen Gruppierungen aufzeigt, ist es relativ einfach nachzuweisen, daß die geschilderte gedankliche Verbindung in der öffentlichen Meinung (speziell der mittleren Schicht) der damaligen Zeit zu Tage trat. Im Mittelpunkt dieser Glaubensinhalte stand eine Sicht der Natur, die der neuen Wissenschaft diametral entgegengstand: die Auffassung, daß Gott in allen Dingen gegenwärtig war, daß Materie belebt war (Pantheismus), daß Veränderung eher auf dem Wege der inneren Auseinandersetzung (dialektische Vernunft) als durch Umgruppierung eizelner Teile vor sich ging, und daß im Gegensatz zu den Hierarchiebegriffen der Kirche von England jeder Einzelne zur Erleuchtung gelangen und die Gottheit (soteriologische Alchemie) auf direktem und unmittelbarem Wege erfahren konnte. Der Versuch der unteren Schichten, an Vorstellungen des Hermetismus festzuhalten, spiegelte die Trennung der Klassen wider, die von Keith Thomas beschrieben wurde. Er beobachtete, daß der protestantisch-rationalistische Angriff auf die Magie die Mittelklasse zwar mit weltlicher Erlösung und weltlichem Heil, die unteren Klassen dagegen (im Kontext ihres Gettodaseins und der immer schneller wachsenden Armut) mit nichts zurückließ. Während dieser Zeit trug deshalb der Hermetismus einen unmißverständlich sozialistischen Zug). (14)

Die politische Bedrohung, die von dieser okkulten Weltsicht ausging, reichte jedoch weit über diesen Angriff auf Besitz und Privileg hinaus, dem sich die meisten dieser radikalen Sekten verschrieben hatten. Er beinhaltete darüberhinaus: vorbehaltlosen Atheismus, Ablehnung der Monogamie und eine Betonung körperlicher Freuden; Forderungen nach religiöser Toleranz, ebenso nach Abschaffung der Kirchenabgaben sowie der Staatskirche; Verachtung für den Ordensklerus, Ablehnung jeglicher Hierarchie als auch jeglichen Konzepts von Sünde. Die Verbindungslinien zwischen okkultem und revolutionärem Denken zeigen sich in einem ganzen Spektrum führender Radikaler; wie jedoch schon angedeutet, wird die gängige Meinung, daß Kommunismus, übertriebene Freizügigkeit, Ketzerei und Hermetismus Teil einer einzigen großen Verschwörung waren, zur Genüge in den zahllosen Aussagen, die von Geistlichen zu diesem Thema gemacht wurden, dokumentiert. (15) Dieser intensive politisch-okkulte Zündstoff und die Angst davor kamen in den vierziger Jahren des 17. Jahrhunderts voll zum Ausdruck. In den fünfziger Jahren begann sich jedoch das Blatt zu wenden; und nach der Restauration betrachteten die herrschenden Eliten die Philosphie des Mechanismus als vernünftiges Gegenmittel gegen die „Verzückung" der vergangenen beiden Jahrzehnte. Vom Jahre 1655 an konvertierten eine ganze Reihe von Leuten, die vorher Anhänger der Alchemie gewesen waren, zur mechanistischen Philosophie.

Dieses Verhalten von Seiten der besitzenden Klasse und den führenden

Vertretern der Kirche von England – Gruppen, die überdies in der Royal Society koalierten – war Teil der Reaktion gegen die religiöse Verzückung. Schon in den Anfängen der Royal Society (1667) war für Thomas Spart die Philosophie des Mechanismus ein Mittel, mit dem Respekt vor Recht und Ordnung eingeflößt werden konnte, und er behauptete, daß es Aufgabe der Wissenschaft und der Royal Society sei, religiöse Verzückung zu bekämpfen. Männer wie Charleton und Boyle, Schlüsselfiguren in der Phase der Bekehrung zur Philosophie des Mechanismus, waren beunruhigt über den Einfluß eines Alchemisten wie Jakob Böhme auf englische Radikale. Sie befürchteten, daß das stetige Gedeihen von Glaubensrichtungen, die auf mystischer Schau und individuellem Gewissen basierten, in völliger Religionslosigkeit enden würden. „Die Erhebung der mechanistischen Philosophie über die dialektische Wissenschaft der radikalen Befürworter religiöser Verzückung", schreibt Christopher Hill, „trug entsprechend dazu bei, solche Glaubensrichtungen zu unterminieren." (16)

Wie man sich vorstellen kann, befand sich Newton, der, was das System der Welt angeht, seine größten Erleuchtungen im Jahre 1666 hatte, in der Klemme. Es muß für ihn ebenso wie für jeden Studenten in Cambridge während des Zeitalters der Restauration offensichtlich gewesen sein, schreibt Kubrin, „daß in weiten Kreisen seiner Zeitgenossen die Ansicht verbreitet war, daß die hermetischen Weisheiten eine Verführung zur religiösen Verzückung waren und daß solchen Vorstellungen mit exstremster Vorsicht zu begegnen war." Gleichzeitig betrachtete er sich als Erbe einer geheiligten Überlieferung und war überzeugt, daß die Antwort auf das Rätsel des Systems der Welt in ihr zu finden sei. Was Newton deshalb tat, war, sich tief in die hermetischen Weisheiten zu versenken, um hier nach den gesuchten Antworten zu forschen, die er jedoch in der Sprache der mechanistischen Philosophie verkleidete.

Der zentrale Punkt des Newtonschen Systems, die Erdanziehungskraft, war genaugenommen das hermetische Prinzip der sympathischen Kräfte, die für Newton ein schöpferisches Prinzip, eine Quelle göttlicher Energie im Universum bedeuteten. Obwohl er diese Vorstellung in Begriffe aus der mechanistischen Philosophie verpackt der Öffentlichkeit darlegte, enthüllen seine *unveröffentlichten* Schriften sein Bekenntnis zu der Grundlage aller okkulten Systeme: daß Materie von Geist durchdrungen ist und von diesem gelenkt werden kann (ursprüngliche Partizipation). In einem Brief an Henry Oldenberg, Sekretär der Royal Society, erklärt Newton, daß „die Natur in beständigen Kreisläufen arbeitet" und unterbreitet daraufhin eine Beschreibung ihrer Vorgehensweise – so zum Beispiel das Abscheiden des Groben vom Feinen, des Flüchtigen vom Festen, was reinste, unverfälschte Alchemie ist. Die Rohfassungen seiner publizierten Arbeiten enthalten Äußerungen, die in der westlichen Welt erst ab der Zeit Lamarcks oder Blakes an die Öffentlichkeit drangen: „Alle wohlausgebildete Materie ist ausgestattet mit Zeichen der Belebtheit"; „die Natur erfreut sich der Umwandlungen", die Welt ist „der Sinnesapparat Gottes". Seine Schriften sind übervoll von Begriffen aus der Alchemie, wie zum Beispiel Fermentierung und Zersetzung sowie der „Vereinbarkeit" oder „Unvereinbarkeit" verschiedener Substanzen; und einige dieser Aussagen drangen sogar bis in die *Opticks* vor. (17) Wie R.S. Westfall behauptet, war die Alchemie Newtons beständigste Leidenschaft und die *Principia* war nur die mehr oder weniger kurze Unterbrechung einer viel größeren Suche. (18)

Selbst einige der veröffentlichten Werke Newtons (wie die *Opticks*) enthüllen sein intensives Interesse am Okkulten. Es mag erstaunen, daß Newton über den Tempel des Königs Salomo schrieb und dabei über dessen Baumaß, die Elle, nachsann. (19) Die Auffassung, daß die Geheimnisse des Universums in den mathematischen Beziehungen, auf denen die Baustruktur alter heiliger Gebäude basierte, enthalten seien, ist Teil der hermetischen Tradition, die zur Zeit auch eine Art Comeback mit der Erforschung der „Pyramidenkraft" feiert. Tatsächlich verfolgte Newton ein ähnliches Interesse mit der Erforschung der Cheops-Pyramide, das, ebenso wie sein Versuch, die Gültigkeit seiner Gravitations-Theorie mit Hilfe alchemischer Experimente nachzuweisen, weit mehr als eine nebensächliche Freizeitbeschäftigung darstellte. Newton erklärte auch einige Zeit später, daß die ägyptischen Priester die innersten Geheimnisse des Kosmos kannten, die er in der *Principia* enthüllt hatte.

Wie Kubrin nachweisen konnte, nimmt Newton von diesen Ansichten zu einem Zeitpunkt Abstand, als hermetisches Gedankengut eine Wiederbelebung erfährt, das heißt in den Jahren zwischen 1670 und 1680, die den Auftakt zur Glorreichen Revolution darstellten. (20) Noch einmal traten Leveller und republikanische Gesinnung in Erscheinung; ein führender Vertreter des neuen Hermetismus, vor allem in den neunziger Jahren des 17. Jahrhunderts, war ein John Toland, der zusammen mit dem Newton-Kenner David Gregory studiert hatte. Toland, der sah, wie Vorstellungen aus dem Animusmus in Newtons Werk ein noch unerkanntes Dasein führten, wies in seinen eigenen Publikationen auf diese hin und behauptete, daß sich die Natur in ständiger Wandlung befinde und unendlich fruchtbar sei, wobei er Analogien zur politischen Arena zog. Newtons Dilemma war, daß er insgeheim mit Tolands Theorie der Materie und Kraft übereinstimmte und diese Ansichten schon über Jahrzehnte hinweg gehegt hatte. Es war somit unausweichlich für ihn, sich von diesen Ideen zu distanzieren, was jedoch gleichzeitig bedeutete, daß er seine Meinung so rigoros ändern mußte, daß es an rigide Selbstzensur grenzte. Sein Schüler Samuel Clarke war mit der Aufgabe betraut, Toland in einer Reihe von Predigten, die 1704 veröffentlicht wurden, anzugreifen; als Clarke zwei Jahre später die *Opticks* ins Lateinische übersetzte, wurde die Aussage, daß die Welt der „Sinnesapparat Gottes" sei, in die Formulierung, sie sei „wie der Sinnesapparat Gottes" umgeändert. (21) Behauptungen wie „man kann nicht sagen, daß alle Natur unbelebt sei" wurden zurückgenommen, bevor die Werke in den Druck gingen; vor allem nahm Newton jetzt den Standpunkt ein, daß Materie träge war, daß sie sich nicht dialektisch (das heißt, in sich) veränderte, sondern lediglich durch eine Veränderung der Anordnung ihrer Einzelbestandteile. Wie zu Beginn dieses Kapitels aus den *Opticks* ersichtlich wird, gibt Newton als Zielsetzung an, „daß die Natur überdauern möge", mit anderen Worten heißt dies, daß sie beständig, vorhersagbar und geordnet sein soll – genauso wie die gesellschaftliche Ordnung. Als junger Mann war Newton von der Fruchtbarkeit und Fülle der Natur fasziniert gewesen – dagegen hatte jetzt ihre angebliche Starrheit und Unbeweglichkeit übermäßige Bedeutung erlangt.

Von neuzeitlicher empirischer Sicht her gab es keine „wissenschaftliche" Begründung für diese Verschiebung vom Hermetismus zur Mechanik; sie stellte nicht etwa das Ergebnis einer Reihe sorgfältiger Experimente über die Natur der Materie dar; und sicherlich ist es nicht schwieriger, sich die Erde als lebenden Organismus vorzustellen, als sie als totes, mechanisches Objekt zu betrachten. (22) Und auf die Gefahr hin, eine Ausführung unnötig in die Länge zu ziehen, scheint mir doch, wenn ich Kubrins Argumentation folge, daß zu diesem unwissenschaftlichen Charakter dieser Wandlung noch zwei Dinge hinzukommen. Erstens, daß die Kräfte, die in der zweiten Hälfte des 17. Jahrhunderts den Sieg davontrugen, zur Ideologie der Bourgeoisie und zum laissez-faire-Kapitalismus gehörten. Für diese Gruppierungen war, von einem ökonomischen Standpunkt aus betrachtet, die Idee der belebten Natur nicht nur Ketzerei, sondern schlichtweg lästig. Eine tote Erde vermag das empfindliche ökologische Gleichgewicht, das in der Tradition der Alchemie aufrechterhalten wurde, zu Fall zu bringen – wenn aber die Natur sowieso tot ist, kann sie ja aus Profitgründen ohne Einschränkung ausgebeutet werden. Einst liebevolle Urbarmachung wird so zur Vergewaltigung; und dies drückt für meine Begriffe am klarsten aus, was Industriegesellschaften im allgemeinen (nicht nur im Kapitalismus) verkörpern. Daß der augenblickliche Zusammenbruch dieser Gesellschaften zumindest im Westen von einer Wiederbelebung okkulter Sichtweisen, mit all ihren Positiv- und Negativaspekten, begleitet wird, mag kaum jemanden erstaunen.

Zweitens trug der Siegeszug der puritanischen Lebensauffassung, die sexuelle Energie unterdrückte und sie in menschenverrohender, mühseliger Arbeit zu sublimieren versuchte (23), dazu bei, die „modale Persönlichkeitsstruktur" unserer Zeit zu schaffen – eine Persönlichkeitsstruktur, die im Angesicht von Autorität fügsam und unterwürfig ist und auf Rivalen und Untergeordnete mit erbitterten Aggressionen reagiert. Und der aufs heftigste unterdrückte Newton war, wie Blake ausführt, wie jeder andere: verschiedene Porträts, die Newton über einen Zeitraum von 1689 bis 1726 (Abbildungen 12 bis 15), enthüllen mehr und mehr das, was Wilhelm Reich mit der brillanten Bezeichnung „Charakterpanzer" beschrieben hat. Auf dem frühesten Bild ist der Newton aus der Zeit des Hermetismus (trotz seiner schweren Kindheit) von einem Ausdruck der Sanftheit und Leichtigkeit umgeben, die der Künstler sehr schön wiedergegeben hat. Am Ende der Porträt-Serie erkennen wir dagegen die Starrheit und Unbeweglichkeit der mechanistischen Weltauffassung, das heißt den Newton, der seine eigenen inneren Gesetze, die Rilke „die ungelebten Spuren in unseren Körpern" (24) nannte, zum Preis der gesellschaftlichen Anerkennung und Anpassung leugnet. Damit wird uns genaugenommen die Tragödie des Menschen der Neuzeit vor Augen geführt. (25)

Wie eine Anzahl von Verfassern gezeigt hat, waren ja nicht nur die unteren Schichten durch Arbeit und Mühsal unterdrückt, vielmehr hielt sich die Mittel- und Oberschicht ebenso nieder, was ihre literarischen und intellektuellen Aktivitäten betraf. Der Angriff auf die religiöse Verzückung war auf atemberaubende Weise erfolgreich und spiegelt sich wider sowohl in der Lyrik des 18. Jahrhunderts (den sorgfältig komponierten Reimen von Dryden und Pope) als auch im klassischen Bildungsbegriff selbst. „Die Klassiker", rief Blake,

Abb. 12:
Isaac Newton, (1689), Portrait von Godfrey Kneller. Lord Portsmouth an the Trustees of the Portmouth Estate.

Abb. 13:
Isaac Newton, (1702). Portrait von Godfrey Kneller. Mit freundlicher Genehmigung der National Portrait Gallery, London.

Abb. 14:
Isaac Newton, (etwa um 1710). Portrait von James Thornhill. Mit freundlicher Genehmigung von Master and Fellows of Trinity College, Cambridge.

Abb. 15:
Isaac Newton, (1726), im Jahr vor seinem Tode. Mezzotinto von John Faber, nach dem Gemälde von John Vanderbank. Mit freundlicher Genehmigung der Prints Division, The New York Public Library, Astor, Lenox and Tilden Foundations.

„nicht die Barbaren oder Mönche verwüsteten Europa mit ihren Kriegen, sondern die Klassiker." (26) In einem seiner Gemälde, das Newton darstellt, wie er mit Hilfe eines Zirkels die Welt zerlegt (Abbildung 16), versuchte Blake die

Abb. 16: William Blake, *Newton* (1795). The Tate Gallery, London.

Blindheit dieser Haltung gegenüber der Natur aufzuzeigen; und nirgendwo drückte er dies brillanter aus als in einem Brief in Gedichtform an Thomas Butts (1802):

Now I a fourfold vision see,
And a fourfold vision is given to me;
'Tis fourfold in my supreme delight
And threefold in soft Beulah's might
And twofold always. May God us keep
From single vision and Neton's sleep! (27)

Jetzt sehe ich eine vierfältige Erscheinung
und eine vierfältige Sicht ist mir geschenkt.

Vierfältig ist sie in meinem äußersten Entzücken,
Dreifältig in Beulah's sanfter Macht
und zweifältig zu allen Zeiten
Möge Gott uns vor einfältiger Sicht
und Newtons Schlaf bewahren.

Auf diesem Gemälde Blakes sitzt Newton auf dem Meeresgrund von Zeit und Raum. Der Polyp neben seinem linken Fuß ist nach Blakes Mythologie „die Krebsgeschwulst der Staatsreligion und der Machtpolitik", während Newton auf seine Skizze starrt mit „der katatonen Starre eindimensionaler Sicht! ..." (28)

Blakes Angriff auf die Newtonsche Weltsicht wirft eine Frage auf, die Hill zum Thema von *The World Turned Upside Down* (Die Welt auf den Kopf gestellt) gemacht hat: wie können wir so sicher sein, daß die Art, in der wir die Dinge sehen, die richtige ist? Er bemerkt, daß die bürgerliche Gesellschaft eine machtvolle Kultur darstellte, die große geistige Persönlichkeiten nach dem Vorbild von Newton und Locke hervorgebracht hat. Aber, so fügt er hinzu, es war

> die Welt, in der Dichter dem Wahnsinn verfielen, in der Locke Angst vor Musik und Dichtung hatte und Newton heimlich irrationalen Gedanken nachhing, die er nicht wagte zu publizieren ... Blake mag Recht gehabt haben, wenn er Locke und Newton als Symbole der Unterdrückung sah. Sir Isaacs verkniffene, zugeknöpfte Persönlichkeit kann uns helfen zu begreifen, was an der Gesellschaft, die ihn vergötterte, faul war ... Diese Gesellschaft, die auf der Oberfläche so vernünftig und frei von Spannungen schien, wäre vielleicht gesünder gewesen, wenn sie nicht so ordentlich und aufgeräumt erschienen wäre, wenn sie nicht alle ihre Widersprüche unter den Teppich gekehrt hätte nach dem Motto 'aus den Augen, aus dem Sinn ...' Man kann nur Vermutungen darüber anstellen, was der Verdrängung alles zum Opfer fiel. Einige Poeten hatten romantische Vorstellungen, die nicht in Einklang mit ihrer Welt zu bringen waren; aber niemand brauchte sie ja übermäßig ernst zu nehmen. Sich selbst zu zensieren bedeutete sich selbst zu verifizieren. (29)

„Obwohl die Errungenschaften der mechanistischen Philosophie ohne Zweifel bedeutend waren", schreibt Hill an anderer Stelle, „so ging doch innerhalb des wissenschaftlichen Denkens ein dialektisches Element verloren, nämlich die Erkenntnis des „Irrationalen" (im Sinne dessen, was von einem mechanistischen Standpunkt aus unerklärbar war), die in unserem eigenen Jahrhundert mühsam wiederentdeckt werden muß". (30) Die Betonung liegt hierbei auf „mühsam". In Kapitel 3 diskutierte ich die Rolle, die der Surrealismus bei dem Versuch gespielt hatte, das Unbewußte zu befreien. Aber da das Unbewußte in so hohem Maße unterdrückt ist, ist sein Sprachrohr im Nachkriegseuropa und -amerika nicht die Kunst, sondern der Wahnsinn geworden.

Ohne dabei zu sehr ins Detail zu gehen, ist es doch notwendig, darauf hinzuweisen, daß ein großer Teil psychotischer Erfahrung aus einer Rückkehr zur Wahrnehmung der Welt in hermetischen Begriffen besteht. Daß Wahnsinn der beste Weg zu dieser Art Wahrnehmung ist, wage ich zu bezweifeln, aber die Tatsache, daß der Wahnsinn die vorneuzeitliche Epistemologie der Korrespondenzen auszulösen vermag, legt wiederum nahe, daß die dem Wahnsinn Verfallenen etwas erfahren, das wir vergessen haben, und daß (vgl. Nietzsche, Laing, Novalis, Hölderlin, Reich) unsere geistige Gesundheit nichts anderes als kollektiver Wahnsinn ist.

Obwohl es zur Untermauerung dieses Arguments ausgedehnter klinischer Studien der Geisteskrankheit bedürfte, führt selbst eine flüchtige Durchsicht der von Laing in *Das geteilte Selbst* beschriebenen Fallgeschichten zu ihrer Erhärtung. Im allgemeinen, sagt Laing, ruft die Tatsache eines entkörperlichten Selbst ein Gefühl von Auflösung und Verwirrung am Schnittpunkt zwischen dem Innen und dem Außen hervor. Ebenso wie in der soteriologischen Alchemie oder der mystischen Erfahrung verschwimmt die Subjekt-Objekt-Unterscheidung; der Körper wird nicht mehr in seiner Trennung von den ihn umgebenden Dingen oder Menschen empfunden. Eine von Laings Patientinnen unterschied zum Beispiel nicht zwischen Regentropfen oder Tränen auf ihrer Wange. Außerdem befürchtete sie, schon durch einfaches Berühren irgendetwas zu zerstören. (Theorie der antipathetischen Kräfte.) Schizophrene sind in manchen Fällen davon überzeugt, daß unbelebten Objekten außergewöhnliche Kräfte innewohnen; Laing beschreibt hierzu einen Mann, der sich bei einem Picknick auszog, in einen nahegelegenen Fluß stieg und erklärte, daß er seine Frau und seine Kinder nie geliebt hatte, wobei er wiederholt Wasser über sich goß und sich weigerte, den Fluß zu verlassen, bevor er vollkommen „gereinigt" war. Hier wird uns die ursprüngliche Bedeutung der Taufe vor Augen geführt, der Glaube, daß Wasser die Tugenden Gottes in sich trägt (Signaturenlehre) und somit heilende Wirkung besitzt. Eine andere Patientin praktizierte verschiedene Techniken, um „Wirklichkeit wiederzuerlangen", unter anderem dadurch, daß sie ununterbrochen Sätze wiederholte, die sie für wirklich hielt, in der Hoffnung, daß ihre „Wirklichkeit" auf sie abfärben würde. (Theorie der sympathischen Kräfte, Begriff des *Mana*). Wie ich schon in Kapitel 3 angedeutet habe, ist Laings eigene Vorgehensweise alchemischer Natur, indem sie der Vorstellung vom partizipierenden Bewußtsein oder der sympathischen Kräfte folgt. Genaugenommen sind alle humanistischen Therapieformen in der ursprünglichen Partizipation verwurzelt. Der Einsatz von Kunst, Tanz, Psychodrama, Meditation, Körperarbeit und ähnlichem mündet letztendlich in ein und dasselbe Ziel, der Verschmelzung von Subjekt und Objekt, einer Rückkehr zur poetischen Imagination oder sinnlicher Identifizierung mit der Umwelt. Letztlich ist ein guter Therapeut für seinen Klienten nichts anderes als ein Meister der Alchemie, und eine wirkungsvolle Therapie bedeutet im wesentlichen eine Rückkehr zu der inneren organischen Ordnung, die die Magie verkörperte. Die Klassifikationssysteme der modernen Wissenschaft mit ihren Linnéschen Präzisions- und Ordnungsprinzipien scheinen nur dem Ego zu entspringen und ausschließlich rational-empirischer Natur zu sein. Sie stellen damit ein logisches Ordnungssystem dar, das der Natur und der menschlichen Psyche aufgezwungen wird. Das Ergebnis davon ist, daß damit etwas verletzt wird, was die Magie trotz all ihrer technologischen Beschränkungen aus instinktiver Weisheit heraus zu bewahren wußte.

Wahnsinn ist letztendlich eine Aussage über logische Kategorien, und die Umkehr zu den Strukturen vorneuzeitlichen Denkens stellt eine Revolte gegen ein Wirklichkeitsprinzip dar, das den menschlichen Geist zermalmt. Die in unserer Zeit stetig wachsende Anzahl Wahnsinniger zeigt deutlich, wie dringend eine Wiederbelebung der dialektischen Vernunft ist. Verkörpern Alchemie oder Technologie die veränderten Bewußtseinszustände? Steht materielle Produktion oder menschliche Selbsterkenntnis am ehesten in Einklang mit wahren menschlichen Bedürfnissen? Ist die Unterwerfung der Erde oder die Harmonie mit ihr der bessere Weg für eine Weiterentwicklung? Ich würde vorschlagen, daß es auf diese Fragen nur eine einzige Antwort gibt, und daß wir aus unserem Überblick über die Entzauberung der Welt nur einen einzigen Schluß ziehen können: im 17. Jahrhundert schütteten wir das Kind mit dem Bade aus. Wir ließen eine ganze Landschaft innerer Wirklichkeit außer Acht, weil sie nicht in unser Programm der industriellen und merkantilistischen Ausbeutung und die Weisungen einer organisierten Religion paßte. Heutzutage wird dieses spirituelle Vakuum, das aus unserem Verlust an dialektischer Vernunft resultiert, durch alle möglichen Arten zweifelhafter mystischer und okkulter Bewegungen gefüllt, ein gefährlicher Trend, der letztendlich durch das Ideal des entkörperlichten Intellekts und den klassischen Bildungsbegriff, den Blake zu Recht abstoßend fand, bestärkt wird. Moderne Wissenschaft und Technologie basieren nicht nur auf einer Haltung der Feindseligkeit gegenüber der Umwelt, sondern auch auf der Unterdrückung des Körpers und des Unbewußten; und falls es nicht gelingt, diese erneut zu beleben, und falls das partizipierende Bewußtsein nicht auf eine Art wiederhergestellt werden kann, die wissenschaftlich (oder zumindest verstandesmäßig) glaubwürdig ist und nicht nur einen Rückfall in den naiven Animismus bedeutet, dann wird uns die Bedeutung dessen verloren gehen, was es heißt, ein menschliches Wesen zu sein.

Die restlichen Kapitel dieses Buches werden der Erforschung solcher Alternativen gewidmet sein.

V. VORBEMERKUNG ZU EINER METAPHYSIK DER ZUKUNFT

Vielleicht müssen wir sehr viel radikaler mit den hier in Betracht kommenden, erklärenden Hypothesen sein, als wir es uns bisher erlaubt haben. Möglicherweise ist die Welt der äußeren Tatbestände viel fruchtbarer und plastischer, als wir anzunehmen uns erlaubt haben, es könnte sein, daß all diese Kosmologien und viele andere Analysen und Klassifizierungen echte Wege sind zu ordnen, was die Natur unserem Verständnis darbietet und daß die Hauptbedingung, die unsere Auswahl zwischen ihnen bestimmt, eher etwas in uns denn in der Außenwelt ist.

E.A. Burtt, The Metaphysical Foundations of Modern Science

In den vorausgegangenen Kapiteln haben wir den Standort der Wissenschaften in der Moderne erörtert, ihren Bezug zu bestimmten sozialen und ökonomischen Entwicklungen nachgewiesen und den psychologischen Hintergrund untersucht, den sie zerstörte. Diese Analyse legt den Schluß nahe, daß die westliche Welt einen hohen Preis für den Triumph des kartesianischen Paradigmas gezahlt hat, das in vielerlei Hinsicht dem, was für den Menschen wünschens- oder erstrebenswert ist, harte Grenzen gesetzt hat. Man kann sogar seine objektive Genauigkeit anzweifeln, da, wie wir gesehen haben, sein Triumph über die Metaphysik des partizipierenden Bewußtseins kein wissenschaftlicher, sondern ein politischer Prozeß gewesen war. Das teilnehmende Bewußtsein wurde abgewiesen, nicht widerlegt. Daraus folgt, daß wir die Möglichkeit in Erwägung ziehen müssen, daß die moderne Wissenschaft der okkulten Weltsicht ideengeschichtlich möglicherweise nicht überlegen ist und daß eine Metaphysik partizipierenden Bewußtseins vielleicht sogar zutreffender sein könnte als die kartesianische Metaphysik. Einige Wissenschaftstheoretiker, einschließlich Alfred North Whitehead, haben diese These in der einen oder anderen Form vertreten, und schon 1923 forderte der Psychologe Sándor Ferenczi die „Wiedereinführung eines Animismus, der nicht länger anthropomorph ist". (2) Aber unsere Kultur klammert sich weiter an die mechanistische Auffassung mit all den Problemen und Fehlern, die sie beinhaltet, weil es keine Rückkehr zum Hermetismus und – anscheinend – kein Voranschreiten zu etwas anderem gibt.

Ich habe versprochen, die zweite Hälfte dieses Buches „etwas anderem" zu widmen, und ich werde in den folgenden Kapiteln ausführen, was als eine nach-kartesianische Weltsicht dienen könnte. Bevor wir eine Alternative ausarbeiten, ist es jedoch notwendig, eine entscheidende Schwäche in der Erkenntnistheorie der modernen Wissenschaft aufzudecken – die Tatsache, daß es das partizipierende Bewußtsein besitzt, obwohl es dies leugnet. Dieses Verneinen hat die Paradoxa erzeugt, die das heutige wissenschaftliche Denken kennzeichnen, vor allem seinen radikalen Relativismus. Dieser Umstand hat es auch dem orthodoxen wissenschaftlichen Denken unmöglich gemacht, sich in neue Richtungen zu entwickeln, etwa solche, die die Quantenphysik nahelegt. Ich behaupte, daß uns ein Verständnis der störrischen Hartnäckigkeit des partizipierenden Bewußtseins helfen kann, das Problem des radikalen Relativismus zu lösen, und ich weise ebenfalls auf einige theoretische Begründungen für eine nach-kartesianische Wissenschaft hin. Die Argumente, die ich vorstellen werde, sind wie folgt:

1. Obgleich das Leugnen der partizipierenden Erfahrung im Zentrum der modernen Wissenschaft steht, ist das kartesianische Paradigma in der Praxis eng mit dem partizipierenden Bewußtsein verknüpft.
2. Würden wir in unsere gegenwärtige Erkenntnistheorie die Partizipation bewußt mithereinnehmen, so entstünde eine neue Erkenntnistheorie, deren Umrisse gerade sichtbar werden.
3. Das Problem des radikalen Relativismus verschwindet dann, wenn die Partizipation als ein Bestandteil aller Wahrnehmung, allen Erkennens und Wissens über die Welt anerkannt ist.

Es ist für diese Erörterung sehr hilfreich, daß Punkt 1. der Kernpunkt zweier jüngerer und brillanter Kritiken moderner Wissenschaft ist: Michael Polonyis *Personal Knowledge* und Owen Barfields *Saving the Appearances*. (3)

Polanyis Hauptthese besagt, daß wir, indem wir Wahrheit an irgendeine Methodologie koppeln, ein nicht-rationales Bekenntnis ablegen; genaugenommen führen wir eine Glaubenshandlung durch. Er zeigt auf, daß die innere Schlüssigkeit eines jeden Denksystems kein Kriterium seiner Wahrheit ist, sondern „nur ein Kriterium der *Stabilität*. Es könnte", fährt er fort, „ebenso eine falsche wie richtige Sicht des Universums aufrechterhalten. Die Zuweisung von Wahrheit an irgendeine bestimmte Alternative ist ein Vertrauensakt, der nicht in neutralen Begriffen analysiert werden kann." (4) Nach Polanyi entstammt der dabei beteiligte Glaube einem Netzwerk unbewußter Informationsbruchstücke, die aus der Umwelt aufgenommen wurden, und die die Grundlage dessen bilden, was er das „stillschweigende Wissen" nennt. Was bedeutet dieser Begriff bei genauer Betrachtung?

Wir haben schon das Konzept der Gestaltwahrnehmung der Wirklichkeit erwähnt, das besagt, daß man in seiner Umwelt immer das findet, wonach man sucht. Der Philosoph Norwood Russell Hanson benutzte zur Verdeutlichung dieses Gedankens die Illustrationen die in Abb. 10 und 11 wiedergegeben sind: (5)

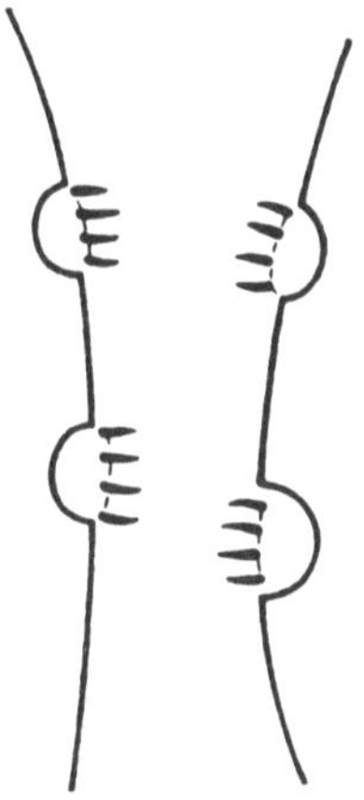

Figur 10: N.R. Hansons Illustration der Gestaltwahrnehmung: ein knotiger Baumstamm oder ein Bär, der den Stamm hinaufklettert (aus Hanson, *Patterns of Discovery*, S. 12)

Figur 11: N.R. Hansons Illustration der Gestaltwahrnehmung: Vogelschwarm oder Antilopenherde (aus: Hanson, *Patterns of Discovery*, S. 12)

Sehen Sie in der Abb. 10 einen Bären, der die andere Seite des Baumstammes hochklettert oder einen knotigen Stamm? Sehen Sie in der Abb. 11 einen Vogelschwarm oder eine Antilopenherde? Wären Menschen, die niemals Antilopen, sondern nur Vögel gesehen hätten, in der Lage, die Abb. 11 als ein Antilopenbild zu sehen? Polanyis Grundthese ist, daß wir in sehr jungen Jahren lernen oder dressiert werden, Wirklichkeit auf eine ganz bestimmte Art und Weise zusammenzusetzen (sie zu „verbildlichen", gemäß Barfields Terminologie) und daß die Indoktrinierung nicht nur eine kulturelle, sondern auch biologische ist. Wir verbringen daher unser bewußtes Leben zu einem Großteil damit, herauszufinden, was wir auf der unbewußten Ebene bereits wissen. Alternative Wirklichkeiten werden durch einen Prozeß ausgesondert, den der amerikanische Psychiater Harry Stack Sullivan eine „selektive Unaufmerksamkeit" nannte; später wurde dieser Begriff in „kognitive Dissonanz" umbenannt. Die „Antilopenmenschen" würden „Vogelmenschen" daher unverständlich finden. Jede deutlich gegliederte und artikulierte Weltsicht ist in Wirklichkeit das Ergebnis unbewußter Faktoren, die kulturell gefiltert und beeinflußt worden sind; sie ist damit bis zu einem gewissen Grad radikal verschieden von jeder anderen Weltsicht.

Die Frage, die uns hier beschäftigt, lautet, auf welche Weise wir in eine ganz bestimmte Sichtweise eingeübt werden. Polanyi weist darauf hin, daß der Wissenschaftler seine Kunst ebenso wie das Kind eine Sprache lernt. Kinder werden vielsprachig geboren: sie besitzen von Natur aus deutsche Kehllaute, französische Nasale, russische Palatallaute und chinesischen Tonfall. Dieser Zustand dauert jedoch nicht allzu lange, denn eine bestimmte Sprache lernen bedeutet gleichzeitig, Laute zu verlernen, die dieser Sprache nicht gemein sind. Englisch besitzt z.B. nicht den russischen Palatallaut und das englischsprachige Kind verliert schließlich die Fähigkeit, Worte auf unverfälscht russische Art auszusprechen. Das Bewußtsein ist hierbei untergeordnet oder sogar unterschwellig. Wie beim Radfahren, so lernen wir auch beim Sprechen etwas zu tun, ohne es zu analysieren und wirklich zu merken, was das ist, was wir da lernen. Die Wissenschaft besitzt in ähnlicher Weise eine nichtbeschreibbare Grundlage; auch sie wird durch Osmose aufgenommen. (6)

Polanyis bestes Beispiel für diesen Vorgang, das vielleicht aus seiner eigenen Erfahrung kommt, stammt aus der Untersuchung der Röntgenpathologie, und es lohnt sich, es vollständig zu zitieren.

> Stellen Sie sich (schreibt er) einen Medizinstudenten vor, der ein Seminar über Röntgendiagnose für Lungenerkrankungen besucht. Er sieht in einem verdunkelten Raum schattenhafte Umrisse auf einem fluoreszierenden Bildschirm, der vor dem Brustkorb eines Patienten aufgestellt ist, und er hört, wie der Röntgenspezialist seinen Assistenten in technischer Fachsprache die bedeutsamen Einzelheiten dieser Schatten kommentiert. Zunächst ist der Student völlig verwirrt. Dann kann er in dem Röntgenbild eines Brustkorbes nur die Schatten von Herz und Rippen sehen, mit einigen wenigen spinnwebartigen Flekken dazwischen. Die Experten scheinen über pure Erfindungen ihrer Einbildungskraft zu fabulieren; er kann nichts von dem sehen, worüber sie sprechen. Während er dann einige Wochen lang weiter zuhört und jedes neue Bild anderer Fälle aufmerksam betrachtet, wird ein zaghaftes Verständnis in ihm heraufdämmern, langsam wird er nicht mehr nur die Rippen sondern auch die Lungen sehen. Und wenn er klug und wachsam weitermacht, wird sich ihm schließlich ein reichhaltiges Panorama wichtiger Details eröffnen- physiologische Variationen und pathologische Veränderungen, Narben, chronische Entzündungen und Anzeichen akuter Krankheiten. Er hat eine neue Welt betreten. Er sieht immer noch nur einen Teil dessen, was der Experte sehen kann, aber die Bilder ergeben jetzt zweifellos Sinn, und so ist es mit dem Bemerkungen, die über sie gemacht werden. Er ist dabei, zu verstehen, was ihm gelehrt wird; es hat geklickt. (7)

„Er hat eine neue Welt betreten." Polanyi beschreibt einen Vorgang, der eigentlich nicht rational sondern existenziell ist, ein Umhertasten im Dunkeln, nach dem der Fall in den Kaninchenbau wie im Märchen von Alice im Wunderland geschehen ist. Hier gibt es keine Logik der wissenschaftlichen Entdekkung, sondern eher einen Glaubensakt, der beinhaltet, daß der Prozeß zum Lernen führen wird, und auf der Grundlage der Bemühung des Studenten tut er dies auch.

Es ist auch darüberhinaus wichtig, bei diesem Beispiel anzumerken, daß der eigentliche Lernvorgang das platonisch-westliche Erkenntnismodell verletzt, das darauf besteht, daß Erkenntnis nur durch den Vorgang des eigenen Distanzierens von der Erfahrung erlangt wird. Unser hypothetischer Student verstand überhaupt nichts, solange er außerhalb des Verfahrens stand. Nur durch sein Eintauchen in die Erfahrung fingen die Fotografien an, überhaupt eine Bedeutung anzunehmen. Indem er sich selbst vergaß, indem sich das unabhängig „Wissende" in den Schatten des Röntgenbildes auflöste, sah er, daß sie anfingen, bedeutsam zu werden. Der springende Punkt solchen Lernens ist der griechische Begriff *Mimesis*, die leiblich-poetisch-erotische Identifikation. Aufgrund von Polanyis verbaler Beschreibung können wir fast schon die geschmeidigen Flecken auf dem frischen Negativ sehen, die Entwicklerflüssigkeit im nahen Dunkelraum riechen. Dieses Wissen wurde eindeutig partizipativ erlangt.

Wie sich zeigt, beginnt die Vernunft erst dann eine Rolle zu spielen, *nachdem* das Wissen über den Körper erlangt worden ist. Erst nachdem das Terrain vertraut ist, überlegen wir, wie wir die Fakten erlangt haben und errichten die methodologischen Kategorien, aber diese Kategorien entstammen einem verborgenen Netzwerk, einem Prozeß graduellen Verstehens, der so grundlegend ist, daß sie nicht als „Kategorien" erkannt werden. Wie Marshall McLuhan einmal bemerkte, ist Wasser das letzte, was ein Fisch als Teil seiner Umwelt identifizieren würde. Tatsächlich beginnen die Kategorien mit dem Lernprozeß selber zu verschwimmen; sie werden „Realität", und die Tatsache, daß die Existenz anderer Realitäten so wahrscheinlich sein könnte wie die Existenz anderer Sprachen entzieht sich gewöhnlich der Wahrnehmung. Das Realitätssystem einer jeden Gesellschaft wird also durch einen unbewußten biologischen und sozialen Vorgang erzeugt, in den die Lernenden jener Gesellschaft eingebettet sind. Diese Umstände, sagt Polanyi, verdeutlichen „die ständig vorhandene Partizipation der wissenden Person am Akt des Wissens kraft einer Kunst, die ihrem Wesen nach nur schwer auszudrücken ist." Ich kann über dieses Wissen sprechen, aber ich kann dies nicht auf angemessene Weise tun. (8)

Für Polanyi ist daher ein Ausdruck wie „unpersönliches" oder „objektives Wissen" ein Widerspruch in sich. Er behauptet, daß sich alle Erkenntnis im Rahmen von Sinnhaftigkeit vollzieht, womit auch der Erkennende in dem Erkannten mit eingeschlossen ist. Dazu würde ich hinzufügen, daß das, was Erkenntnis ausmacht, lediglich Ergebnis einer allgemein akzeptierten Methode ist, und daß die Fakten, die die Wissenschaft aufdeckt, nicht mehr und nicht weniger als dies sind – Fakten, die die *Wissenschaft* herausfindet. Sie besitzen keine Bedeutung in sich und aus sich selbst. Die Wissenschaft entsteht aus dem genannten stillschweigenden Verstehen und der unbewußten Erkenntnis, das der westlichen Kultur eigen ist, und sie geht in der Weise vor, daß sie die Welt in solchen speziellen Begriffen strukturiert. Falls es wahr sein sollte, daß wir uns letztere Wirklichkeit schaffen, so ist und bleibt sie trotzdem eine Schöpfung, die in Übereinstimmung mit sehr genauen Regeln vor sich geht – Regeln, die größtenteils dem bewußten Blick versperrt sind.

Das partizipierende Bewußtsein ist noch umfassender, als Polanyis Beispiel des Röntgenologie-Studenten nahelegt. Um das zu verstehen, wollen wir Barfield folgen und *Verbildlichung* als Darstellung definieren, d.h., als Vorgang, durch den wir Sinneswahrnehmungen zu geistigen Bildern umformen.(9) Der Prozeß des Denkens über diese „Dinge", diese Bilder und ihre gegenseitigen Bezüge (ein Prozeß, der gewöhnlich Begriffsbildung genannt wird) kann als *Alphadenken* definiert werden. Während des Lernprozesses wird die Verbildlichung allmählich zu Alphadenken; mit anderen Worten: unsere Begriffe sind in Wirklichkeit Gewohnheiten. Unser Student der Röntgenkunde entwarf zunächst mentale Bilder der Flecken und Schatten auf dem Bildschirm, lernte dann Krebs und Tuberkulose zu erkennen. Seine Lehrer sahen jedoch sofort und ohne zu denken, Krebs und TB, ohne daß sie die Flecken in der gleichen Weise wie er erlebten. Gleichermaßen bilde ich eine Art mentales Bild des Klangs, wenn ich einen Vogel singen höre und versuche, den Ton auseinanderzupflücken. Mein Freund, ein professioneller Ornithologe durchläuft einen solchen Prozeß nicht in der gleichen Weise. Er hört den Gesang kaum. Was ihm ganz automatisch in den Sinn kommt, ist „Drossel". Er praktiziert also zumindest in seiner Eigenschaft als Professioneller dauernd Alphadenken. Er ist jenseits der Verbildlichung, während ich noch damit kämpfe. Es wäre richtiger zu sagen, daß er eher in Begriffen als in Wahrnehmungen und Primärdaten verbildlicht. Er hat also Teil an der Welt (oder zumindestens an der Vogelwelt), aber zumeist als einer Sammlung von Abstraktionen.

Und damit kommen wir zum springenden Punkt. Bezüglich des herrschenden Realitätssystems sind wir alle Ornithologen. Wir erfahren eine allgemein akzeptierte Sammlung von Alphagedanken, oder was Talcott Parsons „glosses" nennt, anstelle der tatsächlichen Begebenheiten. Kurz gesagt, setzen wir den Prozeß der Verbildlichung fort, der in den Lernstadien begann, der aber mehr und mehr automatisch und begrifflich als dynamisch und konkret wird.

Peter Achinstein bietet ein gutes Beispiel für dieses Phänomen in seinem Buch *Concepts of Science*. Nehmen wir an, daß Sie und ich an einem Sommerabend auf den Stufen eines alten Bauernhauses auf dem Lande sitzen und die staubige Straße hinunterblicken, die zum Haus führt. Während wir dort sitzen, sehen wir, wie das Licht zweier Scheinwerfer die Straße heraufkommt. Da ich in diesem Moment nichts Gewichtigeres im Kopf habe, wende ich mich zu Ihnen und sage: „Da kommt ein Auto die Straße herauf." Sie schweigen für einen Augenblick und fragen mich dann: „Woher wissen Sie, daß es ein Auto ist? Es könnten schließlich zwei Motorräder sein, die nebeneinander fahren." Ich denke darüber nach und entscheide mich dann, meine persönliche Aussage zu modifizieren. „Sie haben recht. Entweder kommt ein Auto die Straße herauf oder zwei Motorräder, die nebeneinander mit gleicher Geschwindigkeit fahren." „Momentmal", antworten Sie, „auch das muß nicht unbedingt der Fall sein. Es könnten zwei Schwärme Glühwürmchen sein." An diesem Punkt könnte ich nun den Schlußstrich ziehen wollen. Schließlich könnten wir das die ganze Nacht machen. Der Punkt ist, daß in unserer Kultur zwei parallele Lichter, die sich mit gleicher Geschwindigkeit nachts eine Straße entlangbewegen, ausnahmslos Autos bedeuten. Wir erfahren (verbildlichen) die Lichter nicht wirklich in allen Einzelheiten; statt dessen verbildlichen wir den Begriff „Auto". Nur ein kleines Kind (oder ein Poet oder ein Maler) könnten die Erfahrung in der reichhaltigen Möglichkeit ihrer Einzelheiten verbildlichen; nur ein Student verbildlicht Röntgenbilder. (10) Jede Kultur, jede Teilkultur (Vogelkunde, Röntgenpathologie) hat ein Netzwerk solcher Alphagedanken; müßten wir alles verbildlichen, dann wären wir niemals in der Lage, eine Wissenschaft oder irgendein Modell der Wirklichkeit aufzubauen. Aber solch ein Netzwerk ist ein *Modell*, und wir neigen dazu, das zu vergessen, oder mit Alfred Korzybskis berühmtem Ausspruch (*Science and Sanity*, 1933) ausgedrückt: „Die Landkarte ist nicht das Territorium." Was wäre schließlich, wenn die Lichter wirklich Glühwürmchen *wären*? (11)

Die Verwechslung von Landkarte und Territorium ist das, was wir das nicht-partizipierende Bewußtsein genannt haben. Alphadenken umfaßt notwendigerweise das Fehlen von Partizipation, denn wenn wir an irgendetwas denken (außer am Anfangsstadium des Lernens) sind wir uns unserer Getrenntheit von der gedachten Sache bewußt. „Die Geschichte des Alphadenkens", schreibt Barfield, „schließt dementsprechend die Geschichte der Wissenschaft ein, so wie der Begriff bisher verstanden worden ist, und sie erreicht ihren Höhepunkt in einem Denksystem, das sich für die Phänomene nur bis zu dem Maße interessiert, wo sie als vom Bewußtsein unabhängig begriffen werden können."

Wie wir im Kapitel 3 gesehen haben, war dieses Distanzieren des Geistes vom Objekt der Wahrnehmung genau das geschichtliche Vorhaben der Juden und Griechen. Die wissenschaftliche Revolution war der letzte Schritt in diesem Vorgang und seitdem wurden alle Beschreibungen in der westlichen Realität das, was Barfield „mechanomorph" nennt. Die Wirklichkeit mechanistisch aufzubauen, ist zwar eine Art, an der Welt zu partizipieren, aber es ist eine sehr seltsame Art, weil unser Realitätssystem leugnet, daß Partizipation besteht. Was passiert dann? Sie hört auf, bewußt zu sein, weil wir sie nicht mehr beachten, schreibt Barfield, aber sie hört nicht auf, zu existieren. Sie hört allerdings auf zu sein, was wir die *ursprüngliche* Partizipation genannt haben. Aus der Natur eine Abstraktion zu machen, ist eine besondere Art, an ihr zu partizipieren. Genau wie ehemalige Liebende, die darauf beharren, nichts mehr miteinander zu tun zu haben, in Wirklichkeit aber eine machtvolle Art von Beziehung besitzen, so ist das Beharren darauf, daß Subjekt und Objekt völlig unvereinbar sind, nur eine andere Art, zwischen beiden eine Beziehung herzustellen. Das Problem, das Merkwürdige, liegt darin, daß die Rolle der Partizipation geleugnet wird, nicht nur, weil der Lernprozeß selber notwendigerweise *Mimesis* umfaßt, sondern weil es stillschweigendes Verstehen und unterschwelliges Bewußtsein gibt, solange es den menschlichen Geist geben wird.

Man könnte behaupten, daß bei afrikanischen Stämmen (z.B.) ebenso wie bei uns Alphadenken verbreitet ist. Nachdem der Medizinmann seine Lehre hinter sich hat, verbringt er lange Zeit damit, die verschiedenen Mitglieder der

Geisterwelt nach einer Formel zu identifizieren. Trotzdem bewegt sich der „Primitive" recht natürlich zwischen Verbildlichung und Alphadenken, oder, in unserer Begrifflichkeit gesprochen, zwischen dem bewußten und unbewußten Geist; und er verbringt wahrscheinlich seine meiste Zeit damit wahrzunehmen statt zu abstrahieren. Selbst wenn er das Unbewußte heraushalten will, würde das nicht möglich sein, weil die Geister für ihn real sind und (trotz aller ritualisierten Systeme) oft auf einer leiblichen Ebene erfahren werden. Seine Wahrnehmung der Natur schafft ständig Freude, Angst oder eine unmittelbare körperliche Reaktion; es handelt sich dabei nie um eine ausschließliche Hirntätigkeit. Er mag oft durch seine Umgebung oder durch Dinge in ihr geängstigt werden, aber er wird ihr nie entfremdet. Es gibt in solchen Kulturen so wenig Sartres oder Kafkas wie im mittelalterlichen Europa. Der „Primitive" ist daher genauso mit dem verbunden, was Kant *das Ding an sich* nennt, genauso wie der Bewohner des alten Griechenlands oder (in geringerem Maße) des mittelalterlichen Europas. Wir hingegen bleiben, da wir sowohl die Existenz von Geistern als auch die Rolle unseres eigenen Geistes bei der Verbildlichung von Wirklichkeit leugnen, ohne Bezug dazu. Dennoch ist es so, wie Barfield bemerkt, daß in *jeder* Kultur „die Welt der Erscheinungen aus der Beziehung zwischen einem Bewußten und Unbewußten erwächst und daß Evolution die Geschichte der Veränderungen ist, die diese Beziehung durchgemacht hat und noch immer durchmacht". Zu leugnen, daß das Unbewußte eine Rolle in unserem begrifflichen Erfassen der Realität spielt, mag eine merkwürdige Art sein, eine Beziehung zu ihr herzustellen, aber es bleibt dennoch eine Beziehung, und sie löscht das stillschweigende Verstehen nicht aus. Die modernen Lehrbücher entwerfen immer noch das Bild einer formal angewandten „wissenschaftlichen Methode", einer Methode, bei der jede Ahnung von einem partizipierenden Bewußtsein gleichbedeutend mit Ketzerei ist. Trotzdem ist die Kluft zwischen dem offiziellen Bild und der tatsächlichen Praxis enorm; und wie die Wissenschaft vielleicht vage erkennt, würde die Exkommunikation der Ketzerei den Zusammenbruch des Rests der Kirche nach sich ziehen.

Die Ausmaße dieses Paradoxons erscheinen deutlich, wenn wir über das unerwartete Wiederauftauchen des partizipierenden Bewußtseins in der modernen Physik um 1920 nachdenken. Ich meine damit das Entstehen der Quantenphysik, deren theoretische Basis einen völligen Bruch mit der Erkenntnistheorie der westlichen Wissenschaft bedeutet. Da das Erscheinen der Quantenphysik dem der ptolemäischen Astronomie, die plötzlich Kopernikus auf ihrer Seite findet, analog ist, sollten wir nicht überrascht sein, daß es dem wissenschaftlichen Establishment über 50 Jahre lang gelungen ist, den peinlichen Eindringling zu ignorieren. Es gibt jedoch genügend Literatur zu dem Thema, die jedoch viel zu umfangreich ist, um an dieser Stelle erörtert zu werden. Statt dessen möchte ich die philosophischen Implikationen kurz zusammenfassen, die aus diesen Zweig der Physik gezogen werden können oder gezogen worden sind. (12)

Zwei Vorstellungen sind für die Erkenntnistheorie der klassischen Physik (Einstein eingeschlossen) absolut wesentlich. Die erste besagt, daß alle Realität letztlich in Begriffen von Masse und Bewegung beschreibbar ist; daß die Lage der Materieteilchen und ihr Impuls (Masse x Geschwindigkeit) die grundlegende Wirklichkeit der Welt der Erscheinungen ist. Der zweite Punkt ist, daß wir ein nichtpartizipierendes Bewußtsein haben: die Phänomene der Welt bleiben die selben, ganz gleich ob wir da sind, um sie zu beobachten, oder nicht. Unser Verstand ändert diese fundamentale Wirklichkeit in keiner Weise. Die erste dieser Vorstellungen ist die Grundlage der strengen Kausalität oder des Determinismus und wurde vielleicht am besten von dem französischen Mathematiker Pierre Simon de Laplace 1812 ausgedrückt. Unsere Physik ist so, daß, wenn es möglich wäre, die Position und den Impuls all dieser Teilchen im Universum zu einem ganz bestimmten Zeitpunkt zu kennen, wir dann ihre Position und ihrem Impuls zu jedem anderen vergangenen oder zukünftigen Zeitpunkt ermitteln können. Die zweite Vorstellung, die Überzeugung, daß der Experimentierende nicht Teil des Experiments ist, bestätigt den Materialismus des ersten Punkts und stellt auch sicher, daß Versuche formal immer wiederholbar sind. Wenn z.B. ein Wissenschaftler behauptete, daß er durch einfaches Konzentrieren auf Kuben (z.B. Würfel), die mechanisch eine Gleitbahn herunterfielen, deren räumliche Gestalt beeinflussen könne, und wenn seine Behauptung sich als wahr herausstellen würde, hätte er nicht nur den Inhalt dieses Teilgebiets der Physik widerlegt, er hätte die theoretische Basis der Physik selber zerstört. Das Bewußtsein würde nicht nur ein Teil der Welt „dort draußen" werden und unsere Wissenschaft in eine Art alchemischen Zustand zurückführen, sondern die Prämisse der Vorhersagbarkeit wäre (zumindest theoretisch) umgestoßen.

Die wichtigste philosophische Folge der Quantenmechanik ist die, daß es so etwas wie einen unabhängigen Beobachter nicht gibt. Einer ihrer Begründer, Werner Heisenberg, faßte 1927 diesen Punkt in populärwissenschaftlicher Form zusammen, als er die Unschärferelation formulierte. Stellen Sie sich, sagte er, ein Mikroskop vor, das stark genug ist, um ein Atomteilchen wie etwa ein Elektron zu beobachten. Wir werfen Licht in das Instrument, um das Beobachten zu ermöglichen, nur um zu bemerken, daß das Licht genügend Energie besitzt, um das Elektron aus seiner Bahn zu werfen. Wir können dieses einzelne Elektron niemals sehen, denn das Experiment selber verändert seine eigenen Ergebnisse. Unser Bewußtsein, unser Verhalten, wird Teil des Versuches, und es gibt hier keine klare Grenze zwischen Subjekt und Objekt, wir sind sinnlich Teilnehmende gerade in der Welt, die wir zu beschreiben versuchen.

Etwas technischer ausgedrückt hatte Heisenberg entdeckt, daß Position und Impuls einander ergänzende Zustände sind. Man kann die genaue Position eines Teilchens nur bestimmen, wenn man den Versuch aufgibt, irgendetwas über seine Bewegung (Geschwindigkeit) zu wissen und umgekehrt. Dies bedeutet, daß das Programm von Laplace ein Irrtum ist. Atom- oder Elementarteilchen können räumlich und zeitlich nicht exakt lokalisiert werden; und somit steht bei einer Erkenntnistheorie, die das Wirkliche mit dem Materiellen gleichsetzt, die Definition des Wortes „wirklich" plötzlich zur Diskussion. Beachten Sie, daß die Unschärferelation sich *nicht* auf eine Fehlermarge bezieht, die es in jedem wissenschaftlichen Versuch gibt und der die Genauigkeit der Verifizierung der gemachten Vorhersage widerspiegelt. Stattdessen spricht Heisenberg über eine Wahrscheinlichkeit, die in der Definition des Zustands des physikalischen Systems selbst eingeht. Er sagt in Wirklichkeit, daß das Bewußtsein Teil des Messens ist und daß deshalb die Realität (wie sie im Westen fast 400 Jahre lang definiert gewesen ist) ihrem Wesen nach verschwommen oder unbestimmt ist. (13) Der „Wandel des Realitätsbegriffs, der sich in der Quantentheorie ausdrückt", schrieb Heisenberg 1958, „ist nicht einfach eine Fortsetzung der Vergangenheit; es scheint ein echter Bruch in der Struktur der modernen Wissenschaft zu sein. Die sog. Wahrscheinlichkeitswelle der Quantenmechanik", fuhr er fort, „war eine quantitative Version des alten Konzepts der 'Potentia' in der Philosophie Aristoteles'. Es führte etwas ein, das zwischen der Vorstellung eines Geschehnisses und dem tatsächlichen Geschehnis stand, einer merkwürdigen Art von physikalischer Realität genau in der Mitte zwischen Möglichkeit und Wirklichkei." Der Bruch liegt natürlich in der Subjekt/Objekt-Trennung selbst; die „merkwürdige Art von physikalischer Realität" ist das Bewußtsein, von dem wir jetzt merken, daß es materielle Konsequenzen besitzt. „Was wir beobachten", sagt Heisenberg, „ist nicht die Natur selber, sondern die unserer Befragungsmethode ausgesetzte Natur." Dies war genau das, was Polanyi mit dem Begriff des stillschweigenden Verstehens gemeint hatte. Es ist die große Ironie der Quantenmechanik, daß in der klassischen Art des *yin*, das schließlich zu *yang* wird, der kartesianische Versuch, das letztendlich materielle Wesen zu finden, um dadurch die Realität zu „erklären" und die Subjektivität ein für alle Mal auszuschließen, Entdeckungen zur Folge hatte, die die Annahmen Descartes lächerlich machten und die Subjektivität als Eckpfeiler des „objektiven" Wissens etablierten. (14)

Der enorme Widerstand der Wissenschaftler gegen die philosophischen Implikationen der Quantenmechanik ist völlig verständlich, denn wenn diese Implikationen erst einmal vollständig anerkannt sind, wird unklar, was es eigentlich heißt „wissenschaftlich zu arbeiten". Entweder sind wir wieder bei Aristoteles' *Potentia* (oder dem alchemischen Destillierkolben), oder wir sitzen in einem überfüllten Zuschauersaal und sehen uns Vorführungen von löffelbiegenden Scharlatanen an (aber *existieren* sie wirklich? Das ist die Frage!) Anscheinend *können* fallende Würfel durch geistige Konzentration beeinflußt werden, und es gibt keinen Weg, wie eine solche Information innerhalb des kartesianischen Paradigmas untergebracht werden kann. (15) Andererseits weist die Quantenmechanik hin zum allgemeinen Weltentwurf des Buddhismus und Mystizismus, was zuerst von Joseph Needham in *Science and Civilization in China* angemerkt wurde und seither von einer Reihe von Autoren ausgeführt worden ist. (16) Der in der Quantenmechanik beinhaltete Animismus ist *mathematisch* von dem Physiker Ivan Harris Walker erforscht worden, der behauptete, daß jedes Teilchen im Universum Bewußtsein besitzt. (17) Zumindest sind wir gezwungen zu folgern, daß die „Welt" nicht unabhängig von „uns" ist. Sie besteht nicht aus Bausteinen von Materie, und tatsächlich ist es höchst problematisch geworden, was Materie genau ist. Alles, so scheint es, steht mit allem anderen in Beziehung. Die „Lehre der modernen Physik lautet, daß das Subjekt (die Empfangsstation) und das Objekt (die gemessene Realität) ein nahtloses Ganzes bilden." (18) *Panta rhei* sagte Heraklit; alles fließt, nur das Prozeßhafte ist wirklich.

Die Quantenmechanik erlaubt uns daher einen ersten Blick auf ein neues partizipierendes Bewußtsein, das nicht ein einfacher Rückfall in den naiven Animismus ist. Wenn wir die Implikationen der Quantenphysik erwägen, wird klar, daß die bedeutungsvollste Veränderung unserer wissenschaftlichen Weltsicht darin liegen würde, daß wir die Tatsache, daß wir an der Realität partizipieren, in unser wissenschaftliches Denken miteinbeziehen würden. Historisch gesehen sind wir auf die Wahl zweier Möglichkeiten beschränkt gewesen. Man verfocht die Existenz eines entkörperlichten Intellekts, wie wir es seit 1600 nach Christi getan haben; oder man behauptete (entgegen dem, was wir mit unserem heutigen Bewußtsein offenkundig wahrnehmen), daß Steine, Häuser, Möbel, Wolken, dieses Buch und die Druckerschwärze darin lebendig sind, einen ihnen innewohnenden Geist besitzen – wie Männer und Frauen vor der wissenschaftlichen Revolution glaubten. Von dem oben Gesagten sollte deutlich sein, daß, gleichgültig wie lange die herrschende Kultur fortfährt, an dieser ersten Wahl festzuhalten, diese Wahl keine philosophische Zukunft besitzt. Sowohl die Entdeckung der Quantenmechanik als auch die Polanyi-Barfield-Analyse zeigen, daß die Totalität des menschlichen Bewußtseins einschließlich des stillschweigenden Wissens und der unbewußten gespeicherten Informationen ein bedeutsamer Faktor in unserer Wahrnehmung und Konstruktion der Wirklichkeit sind. So wie unser Student der Röntgenologie oder unser Ornithologe, nehmen wir auf diffizile Art und Weise am Prozeß des Lernens an dieser Wirklichkeit teil, die sich später zu Formeln erhärtet, die wir dann als abstrakte Einheiten versinnbildlichen. Es gibt keinen Grund, ein äußerliches Geheimnis aus diesem Vorgang zu machen, aber es ist ein *inneres* Geheimnis, zumindest in unserem jetzigen Verständnis der Arbeitsweise des menschlichen Verstandes. Wir besitzen nur eine völlig vage Vorstellung darüber, wie der Berührungsvorgang zwischen Bewußtem und Unbewußtem vor sich geht, oder wie er uns zu Schlußfolgerungen über die „Realität" bringt. Aber da dieses Ding, dieses angeblich über Nervenimpulse verlaufende Verhaltensmuster teilweise auf nichtempirische Weise funktioniert (z.B. Träume, Körperwissen), sind wir gezwungen zu schließen, daß sich die empirisch-rationale-mechanische Natursicht durch das Leugnen der nichtempirischen Realität, durch die sie gleichwohl bedingt ist, selber auf Beschreibungen von Alphagedanken und bewußten Konstrukten begrenzt. Eine solche Sichtweise ist daher sowohl in sich widersprüchlich als auch irrig. Sie muß in der Weise ergänzt werden, daß sie ebenso unser Unbewußtes mit einschließt, wie die nichtempirische Realität und die Art des dialektischen Denkens, das im Kap. 3 erörtert wurde. Aber der Begriff „ergänzt" legt nahe, daß nur eine unbedeutende weitere Einzelheit hinzuaddiert werden soll und ist deshalb möglicherweise ein irreführendes Wort. Vielleicht kann die Beziehung, auf die ich hinweise, am besten durch die Metapher eines in der Zelle eingebetteten Zellkerns ausgedrückt werden. Das Ich ist in ein umfassenderes Bewußtsein eingebettet, an dem wir partizipieren, und es wirkt als Organisator des Lebens; ebenso wie in der Zelle ist die richtige Beziehung zwischen den beiden Wesensarten die der Osmose. Die moderne Wissenschaft andererseits identifiziert Ich-Wissen mit dem Wissen schlechthin; sie versucht, diese osmotische Membrane steif und undurchdringlich zu machen. Als Folge davon beginnt dieser

Bewußtseinstyp zu ersticken und stirbt.

Wie sich zeigt, hat eine ganze Anzahl von Denkern angefangen zu behaupten, daß der Intellekt, oder der bewußte Geist ein Subsystem des größeren Systems ist, das wir den GEIST nennen können. Dieser GEIST ist in der Tat die „merkwürdige Art der physikalischen Realität", von der Heisenberg gesprochen hat (siehe oben), die zwischen der Möglichkeit und der Wirklichkeit schwebt. Gregory Bateson drückte dies so aus:

> Der individuelle Geist ist allgegenwärtig, aber nicht nur im Körper. Er wohnt auch den Kommunikationswegen und Botschaften außerhalb des Körpers inne; und es gibt einen umfassenderen GEIST, von dem der individuelle Geist nur ein Teilsystem ist. Dieser umfassendere GEIST ist vergleichbar mit Gott und ist vielleicht das, das manche Menschen mit „Gott" meinen, aber er ist dennoch dem umfassend verwobenen sozialen System und der planetaren Ökologie immanent. (19)

In diesem Begriffsschema gibt es keine „Transzendenz"; es ist kein „Gott" im normalen Sinne des Begriffes vorhanden. Es ist nicht Mana, das die Materie verändert (oder durchdringt), sondern das menschliche Unbewußte oder umfassender, GEIST. In den Steinen oder Bäumen da draußen gibt es keine Geister, aber ebenso wenig ist meine Beziehung zu diesen „Objekten" die eines entkörperlichten Intellektuellen, der leblosen Gegenständen gegenübertritt. Mein Verhältnis zu diesen „Objekten" ist systemisch, ökologisch im weitesten Sinne. Die Realität liegt in meiner Beziehung mit ihnen. Genau wie zwei Liebende eine Beziehung schaffen, die selbst eine besondere Einheit (Prozeß) ist, so bildet meine Arbeit an der Schreibmaschine vor mir eine Einheit (Prozeß), die umfassender als nur Berman oder eine Olympia-Reiseschreibmaschine ist. Meine Schreibmaschine lebt nicht, es gibt da keine *ursprüngliche* Partizipation, aber ich bin mit ihr in einem Prozeß verbunden – nämlich ein Buch zu schreiben – was seine eigentliche Wirklichkeit darstellt, die umfassender ist als nur ich selber oder die Schreibmaschine. Die Maschine und ich bilden so lange ein System, wie ich ihre Nützlichkeit in Anspruch nehme oder mich mit ihrer Existenz befasse. Als Folge davon beginnt meine normale Wahrnehmung von meiner Haut als einer scharfen Grenze zwischen mir und dem Rest der Welt schwächer zu werden, ohne daß ich jedoch gleich schizophren oder ein vorbewußter Säugling werde. (20) Eine Wissenschaft, die sich eher mit solchen Beziehungen befaßt, statt mit sog. voneinander getrennten Einheiten wäre eine Wissenschaft, die „partizipierende Beobachtung" genannt worden ist, und es ist diese Art ganzheitlichen Denkens, das den Schlüssel zur zukünftigen menschlichen Entwicklung darstellt. Dieser Ansatz könnte in Ferenczis Worten als „Animismus, der nicht länger anthropomorph ist" gelten.

Es sollte klar sein, daß es eine enorme Ähnlichkeit gibt zwischen dem was Bateson andeutet und der Sicht von Natur, die aus der Quantenmechanik entsteht. Beide sagen aus, daß die Struktur der Beziehung zwischen uns und der Natur (um die irreführende Sprache der kartesianischen Dichotomie zu benutzen) dergestalt ist, daß wir immer nur eine unvollständige Beschreibung der

Wirklichkeit oder sogar unseres eigenen Geistes erlangen können. Die Quantenmechanik besagt, daß die Natur nicht *grundsätzlich* deterministisch ist, daß Elementarteilchen sich *ontologisch* immer in nur teilweise definierten Zuständen befinden. (21) Von diesem Standpunkt aus gesehen kann ein direkter Bezug zwischen der Geist-Körper-Dichotomie und dem Freudschen Versuch, das Unterbewußte bewußt zu machen, hergestellt werden. Bateson unterstrich die Unmöglichkeit dessen, was Freud tun wollte, als er es mit dem Versuch verglich, „ein Fernsehgerät bauen zu wollen, das auf seinem Bildschirm *alle* Funktionsweisen seiner Bestandteile einschließlich gerade jener, die die augenblickliche Übertragung betreffen, darstellt." (22) Es zeigt sich, daß die Subjekt-Objekt-Unterscheidung der modernen Wissenschaft die Geist-Körper-Dichotomie von Déscartes und die Trennung von bewußt und unterbewußt, die Freud vollzieht, allesamt Aspekte desselben Paradigmas sind; sie beinhalten den gemeinsamen Versuch, wissen zu wollen, was prinzipiell nicht gewußt werden kann. Die der Quantenphysik eigene Subjekt-Objekt-Verschmelzung andererseits ist Teil eines ganz anderen Paradigmas, das eine neue Beziehung von Geist zu Körper und Bewußtem zu Unbewußtem enthält. Dieser geistige Bezugsrahmen, wie Bateson und Reich bemerkten, ohne explizit darauf einzugehen, ist dem der Quantenphysik insofern ähnlich, als er die Beziehung zwischen Geist und Körper als ein abwechselnd transparentes und dichtes Feld begreift. In Wolfgang Paulis Worten „wäre es die befriedigendere Lösung, wenn Geist und Körper als einander ergänzende Aspekte derselben Realität interpretiert werden könnten."(23) „Es gibt keine bestimmte Grenze, jenseits derer Geist zu Materie wird", schreibt der Philosoph Peter Koestenbaum; der „Raum der Begegnung ist eher wie ein langsam dichter werdender Nebel". Es gibt kein nur für sich existierendes Objekt; jedes Objekt hat einen mit ihm verbundenen Bewußtseinsstrom, oder das, was wir GEIST genannt haben." (24)

Diese Erörterung bringt uns schließlich zu Kants *Ding an sich*, dem unzugänglichen materiellen Substrat, das angeblich allen Erscheinungsformen der Phänomene zugrunde liegt. Wie Norman O. Brown richtig bemerkt hat, liegt der Fehler in Kants System wie in allen Gedankengängen dieser Art in der Gleichsetzung der Denkkategorien (Raum, Zeit, Verursachung) mit der menschlichen Vernunft – eine Gleichsetzung, die zu der Überzeugung führt, daß GEIST und Intellekt dasselbe sind. Angesichts der oben erörterten Verbindung zwischen „uns" und „der Natur", zeigt sich das *Ding an sich* als der unbewußte Geist. (25) Es ist dieser Geist, wie Freud erkannte, der aller bewußten Erkenntnis zugrunde liegt und der in unser Bewußtsein eindringt, wenn es uns gelingt, unsere ständig wachsende Verdrängung zu lockern. Haben wir die Situation einmal erkannt, müssen wir eingestehen, daß die Frage nach *dem Ding an sich* ebenso ein Ablenkungsmanöver ist wie es die Frage: „Was hat der Alchemist in Wirklichkeit getan" gewesen ist. Zu leugnen, daß es dort draußen *irgendetwas* Materielles gibt, das unabhängig von uns existiert, wäre sinnlos; ebenso sinnlos zu leugnen wäre es, daß wir uns in einer systemischen, ökologischen Beziehung damit befinden, es ohne zu wissen mit unserem eigenen Unbewußten durchdringen und verändern und daher darin finden, was wir suchen. Die Zukunft der „Natur" selbst hängt also von der Anerkennung der Beziehung zwischen unserem eigenen bewußten und unbewußten Geist ab und davon, was wir mit diesem Anerkennen machen. (26) In einer nach-kartesianischen Denkweise werden „hier drinnen" und „da draußen" aufhören, getrennte Begriffe zu sein und werden wie im alchemischen Zusammenhang aufhören, einen Sinn zu ergeben. Wenn wir in einer ökologischen, systemischen, durchlässigen Beziehung mit der „natürlichen Welt" stehen, dann erforschen wir notwendigerweise „jene Welt", indem wir erforschen, was in dem „menschlichen Unbewußten" enthalten ist und umgekehrt. (27) Kants *Ding an sich* entzieht sich daher nicht mehr länger der Erkenntnis. Es ist allerdings niemals *völlig* erkennbar, nicht *sofort* erkennbar, und es verändert sich sowieso mit der Zeit. Beachten Sie, daß diese begriffliche Position nicht den naiven Animismus wiederbegründet, ebensowenig wie in irgendeinem modischen, antiintellektuellen Sinne den Unternehmungsgeist der Wissenschaft beendet. Stattdessen eröffnen sie die Möglichkeit für eine neue Wissenschaft, eine umfassendere, für einen Ausblick, der wie das gegenwärtige Bild unseres Universums zugleich begrenzt aber auch unendlich ist. (28)

Punkt 2) lautet zusammengefaßt, daß ein systemischer oder ökologischer Zugang zur Natur die Einbeziehung des Wissenden in das Gewußte zur Voraussetzung haben würde. Dies hätte eine offizielle Absage an die gegenwärtige nichtpartizipierende Ideologie und die Anerkennung der Auffassung zur Folge, daß wir nicht eine Ansammlung von einander getrennten Einheiten untersuchen, die unserem Geist (GEIST) gegenüberstehen, sondern die *Beziehung* zwischen dem, was bisher „Subjekt" und „Objekt" genannt wurde. Man kann einen Vergleich anstellen zwischen dieser Auffassung und dem Feldbegriff in der Elektrodynamik, in der Materie und Kraft als System angesehen werden und in dem die Energie im Feld vorhanden ist. Eine neue ganzheitliche Wissenschaft würde uns selbst in das Kräftefeld miteinschließen. In ihrem Weltbild würde die „Energie" der Beziehung oder der formalen (dynamischen) Ökologie der Struktur selbst innewohnen. Das Studium der „Natur" würde also das Studium „unserer Selbst" sein und ebenfalls das Studium dieses Kräftefeldes. Steine fallen nicht wegen eines ihnen immanenten Zwecks zu Boden, und ihre Beschleunigung kann sicherlich mit den Methoden von Galileo und Newton gemessen werden; aber jenes Verhalten selbst (d.h. unser Messen desselben) ist durch verschiedene Formen des stillschweigenden Verstehens bestimmt. Der fallende Stein, die Erde und der GEIST, der an diesem Vorgang Anteil hat, bilden eine Beziehung und dies, und nicht irgendein „GEIST" im Stein oder irgendeine „Beschleunigungsrate" wäre der Gegenstand wissenschaftlicher Erforschung.

Wenden wir uns abschließend dem Punkt 3) zu, dem Problem des radikalen Relativismus, das wie folgt zusammengefaßt werden kann. Die wissenschaftliche Methode scheint Gesetze und Fakten zu entdecken, die unbestreitbar sind – die Schwerkraft, Gleichungen, die Projektilbewegungen bestimmen, die elliptische Umlaufbahn der Planeten. Eine historische Analyse enthüllt jedoch, daß die Methode und daher die Entdeckungen den ideologischen Aspekt eines für das frühneuzeitliche Europa einzigartigen sozialen und ökonomischen Prozeß ausmachen. Wenn, wie Karl Mannheim behauptet, alles

Wissen „situationsgebunden“ ist, wird es für jedes Begriffssystem, die Wissenschaft eingeschlossen, schwierig zu behaupten, daß es eine erkenntistheoretische Überlegenheit über jedes andere ähnliche System besitzt. Ich habe daher in Kap. 2 dargelegt, daß wir versuchen müssen, die Wissenschaft als ein Denksystem anzusehen, das einer bestimmten historischen Epoche adäquat ist und uns selbst von dem verbreiteten Eindruck trennen, daß es eine Art absoluter, transkultureller Wahrheit ist. Der tiefere Sinn liegt darin, daß es keine feststehende Realität gibt, keine zugrunde liegende Wahrheit, sondern nur eine relative Wahrheit, Wissen, das den Umständen entsprechend ist, die es hervorgebracht hat. Wir sehen also, daß eine Analyse der Wissenschaft, selbst mit den Methoden der Geschichts- und Sozialwissenschaften, die Gültigkeit der wissenschaftlichen Untersuchungen auf eine unsichere Grundlage stellt. Um die Sache noch schwieriger zu machen, untergräbt sie sogar die historische Analyse selbst, die diesen Schluß herbeiführte.

Wie kann *überhaupt* ein Begriffsystem ein derart widersprüchliches und wirklich selbstzerstörerisches Ergebnis vermeiden? Mir scheint, um das zu erreichen, müßte eine erfolgreiche Erkenntnistheorie in der Lage sein, die Existenz einer inhärenten Wahrheit oder Ordnung in der Verbindung zwischen Mensch und Natur aufzuzeigen und die Probe der Selbstanalyse bestehen. Mit anderen Worten: die Anwendung ihrer Methode auf die Methode selbst würde ihre Gültigkeit nicht mindern.

Wenn wir uns den radikalen Relativismus ansehen, wie wir es gerade getan haben, sind wir mit einer bemerkenswerten Erkenntnis konfrontiert. Der radikale Relativismus wurde mit der wissenschaftlichen Methode *geboren*; es gibt ihn in keiner nichtwissenschaftlichen Kultur und in keinem nichtwissenschaftlichen Zusammenhang. So etwas wie eine teleologische Analyse des Aristotelismus, eine hermetistische Analyse der Alchemie, eine quantenmechanische Analyse der Quantenmechanik oder eine künstlerische Analyse der Kunst gibt es nicht (Kunst- und Literaturkritik sind eine Art und Weise wissenschaftlicher Erklärung, selber keine Kunst oder Prosa). Eine künstlerische Analyse der Kunst z.B. könnte lediglich bewußte Parodie umfassen: Dada, Andy Warhol, der *nouveau roman* oder die „anti-novel“ usw., aber es gibt sehr scharfe Grenzen für dieses Genre; sie sind eigentlich Kuriositäten und neigen dazu, eine ziemlich kurze Geschichte zu haben. Nur die moderne Wissenschaft und ihre sozialen und behavioristischen Abkömmlinge besitzen diese eigentümliche „Falten“- oder „Diptychon“struktur, wodurch die Wissenschaft auf sich selber zurückfällt. Man kann Freud auf die Analytikercouch legen oder eine Art und Weise der soziologischen Analyse dahingehend erörtern, daß sie selbst das Produkt bestimmter sozialer Bedingungen ist, aber man kann unmöglich das aristotelische Werk so interpretieren, daß es potentiell zur Wirklichkeit wird, oder den Alchemisten in seinen eigenen Destillierkolben stecken (im Idealfall war er dort schon immer). Diese Situation sollte nicht mit der „selbstkorrigierenden“ Fähigkeit der modernen Wissenschaft durcheinandergebracht werden, die, wie Polanyi an anderer Stelle dieses Buches nachweist, in Wirklichkeit sowieso nicht existiert. (29) Wie Karl Mannheim mutig sein ganzes Leben lang nicht zu erkennen versuchte, ist diese „Diptychon“struktur nicht Selbstkorrektur, sondern Selbstvernichtung. Sie führt zu philosophischen Paradoxa, die in der Antike sicherlich bekannt, aber im Geiste der Rätsel oder „harten Nüsse" formuliert waren. In der Neuzeit stellt die Wissenssoziologie in verstärktem Maße die Paradoxe, zu denen sie führt, die Wissenschaft und ihre Derivate auf ein unsicheres Fundament – wie Karl Gödel, der Entdecker des berühmtesten Paradoxes der Wissenschaft, herausfand. (30)

Warum sollte dies so sein? Was fehlt der Wissenschaft, daß sie diesem Problem zum Opfer fällt? In einem Wort gesagt: ihr fehlt die Partizipation, oder eher das Zugeständnis, daß sie das partizipierende Bewußtsein mit umfaßt. Ich kenne keine *logische* Art und Weise zu beweisen, daß die Verneinung der Partizipation der Grund für den radikalen Relativismus ist, und ich trage auch keine kausale Schlußfolgerung dieser Art vor; aber sie scheinen doch ein wahrnehmbares Muster gegenseitiger Abhängigkeit zu zeigen. Die moderne Wissenschaft verneint als einzige die Partizipation und hat als einzige das Problem des des radikalen Relativismus, und es scheint mir schwierig, das eine ohne das andere zu haben. Unsere vorangegangene Analyse legt nahe, daß die Partizipation die „inhärente Wahrheit oder Ordnung im Zusammentreffen zwischen Mensch und Natur" ist, und daß die Verneinung der Partizipation Hand in Hand mit verwickelten Denkmustern geht. Wie der Fall der Quantenmechanik zeigt, platz die moderne Erkenntnistheorie buchstäblich auf Grund von etwas aus den Nähten, das sie aus der bewußten Erkenntnis herauszustoßen versucht hat. Der Versuch, bewußte empirische Realität mit der Realität insgesamt gleichzusetzen ist ein zweckloses Unterfangen, weil das Unbewußte nicht niedergehalten wird. Wenn erst einmal die menschliche Subjektivität, das stillschweigende Wissen, die Verbildlichung oder wie immer man die nichtanimistische Partizipation bezeichnen will, in das erkannte Objekt mit eingeschlossen ist, verflüchtigt sich das Problem. Jedes System, das das partizipierende Bewußtsein anerkennt, verliert die „Macht" der Selbstanalyse, weil Teilnahme, welcher Art auch immer, die Einbeziehung des Erkennenden in dem Erkannten bedeutet. Tatsächlich umfaßt daher das System bereits die Selbstanalyse als Teil seiner Methode. Nur wenn man das Selbst, den Teilnehmenden aus dem Prozeß eliminiert, findet man sich selbst in der ziemlich merkwürdigen Lage wieder, daß diese subjektive Wesenheit auf schizophrene Weise außerhalb der Schöpfung umhertreibt und aufzeigt, wie ernstlich die Lage gestört ist.

Nun eilt aber die Wissenschaft, schrieb Nietzsche in seinem Werk: *Die Geburt der Tragödie*

> von ihrem kräftigen Wahne angespornt, unaufhaltsam bis zu ihren Grenzen, an denen ihr im Wesen verborgener Optimismus scheitert ... Wenn er (der begabte und edle Mensch) hier zu seinem Schrecken sieht, wie die Logik sich an dieser Grenze um sich selber ringelt und endlich sich in den Schwanz beißt – da bricht die neue Form der Erkenntnis durch, die tragische Erkenntnis ... (31)

Oder wie er an anderer Stelle im gleichen Aufsatz sagt: „Eine Kultur, die auf wissenschaftliche Prinzipien aufgebaut ist, muß vergehen, wenn sie Unlogik erlaubt ..." Ich persönlich glaube nicht, daß eine wissenschaftliche Kultur wie die unsrige nur noch Tragik und Zerstörung entgegensehen muß, weil sie am Ende ihres Weges angekommen ist, sich selber analysiert und ihre Grenzen entdeckt hat. Irgendein Zusammenbruch ist unausweichlich, aber das heißt nicht, daß die Zerstörung notwendigerweise das Ende von allem ist. Es ist ebenso möglich, dem Irrtum des nichtpartizipierenden Bewußtseins aufrichtig zu begegnen und das Werk des Aufbaus einer neuen Kultur zu beginnen, einer Kultur, die auf einer neuen Naturanschauung und einer neuen wissenschaftlichen Fragestellung beruht. Nietzsche hatte das Pech, seine Schlußfolgerungen in einer Zeit zu ziehen, als keine soliden Alternativen zum wissenschaftlichen Materialismus möglich waren, und nur unter solchen Bedingungen sind Tragik und Zusammenbruch unausweichlich. Wir sind nicht derart eingegrenzt. Der nächste Schritt zur Schaffung eines nach-kartesianischen Paradigmas scheint darin zu bestehen, das partizipierende Bewußtsein auf eine tragfähige biologische Grundlage zu stellen, d.h., in physiologischen Grundbegriffen die Existenz einer „inhärenten Wahrheit oder Ordnung im Zusammentreffen von Mensch und Natur" nachzuweisen.

Wir haben gesehen, daß die Wissenschaft behauptet, wertfrei zu sein, obwohl sie an der „Objektivität" als einem Wert festhält und wir haben auch gesehen, daß die versuchte Trennung von Fakt und Wert, die die Epoche Descartes' kennzeichnete, niemals eine ernsthafte philosphische Möglichkeit darstellen kann. Dennoch ist unsere Erörterung bisher rein abstrakt, entkörperlicht gewesen. Wenn eine inhärente Ordnung existiert, muß sie affektiv sein, weil der Mensch sowohl ein Gefühls- als auch Gedankenwesen ist. All dies legt nahe, daß ein angemessenes Weltbild in seinem Kern leiblich-mimetisch-sinnlich sein müßte. Nach vier Jahrhunderten der Verdrängung schlüpft Eros endlich durch die Hintertür wieder herein.

VI. DER WIEDERGEWONNENE EROS

Die Flöte der inneren Zeit wird gespielt, ob wir es
hören oder nicht.
Was wir mit 'Liebe' meinen ist ihr ankommender Ton.
Wenn Liebe das entfernteste Ufer der Ausschweifung trifft,
findet sie eine Weisheit.
Und der Duft dieses Wissens!
Er durchdringt unsere dicken Leiber,
Er geht durch Mauern –
Das Netzwerk seiner Noten hat eine Struktur, als seien
eine Million Sonnen in ihm arrangiert.
Diese Melodie trägt Wahrheit in sich.
Wo sonst hast du einen Klang gehört wie diesen?

Kabir, 15. Jahrhundert, nach der Version von Robert Bly

Energie ist das einzige Leben und kommt vom Körper,
und Vernunft ist die Begrenzung oder äußere Umzäunung
von Energie ... Energie aber ist Ewige Freude.

William Blake, Die Hochzeit von Himmel und Hölle, 1793

Es gibt eine andere Welt, aber sie ist in dieser.

Paul Eluard

Und so fehlt denn etwas an der Analyse, die ich im letzten Kapitel angeboten habe. Polanyi deutet die Wichtigkeit nur an, die dem Körper im Zusammenhang mit dem stillschweigenden Wissen zukommt. Er erklärt, daß letzteres biologischer Natur sei und daß es in Kontinuität steht mit dem Wissen von Kindern und Tieren. Und dennoch wird dieses Thema niemals weiterentwickelt. Gefangen in dem Kartesianismus, den er ablehnt, gelingt es Polanyi nicht, die Verbindung zwischen dem Viszeralen und dem Zerebralen endgültig zu etablieren. Das tun zu können setzt die nötige Klarheit in der Ablehnung des kartesianischen Paradigmas voraus, ebenso wie die Fähigkeit, die sich aus dieser Ablehnung ergebenden Konsequenzen zu akzeptieren. Man muß, und das ist noch wichtiger, bereit sein, diese Konsequenzen zu leben, was in einer kartesianischen Kultur keine leichte Aufgabe ist.

Bis vor kurzem stellten sich nur zwei wesentliche wissenschaftliche Persönlichkeiten dieser Herausforderung. Vielleicht ist es kein Zufall, daß sie beide Psychiater waren, vertieft in das Problem, wie sich verschiedene Individuen mit der Grenze zwischen dem ‚hier drinnen' und dem ‚dort draußen' auseinandersetzen. Den ersten, Carl Jung, haben wir bereits in einiger Ausführlichkeit diskutiert. Wie wir gesehen haben, brach Jung mit der Wissenschaftlichkeit, aber damit bewegte er sich zeitlich rückwärts. In der Alchemie des Mittelalters und der Renaissance erkannte er eine Ganzheit, die die Psyche des Mittelalters durchdrang und die noch immer im menschlichen Traumleben gegenwärtig ist. Die Traumanalyse ist ganz offensichtlich von zeitloser Bedeutung, aber jede Wissenschaft, entwickelt auf der Basis Jungscher Prämissen, wäre notwendigerweise lediglich eine Wiederbelebung der okkulten Weltsicht und damit eine Rückkehr zu einem naiven Animismus. Jung zeigt uns den Weg zu einer *nicht*-kartesianischen Weltsicht, aber seine Prämissen können uns nicht als Basis für ein *nach*-kartesianisches Paradigma dienen, das dieses Buch zu definieren sucht.

Die zweite wesentliche wissenschaftliche Persönlichkeit, die die Konsequenzen der Ablehnung des Kartesianismus lebte, war Wilhelm Reich. Trotz seiner unwahrscheinlichen Forderungen und des rigiden Szientismus seiner späteren Jahre ist Reich's Werk ein wesentlicher Durchbruch für unser Wissen von der Geist-Körper-Beziehung und ein enormer Beitrag für jede nach-kartesianische Epistemologie. Da Reich, im Gegensatz zu Jung, eher vorwärts schaute (d.h. für seine Zeit und auch politisch fortschrittlich war) als sich am Mittelalter zu orientieren, konnte die gesellschaftliche Reaktion auf ihn nicht nur darin bestehen, ihn als Obskurant zu brandmarken. Daß Reich meines Wissens der einzige Denker ist, der in den Genuß der Auszeichnung kam, seine Arbeiten vom FBI verbrannt zu sehen, macht deutlich, daß er einen empfindlichen Nerv getroffen hatte. Sein eigenes Argument von der dialektischen Sehnsucht nach und dem Haß auf die verdrängten Instinkte der westlichen Industriegesellschaft wurden wahrscheinlich dadurch bestätigt. Reich versuchte Dionysos wiedereinzuführen in eine Gesellschaft, die Apollo zur Raserei getrieben hatte. Die wirkliche Bedeutung seines Werkes liegt jedoch in dem Hinweis auf das Primat des viszeralen Verständnisses: in der Erkenntnis, daß der Intellekt auf dem Affekt basiert, sowie in der Überzeugung, daß die Verdrängung von Instinkten nicht nur ungesund ist, sondern auch ein Weltbild produziert, das faktisch nicht präzise ist. Für unsere Zwecke erfüllt Reich's Werk, insbesondere seine Auffassung vom menschlichen Unbewußten, das Konzept vom stillschweigenden Wissen mit Leben und macht damit nicht-animistische Partizipation möglich. Mit der wissenschaftlichen Entdeckung, daß der Körper und das Unbewußte eins sind und der damit verbundenen Anerkennung einer engen Beziehung zwischen dem Unbewußten und dem stillschweigenden

Wissen, bricht die Subjekt-Objekt-Trennung zusammen, denn Körperwissen (sinnliches Wissen) wird damit zu einem Teil aller Erkenntnis. Die Trennung zwischen Logos und Eros dürfte relativ kurz gewesen sein, und diese Partner auf der Suche nach Wahrheit dürfen jetzt noch einmal anfangen, ihre Beziehung miteinander auszuhandeln.

Reich's Entdeckung ist für die ganze Frage des partizipierenden Bewußtseins von großer Tragweite. Seit dem 17. Jahrhundert wird nur wissenschaftliches Denken als wirklich kognitiv betrachtet, andere Arten von Verstehen sind 'nur' Gefühl. Die Identität des Sinnlichen und des Intellektuellen war, wie ich gezeigt habe, die Krux der mimetischen Tradition, was vielleicht am besten illustriert wird durch den eindeutig nicht-metaphorischen Gebrauch des Wortes ‚kennen' in der Bibel: „Und Abraham kannte sein Weib Sarah." In der Neuzeit bleibt die Beziehung zwischen Wissenschaft und anderen Formen von Wissen oder Glauben höchst problematisch. Alle ernstzunehmenden Philosophien, die nicht-kursives Denken wenigstens teilweise zuließen, entwickelten sich, wie Susanne Langer bemerkt, zum Mystizismus oder Irrationalismus, das heißt, „verzichteten ganz auf das Denken." (1) Wenn der Eros überhaupt wiederbelebt werden kann, dann wird das geschehen müssen durch die Forderung, ihn anzuerkennen als deutlich ausgeprägte Art die Welt zu kennen. Die Verleugnung dieser Tatsache hat den Intellekt verkrüppeln lassen. Genau das ist es, was Reich und seine Anhänger behauptet haben.

In diesem Kapitel hoffe ich, erstens, zu demonstrieren, daß die Einheit von Eros und Logos eine wissenschaftliche Tatsache ist, verwurzelt in der Erfahrung vorbewußter Kindheit, und daß somit die holistische Weltsicht, oder das partizipierende Bewußtsein, eine physiologische Grundlage besitzt. Zweitens möchte ich Reich's Gleichsetzung des Körpers mit dem Unbewußten weiter ausführen und sie auf das Konzept vom stillschweigenden Wissen anwenden. Damit kann ich meine Auffassung deutlich machen, daß die holistische Erfahrung während der Kindheit die Erkenntnis und das Verständnis der Welt des Erwachsenen weiterhin durchdringt. Zusammengenommen, konkretisieren diese beiden Punkte die Analyse aus Kapitel 5 auf biologischer Grundlage, schließen das kartesianische Paradigma ab als legitimen Weg Wirklichkeit zu erkennen und öffnen die Tür für eine Untersuchung dessen, was eine neo-holistische Wissenschaft begründen könnte.

Seit Freud's erster Formulierung dieses Themas waren sich die Wissenschaftler, die sich mit der Entwicklung des Kindes beschäftigten, im wesentlichen darüber einig, daß die ersten drei Lebensmonate eine Periode ‚primären Narzismus' darstellen, oder, in Erich Neumann's Terminologie, die 'kosmisch-anonyme Phase'. Das Kind ist in dieser Zeit ganz Unbewußtes (Primärprozeß), sein Leben im wesentlichen eine Fortführung der intrauterinen Periode. Es verhält sich, als seien es selbst und seine Mutter eine duale Einheit, als hätten sie eine gemeinsame Grenze, und es lebt im anderen genauso einfach wie in sich selbst. Äußere Sinneswahrnehmungen, einschließlich die der Mutterbrust, werden wahrgenommen als kämen sie von innen. Die Welt wird im wesentlichen durch Hände und Mund entdeckt. „Das Kind", schreibt Sam Keen in *Apology for Wonder*,

> ist zuerst einmal ein Mund, und seine orale Einverleibung der Mutterbrust und anderer Objekte seiner Umwelt stellt seine anfängliche Art und Weise dar, mit der äußeren Welt in Beziehung zu treten. Fast im wörtlichen Sinne schmeckt es die Wirklichkeit und versucht herauszufinden, ob sie schmackhaft ist. Was immer den Geschmacksknospen Entzücken verspricht – sei es nun die Brust, der Daumen oder ein nahes Spielzeug – es versucht es sich einzuverleiben, es zu erkennen, es in sich aufzunehmen.

Für das Kleinkind sind Subjekt und Objekt fast völlig undifferenziert, eine Tatsache, die Freud zu dem Argument veranlaßte, daß es diese spezielle Wahrnehmung sei, die in der mystischen Erfahrung das dualistische Bewußtsein durchbreche. Romain Rolland nannte dieses Phänomen in einem Brief an Freud aus dem Jahre 1927 das ‚ozeanische Gefühl'. Hier ist das Vergnügen an der Wirklichkeit identisch mit dem Erkennen der Realität, Ding und Wert sind ein- und dasselbe. „Die Körperoberfläche mit ihren erogenen Zonen", schreibt Erich Neumann, „stellt die wesentliche Kulisse kindlicher Erfahrung von sich selbst wie von anderen dar, das heißt, das Kleinkind erfährt noch alles in seiner eigenen Haut." (2)

Zwischen diesem Stadium und dem dritten Lebensjahr baut eine Reihe von Entwicklungen schließlich eine Diskontinuität auf, die in der Kristallisation des Ego mündet. Trotzt Geburtstrauma, vergleichsweise harter Methoden zeitgenössischer Kindererziehung, sowie unvermeidbarer Frustrationen durch die Umwelt, ist der Terminus ‚kosmische Anonymität' keine unpassende Beschreibung der Gesamtheit der ersten zwei postnatalen Lebensjahre, im Grunde genommen ein echtes Paradies verglichen mit dem, was danach kommt. Von Beginn der fötalen Periode an erfährt der kindliche Körper, oder das Unbewußte, ständig die Verschmelzung von Subjekt und Objekt, das Nichtvorhandensein von Spannungen und damit Unterscheidungen zwischen dem Selbst und den Anderen. Die enorme Kraft dieser Erfahrung, die die Grundlage aller holistischen Erkenntnis darstellt, wird offensichtlich, wenn wir sie in physiologische Begriffe übertragen. Sie bedeutet, daß die gesamte Existenz des Kindes sinnlich ist, unendlich sinnlicher als sie es jemals wieder sein wird. In Freud's berühmter Formulierung ist das vorbewußte Kind ‚polymorph-pervers'. Genauer ausgedrückt ist es polymorph ganz. Seine gesamte Körperoberfläche stellt einen Mittler der Sinne dar, und seine Beziehung zu seiner Umwelt ist beinahe völlig taktil. Sein ganzer Körper, und damit die ganze Welt, ist sensualisiert. Dadurch entwickelt sich im Verlauf von mehr als zwei Jahren eine fundamentale Erkenntnis in unserem Körper oder unserem Unbewußten, eine Grundlage, die uns nie wieder ausgemerzt werden kann: *Ich bin meine Umwelt*. Daher der Begriff '*Primär*prozeß': das unbewußte Wissen von der Welt mit den traumartigen Strukturen von Folgerungen und Erkenntnis kommt zuerst. Das Ego, so Freud, ist ein sekundäres Phänomen, es stellt eine Struktur dar, die sich *aus* der kosmischen Anonymität herauskristallisiert.(3)

In dieser Situation stellt sich eine naheliegende Frage: Warum den Garten Eden verlassen? Warum kommt es überhaupt zu dieser Ich-Kristallisation? Ich-

Psychologen wie Margaret Mahler, Edith Jacobson und Jean Piaget betrachteten diese Entwicklung, als handele es sich hierbei um einen inhärenten und universellen Prozeß. Freud mit seiner scharfen historischen Bewußtheit ließ sich nicht so leicht in die Irre führen. Wie unsere vorangegangene Diskussion der Geschichte des Bewußtseins deutlich macht, gab es eine Zeit in der menschlichen Geschichte, als das Ich sich nicht herauskristallisierte. Der prähomerische Mensch war völlig, oder doch beinahe ganz Primärprozeß, und sein Erkenntnismodus entsprechend mimetisch. Während des gesamten Mittelalters sahen sich die Menschen bis zu einem gewissen Grad in Kontinuität mit ihrer Umwelt, mit dem Alchemisten als dem bedeutendsten Vertreter dieser Sichtweise. Wie wir sehen konnten, begann die endgültige Entwicklung erst gegen Ende des 16. Jahrhunderts, und das ist es auch, wovon *Don Quichote* eigentlich handelt. Da er sich dessen bewußt war, daß die Ich-Kristallisation eine relativ junge Entwicklung darstellte, löste Freud das Problem ihres Auftauchens in der individuellen Entwicklung mit dem Phylogenese-Ontogenese-Argument, damit, daß das Wachstum des neuzeitlichen Kindes die Geschichte der Rasse als Ganzes rekapituliert. Aber wenn wir bereit sind diese Formulierung zu akzeptieren und die Ich-Entwicklung nicht wenigstens teilweise als angeboren betrachten, dann müssen wir folgern – wie Freud es die längste Zeit seines Lebens tat – daß das Ich sich gezwungenermaßen herausbildet als das Resultat des frustrierenden Einflusses der Wirklichkeit (z.B. der Umwelt). Daher sein Ausdruck 'Realitätsprinzip' und sein berühmtes Diktum, „Wo das Es ist, wird das Ich sein." Aber dieses Statement, vorausgesetzt es trifft zu, impliziert, daß die Wirklichkeit, besonders in der Form von Erziehungspraktiken, im Verlauf der Jahrhunderte immer frustrierender geworden sein muß und daß es gegen Ende des Mittelalters etwas wie einen Wendepunkt gegeben haben muß, an dem Ich-Stärke in ausgeprägter Form zum ersten Mal auftauchte. Ich-Entwicklung besitzt tatsächlich gewisse Aspekte, die angeboren sind, ist aber ebenso ein kulturelles Artefakt; es scheint eine Geschichte sich steigernder Entfremdung zu geben, die am Vorabend der Wissenschaftlichen Revolution ihren Höhepunkt hatte.

Vor der Diskussion der angeborenen und erlernten (historischen) Aspekte der Ich-Entwicklung, möchte ich jedoch die erschütternden Implikationen des obigen Absatzes untersuchen. Wenn Freud's Argumentationskette korrekt ist, dann ist das Ich, das wir im normalen menschlichen Leben als gegeben betrachten, nicht nur einfach ein kulturelles Kunstprodukt, sondern – mindestens in seiner heutigen Form – tatsächlich ein Produkt des kapitalistischen oder industriellen Zeitalters. Die Qualität der Ich-Stärke, die die moderne Gesellschaft als Maßstab geistiger Gesundheit betrachtet, stellt einen Modus des In-der-Welt-seins dar, der erst seit der Renaissance ganz ‚natürlich' ist. In Wirklichkeit ist sie lediglich anpassungsfähig, ein notwendiges Werkzeug, um funktionieren zu können in einer manipulativen und materiellen, das heißt lebensverneinenden Gesellschaft. Diese historisch konditionierte Natur des Ichs läßt auch vermuten, daß, wenn die moderne Gesellschaft in ihrer gegenwärtigen Form verschwinden würde, 'der Mensch', so wie wir ihn heute verstehen, ebenfalls verschwinden würde – ein gespenstisch anmutendes Ergebnis, dem Michel Foucault auf den abschließenden Seiten von *Die Ordnung der Dinge* nicht ausweichen konnte. Anders ausgedrückt könnte eine andere Art zu leben nicht nur das Ende der Ich-Stärke als Wert bedeuten, sondern das Ende der Ich-Stärke als Art zu sein, und damit das Ende des ‚Menschen', wie er gegenwärtig verstanden wird. Genauso überraschend ist (vielleicht) die Implikation, daß das, was wir als gesunde Charakterzüge betrachten, lediglich das Ergebnis bestimmter Haltungen Kindern gegenüber ist, das Resultat von Erziehungspraktiken, die hoffungslos neurotisch sind – eine zentrale These Reichscher Psychologie. (4)

Wenden wir uns zunächst einmal dem Thema der Ich-Entwicklung zu. Neuere Untersuchungen zeigten, daß die ersten zwei Lebensjahre, ja sogar die ersten drei Monate, nicht so anonym oder unbewußt sind, wie Freud und Neumann glaubten. Neugeborene können eine Berührung auf der Haut lokalisieren oder die Quelle eines Tons, wenn auch nicht mit großer Genauigkeit. Sie können die Position eines Gegenstandes im Raum bestimmen und fangen im Alter von sechs Tagen an zu imitieren. Wenn die Mutter ihre Zunge herausstreckt, wird das Baby das auch tun, und das ist, wie Thomas Bower klar macht, eine komplexe Leistung. Das Baby erkennt, daß seine eigene Zunge, die es nur vom Gefühl her kennen kann, der Zunge seiner Mutter entspricht, die sie sehen kann. Diese Identifikation eigener Körperteile mit denen von anderen stellt eine primitive Form der Subjekt-Objekt-Korrelation dar. (5)

Etwa im Verlauf des vierten oder fünften Monats wird die unspezifische Eigenschaft zu lächeln zu einer Antwort, die speziell der Mutter gilt. Das Kind entwickelt einen neuen wachsamen und aufmerksamen Ausdruck; es hört auf, seine Blicke schweifen zu lassen. Für Margaret Mahler bedeutet dieser Wandel in der Wahrnehmung den Beginn der Gestaltung des Körper-Ichs. Mit sechs Monaten fängt das Baby zu experimentieren an, zieht am Haar der Mutter oder an ihrem Gesicht, steckt ihr Essen in den Mund, stemmt sich von ihr ab, um sie besser sehen zu können. Im Verlauf des siebenten oder achten Monats entwickelt sich ein Muster, Dinge visuell zu vergleichen. Das Kind schaut von der Mutter weg und zu ihr zurück, und es vergleicht das Bekannte mit dem Unbekannten. Im Alter von acht Monaten beginnt das Kind zwischen verschiedenen Objekten zu unterscheiden, so zum Beispiel zwischen Vater und Mutter und antwortet auch auf Stimmungsäußerungen im Gesicht. Mit neun Monaten schließlich greifen Kinder nicht mehr automatisch nach allem, was ihnen gereicht wird, sondern schauen sich erst einmal an, was ihnen da angeboten wird. Der Glaube an die Objektkonstanz, daß ein Gegenstand weiterhin existiert, auch wenn er nicht zu sehen ist, entwickelt sich während der folgenden drei Monate. (6)

Andere Aspekte der Ich-Entwicklung werden sichtbar, wenn wir das Verhalten eines Kindes vor dem Spiegel betrachten. Etwa im sechsten Monat nimmt es zum ersten Mal sein eigenes Körperimage im Spiegel bewußt wahr; zur selben Zeit lächelt das Kind beim Anblick eines anderen. Zwischen dem sechsten und dem achten Monat beginnt es, seine Bewegungen vor dem Spiegel zu verlangsamen und anzufangen, sie zu denen des Bildes im Spiegel in Beziehung zu setzen. Dabei erscheint es nachdenklich. Vom neunten oder zehnten Monat an macht es gezielte Bewegungen, während es sein Spiegelbild beobachtet, und es experimentiert mit der Beziehung zwischen sich selbst und dem Bild. Im zwölften Monat erkennt das Kind, daß das Bild ein Symbol ist, aber das Verständnis dieser Tatsache bleibt noch eine Weile unklar, und so fährt es fort mit seinem Spiegelbild zu spielen, in einigen Fällen bis zum 31. Monat. (7)

Zwischendem 10. bis 12. und dem 16. bis 18. Monat beginnt das Kind in seiner weiteren Umgebung Erfahrungen zu sammeln. Krabbelnd bewegt es sich fort von der Mutter, sich nur gelegentlich noch festhaltend, und schließlich beherrscht es den aufrechten Gang. Jetzt fängt das Kind an, seine Mutter aus größerer Entfernung wahrzunehmen und begründet seine Bekanntschaft mit einem weiteren Ausschnitt der Welt. Zwischen dem 15. und dem 24. Monat beginnt die ursprüngliche 'kosmische Einheit' ernstlich zu zerbröckeln. Das Kind fängt an, Trennung und Wiedervereinigung auszubalancieren, indem es die Mutter 'beschattet', sie beobachtet und ihr folgt, dann wegläuft in der Erwartung, verfolgt und aufgegriffen zu werden. Die Mutter ist in seiner Vorstellung jetzt eine Person, nicht nur 'Heimathafen'. Jetzt fängt der kleine Junge oder das kleine Mädchen an, Sachen aus der Außenwelt mitzubringen und sie der Mutter zu zeigen. Auch beginnt er oder sie den Körper als persönlichen Besitz zu erfahren und will nicht mehr angefaßt werden. Das Kind lernt mit Mutters Abwesenheit umzugehen und entwickelt Versteckspiele. Es wird vorsätzlich Spielsachen verstecken und sie dann wiederfinden, oder vor dem Spiegel stehen und sich plötzlich wegducken. Mutter und Vater werden dazu angehalten, ihre Augen zu verdecken („Nicht schauen!"), um sie dann plötzlich wieder freizumachen („Jetzt!"), oder ihnen wird gesagt, sie sollten so tun, als sähen sie ihr Kind nicht, um es dann mit übertriebener Fröhlichkeit plötzlich zu 'entdecken'. Sprache entwickelt sich im zweiten Lebensjahr aus der 'Babbel'-Phase, in der das Kind alle möglichen Töne erzeugt, sowohl erfundene wie nachgemachte. Etwa im 21. Monat beginnt der Gebrauch des Wortes „Ich". (8)

Alle diese Handlungen wirken so angeboren, daß es beinahe unmöglich erscheint, daß der Primärprozeß über zwei Jahre hinweg dominant sein soll. Vielmehr scheint ein angeborenes Ich von Geburt an da zu sein und sich zu entwickeln. Und dennoch müssen wir uns fragen, was wir mit Ich oder Ich-Bewußtsein meinen. Es ist ganz klar, die prähomerischen Griechen, die dieses Bewußtsein nicht besaßen, gingen durch viele der eben beschriebenen Prozesse, einschließlich der Evolution eines brillant entwickelten Sprachsystems. Alle diese Entwicklungen mögen notwendige Voraussetzungen zur Ich-Kristallisation sein, genügen jedoch nicht. Ich-Bewußtsein kann in der Tat mit Schwangerschaft verglichen werden. Es gibt verschiedene Grade der Schwangerschaft, aber – um eine alte Redensart zu benutzen – man kann nicht nur „ein bißchen schwanger" sein. Wie bei einem Quantensprung bedarf es beim Ich-Bewußtsein einer spezifischen Art von Diskontinuität, und im heutigen Kind geschieht das nach etwa zweieinhalb Lebensjahren, wenn es eines Tages den überraschenden Gedanken hat: „Ich bin ich!" Wir sollten hinzufügen, daß das Kind das Fürwort 'Ich' einige Monate vor diesem Ereignis zu benutzen beginnt, und es ist keine Überraschung, daß es im prähomerischen Griechisch und in allen alten Sprachen existent ist. Aber das ist nicht das gleiche wie den Gedanken zu haben 'Ich bin ich!' Letzteres drückt eine ganz andere Ebene der

Existenz aus, die die Erkenntnis einschließt, daß du letztendlich vom Anderen nicht erkannt werden kannst und daß du radikal von ihm getrennt bist. Diese Erkenntnis vollzieht sich etwa zur gleichen Zeit, da das Kind Gewißheit darüber erlangt, was sein Bild im Spiegel bedeutet, und dabei handelt es sich, wie Merleau-Ponty bemerkt, um den Beginn der Entfremdung. Von diesem Moment fängt das Kind an zu begreifen, daß es sichtbar ist für andere, und daß da ein Konflikt besteht zwischen dem ‚Ich', das es fühlt, und dem ‚Ich', das andere sehen. Jetzt erfährt das Kind, wie die äußere Welt es in einer Art und Weise interpretieren kann, die seine eigene Erfahrung von sich selbst leugnet. Somit ist das dritte Lebensjahr, zumindest in modernen westlichen Kulturen, eine mühselige Zeit für Eltern, in der das Kind sich darum bemüht, mit hartnäckiger Widerspenstigkeit seine Identität zu etablieren. Und in der Tat kann die Unfähigkeit, ein 'böser Bub' oder Mädchen zu sein zu diesem Zeitpunkt in einer möglichen Psychose resultieren, ausgelöst durch die Befürchtung, daß es völlig transparent ist, nichts weiter als das, was andere in es hineininterpretieren. Während dieser Zeit hat das gesunde Kind häufig etwas dagegen, beobachtet zu werden, denn es versteht jetzt, daß seine Identität hinausgeht über die Rollen oder die Situation, in der es sich gerade befindet. Es weiß jetzt, daß es ein Ich ist, ein Ego, das sich bis zu einem gewissen Grad im Widerspruch zur Welt befindet und der Art, wie diese Welt es interpretieren könnte. Dualistisches Bewußtsein ist jetzt eine unwiderrufliche Tatsache. (9)

Wir sollten somit nicht motorische und perzeptive Fähigkeiten mit Ich-Kristallisation per se verwechseln, denn, wie wir in Kapitel 3 gesehen haben, indem wir der Analyse von Julian Jaynes folgten, können ganze Zivilisationen ohne die Zuhilfenahme des Ichs entstehen. Man kann Regierungen und Kriege hervorbringen, den Stufenturm der Babylonier und den Kodex des Hammurabi konstruieren, ja selbst Eklipsen voraussagen, ohne die Unterstützung des Ichs. Um solche Projekte zu unternehmen, muß man gewiß in der Lage sein, zu imitieren, zu greifen und Gegenstände im Raum zu finden, aber sie setzen keine Seelensuche oder Selbstbewußtheit voraus. Ich betone dies deshalb, weil es uns mit unserem Ich-Bewußtsein so schwer fällt, uns vorzustellen und zu verstehen, daß Ich-Kristallisation eine verhältnismäßig junge Entwicklung ist, daß man durch alle oder die meisten Stadien der oben beschriebenen motorischen und perzeptiven Entwicklung gehen kann, ohne daß es zur Ich-Diskontinuität kommt. Und so kann man denn höchstens sagen, daß Ich-Entwicklung teilweise angeboren ist, daß sie aber offensichtlich einiger kultureller Auslöser bedarf um 'anzuspringen', um die Entwicklung ganz umschlagen zu lassen. Mag auch die Ich-Kristallisation natürlich sein, so folgt daraus noch lange nicht, daß sie unausweichlich ist. Darüberhinaus zeigt uns die gegenwärtige Vielfältigkeit von Ich-Stärken in den verschiedenen Kulturen der Welt und ihre allmähliche Verfestigung in der Zeit zwischen Plato's Griechenland und der Wissenschaftlichen Revolution, mit einem darauf folgenden starken Aufschwung, daß selbst innerhalb des Kontexts von Ich-Diskontinuität ein breites Verhaltensspektrum möglich ist. All das Material weist somit auf die Grenzen der Ich-Psychologie, die durch ihre Laborexperimente mit Kindern den Nachweis der Natürlichkeit und Universalität der Ich-Kristallisation zu führen sucht.

Was genau *ist* denn nun das Ich? Obwohl nicht das gleiche, so weisen doch Ich und Sprache auffällige Ähnlichkeiten in ihrer Struktur auf. Wie Daniel Yankelovich und William Barrett in ihrer wegweisenden Arbeit, *Ego and Instinct*, deutlich machen, sind Ich und Sprache das gemeinsame Produkt von Evolution und Kultur, und ihre Entwicklung wird nicht stattfinden, wenn die Gesellschaft nicht zur rechten Zeit für die dafür kritischen Erfahrungen sorgt. Wenn die 'Babbel'-Phase der Sprache nicht im sozialen Kontext auftritt, wird das Kind überhaupt nicht sprechen lernen, was anhand einiger weniger Falluntersuchungen nachgewiesen wurde, in denen Kinder untersucht wurden, die von Tieren aufgezogen worden waren. Sowohl Sprache als auch das Ich können als 'unvollkommene psychische Strukturen' gesehen werden, oder wie die Autoren es nennen, als 'Developmentals'*: „Strukturen, die nur dann wachsen, wenn phylogenetische Faktoren mit kritischer individueller Erfahrung während spezifischer Stadien im Verlauf des Lebenszyklus interagieren." Solch individuelle Erfahrung jedoch ist letztlich sozialer Natur und weist signifikante Unterschiede auf, von einer Kultur zur anderen ebenso wie in den verschiedenen historischen Epochen. (10)

Die Erkenntnis, daß kulturelle Faktoren für die Ich-Kristallisation wichtig sind, führt tatsächlich ein unterschwelliges Dasein in der oben angeführten Untersuchung der angeblich angeborenen Ich-Entwicklung. Wie Thomas Bower nachweist, sind gewisse Wahrnehmungen angeboren und gewisse andere erworben. (11) Nicht alle Kulturen glauben beispielsweise an Objektkonstanz oder Solidität, auch ist es ganz und gar nicht klar, daß Kinder jeder Kultur mit ihrer Mutter 'Beschatten' spielen, oder Versteckspiele („Such mich!"), oder jene identitätstestenden Spiele aus dem dritten Lebensjahr. In früherer Zeit gab es vermutlich überhaupt keine dieser Spiele. Ich-Stärke ist viel sanfter ausgeprägt in nicht-industriellen Kulturen als in unserer, und deren Ich-Entwicklung geschieht wahrscheinlich entsprechend weicher. Untersuchungen wie die von Gregory Bateson und Margaret Mead auf Bali zeigen zum Beispiel Erziehungsmuster, die nur wenig mit unserem gemein haben (siehe Kapitel 7). Ebenso gab es im Mittelalter den Widerstand gegen den Umgang mit dem Körper nicht, der heute etwa um den 18. Monat herum auftritt, nicht jedoch in einigen Kulturen der dritten Welt.(12)

Im Gegensatz dazu sehen wir, daß einige Mütter in Margaret Mahlers Untersuchung (s. Fußnote 2) ganz besonders motiviert waren durch das Prestige, Teil einer Forschungseinheit am Masters Kinderzentrum in New York zu sein, und als Resultat davon waren sie häufig leistungsorientiert in Bezug auf ihre Kinder. Sie wollten, daß ihre Kinder in ihrer sensomotorischen Entwicklung so frühreif wie möglich waren. Forscher und Mütter achteten begierig auf Anzeichen von Ich-Entwicklung oder was sie dafür hielten. Wären diese in irgendeinem Kind nicht aufgetaucht, es wäre für autistisch gehalten worden. Und doch waren wir alle zu einem bestimmten Punkt in der Geschichte der

* Anm. d. Übers.: 'developmental' bedeutet eigentlich im Englischen 'erworben', was auch hier zutrifft. Darüberhinaus spielen die Autoren mit den Begriffen 'develop', d.h. entwickeln, sowie 'mental', d.h. mental, geistig; zusammen also 'geistige Entwicklung'.

Rasse 'autistisch', und es war die Ich-Entwicklung, die mit Besorgnis betrachtet wurde. Die heutige starke Voreingenommenheit für die Ich-Entwicklung beeinträchtigt natürlich deren 'wissenschaftliche' Untersuchung. Die Forschungseinheit bei Masters war denn auch ein perfekter Spiegel des amerikanischen Ethos. Der klassische jüdische Witz, „mein Sohn, der Doktor" (sechs Monate alt), ist nicht nur ein *jüdischer* Witz, sondern die Norm westlicher Industriegesellschaften, die rigide Ich-Strukturen en masse produzieren. Es wird schwierig, zwischen angeboren und erlernt zu unterscheiden, wenn das Kind einem Sozialisationsprozeß unterworfen wird, der mit dem ersten Atemzug beginnt. (13)

Obwohl die Frage, welche kulturellen Faktoren denn nun die Ich-Kristallisation auslösen, unglaublich komplex und, da das Ich irrtümlicherweise als universales menschliches Charakteristikum betrachtet wird, kaum erforscht ist, so kann doch auf einen Faktor mit einiger Gewißheit hingewiesen werden. Es ist ziemlich klar, daß die Geschichte der wachsenden Ich-Entwicklung im Westen gleichzeitig die Geschichte der wachsenden Repression und erotischen Deprivation darstellt, manifestiert im Verlauf der Jahrhunderte durch den Rückgang an Körperkontakt und sinnlichem Vergnügen, was normalerweise während der ersten zwei Lebensjahre deutlich zu Tage tritt. Ich-Entwicklung geschieht nicht nur auf Kosten der Sinnlichkeit (die klassische Theorie der Sublimation), sondern, und das ist noch wichtiger, benötigt als notwendige, wenn nicht entscheidende Voraussetzung ihrer Entwicklung die Repression, die sexuelle Entfremdung. Kurzgesagt, ausreichende Verdrängung könnte den Ausschlag geben und die Psyche 'befruchten'. Wir wollen kurz einen Blick auf das Beweismaterial für diese These werfen.

Vor dem Aufkommen der landwirtschaftlichen Zivilisation, das heißt etwa um 8000 v.Chr., lebte der Mensch als Jäger und Sammler. Notwendigerweise trugen Mütter ihre Kinder die meiste Zeit an ihrem Körper. Mutter und Kind wurden nach der Geburt nicht voneinander getrennt. Sie schliefen zusammen, und die Mutter stillte ihr Kind beinahe vier Jahre lang. Das Füttern hing ab von spontanem Hunger und nicht von einem vorbereiteten Stundenplan. (14)

Die meisten dieser Praktiken wurden in den nachfolgenden Jahrtausenden beibehalten. So dauerte zum Beispiel im alten Judäa das Stillen etwa zwei bis drei Jahre, und die Babies wurden weiterhin herumgetragen, anstatt sie in einer Krippe unterzubringen oder sie unbeaufsichtigt zu lassen. Ältere Kinder wurden auf die Schulter genommen oder auf der Hüfte getragen, wie es noch heute in einigen Kulturen der dritten Welt der Fall ist. Die Griechen beispielsweise trugen das Neugeborene zu einem Bassin mit warmem Wasser, um die Kontinuität zur intrauterinen Erfahrung zu erhalten. Im 11. Jahrhundert n.Chr. empfahl der große arabische Arzt Avicenna das Stillen für zwei Jahre und unterstrich die Bedeutung der allmählichen statt der plötzlichen Entwöhnung – eine Warnung, die darauf schließen läßt, daß sich zur damaligen Zeit teilweise bereits wesentlich kürzere Stillzeiten eingebürgert hatten. (15)

Die Bedeutung des Stillens liegt, so seltsam das klingen mag, weniger im chemischen Wert der Muttermilch, als vielmehr in der Stimulation der Haut im Gefolge des mütterlich-kindlichen Kontakts. In seinem Buch *Der Körper-*

kontakt sammelt Ashley Montagu Berge von Beweismaterial dafür, daß es keine Säugerart gibt, bei der ein gesundes Erwachsenenleben möglich ist ohne ausreichende taktile Stimulation im Verlauf der ersten Lebensjahre und besonders während der ersten Monate nach der Geburt. Und so hängt in der Tat die normale Entwicklung des Nervensystems, einschließlich der Myelinisation (d.h. der Entwicklung der Hülle schützenden Gewebes um die Nerven herum), davon ab. Obwohl die Quantität taktiler Stimulierung der Kinder im Laufe der Zeit langsam abnahm, so wurde sie doch mindestens bis 1500 n.Chr. in sehr großem Umfang beibehalten. Sei es durch das Herumtragen, lange andauerndes Stillen, oder gar die sanfte Manipulation der Genitalien des Kindes, die körperliche Stimulation stellte einen bedeutenden Teil der ersten Lebensjahre dar, und alle diese Praktiken finden wir noch heute in den Teilen der Welt, die von der Modernisierung noch unbeeinfluß sind. (16)

Direkte Korrelationen sind nicht möglich, doch könnten die Erziehungspraktiken der heutigen nicht-westlichen Kulturen auf das hinweisen, was bis in die frühe Renaissance hinein bei uns im Westen typisch war. So wird beispielsweise in Bali das Kind auf der Hüfte oder in einem Tuch getragen, in beinahe ständigen Kontakt mit der Mutter im Verlauf der ersten beiden Lebensjahre. Während der ersten sechs Monate ist es niemals *nicht* in jemandes Armen, außer wenn es gebadet wird, und die Eltern pflegen während des Bades mit den Genitalien des männlichen Kindes zu spielen. Vergleichbare Angaben wurden von einer Reihe zeitgenössischer 'primitiver' Kulturen gesammelt, und das Spielen mit den kindlichen Genitalien wurde von Philippe Ariès in seinem Buch *Geschichte der Kindheit* als ein Vergleichskriterium ausgewählt. So erzählt er uns, daß im Mittelalter der öffentliche körperliche Kontakt mit den intimen Körperteilen des Kindes eine Art amüsantes Spiel darstellte, verboten erst, wenn das Kind die Pubertät erreichte. Diese Haltung änderte sich gründlich im Verlauf der Renaissance, aber ist, wie Ariès bemerkt, heute noch in islamischen Kulturen weitverbreitet. Es ist doch interessant, daß Praktiken wie das warme Baden der Neugeborenen, oder die Förderung kindlicher Sexualität, langsam so etwas wie ein Comeback feiern, weil man wieder davon überzeugt ist, daß diese Praktiken zu einem weniger ängstlichen und dafür gesünderem Sexualleben führen. (17)

Ariès liefert auch eine detaillierte Untersuchung spätmittelalterlicher Einstellungen Kindern gegenüber, die implizieren, daß es sich um eine Periode wandelnder Praktiken des Körperkontakts handelte. (18) So ist in der Tat das wichtigste Einzelthema seines Buches die Trennung, die Dissoziation. Ariès kann uns zeigen, daß vor dem späten 16. Jahrhundert weder die Kernfamilie noch das Kind als *Konzepte* existierten. Bis zum 12. Jahrhundert stellte die Kunst die Morphologie der Kindheit nicht dar, und so gab es bis zum Ende des 16. Jahrhunderts kaum Porträts von Kindern. Das 17. Jahrhundert 'entdeckte' die Kindheit im wahrsten Sinne des Wortes und bestand darauf, sie als ein Stadium in einer Reihe separater Lebensabschnitte zu markieren. Diese Unterteilung war weit davon entfernt, liebevolle Beachtung für die Kinder zu bedeuten, sondern bedeutete im Gegenteil eine weitere Entfremdung von ihnen. Von jetzt an machte spezielle Kinderkleidung die verschiedenen Stadien ihrer Entwicklung deutlich, und gegen Ende des 16. Jahrhunderts kam es plötzlich zu großen Vorbehalten gegen die vermeintlichen Gefahren des Körperkontakts und der Berührungen. Den Kindern wurde beigebracht, ihre Körper vor anderen zu verbergen. Darüberhinaus glaubte man jetzt, daß Kinder niemals allein gelassen werden dürfen. Als Resultat wurde der Erwachsene zu einer Art psychischem Wachhund, der das Kind zwar ständig überwachte, aber niemals zärtlich zu ihm war – eine Praxis, die tatsächlich den Prototyp wissenschaftlicher Observation und Experimentation darstellt.

Die gleichen Strukturen wurden in den Hochschulen des späten Mittelälters institutionalisiert, wo sie die Formen ständiger Supervision, eines Denunziationssystems, und der häufigen Anwendung der Prügelstrafe annahmen. Die Rute ersetzte die Buße als vornehmliche Bestrafung, und die Studenten wurden gewöhnlich geprügelt, bis sie bluteten. Im 18. Jahrhundert wurde in England die Prügelstrafe, die täglich verabreicht wurde, als Mittel betrachtet, Kindern und Heranwachsenden Selbstkontrolle beizubringen.

So kam es denn im späten Mittelalter zu einer abrupten Veränderung der Erziehungspraktiken, einer Verschiebung von der Umsorgung zur Beherrschung, was einen Aspekt in der Entwicklung einer Zivilisation darstellt, die sich durch Kategorisierung und Kontrolle auszeichnet. Wie die Erziehungspraktiken verdeutlichen, war die westliche Gesellschaft bis zum 16. Jahrhundert noch deutlich sexualisiert. Es war „die im wesentlichen maskuline Zivilisation moderner Zeiten", wie Ariès sie nennt, die solche Versorgungspraktiken unterband. Der Aufstieg der Kernfamilie mit dem Mann an der Spitze kam im 17. Jahrhundert voll zum Ausdruck, während vorher die 'Ahnenreihe' die wesentliche Einheit gewesen war, d.h. der Familienverband von Nachkommen eines einzigen Vorfahren. Mit der Evolution der Kerneinheit begann die sanfte heterogene Qualität des kommunalen Lebens zu verschwinden. Es kam zu Trennungen innerhalb der Familie und zwischen den Familien. Der mittelalterliche Haushalt, der im Familienverband aus bis zu dreißig Mitgliedern bestehen konnte, fing an zu schrumpfen und einförmig zu werden. Betten, die vorher überall herumstanden, hatten jetzt in einem besonderen Raum zu stehen. Was wir Chaos nennen würden, war tatsächlich die Vielfältigkeit von Wirklichkeiten, eine „melodische Mischung von Farben", wie Aries es nennt, etwas, was man heute noch auf den Straßen von beispielsweise Delhi oder Benares betrachten kann, wo acht verschiedene Transportarten und vierzig verschiedene Typen von Leuten in einer einzigen engen Straße gefunden werden können. Oder man denke an die Menschenmassen, die die Straßen der Mittelmeerstädte nach Sonnenuntergang bevölkern. Die 'maskuline' Zivilisation mit ihrem Bedürfnis, alles ordentlich zu haben, sauber und uniform, kam zu Beginn der Wissenschaftlichen Revolution voll zum Ausbruch. Vom 13. Jahrhundert an nahm die Macht der Ehefrau kontinuierlich ab, wofür das Gesetz der Erstgeburt – der älteste Sohn besitzt das alleinige Erbrecht – das beste Beispiel ist. In der Mitte des 16. Jahrhunderts war es mit Ausnahme eines gelegentlichen Astrologen keinem Mann erlaubt, anwesend zu sein, wenn eine Frau niederkam. Um 1700 war ein sehr großer Prozentsatz von 'Hebammen' männlich. Die 'professionelle' Zivilisation, die Welt der Kategorisierung und Kontrolle, ist eine Welt männlicher Macht und Vorherrschaft.

Die Entsinnlichung der Kindheit und die Unterordnung der Kindererziehung unter maskuline Kontrolle und wissenschaftliches Management erreichte ihren Höhepunkt im 20. Jahrhundert. Diese Entwicklung war selbstverständlich nicht ohne positive Konsequenzen. So können wir beispielsweise den deutlichen Abfall der Kindersterblichkeitsrate nicht ignorieren. Doch könnte der Preis dieser Entsinnlichung, der auf Kosten der Psyche geht, uns zu der Frage führen, wieviel wir tatsächlich gewonnen haben. Ich denke hier nicht an den *Mißbrauch* von Kindern, der offensichtlich im Verlauf der Jahrhunderte zurückgegangen ist, sondern ich denke an Entsexualisierung, an Entfremdung, an Beziehungsunfähigkeit, einen Zustand, der dann auftritt, wenn sich Eltern gar nicht um Verständnis bemühen. Mißhandlung kann so sexuell wie liebevolle Behandlung sein, und sie geschieht alles andere als teilnahmslos. (19) Eine solche Behandlung mag zornige Erwachsene hervorbringen, aber sie führt an sich nicht zu existentieller Angst, und man sollte daran denken, daß genau diese existentielle Angst das Bewußtsein der schizoiden Persönlichkeit charakterisiert, die, nach Ashley Montagu, häufig das Ergebnis eines Mangels taktiler Stimulation in der frühen Kindheit ist. (20) Und denkt man an die Fließbandarbeit moderner Geburtshilfe, dann überrascht einen diese Situation vielleicht nicht. Wie betritt das Kind die Welt der westlichen Industriegesellschaften? „In dem Moment, da es geboren ist", schreibt Montagu,

> wird die Nabelschnur zerschnitten oder abgeklemmt, das Kind wird der Mutter gezeigt und wird dann von der Schwester in das Babyzimmer gebracht, das das Betreuungszimmer genannt wird, wahrscheinlich deshalb, weil das einzige, was nicht in ihm geschieht, das liebevolle Betreuen des Neugeborenen ist. Hier wird es gewogen, gemessen, und seine körperlichen und anderen Eigentümlichkeiten werden registriert, eine Nummer wird an seinem Handgelenk festgemacht, um es schließlich in eine Krippe zu legen, wo es sich seinen Herzenskummer von der Seele weinen kann.

Das Kind wird einem festgelegten Fütterungsplan unterworfen, der monatelang beibehalten wird, und der in kaum einer Beziehung steht zu seinen eigenen Hungergefühlen. Wenn das Kind überhaupt gestillt wird, plädiert die moderne Medizin für eine schnelle Entwöhnung.

Daß die Stimulation der Haut wesentlich für die Gesundheit, wenn nicht das Leben selbst ist, ist nicht schwer zu demonstrieren. Im Verlauf des 19. Jahrhunderts starben mehr als die Hälfte aller Kinder im ersten Lebensjahr an Marasmus, was wörtlich ‚dahinschwinden' bedeutet. Noch 1920 war die Sterblichkeitsrate für diese Altersgruppe in Findlings-Institutionen, in denen es zu absolut keinem Körperkontakt kam, *annähernd hundert Prozent*. Wie Montagu erläutert, stand die Behandlung von Kleinkindern in Amerika damals unter dem Einfluß von Luther Emmett Holt, Sr., einem Professor für Kinderheilkunde und der Dr. Spock seiner Generation, dessen populäre Schriften auf feste Speisepläne drängten, auf die Abschaffung der Wiege, sowie ein Minimum an Zärtlichkeit. J.B. Watson, der Begründer der Verhaltenspsychologie, war zu jener Zeit sehr einflußreich und drängte die Mütter, emotionale Distanz zu ihren Kindern zu halten. Er konstatierte ganz spezifisch, daß solche Behandlung zusammen mit festen Speiseplänen, strikter Lebensweise, sowie Reinlichkeitserziehung die Fähigkeiten des Kindes dahingehend formen würde, daß sie ihnen die Eroberung der Welt ermöglichen würde. Das Ziel sei, wie er sagte, das Kind „so frei wie möglich von der Sensitivität für andere Leute" zu machen – ein Ziel, das im späten 20. Jahrhundert mit erstaunlichem 'Erfolg' erreicht wurde. (21)

Obwohl es schwierig sein mag, ein klares kausales Argument zu formulieren, eine Tatsache, die weiterhin die moderne Anthropologie plagt (22), so lohnt es sich doch, festzustellen, daß das Ausrangieren der Krippe, der Verzicht auf das Streicheln wie die Zunahme mechanistischer Erziehungspraktiken in jenen Ländern der dritten Welt zugenommen hat, die industrielle Entwicklung und Verwestlichung zu ihrem ausdrücklichen Ziel erklärt haben. Es ist irgendwie klar, daß Wissenschaft, 'Fortschritt' und entmenschlichte Erziehungspraktiken Hand in Hand gehen. Damit heißt die Formel, indem wir E.M. Forster umkehren, „nur trennen".

Weitere Evidenz für den destruktiven Einfluß moderner Erziehungspraktiken wurde uns von Marshall Klaus und John Kennell von der Case Western Reserve School for Medicine in Cleveland geliefert. Ihre Untersuchungen enthüllen, daß, wenn ein Kind natürlich und ohne jeglichen Eingriff durch eine Institution geboren wird, die Bindung zwischen Mutter und Kind nach einem immer wiederkehrenden Muster verläuft. Die ersten sechzig bis neunzig Lebensminuten stellen eine außerordentliche Zeitspanne dar, in der das Neugeborene ungewöhnlich wach und aufmerksam ist und sich mit der Mutter auf eine Art ursprünglichen 'Bindungstanz' einläßt, in welchem die beiden sich berühren, sich streicheln, und sich tief in die Augen schauen. Das moderne Krankenhaus läßt es jedoch nicht zu, daß es zu dieser Interaktion kommt. Der Mutter werden häufig Schmerzmittel gegeben, die ihre Wahrnehmung abstumpfen lassen, und routinemäßig werden die Augen des Neugeborenen mit Medikamenten behandelt, was seine Sehkraft trübt. Doch machen diese Praktiken kaum einen Unterschied aus, denn die Krankenhäuser trennen Mutter und Kind sofort und mit beträchlichen Auswirkungen. In einem Experiment vergleichen Klaus und Kennell eine Gruppe von Müttern und Kindern, denen nach der Geburt sechzehn Stunden unmittelbaren Kontakts gestattet wurde, mit einer Kontrollgruppe, bei der das nicht der Fall war. Zwei Jahre später behandelten die Mütter der ersten Gruppe ihre Kinder in einer entspannten Art und Weise, benützten in ihren Gesprächen mehr Fragen und Adjektive, aber weniger Befehle. Die zweite Gruppe zermürbte sich mit Gezänk, Verboten und regelmäßigen strengen Aufforderungen. Sechzehn Stunden Streicheln hatten offensichtlich einen zwei Jahre andauernden Effekt. Klaus und Kennell besuchten auch Kinderhorte in Guatemala, wo ein umfangreicher früher Körperkontakt zwischen Müttern und Kindern stattfindet und beobachteten selbst viel weniger Aufregung und Geschrei. Ähnliche Verhaltensweisen konnten von Louis Sander und seinen Kollegen vom Boston University Medical Center beobachtet werden. Sie fanden heraus, daß Kleinkinder, die von Kinderschwestern aufgezogen, ungünstig beeinflußt wurden, wenn die Ausrichtung der Schwestern deutlich 'professionell' war, d.h. orientiert am Krankenhaus statt an den Kindern. (23)

Was sind die Implikationen dieser Untersuchung von Erziehungspraktiken für die Ich-Kristallisation? Obwohl keine kausalen Verbindungen mit Sicherheit hergestellt werden können, so scheint es doch, als sei dort eine historische Gestalt am Werk. Einfach ausgedrückt, zeigen sich in heutigen 'primitiven' Kulturen, ähnlich denen des Westens vor 1600, viel weichere Ich-Strukturen als bei uns. Sie sind charakterisiert durch eine mehr kommunale, heterogene Lebensweise, deutlich weniger Angst und Geisteskrankheit und viel sanftere Subjekt-Objekt-Unterscheidungen. Ganz generell, so Montagu, sind erwachsene Persönlichkeiten in Kulturen mit umfangreichen Körperkontakten weniger konkurrenzorientiert, und die wenigen 'primitiven' Kulturen, die diesen Kontakt nicht kennen, wie die von Margaret Mead untersuchten Mundugumor auf Neu-Guinea, lassen leicht erregbare und ängstliche Erwachsene heranwachsen. (24) Diese Erkenntnisse dürften kaum überraschen. Kindererziehung in westlichen Industriekulturen ist so starr, daß es nicht schwierig sein dürfte, ihre entscheidende Bedeutung für die Erhaltung, wenn nicht Entwicklung moderner Anomie zu verstehen. Reichs Sadomasochismus, Laings schizoide Persönlichkeit, Sartres Nausea sind Konditionen, die nur in so einem entsexualisierten Kontext gedeihen konnten.

Natürlich hat das Ich seine positiven Aspekte. Ganz gewiß existierte es im Westen in der Zeit zwischen 800 v.Chr. und 1600 n.Chr. ohne massive Entfremdung als Folgeerscheinung. So kommt man um die Schlußfolgerung nicht herum, daß das Ich in seiner heutigen Form sowohl Produkt als auch Ausdruck von pathologischer Entwicklung ist. Ganz besonders scheint es, wiederum in seiner heutigen Form, eine Struktur zu sein, die sich entwickelte, um über den Weg der Beherrschung Liebe in einer lieblosen Welt zu gewinnen. Aber, wie Reich gezeigt hat, sind Liebe und Herrschaft physiologisch nicht vereinbare Ziele. Wir suchen verzweifelt nach Liebe und Authentizität, jedoch im Kontext einer Welt, die uns lehrte, gerade diese Dinge zu fürchten. Die Resultate sind unausweichlich Massenpsychose und Ersatzbefriedigung (siehe Abb. 17). In einer seltsamen Parodie der Unschärferelation hat gerade die Präzision des modernen Ichs eine Art Parataxis in unseren sozialen Beziehungen kreiert, wodurch sie verschwommen erscheinen, isoliert, ja autistisch. Dies ist die tragische Botschaft der Beatles aus ihrem *Sgt. Pepper* Album aus dem Jahre 1967, eigentlich eine Reihe von Vignetten über menschliche Dissoziation. „Will you still need me, will you still feed me,/ When I'm sixty-four" („Wirst Du mich noch brauchen, wirst du mich noch ernähren; wenn ich erst vierundsechzig bin?"), das könnte durchaus die 'Nationalhymne' der industriellen Welt sein. (25)

Daß das gegenwärtige Leben so krankt an beispielsweise schwerem Drogen- und Alkoholmißbrauch, entstammt dem fruchtlosen Versuch einer wissenschaftlichen Kultur, holistische Wahrnehmung auszulöschen. Doch ganzheitliche Erkenntnis ist eine ursprüngliche, ökologische Art der Wahrnehmung der Natur, verwurzelt in einem biologischen Substrat und präsent lange bevor das Ich entsteht. Die Geschichte des archaischen Menschen und die kosmisch-anonyme Phase der Kindheit beweisen eindeutig diesen ursprünglichen Nähr-

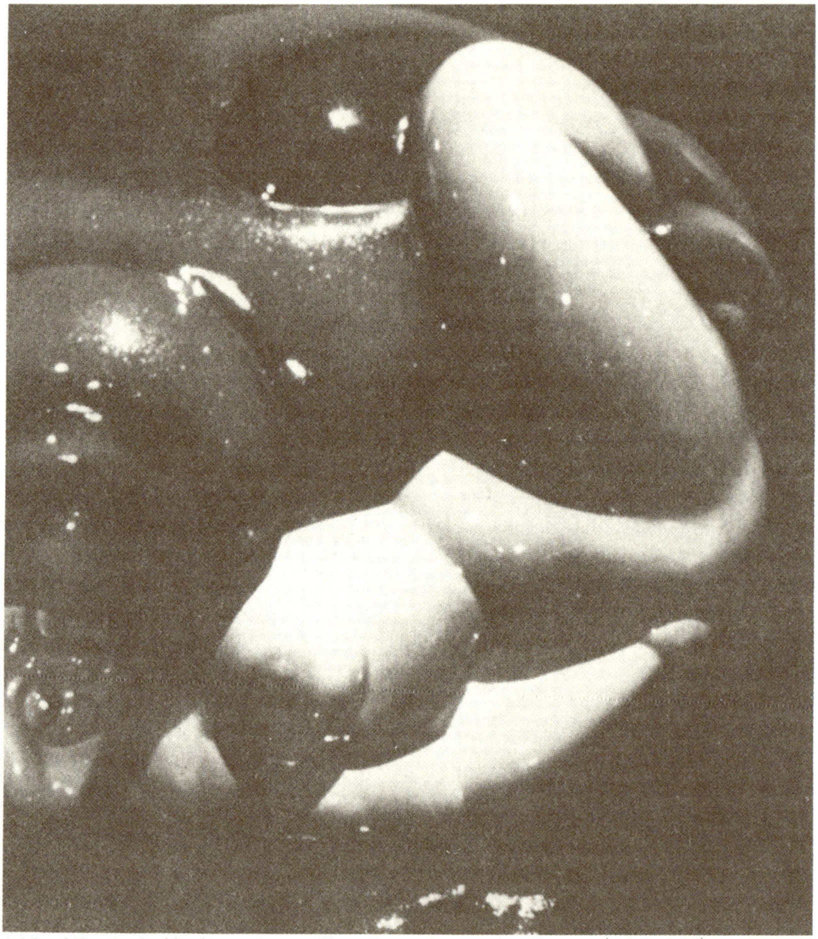

Abb. 17: Luis Jiminez, jr., *Der Amerikanische Traum* (1969/76). Fiberglas und Epoxy, 60x105x90 cm. Abdruck mit Genehmigung des Künstlers.

bodens von Primärprozessen. Diese Schicht ist kaum eine erworbene; sie ist die Grundlage unseres Seins, und, anders als das Ich, benötigt sie keine kulturellen Auslösefaktoren. Keine noch so umfangreiche Zivilisation kann sie auslöschen und der wissenschaftliche Versuch, das zu erledigen, kann uns nur zum Trinker werden lassen. Wir können dem Einfluß der kosmisch-anonymen Phase nicht entrinnen; Partizipation bleibt die Basis unserer Wahrnehmung durch unser ganzes Leben hindurch. „Die ursprüngliche einheitliche Realität", schreibt Erich Neumann in *Das Kind*, „ist nicht nur etwas, was unserer Erfahrung vorangeht; es bleibt die Basis unserer Existenz selbst nachdem unser Bewußtsein, unabhängig geworden mit der Trennung der Systeme, begonnen hat, seine wissenschaftlich objektive Weltsicht zu entwickeln." (26)

Der Holismus verfolgt den modernen Menschen, zerrt gnadenlos an seinem Bewußtsein. Und trotz der Art und Weise, in der er zu leben gezwungen ist, hört er das vorbewußte Echo „Ich bin meine Umwelt." Es wird ihm eine übertriebene Askese anerzogen, schreibt Norman O. Brown, eine Haltung analytischer Distanz zur Natur, womit er jedoch nicht zu überzeugen ist, „denn in seiner frühen Kindheit schmeckte er die Frucht vom Baum des Lebens, und er weiß, daß es gut ist, und er vergißt es nie." (27) Wie Reich erkannte, schlummert diese Erinnerung im Körper, und ob es im Sinne ursprünglicher Partizipation (der okkulten Weltsicht) ausgedrückt wird oder durch die bewußte Resexualisierung des Lebens, die Reich so mutig zu lösen versuchte, es gibt keine Möglichkeit, davon wegzukommen. (28) Aus diesem Grund ist das Material von Primärprozessen an der Wurzel aller vormodernen Epistemologien zu finden, deshalb sind die Gedankenmuster von Kindern bis ins Alter von etwa sieben Jahren im wesentlichen magischer Struktur, und darum überlebt das partizipierende Bewußtsein selbst in einer modernen wissenschaftlichen Epistemologie. Was das Kind, der 'Primitive' und der Wahnsinnige wissen, und was der durchschnittliche Erwachsene aus seiner oder ihrer bewußten Wahrnehmung herauszuhalten sucht ist, daß die Haut eine künstliche Grenze darstellt, daß das Selbst und die Anderen tatsächlich auf irgendeine unspezifische Art und Weise ineinander aufgehen. In letzter Analyse führt kein Weg an der Überzeugung vorbei, daß alles tatsächlich auf alles andere bezogen *ist.*

So war es tatsächlich diese Kontinuität holistischer Wahrnehmung, die Reich auf wissenschaftliche (und später auf szientistische) Weise zu demonstrieren versuchte. Dazu muß man deutlich machen, daß unbewußtes Wissen im wesentlichen Körperwissen ist, oder, noch deutlicher, daß der Körper und das Unbewußte ein- und dasselbe sind. Genau das war Reich's wesentlicher Beitrag zur Psychoanalyse. Ein kurzer Abriß seiner Arbeit kann uns helfen, unser Argument für die Kontinuität holistischen Bewußtseins zu untermauern.

Freud war bekanntermaßen ein geradezu religiöser Anhänger des kartesianischen Paradigmas. Wie für Descartes, wurzelte für ihn jeder Affekt in dem mechanischen Arrangement der Korpuskeln (oder Neuronen). Diese Überzeugung drückte er in seinem nichtveröffentlichten 'Wissenschaftlichen Projekt' von 1895 aus, welche bis zum heutigen Tage von der westlichen Medizin beibehalten wird. Geist und Körper, oder Ich und Instinkt, sind streng voneinander getrennte Einheiten, und alle intrapsychischen Prozesse (wie alles andere auch) sind im wesentlichen mechanischer Natur. Aus dieser ganz und gar materialistischen Analyse, mit seiner Ausarbeitung in Begriffen der Thermodynamik und hydraulischer Energietransfers (Konversion, Kathexis, Resistenz, usw.) konnte man folgern, daß neurotische Symptome zufällig waren oder mechanisch abtrennbar. Anders ausgedrückt war eine Neurose für Freud ein fremdes Element in einem ansonsten gesunden Organismus. Sie entwickelte sich durch die Verdrängung eines schmerzvollen Ereignisses, ums es so aus dem bewußten Erleben zu entfernen. Die Neurose selbst konnte durch Techniken, insbesondere durch Freie Assoziation, entfernt werden, um die unbewußte Erinnerung bewußt zu machen.

Wie Tausende von Freudianern, Analytiker wie Analysanden, erkennen mußten, funktioniert dieser plausibel klingende intellektuelle Ansatz nicht. Freud selbst war sich dieser Begrenztheit durchaus bewußt und betonte, daß die Therapiesitzung die Emotion, die die ursprüngliche Repression begleitete, herausspülen oder „abreagieren" müsse. Doch diese Verpflichtung galt letztlich der vermeintlich heilenden Kraft des Intellekts. „Ich kann mich nur fragen, was Neurotiker wohl in der Zukunft tun werden", bemerkte er sehr naiv Jung gegenüber, „wenn alle ihre Symbole demaskiert sind. Dann wird eine Neurose nicht mehr möglich sein." (29) Daß analytische Erkenntnis nur wenig Einfluß auf den Affekt hat, oder daß Mimesis Wissen sein könnte, waren Vorstellungen, die Freud so wenig wie Plato zu akzeptieren bereit war. Auch erfaßte er nie, wie leidenschaftlich, ja erotisch, er an das Konzept intellektuellen Wissens gebunden war.

Reich war sich ebenso wie Jung auf das schärfste der Begrenzungen dieses Ansatzes bewußt. Sein zentrales Argument war, daß das, was wir 'Persönlichkeit' oder 'Charakter' nennen, selbst schon Neurose war, oder, wie der Psychiater John Bowlby sich ausdrückte, eine Verteidigungshaltung gegen die Angst vor Objektverlust. Gegen Freud's mechanistische Theorie mit ihrer Vorstellung von voneinander getrennten Teilen, setzte Reich eine holistische: „*es kann kein neurotisches Symptom geben*", schrieb er, „*ohne eine Beeinträchtigung des Charakters als ganzem*. Symptome sind lediglich die Gipfel einer Bergkette, die den neurotischen Charakter repräsentiert." (30)

Die 'Bergkette', auf die sich Reich bezog, ist die spezifische Struktur der Persönlichkeit mit einem psychischen Aspekt, der Neurose, sowie einem muskulären, nämlich dem Charakterpanzer. Früh im Leben, behauptete er, ist die spontane Natur des Kindes ernsten Repressionen durch die Eltern ausgesetzt, die diese Spontanität, insbesondere den Mangel an sexuellen und sinnlichen Hemmungen, fürchten und sie aus dem Kind heraussozialisieren, so wie diese Spontanität vor langer Zeit aus ihnen heraussozialisiert wurde. Im Alter von vier oder fünf Jahren sind die natürlichen Instinkte zerstört oder umringt von einer psychischen Abwehrstruktur mit einer muskulären Erstarrung als Ergänzung. Was verloren ging ist die Fähigkeit, sich einzulassen auf zufällige Erfahrungen, Kontrolle aufzugeben und sich selbst in einer Aktivität zu verlieren; das zu finden, was Reich, vielleicht irreführenderweise, ‚orgastische Gratifikation' nannte. Die orgastisch unbefriedigte Person entwickelt einen künstlichen Charakter und fürchtet sich vor Spontanität. Während der gesunde Charakter seinen oder ihren Panzer kontrolliert, wird der neurotische Charakter von *ihm* kontrolliert. Die Emotionen des letzteren, einschließlich Wut, Angst, sexueller Wünsche, was auch immer, werden auf rigide Weise von dieser muskulären Spannung niedergehalten. Das Resultat davon ist eine steife oder eingefallene Haltung mit geradezu mechanisch wirkenden Bewegungen, was beinahe überall in unserer Gesellschaft zu beobachten ist. Zutreffenderweise kann man diesen neurotischen Charakter, diese 'modale Persönlichkeit' (31), eingeschlossen im Charakterpanzer, mit einem Krustentier vergleichen. Sein ganzer Charakter dient ausschließlich dazu, die Funktion der Abwehr und des Schutzes zu erfüllen, oder, alternativ, die der Vereinnahmung und Erhöhung. Er bewegt sich von einer Krise zur anderen, getrieben von dem Wunsch nach Erfolg und stolz auf seine Fähigkeit, Streß zu ertragen. Seine Panzerung stellt nicht nur eine Abwehr gegen andere dar, sondern gegen sein eigenes Unbewußtes, seinen eigenen Körper. Der Panzer mag gegen Schmerz und Wut schützen, aber er schützt auch gegen alles andere. Diese Emotionen werden durch invertierte Werte niedergehalten, wie zwanghafte Sittlichkeit oder soziale Höflichkeit – die Tünche der Zivilisation. Somit ist die modale Persönlichkeit eine Mischung aus äußerlicher Anpassung und innerer Rebellion. Sie reproduziert wie ein Schaf die Ideologie der Gesellschaft, von der sie selbst geformt wurde, womit ihre Ideologie (unabhängig von der Politik) im wesentlichen lebensverneinend ist. Durch die Reproduktion dieser Ideologie produziert der neurotische Charakter seine eigene Unterdrückung. Neurose ist nicht irgendetwas zufällig gewachsenes, irgendein 'Haar in der Suppe'. Sie ist, behauptet Reich, eine Ikone von Persönlichkeit und Kultur in einem.

Wir begegneten der modalen Persönlichkeit des modernen Zeitalters bereits in Isaac Newton und lernten die Beziehung kennen zwischen seiner Selbstrepression und seinem Weltsystem. Wir sprachen auch darüber, daß solch ein Mensch das Produkt des aufkommenden Kapitalismus und der damit verbundenen puritanischen Mentalität war. In einer seiner frühesten Untersuchungen demonstrierte Erich Fromm auf recht überzeugende Weise die Verbindung zwischen diesem sogenannten analen Typus und dessen Drang nach zwanghafter Ordnung und der sozialen Typologie des von Werner Sombart und Max Weber beschriebenen Kapitalisten. „In der Charakterstruktur", schrieb Reich, „verdichtet sich der soziologische Prozeß der jeweiligen Epoche." Wie Reich erkannte, kommt dieser Typus nicht nur in der kapitalistischen Gesellschaft vor, sondern in allen Industriegesellschaften, in allen Gesellschaften, die sich auf Produktion und Effizienz gründen statt auf Freude und Authentizität. (32).

Wie kann man solch einen Menschen, und d.h. die meisten von uns, gesund machen? Reich war stark politisch orientiert und glaubte nicht, daß individuelle Therapien Erfolg haben könnten ohne wesentliche soziale Veränderungen. Aber dem Entwurf, individuellen und sozialen Wandel zu integrieren, wich er aus, wie das alle politischen Theoretiker getan haben, und er war nicht in der Lage deutlich zu machen, wie aus Authentizität und Selbstverwiklichung ein politisches Programm geschmiedet werden könnte. Auf der individuellen Ebene gab es für ihn jedoch keinen Zweifel. Authentizität bedeutete zuallererst Körperauthentizität, das Gefühl der Kontinuität des Bewußtseins mit dem Körper, was Descartes nicht für möglich hielt. „Die philosophische Untermauerung der Körperauthentizität", schreibt Peter Koestenbaum, „ist, daß der Körper eine Metapher für die fundamentale Struktur des Seins ist" – eine Position, das sei hier am Rande bemerkt, mit der jeder Alchemist mit Selbstachtung übereingestimmt hätte. (33) Die Wiederherstellung der Authentizität, des Gefühls des authentischen In-der-Welt-seins, war somit wahrscheinlich nicht über den Intellekt zu erreichen, eine Situation, die für Reich das grundsätzliche Scheitern der Freudschen Analyse erklärte. Reich's spezifische Therapieform ging Hand in Hand mit seiner Überzeugung, daß Descartes ganz einfach falsch lag, daß die Geist-Körper-Dichotomie ein künstliches Konstrukt war. Die ganze Theorie des Charakterpanzers, die Reich jedes Mal bestätigt fand, wenn ein Patient sein Büro betrat, demonstrierte, daß muskuläre und Charakterattitüden die gleiche Funktion im psychischen Mechanismus einnehmen." Der Psychiater sollte mit größerem Erfolg über die Manipulation des Körpers an das unbewußte Material herankommen, als durch die Technik der Freien Assoziation. Diese Manipulation lockerte den Panzer, produzierte nicht nur eine Fülle von Zuckungen und Empfindungen, sondern ursprüngliche Emotionen und die Erinnerung an das Ereignis, während dessen diese Emotionen (Instinkte) ursprünglich verdrängt wurden. Diese Emotionen und Erinnerungen waren nicht, in kartesianischer Formulierung, die Ursachen oder Ergebnisse von körperlichen Phänomenen, sondern „sie waren einfach diese Phänomene selbst im somatischen Bereich." „Somatische Rigidität", schrieb Reich, „repräsentiert den wesentlichsten Teil im Prozeß der Repression", und jede Rigidität *„enthält die Geschichte und die Bedeutung ihres Ursprungs."* Kurzgesagt ist die Panzerung die Form, in der die Erfahrung von beeinträchtigtem Funktionieren eingeschlossen ist. Reich kam zu dem Ergebnis, daß nicht nur die traditionelle Geist-Körper-Dichotomie einen Irrtum darstellte, sondern daß auch Freud fehl ging, als er behauptete, daß das Unbewußte, wie Kants *Ding an sich*, nicht greifbar war. *Lege deine Hände auf den Körper*, sagte Reich, *und du hast damit deine Hände auf das Unbewußte gelegt*. Der Ausbruch von alten Kindheitserinnerungen und deren affektive Begleitung bei Hunderten von Patienten zeigte ihm, daß das Unbewußte direkt berührt werden kann in der Form der biologischen Energie des Körpers und der verschiedenen Zuckungen und Spannungen, die ihn blokkiert und verzerrt haben.

Die Identität des Körpers und des Unbewußten, die Reich klinisch nachweisen konnte, ist etwas, das uns allen intuitiv bekannt ist, und das erforscht werden kann, ohne sich einer Reichschen Analyse zu unterziehen. Wir alle kennen beispielsweise die Erfahrung, nachts aufzuwachen und vergessen zu haben, was wir gerade geträumt hatten. Mit einer ganz leichten Veränderung unserer Position im Bett erleben wir, daß der Traum oder ein Teil davon zurück kommt, während andere Positionen andere Traumszenen wiederbeleben können. Offensichtlich werden beim Träumen gewisse Bilder im Körpergewebe freigesetzt, während wir uns im Schlaf hin und her wälzen, oder andersherum, diese Bilder wurden im Körper 'fixiert', während er sich in bestimmten Positionen befand. Ein ganz bestimmtes Bild zurückzubringen ist deshalb häufig davon abhängig, ob es gelingt, die Körperhaltung wieder einzunehmen, die man während der ursprünglichen Traumsequenz innehatte.

Reichs Einsichten enthalten tiefgreifende Implikationen für die Epistemologie. Die kartesianische Geist-Körper-Trennung, dargestellt in Kapitel 1, ist in Wirklichkeit das Schema der modernen schizoiden Persönlichkeit. Diese Persönlichkeit kann auch wie in Abb. 12 schematisiert werden. Was wir für normal halten, ist somit die Verzerrung einer ganz anderen, nicht-kartesianischen Beziehung, die jedermann zu sich selbst haben könnte und sollte. Letzteres wird in Abb. 13 dargestellt.

Da die kartesianische oder newtonsche Persönlichkeit *nur* Dualität sieht, *nur* Subjekt-Objekt-Trennung, ist das in Abb. 13 angedeutete Stadium der Einheit für sie immer wieder unerreichbar. Aber wie wir gesehen haben, ist die Einheit die ursprüngliche Wirklichkeit alles menschlichen Seins, aller mensch-

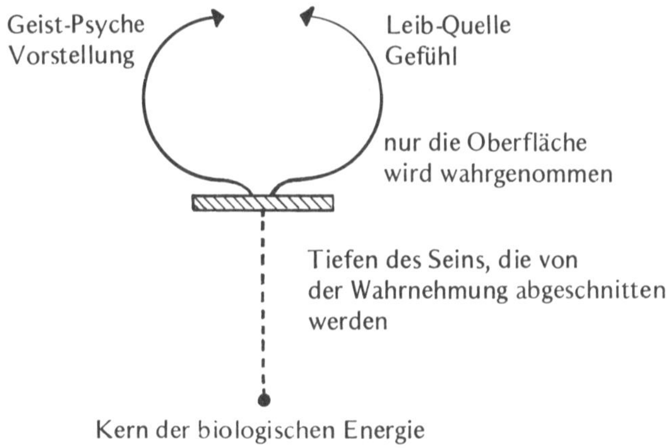

Figur 12. Wilhelm Reich's Schema der neurotischen Persönlichkeit. (aus Alexander Lowen, *Depression – Unsere Zeitkrankheit*, S. 313)

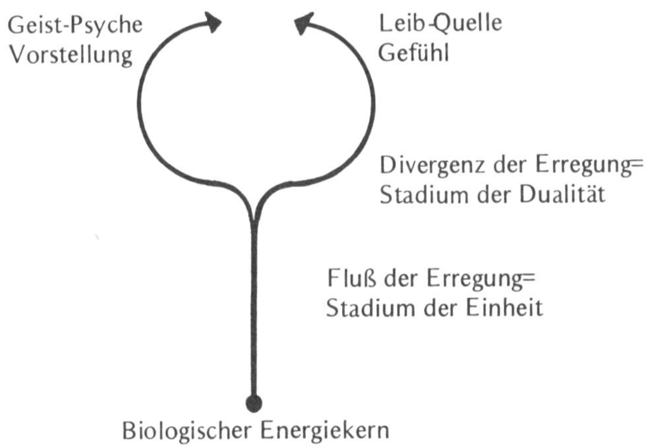

Figur 13: Wilhelm Reichs Schema der gesunden Persönlichkeit (aus Alexander Lowen, *Depression – Unsere Zeitkrankheit*, S. 312)

lichen Erkenntnis, und den Kontakt dazu zu verlieren bedeutet an einer ernsten inneren Verwirrung zu leiden. Was ich sagen will ist, daß die modale Persönlichkeit mit einer innerlich verzerrten Beziehung zu sich selbst, notwendigerweise auch eine äußerlich verzerrte Beziehung zur Welt haben muß. Er oder sie wird die Welt auf eine Art und Weise sehen, wie Newton sie in seinen späteren Lebensjahren sah. Oberflächenerscheinungen werden mit der tatsächlichen Sache verwechselt. Wirklich genaue Wahrnehmung hängt ab von der Erhaltung des Kontakts zum biologischen Kern, denn nur dann kann man, wann immer man will, zu ihm zurückkehren, d.h. die Kontrolle aufgeben und mit dem Objekt verschmelzen. Und es war diese Fähigkeit Kontrolle aufzugeben, 'orgastische Gratifikation' zu erlangen, oder das was ich mimetische Erfahrung nannte, was Reich als die Fähigkeit zu lieben definierte. Die Aufgabe des Ich stellt somit den Kern der Liebe dar, und alle echte Naturerfahrung hängt davon ab.

Das 'Geheimnis', das das Herzstück der okkulten Weltsicht ist, mit ihrer Überzeugung, daß alles lebendig und aufeinander bezogen ist, besagt, daß die Welt im Grunde sinnlich ist und daß dies das Wesen der Wirklichkeit darstellt. Taktile Erfahrung kann als die grundlegende Metapher für *Mimesis* im allgemeinen angesehen werden. Wenn beispielsweise der Indianer einen Regentanz tanzt, erwartet er keine automatische Antwort. Hier geht es nicht um eine unbrauchbare Technologie, sondern er lädt die Wolken ein, ihm Gesellschaft zu leisten, mitzumachen, auf die Anrufung zu antworten. Eigentlich bittet er sie, sie lieben zu dürfen, und wie jeder normale Liebende auch mögen sie dazu in der Stimmung sein oder auch nicht. *So arbeitet die Natur.* Durch diesen Ansatz lernt der Eingeborene die Wirklichkeit der Situation kennen, die Stimmungen der Erde und der Himmel. Er gibt sich hin: *Mimesis*, Partizipation, orgastische Gratifikation. Im Gegensatz dazu läßt die westliche Technologie die Wolken durch das Flugzeug verkümmern. Sie nimmt die Natur mit Gewalt, 'meistert' sie, läßt sich keine Zeit für Stimmungen oder Feinheiten, und so bekommen wir mit dem Regen Lärm, Umweltverschmutzung und die mögliche Zerstörung der Ozonschicht. Anstatt uns in Harmonie mit der Natur zu bewegen, versuchen wir sie zu beherrschen, und das mit dem Resultat der ökologischen Zerstörung. Wer weiß denn nun mehr von der Natur, von der 'Wirklichkeit'? Derjenige, der sie umarmt und liebkost, oder der, der sie mit Gewalt nimmt, sie belästigt, wie Bacon uns drängte? Es ist die epistemologische Folge von Reich's Arbeit, daß Gewißheit über die Wirklichkeit zu haben vom Lieben abhängt – ein bemerkenswerter Schluß. Im Gegensatz dazu setzt man auf mechanische Kausalität und die Geist-Körper-Dichotomie begründete Erfahrung am besten unter die Überschrift 'beeinträchtigte Wirklichkeitserfassung', die klinische Definition des Wahnsinns.

Ich will hiermit nicht sagen, daß Primärprozeß irgendwie 'gut', Ich-Bewußtsein im Gegensatz dazu 'schlecht' sei, oder daß sie getrennte, unverbundene Einheiten seien. Solch eine Implikation schwingt unglücklicherweise unterschwellig in Reich's Schriften mit. Er schien wie Rousseau zu glauben, daß der natürliche Mensch unter dem sozialen Menschen verborgen sei. Das Problem ist, daß einerseits der Primärprozaß das Substrat darstellt, den Grund des Seins; andererseits scheint es wohl klar, daß, sobald das Ich einmal ausgelöst ist, es wie ein Baum so wirklich ist wie die Erde, aus der er erwuchs. Wie bei der Sprache bilden hier erlernte und instinktive Aspekte ein kompliziertes und aufeinander bezogenes Muster. Reich's Position muß somit modifiziert werden, um zur Deckung zu kommen mit der Theorie der Developmentals, die zurecht willkürliche Unterscheidungen zwischen dem Instinktiven und dem Erlernten bestreitet.

Wie Yankelovich und Barret feststellten, kam eine ganze Reihe von Ethnologen zu dem Schluß, daß, obwohl sich gewisse Verhaltensarten wie Atmen, Saugen, Essen und sexuelle Aktivität unabhängig von jeder Kultur entwickeln, es doch kein Verhalten gibt, in dem nicht irgendwelche erlernten Aspekte zu erkennen sind. Selbst Zellen entwickeln sich nicht völlig unabhängig, sondern gehen durch umweltbedingte Kettenreaktionen mit benachbarten Zellen. In keinem einzigen Fall erlaubte irgendein spezifisches Verhalten einem Wissenschaftler zu sagen, „hier handelt es sich um reinen Instinkt", ohne daß ein anderer Forscher in der Lage war, im gleichen Fall Spuren von Erlerntem aufzuzeigen. Da uns keine unfehlbaren Wege zur Verfügung stehen, um zwischen Angeborenem und Erlerntem zu unterscheiden, meinen die Autoren, daß die beste Art und Weise, Developmentals zu betrachten die sei, sie als Einheiten oder Prozesse zu sehen, in denen Erfahrung und Instinkt „zu verstehen sind als untrennbare Aspekte eines einzigen vereinigten Ereignisses." (34) Obwohl der Primärprozeß, wie sein Name schon sagt, primärer Natur ist, bleibt uns nichts anderes übrig, als zu dem Ergebnis zu kommen, daß *sowohl Mimesis (Identifikation) als auch Analyse (Unterscheidung) im physiologischen Reaktionssystem des menschlichen Organismus gegenwärtig sind.* Da dieses Ergebnis selbst dann haltbar ist, wenn sich ein Faktor oder Prozeß als fundamentaler erweist als ein anderer, ist meine Kritik des Ego nicht gegen das Ich an sich gerichtet. Es richtet sich vielmehr gegen diese besonders virulente Form, die seit etwa 1600 auf einer rigiden Geist-Körper- bzw. Subjekt-Objekt-Dichotomie besteht. Vor der Renaissance koexistierte das Ich mit der Partizipation, anstatt zu versuchen, letztere zu verleugnen, und diese Haltung machte es so viele Jahrhunderte lang zu einer lebensfähigen Struktur. Indem es jedoch die Partizipation verleugnet, leugnet das Ich seinen eigenen Ursprung, denn – und davon waren sowohl Reich wie auch Freud für die meiste Zeit ihres Lebens überzeugt – das Ich besitzt keine eigenen besonderen Energiereserven. Das Unbewußte ist der Grund des Seins. Wie der Nukleus einer Zelle ist das Ich ein verdichteter Punkt innerhalb des Geistes, und Geist bedeutet hier die Summe des vom *ganzen* Körper, von allen Sinnen erlangten Wissens. In Anerkennung dieser Position des Gehirns innerhalb des Geistes, schlug ein biomedizinischer Ingenieur vor, das Gehirn nicht als Ursprung der Gedanken und des Denkens zu betrachten, sondern als eine Art Gedankenverstärker; er schlug vor, es so zu sehen, daß Wissen nicht im Gehirn begründet ist, sondern im Körper und daß das Gehirn es nur verstärkt und organisiert. Diese These bedeutet nicht, daß das Gehirn ein irgendwie fremdartiges Element im menschlichen physiologischen Reaktionssystem darstellt, genausowenig wie man das vom Nukleus in einer Zelle sagen kann. (35) Und somit lautet die Frage nicht, ob *Mimesis* gut oder Analyse schlecht ist, sondern wie und in welchem Maße eine beliebige Kultur letztere auslöst, d.h. was produziert sie als Ökologie ihrer typischen Persönlichkeit? Die Kultur des archaischen Menschen bewirkte durch bestimmte soziale Angewohnheiten, Körperkontakte, spontanes Stillen usw., *wenn überhaupt*, dann nur den Ansatz eines Ichs. 'Fortschrittliche' Industriegesellschaften scheinen nichts anderes zu produzieren. Es mag sein, wie Foucault es nahelegt, daß wir diese Entwicklung umkehren werden, um schließlich zu einem völlig mimetischen Zustand zurückzukehren. Es ist jedoch nicht meine Überzeugung, wie es die von Reich gewesen sein könnte, daß solch ein Bewußtsein das beste wäre, was die menschliche Rasse sich aneignen könnte. Auf jeden Fall aber ist es keine Option, auf die wir irgendeinen Einfluß haben. Das Ich ist, vielmehr als die moderne Wissenschaft, ein Teil unseres kulturellen Erbes, und das in so großem Maße, daß es wenig sinnvoll erscheint davon zu reden, es vorsätzlich 'auszulöschen'. Gegenwärtig erscheint unsere einzige erkennbare Möglichkeit darin zu liegen, das Ich zu modifizieren, um so darüber hinaus zu gelangen.

Damit befinden wir uns jetzt in einer Position, die es uns gestattet, Polanyis Analyse des Wissens auf eine biologische Basis zu stellen. Unter Berücksichtigung Reichs klinischer Identifikation des Körpers mit dem Unbewußten, unserer Diskussion der Partizipation, Figuration, nimmt Polanyis 'stillschweigendes Wissen' eine ganz neue Dimension an. Obwohl Polanyi in *Personal Knowledge* behauptete, daß solch ein Wissen physiologischer Natur sei, schaffte er es nie, dies auch zu beweisen, d.h. die Verbindung herzustellen. *Reich liefert uns dieses fehlende Verbindungsstück*. Denn wenn Körper und Unbewußtes identisch sind, dann beweist eben die Durchdringung der Natur durch das Unbewußte, warum Partizipation noch immer stattfindet, warum sinnliches Wissen einen Teil aller Erkenntnis darstellt, und warum die Anerkennung dieser Situation nicht die Rückkehr zu einem primitiven Animismus bedeutet. Es erklärt ebenso, warum 'objektives' Wissen nicht existiert und warum, wie Polanyi behauptete, alles echte Wissen eine innere Anteilnahme mit sich bringt. Reich und Polanyi zeigen uns den Weg hinaus aus dem kartesianischen Paradigma und hinein in Ferenczis 'erotisches Erfassen von Wirklichkeit'.

Ich möchte dies noch auf eine andere Weise ausdrücken, bevor ich meine Argumentation weiter ausführe. Daß nicht-diskursives Wissen einen kognitiven Inhalt hat, mag in unserer Kultur eine nur wenig bekannte Tatsache sein – es ist jedoch nicht *unbekannt*. Der Leser möge sich Reichs *Charakteranalyse* anschauen, Albert Scheflens *How Behavoir Means*, Rudolf Arnheims *Visuelles Denken*, Susanne Langers *Fühlen und Form*, Andrew Greeleys *Ecstasy: A Way of Knowing*, oder jede beliebige von Freuds oder Jungs Arbeiten über Traumsymbole; er wird entdecken, daß alle diese Arbeiten im wesentlichen ein gemeinsames Thema behandeln. Auch sind diese wenigen mehr oder weniger zufällig ausgewählten Arbeiten nicht etwa die einzigen zu diesem Thema. Etwa seit Ende des 19. Jahrhunderts erkannte eine nicht unbedeutende Anzahl westlicher Intellektueller die Problematik des verbal-rationalen Wissens und widmete sich fortan der Demonstration dieses andersartigen kognitiven Schemas, das sie in der Kunst, in Träumen, im Körper, in der Phantasie und in Illusionen vorfanden. Was ihnen jedoch *nicht* gelang, war, die Beziehung dieser beiden Formen des Wissens zueinander deutlich darzustellen. Das Resultat war, daß sie unbeabsichtigt die Spaltung in 'zwei Kulturen' vertieften, ein Trend, der auch gegenwärtig wieder deutlicher wird durch die populäre Spaltung in rechte und linke Gehirnhälfte. (36) Sollte es uns jemals gelingen, uns von dem kartesianischen Paradigma zu befreien, dann müssen wir mehr tun als nur die Konturen eines nicht-diskursiven Denkens zu skizzieren. Wir müssen deutlich machen, wie diese zwei Formen des Wissens aufeinander bezogen sind. Solange es bei zwei Kulturen oder Gehirnhälften bleibt, wird die dominante Kultur oder Gehirnhälfte fortfahren, nur sich selbst ernstzunehmen, während sie gleichzeitig auf scheinheilige Art und Weise der anderen Lippendienst leisten wird. Reichs Arbeit, wie die von Polanyi und Barfield, macht den ersten Schritt auf dem Weg zu einer Synthese, indem sie deutlich macht, daß das kartesianische Paradigma in Wirklichkeit eine Täuschung ist: so etwas wie rein diskursives Denken *gibt* es nicht, und die Krankheit unserer Zeit besteht nicht etwa in der Abwesenheit von Partizipation, sondern in der hartnäckigen Verleugnung ihrer Existenz, in der Verleugnung des Körpers und seiner Rolle in unserer Erkenntis von Wirklichkeit.

Worin besteht denn nun diese Rolle? Wie könnte eine Reichsche Interpretation von Polanyi aussehen, modifiziert durch die Theorie der Developmentals? Polanyi behauptete, erstens, daß das Zuordnen von Wahrheit zu irgendeiner Methodologie, sei sie nun wissenschaftlich oder nicht, einen Akt des Glaubens darstellt, eine affektive Aussage. Zweitens konnte er zeigen, daß das meiste unseres Wissens unbewußt geschieht, 'stillschweigend', wie er es nannte. Lernen geschieht durch tun, durch Fahrradfahren, durch das Aneignen einer Sprache, oder durch das Praktizieren von Röntenpathologie. Unsere Bewußtheit von den darunterliegenden Regeln ist sehr vage, durch Osmose machen wir sie uns zu eigen. Nichts am Lernprozeß ist anfangs kognitiv oder analytisch, gleichgültig, was wir gerne denken möchten. Von einem Reichschen Standpunkt aus gesehen stellt sich der Angelpunkt so dar, daß Engagement, also innere Verbundenheit und Verpflichtung, und ein nicht-kognitives Verständnis von Wirklichkeit mimetischer Natur sind. All das geschieht durch Identifikation oder den Zusammenbruch der Unterscheidung zwischen Subjekt und Objekt. Polanyi demonstriert dies anhand eines in einem früheren Kapitel beschriebenen Beispiels aus der Röntgenpathologie auf recht dramatisce Weise. Die Röntgenstrahlen begannen erst dann Bedeutung anzunehmen, als der Student sein Selbst vergaß und stattdessen mit seinem ganzen Wesen in die Erfahrung eintauchte.

Reich würde hier natürlich argumentieren, daß partizipierendes Wissen sinnlicher Natur ist. Es ist der *Körper*, der hier in dieser Studie der Röntgenstrahlen das Engagement eingeht, der die Bilder, Töne und Gerüche absorbiert, und, nachdem er die Regeln seiner Kultur bereits in sich aufgenommen, inkorporiert hat, nun das gleiche mit der Subkultur der Röntgenpathologie macht. Damit sind wir im wahrsten Sinne des Wortes wieder bei dem vorbewußten Kind angelangt, das die Welt erkennt, indem es sie sich in den Mund stopft. Wirklichkeit, die wir nicht 'schmecken', ist und bleibt für uns auch nicht wirklich. Um uns ein Ding, irgendetwas, wirklich zu machen, müssen wir es mit unserem Körper aufsuchen, es mit unserem Körper absorbieren, denn, wie Hobbes schrieb, „es gibt keine Vorstellung in des Menschen Geist, die nicht zuallererst durch die Sinnesorgane erzeugt wurden." Wie ich in Kapitel 5 feststellte, beginnt die Rationalität, erst *nachdem* diese stattgefunden hat, über die Information zu reflektieren und die Kategorien des Denkens zu etablieren. In der Abenddämmerung, schrieb Hegel, hebt die Eule der Minerva ihre Schwingen, und darum werden wir – außer im Fall einer wissenschaftlichen Revolution – das Paradigma immer wieder verifizieren und genau das herausfinden, was wir ohnehin schon immer wußten.

Auch der Fall einer wissenschaftlichen Revolution, in der, wie Thomas S.

Kuhn es beschrieb, sich Anomalien so lange anhäufen, bis sie eine Krise auslösen, ist leichter verständlich, wenn man ihn auf Reichsche Weise interpretiert, als wenn man ihn nur intellektuell behandelt. Wären Anomalien nichts weiter als logische oder empirische Kontradiktionen, so würden wir uns niemals von ihnen bedroht fühlen. Aber wenn unsere Weltsicht in Zweifel gezogen wird, empfinden wir Angst; Angst aber ist eine viszerale Reaktion. Peter Marris zeigt uns in seinem Buch *Loss and Change*, daß zu jedem wirklichen Verlust Kummer und Trauer dazugehören. Der Verlust eines Paradigmas aber ist häufig eine emotionale Katastrophe. Marris, wie Reich, bietet uns das viszerale Verständnis, das bei Polanyi fehlt. Wissen wird erlernt und hervorgebracht zuallererst im und vom Körper, und so ist es auch der Körper, der leidet, wenn ernsthafte Veränderungen angesagt sind. (37)

Polanyi's stillschweigendes Wissen kann in Reichschen Begriffen wie folgt neu formuliert werden: das *Ding an sich* in der Natur ist das *Ding an sich* in uns selbst, besonders in unserem Körper, in unserem unbewußten Geist, der uns niemals ganz bekannt sein wird. Solange wir Körper haben, wird es dieses stillschweigende Wissen geben. Dieses Wissen durchdringt die Natur und unsere Erkenntnis von ihr. Die ursprüngliche einheitliche Wirklichkeit der vorbewußten Kindheit wird niemals aufgegeben und repräsentiert die inhärente Ordnung in der Verbindung von Mensch und Natur. Der Wissende ist somit ganz eingeschlossen in das Wissen. Selbst wenn wir bei den kleinsten Elementarteilchen im Universum ankommen, entdecken wir unseren Geist in ihnen oder hinter ihnen.

Darüberhinaus werden unsere Körper, während wir zu Erwachsenen werden, sich über den Primärprozeß hinausentwickeln. Das Unbewußte ist kein statisches, unveränderliches 'Ding'. Das kulturelle Paradigma unserer Zeit wird unserem stillschweigenden, vorsprachlichen Wissen zugeführt und formt dann unser bewußtes Erkennen. Die graduelle Entscheidung, die Bewegung von Projektilen als parabolisch zu sehen, kam viele Jahrhunderte nachdem die Kanone und das Schießen über weite Entfernungen zu einem festen Bestandteil unserer Welt geworden waren, zusammen mit wachsendem Nützlichkeitsdenken, das durch die Ankunft von Buchhaltung, Untersuchungs- und Ingenieurswesen ausgelöst wurde. Galileo studierte Projektile genauso wie Polanyis Medizinstudent Röntgenpathologie, aber sein Unbewußtes trug bereits die Gestalt eines neuen Zeitalters in sich, das in annähernd drei Jahrhunderten gewachsen war. Und so können wir sehen, daß zwischen dem Kulturellen und dem Biologischen eine enge Beziehung besteht. Es scheint ein umfangreicher biologischer Prozeß zu sein, zu lernen, Wirklichkeit nach den Regeln einer Kultur zu gestalten, denn die Weltsicht gräbt sich ganz offensichtlich in das Körpergewebe ein, zusammen mit der ursprünglichen einheitlichen Realität. So könnte in der Tat diese enge Beziehung zwischen dem Kulturellen und dem Biologischen teilweise der Grund dafür sein, daß sich die Form des menschlichen Körpers im Verlauf der Jahrhunderte verändert hat. Ein anderes Bewußtsein, das muß einen anderen Körper bedeuten, oder, wie Reich es genauer gesagt hätte, ein anderes Bewußtsein *ist* ein anderer Körper. (38)

Jetzt sind wir auch in der Lage, die Diskussion des Geistes aus Kapitel 5 in viszerale Begriffe zu übertragen, denn was ich mit 'Geist' meine, das ist die

Verbindung zwischen der Welt und dem Körper – dem *ganzen* Körper, einschließlich des Gehirns und der Ich-Funktionen. Sobald der so definierte Geist erkannt ist als die Art und Weise, in der wir der Welt gegenüber stehen, erkennen wir, daß wir ihr nicht länger 'gegenüber stehen'. Genau wie der Alchemist durchdringen wir sie, denn wir erkennen unsere Kontinuität mit ihr. Nur ein körperloser Intellekt kann 'Materie' gegenüberstehen, oder 'Daten', 'Phänomenen' – aufgeladene Begriffe, die die westliche Kultur dazu benutzt, die Subjekt-Objekt-Trennung aufrecht zu erhalten. Wenn wir dieses Paradigma aufgeben, betreten wir die Welt der sinnlichen Wissenschaft und lassen Descartes ein für alle Mal hinter uns. Und während eine mittelalterliche Verleugnung des partizipierenden Bewußtseins auf die Verleugnung der Existenz von Geistern und Märchengestalten hinauslief, so ist die kartesianische Verleugnung einfach eine Verleugnung des Körpers, ja sogar die Verleugnung dessen, daß wir einen Körper besitzen. Aber sobald der Körper als Instrument des Wissens verstanden wird und seine Verleugnung als Mißgriff, wie irgendeines von Bacon's berühmten 'Idolen', dann haben wir sinnliche oder affektive Wissenschaft theoretisch möglich gemacht. (39)

In Kapitel 5 deutete ich darauf hin, daß die systemische Sicht der Natur das Unternehmen der Wissenschaft nicht abschießt, sondern es neu eröffnet, indem wir zu einer ganzen Reihe neuer Fragen kommen. Für micht sieht es so aus, als biete uns die Vorstellung von Geist – oder System – die in jenem Kapitel diskutiert wurde, die Basis für eine nicht-animistische, partizipierte Wirklichkeit. Wir sollten jedoch diese Vorstellung weiterverfolgen und einige Fragen stellen, die uns helfen werden, dieses wesentlich detaillierter zu erfassen. Was wären beispielsweise die Bestandteile eines holistischen Experiments? Zu welcher Art Antworten könnte uns eine holistische Wissenschaft verhelfen?

„In letzter Analyse", so E.A. Burtt in *The Metyphysical Foundations of Modern Science*, „ist es das grundlegende Bild, das sich eine Epoche von der Natur der Welt macht, was ihren fundamentalsten Besitz darstellt. Dieses ist der allerletzte Kontrollfaktor in allem und jedem Denken." In ihrem Buch *Philosophy in a New Key* arbeitet Susanne Langer an diesem Thema und meint, daß die wesentlichen Veränderungen in der Philosophie nicht in veränderten Antworten auf traditionelle Fragen bestehen, sondern in neuen, veränderten Fragen. „Welcher Epoche wir bestimmte Probleme zuordnen, wird eher durch die Art und Weise bestimmt, wie wir mit ihnen umgehen, als durch ihre Thematik." Ein neuer Ansatz in der Philosophie löst nicht die alten Fragen; er *verweigert* sie. Die fruchtbaren Ideen des 17. Jahrhunderts, sagt sie, ganz besonders Descartes' Subjekt-Objekt-Dichotomie, haben ihren Zweck erfüllt, und ihre Widersprüche vernebeln jetzt unser Denken. In ihrer Zusammenfassung kommt sie zu folgendem Schluß: „Wenn wir zu neuem Wissen kommen wollen, müssen wir uns eine ganze Welt neuer Fragen verschaffen." (40)

Langer artikulierte damit die Essenz unseres Problems. Wir benötigen keine neue Lösung des Geist-Körper-Problems oder eine neue Sicht der Subjekt-Objekt-Beziehung. Unsere Aufgabe ist es, zu bestreiten, daß diese Unterscheidung, diese Trennung existiert, um anschließend einen neuen Satz wissenschaftlicher Fragen zu formulieren, die auf einer neuen Modalität basieren.

Als ich beispielsweise am College Physik studierte, gab es ein Seminar für Wärmelehre, eines für Licht, dann eines für Elektrizität, eines für Magnetismus, usw. Die Aufgabe jedes Seminars, die 'generative Idee', war eigentlich, die Natur des Lichts zu ermitteln, die der Wärme, des Elektromagnetismus, usw. In diesem Curriculum wird der starke Einfluß des kartesianischen Paradigmas deutlich. Fünfzig Jahre nach der Formulierung der Quantenmechanik werden diese Fächer noch unterrichtet, als wäre irgendein Wissen unabhängig vom menschlichen Beobachter möglich. Um es noch einmal zu sagen, ich vertrete hier keine Berkeleysche Position: ob diese Dinge unabhängig vom Beobachter existieren ist eine Fragestellung, die ich nicht für fruchtbar halte. .Daß jedoch unsere Beobachtung eines Gegenstandes keinen Einfluß haben soll auf das, was wir über das Beobachtete lernen, *ist* von Bedeutung. Es dürfte mittlerweile völlig klar sein, daß wir ein Teil eines jeden Experiments sind, daß der Akt der Untersuchung das gewonnene Wissen beeinträchtigt und daß in dieser Situation jeder Versuch, die Natur als Ganzes durch eine Stück-für-Stück-Analyse ihrer 'Komponenten' zu verstehen, eine umfangreiche Selbsttäuschung darstellt. Eine Frage wie „Was ist Licht?" verdient in einer nach-kartesianischen Welt nur eine Antwort, nämlich: „Diese Frage hat keinerlei Bedeutung."

Wie sollen wir nun die Natur studieren, d.h. in ihr partizipieren? Welche Fragen *sollten* wir stellen? Der Leser sollte sich dessen bewußt sein, daß ich kein Naturwissenschaftler bin und deshalb wahrscheinlich der Falsche für den Versuch, diese Fragen zu beantworten. Aber da ich diese Diskussion begonne habe, obliegt es mir, wenigstens den Versuch zu unternehmen, in der Hoffnung, einige wertvolle Vorschläge anzubieten, die andere dann weiterentwikkeln können. Da ich mich bereits ausführlich mit der Untersuchung des Lichts beschäftigt habe, möchte ich in der jetzigen Diskussion bei diesem Thema bleiben. Meine Wahl ist selbstverständlich nicht rein zufällig, denn Newtons Untersuchung der Natur des Lichts wurde zum atomistischen Paradigma, zum Modell dafür, wie alle Phänomene untersucht werden sollten. So möchte ich hier mit einem archetypischen Beispiel zu erfassen versuchen, wie sinnliche oder holistische Wissenschaft aussehen könnte, was es bedeuten würde, Partizipation anzuerkennen, indem wir vorsätzlich den Erkennenden in das Erkannte einbeziehen. (41)

In Kapitel 1 konnten wir sehen, wie es Newton in seinen Prismenexperimenten zu zeigen gelang, daß ein weißer Lichtstrahl aus sieben monochromatischen Strahlen zusammengesetzt war und daß jede Farbe durch eine Zahl bezeichnet werden konnte, die den Grad der Brechbarkeit kennzeichnete. Heutzutage wird diese Zahl als Wellenlänge oder Frequenz verstanden, doch die Newtonsche Definition von Farbe als Zahl ist voll erhalten geblieben. So bedeutet beispielsweise rot den Sinneseindruck, der vom Licht einer bestimmten Wellenlänge im Auge des Durchschnittsbetrachters hervorgerufen wird.

Newtons Farbentheorie erhielt in den 50er Jahren dieses Jahrhunderts einen ernsten Schlag versetzt durch die Arbeit von Edwin Land, den Erfinder der Polaroid-Kamera. Es gelang Land zu zeigen, daß Farben nicht nur etwas mit Wellenlängen zu tun haben, sondern daß ihre Wahrnehmung ganz wesentlich von den Gegenständen oder Bildern abhängt, die sie repräsentieren. Eine weiße Vase in blaues Licht getaucht wird weiß gesehen, denn der Geist akzeptiert die wie auch immer geartete allgemeine Beleuchtung als weiß. Man kann das gleiche Phänomen beobachten am Beispiel gelben Scheinwerfer- oder Kerzenlichts, das im allgemeinen weiß wahrgenommen wird. Land entdeckte, daß selbst zwei dicht beieinander plazierte Wellenlängen, beispielsweise zwei verschiedene Rottöne, das gesamte Farbenspektrum im Augen des Betrachters erzeugen können.

Der Versuch, diese klare Widerlegung der klassischen Theorie des Lichts und der Farben zu verstehen, führte Land zu einer Erläuterung, die Goethe's Kritik an Newton in seinem häufig belächelten Buch *Farbenlehre* (1810) widerhallen ließ. ,,Die Antwort ist einfach", schrieb Land, ,,ihre Arbeit (d.h. die Arbeit von Newton und seinen Schülern) hat nur wenig zu tun mit den Farben, die wir normalerweise sehen." (Goethe meinte dazu: ,,Abgeleitete Phänomene sollten nicht an erster Stelle angeordnet werden.") Das heißt in anderen Worten, daß übereinandergelegte Strahlen monochromatischen Lichts künstlich im Labor erzeugt werden, und obwohl niemand ihre Bedeutung beispielsweise für die Laser-Technologie schmälern will, sie kommen in der Natur einfach nicht vor. In seinen eigenen Experimenten entdeckte Land, daß das charakteristische Arrangement von Farben in der Tat ein Spektrum darstellt, jedoch eines, das von warm nach kalt rangierte – etwas, das Künstlern seit Jahrhunderten bekannt war. ,,Die wesentliche visuelle Skala", schrieb er, ,,ist nicht das newtonsche Spektrum. Trotz seiner Schönheit ist das (newtonsche) Spektrum einfach die zufällige Konsequenz davon, gewisse Stimuli innerhalb einer bestimmten Ordnung von Wellenlängen anzuordnen."

Es gibt natürlich nichts Zufälliges an diesem Arrangement. Das Wertsystem im Europa Newtons hielt es für angebracht und sinnvoll, Farben mit Zahlen zu kennzeichnen oder sie in einem System von Wellenlängen zu arrangieren. Die Wahrnehmung von Farben auf atomistische, quantifizierbare Weise wurde durch die westliche industrielle Kultur ermöglicht, und sie revanchierte sich bei dieser Kultur, indem sie ihr technologisches Gerät schenkte wie die Glühbirne oder das Spektroskop, womit der Kreis durch die 'Verifizierung' ihrer Wahrnehmung wieder geschlossen wurde. In diesem Zusammenhang von noch größerer Bedeutung ist die Tatsache, daß Lands Experimente deutlich machen, daß Newton's Spektrum *eine* Art darstellt, Licht und Farben zu betrachten, mit Sicherheit jedoch nicht die einzig wahre Art und Weise. Darüberhinaus machen Land's Ergebnisse die Verdrängung deutlich, die in Newton's Wissenschaft implizit ist, denn die Gegenüberstellung von warmen und kalten Farben bringt uns direkt zum Affektiven und damit in den Bereich menschlicher subjektiver Interpretation. Grade von Brechbarkeit sind angeblich 'dort draußen', ewig, und sie benötigen keinen menschlichen Beobachter, um ihre Gültigkeit zu etablieren. Warm und kalt jedoch sind 'hier drinnen' genauso wie 'dort draußen'; sie benötigen einen menschlichen *Teilnehmer*, und zwar einen mit einem Körper und den begleitenden Emotionen. Auch sind Grade von Brechbarkeit wenig stimulierend. Die Quantifizierung von Farben repräsentiert eine dramatische Verengung emotionaler Anteilnahme. Dem Linguisten Benjamin Lee Whorf machte es große Freude, darauf hinzuweisen, daß den Eskimos dreizehn verschiedene Worte für weiß zur Verfügung stehen und gewissen afrikanischen Stämmen bis zu neunzig Worte für grün. Im Gegensatz dazu lassen europäische Sprachen die ganze Bandbreite von Emotionen und Beobachtungen zu drei oder vier Worten verkümmern: z.B. grün, blaugrün, aqua, türkis. Jetzt beginnen wir zu verstehen, was Laotse gemeint haben könnte, als er sagte: „Die fünf Farben werden des Menschen Blick verdunkeln."

Das Wesentliche an jedem holistischen Experiment mit Licht und Farbe ist somit, daß Affekt und Analyse nicht voneinander getrennt werden. Wenn das Experiment nicht emotional-viszerale Reaktionen mit einbezieht, dann ist es nicht wissenschaftlich und damit bedeutungslos. Dieser Ansatz erklärt die newtonsche Farbentheorie *nicht* für unzulässig. Die 'Gültigkeit' der klassischen Farbentheorie liegt jedoch nicht in irgendetwas, das inhärent in der Natur vorhanden ist, sondern in unserer Wertschätzung und in dem Vergnügen, das sie uns bereitet; und ganz gewiß kann man sich vergnügen an Lasern, Spektroskopen und Prismenspielen. Wenn jedoch diese Theorie die Untersuchung des Themas abschließen soll, dann wird sie, und zwar durch Auslassung, unwissenschaftlich. Und so kann Land's Arbeit durchaus gesehen werden als der Ansatz eines Paradigmas für die holistische Untersuchung von Licht und Farben. In die gleiche Richtung geht auch die Forschungsarbeit der Farbenpsychologie, die nachweisen konnte, daß ein rotes Rechteck sich tatsächlich wärmer und größer anfühlt als ein blaues von gleicher Größe. Bestimmte Farbkombinationen machen uns traurig, andere euphorisch, müde oder klaustrophobisch. Eine ganze Reihe von Gefängnissen in den Vereinigten Staaten haben vor kurzem eine 'rosa Zelle' eingerichtet, und das nur 15-minütige Einsperren in diesen Raum reduziert den Sträfling zu völliger Passivität à la *Clockwork Orange*. (42) Redewendungen wie „Ich sehe schwarz" oder „dann sehe ich rot" sind nicht nur Metaphern, und eine ganze Disziplin, die von denen, die sie praktizieren, 'Chromotherapie' genannt wird, hat sich um die intuitive Erkenntnis herum entwickelt, daß bestimmte Farben heilende Eigenschaften haben. Wir wissen heute auch, daß ein Farbenfeld, 'Aura' genannt, jedes Lebewesen umgibt und daß Kinder es bis zu einem gewissen Alter wahrnehmenkönnen. Es ist durchaus wahrscheinlich, daß die Aura noch heute in nicht-industriellen Kulturen von jedem wahrgenommen wird. Wahrscheinlich ist auch der Heiligenschein um dic Köpfe der verschiedenen Heiligen auf mittelalterlichen Gemälden etwas, was tatsächlich gesehen wurde, und nicht, wie man heute annimmt, eine Metapher für Heiligkeit, des religiösen Effektes wegen angebracht.

All dieses sei als Vorschlag zu verstehen. Es ist mir nicht möglich, ein genau artikuliertes neues Paradigma zu formulieren. Dennoch glaube ich, daß die holistische Erforschung solch unerschöpflicher Themen wie Farben, Wärme oder Elektrizität uns – wie Susanne Langer nahelegte – eine ganz neue Welt von Fragen erschließen wird. Die wissenschaftliche Schlüsselfrage darf heute nicht mehr lauten „Was ist Licht?" oder „Was ist Elektrizität?"; die Frage muß heute heißen „Was ist die *menschliche Erfahrung* von Licht?" bzw. „Worin besteht die *menschliche Erfahrung* von Elektrizität?" Wiederum geht es nicht darum, das gegenwärtige Wissen von diesen Dingen zu verwerfen. Maxwells Gleichungen und Newtons Spektrum sind eindeutig Teil der menschlichen Erfahrung. Es geht darum, den Irrtum zu erkennen, der dann auftritt, wenn menschliche Erfahrung definiert wird als das, was vom Hals aufwärts stattfindet – das 'Idol des Hauptes', wie wir es nennen könnten. Es ist die Unvollkommenheit der kartesianischen Wissenschaft, die ihre Interpretationen der Natur so ungenau werden ließ. „Was ist die menschliche Erfahrung der Natur?" muß der gemeinsame Ruf einer neuen Subjekt-Objektivität werden. (43)

Mag es auch schwer sein, im ausgehenden 20. Jahrhundert zu leben, so ist es doch nicht ohne seine spannenden Aspekte. In genau dem Moment, in dem die mechanistische Philosophie alle ihre Karten auf den Tisch gelegt hat, in dem das kartesianische Paradigma, bei dem Versuch alles zu wissen, ironischerweise genau die Art zu wissen erschöpfte, die sie repräsentiert; in genau diesem Moment öffnet sich langsam die Tür zu einer völlig neuen Welt mit einer völlig neuen Lebensweise. Was sich in Auflösung befindet ist nicht das Ich selbst, sondern die Ich-Rigidität der heutigen Zeit, die 'maskuline Zivilisation', wie Ariès sie nannte, oder das, was der Lyriker Robert Bly 'Vaterbewußtsein' nennt. Wir sind Zeugen einer Veränderung dieses Vaterbewußtseins' durch ein wiedererstehendes 'Mutterbewußtsein', die mimetisch-erotische Sicht der Natur (siehe Abb. 18). „Ich schreibe vom Mutterbewußtsein", sagt Bly in seinem atemberaubenden Essay „Ich kam nackt aus der Mutter",

> und gebrauche dazu einiges an Vaterbewußtsein. Aber für einen Mann gibt es gar keine andere Möglichkeit. Eines Mannes Vaterbewußtsein kann nicht ausgelöscht werden. Sollte er das versuchen, so wird er alles verlieren. Alles worauf er hoffen darf ist, sein Vaterbewußtsein mit seinem Mutterbewußtsein zu verbinden, um das zu erfahren, was hinter des Vaters Schleier verborgen ist.

Gerade jetzt möchten wir so gerne sagen, daß Vaterbewußtsein schlecht sei und Mutterbewußtsein gut. Aber wir wissen, es ist das Vaterbewußtsein, das dieses sagt; es besteht darauf, Dinge mit Etiketten zu versehen. Beide sind sie gut. Die Griechen und die Juden hatten recht, sich von der Mutter zurückzuziehen und sich auf das Vaterbewußtsein zuzubewegen;

> und diese Bewegung nach vorn schenkte beiden Kulturen eine wunderbare Leuchtkraft. Jetzt jedoch ist die Wendezeit gekommen ... (44)

Es ist bemerkenswert, daß Bly dem nicht-partizipierenden Bewußtsein der Griechen Anerkennung zollt für die 'wunderbare Leuchtkraft' ihrer Kultur, denn indem er das tut, warnt er alle kompromißlosen Reichianer. Es mag durchaus sein, daß die europäische Kultur von der Renaissance bis in die heutige Zeit auf der Repression der Sinne basiert, und Reich mag recht gehabt haben, wenn er (anders als Freud) glaubte, daß Kultur an sich nicht von Repression abhängen *muß*; aber was auch immer den Auslösefaktor darstellt, die Brillianz der heutigen europäischen Kultur kann niemand bestreiten. Das gesamte Mittelalter produzierte keinen Bildhauer wie Michelangelo, keinen Maler wie Rembrandt, keinen Dichter wie Shakespeare, und keinen Wissenschaftler wie Galileo; und wenn man nur den Umfang an Kreativität betrachtet, ist der Unterschied sogar noch dramatischer. Wesentlich bei Bly jedoch ist, daß die 'wunderbare Leuchtkraft' ihre Grenzen erreicht hat. Ein bösartiger Glanz ist daraus geworden, ein brennender Feuerball, der, wie Dali zu zeigen versuchte, selbst Uhren in einer unfruchtbaren Wüstenlandschaft zum Schmelzen bringt. Ihre kreativsten Vorposten sind heute Selbstkritik, Kulturanalysen, die ihre Grundlagen in Frage stellen, Quantenmechanik, surrealistische Kunst, und die Arbeiten von James Joyce, T.S. Eliot und Claude Lévi-Strauss. Es besteht die Möglichkeit, wie Bly meint, daß 'hinter des Vaters Schleier' eine noch leuchtendere Kultur liegt, eine die wärmt und umsorgt anstatt zu verbrennen und zu zerstückeln. Davon bin ich, wie ich bekennen muß, in der Tat überzeugt. Im Moment genügt es klar zu machen, daß der scharfe Subjekt-Objekt-Dualismus der modernen Wissenschaft und die technologische Kultur, die mit geradezu religiöser Inbrunst an ihn glaubt, auf einer Entwicklung basieren, die schiefgegangen ist. Der kartesianische Dualismus und die auf ihren falschen Prämissen errichtete Wissenschaft sind im großen und ganzen der kognitive Ausdruck einer profunden biopsychischen Störung. Zu ihrem logischen Schluß vorangetrieben, repräsentieren sie schließlich die am weitesten gehende unökologische und selbstzerstörerische Kultur, die diese Welt je gesehen hat. Die Idee der Herrschaft über die Natur wie die der ökonomischen Rationalität sind nur einige der Impulse des Menschen, jedoch diejenigen, die in der heutigen Zeit zu den Organisatoren des gesamten menschlichen Lebens geworden sind. (45) Das Wiedergewinnen unserer Gesundheit und die Entwicklung einer präziseren Epistemologie, das sind Aufgaben, bei denen es nicht um den Versuch geht, Ich-Bewußtsein zu zerstören, sondern eher – mit Bly – um einen Prozeß, bei dem die Fusion des Mutter- mit dem Vaterbewußtsein dazu gehören muß, oder, anders ausgedrückt, die Fusion des mimetischen mit dem kognitiven Wissen. Aus diesem Grunde betrachte ich die heutigen Versuche, zu einer holistischen Wissenschaft zu kommen, als die große Aufgabe und das große Drama des ausgehenden 20. Jahrhunderts.

VII. EINE METAPHYSIK VON MORGEN (1)

Ich möchte doch gleich hier am Anfang meine Überzeugung ausdrücken, daß Themen wie die bilaterale Symmetrie eines Tieres, die musterförmige Anordnung von Blättern an einer Pflanze, die Eskalation eines Rüstungswettlaufes, die Prozesse des Partnerwerbens, die Natur des Spiels, die Grammatik eines Satzes, das Geheimnis der biologischen Evolution und die zeitgenössichen Krisen in der menschlichen Beziehung zur Umwelt nur im Rahmen einer Ökologie von Ideen verständlich sind, wie ich sie hier vorschlage.

Gregory Bateson, Einleitung zu: Ökologie des Geistes (1981)

Wir haben einen weiten Weg zurückgelegt seit unserem Überblick über die Wissenschaft des 17. Jahrhunderts und unserer Untersuchung des Übergangs des Feudalismus zum Kapitalismus, der die Entstehung des kartesianischen Paradigmas als der vorherrschenden Weltsicht des Westens begleitete. Ich habe behauptet, daß die Wissenschaft zur integrierenden Mythologie der industriellen Gesellschaft wurde und daß auf Grund der grundsätzlichen Fehler jener Erkenntnistheorie heute das ganze System nur knappe zwei Jahrhunderte nach seiner Einsetzung dysfunktional ist. Eine Sicht der Wirklichkeit, die sich lediglich auf das stützt, was bewußt und empirisch ist und das stillschweigende Wissen ausschließt, auf dem in Wirklichkeit jede Wahrnehmung beruht, hat uns in eine Sackgasse geführt. Ich habe vorgebracht, daß die Spaltung zwischen Analyse und eigener Betroffenheit, die die moderne Wissenschaft kennzeichnet, ohne den Untergang der menschlichen Rasse nicht mehr weiter fortgeführt werden kann und daß unsere einzige Hoffnung in einer ganz anders gearteten integrativen Mythologie liegt.

Am Ende von Kapitel 6 habe ich einige Vorschläge gemacht, auf welche Weise Ding und Wert wieder vereint werden können – Anregungen, die möglicherweise Teil einer neuen Epstemologie werden könnten, die jedoch kein in sich geschlossenes System darstellen. Es gibt jedoch eine große Zahl von Fachgebieten, die behaupten, Ding und Wert zu vereinigen, und einige davon wie zum Beispiel Yoga, Zen, die östlichen Kampfkünste und verschiedene Meditationsarten erfreuen sich zunehmender Beliebtheit im Westen. Zusätzlich bieten eine Reihe wohlausformulierter Philosophien wie zum Beispiel die von George Gurdjieff und Rudolf Steiner einheitliche, monistische Wege zum Weltverständnis. Warum nicht eine davon annehmen? Warum nicht einfach den Kartesianismus aufgeben und eine Sichtweise annehmen, die erklärtermaßen mystisch und quasi religiös ist, die die überlegene monistische Einsicht aufrechterhält, die dem Kartesianismus fehlt? Warum nicht mit voller Absicht zur Alchemie oder zum Animismus oder der Zahlenmystik zurückkehren? Wenn einem die Wirklichkeit Angst bereitet, bemerkte Max Weber einmal, steht immer wieder die Religion unserer Väter bereit, um uns unter ihre liebevollen Fittiche zu nehmen.

Das Problem bei diesen mystischen oder okkulten Philosophien liegt darin, daß ihnen allen gemeinsam ist, was Susanne Langer als das Zentralproblem aller nichtdiskursiven Denksysteme angeführt hat: sie enden alle mit der vollständigen Aufgabe des Denkens. Dies zu sagen, bedeutet jedoch keineswegs, ihre Einsichten zu leugnen. Solche Philosophien enthalten den Kern des partizipierenden Bewußtseins der für jeden ernsthaften Anhänger zur Realität werden kann, und schon allein aus diesem Grunde lohnen sich solche Praktiken wie Zen und Yoga sicherlich. Mein Einwand lautet: was geschieht, nachdem man die Einsicht erreicht hat? Diese Systeme stellen wie die Träume einen königlichen Pfad zum Unbewußten dar, und das ist gut; aber was ist mit der Natur und unserer Beziehung zu ihr? Was ist mit der Gesellschaft und unseren Beziehungen zueinander? Wenn unser Ziel nicht ehrgeiziger ist als unsere Ängste zu beruhigen und unseren Verstand abzuschalten – was typischerweise der Fall ist, wenn ein Weltreich oder eine umfassende Weltanschauung zusammenbricht – dann brauchen wir nur die Philosophie zur Psychotherapie umzuwandeln und diese ganze unbequeme Komplexität vergessen. Dieser Ansatz ist intellektuell gesehen nicht sehr interessant und im psychologischen Sinne kommt er mir wie ein gewaltiger Rückzieher vor. Tatsächlich ist dies nur die andere Seite des Kartesianismus; während letzterer die Werte nicht beachtet, verzichtet ersterer auf Tatsachen. Mir scheint, wir sollten in der Lage sein, mehr zu erreichen als nur zwischen zwei Extremen hin und her zu schwanken.

In einem größeren Zusammenhang gesehen kann man das Problem folgendermaßen umformulieren. In der Entwicklung des westlichen Bewußtseins stehen wir an einem Scheideweg. Der eine Weg behält alle Prämissen der industriellen Revolution bei und würde somit unser Heil durch Wissenschaft und Technologie herbeiführen; kurz gesagt behauptet er, daß dasselbe Paradigma, das uns in die Krise geführt hat, uns irgendwie wieder herausführen kann. Seine Vertreter (die im allgemeinen die modernen sozialistischen Staaten einschließen) betrachten eine wachsende Wirtschaft, zunehmende Verstädterung und kulturelle Homogenität nach westlichem Muster als positiv und unausweichlich. Der andere Weg führt in eine Zukunft, die bislang noch etwas unklar ist. Ihre Fürsprecher sind eine amorphe Masse von Maschinenstürmern, Ökologen, regionalen Separatisten, Anhänger des wirtschaftlichen Nullwachstums, Mystiker, Okkultisten und pastoralen Romantikern. Ihr Ziel ist die Erhaltung (oder Wiederbelebung) von Dingen wie zum Beispiel die natürliche Umwelt, regionales Brauchtum, ursprüngliche Denkweisen, organische Gemeinschaftsstrukturen und stark dezentralisierte politische Eigenständigkeiten. Der erste Weg führt eideutig in eine Sackgasse oder in die „Schöne Neue Welt". Der zweite Weg erscheint andererseits oftmals als ein naiver Versuch, umzukehren und dorthin zurückzukehren, wo wir hergekommen sind; zu der Geborgenheit eines feudalistischen Zeitalters zurückzukehren, das heute vergangen ist. Aber an dieser Stelle muß eine wichtige Unterscheidung getroffen werden: die Wiedereroberung einer Wirklichkeit ist nicht dasselbe wie eine Rückkehr zu ihr. Meine Erörterung der Alchemie versucht klarzumachen, wie viel wir verlorenhaben, als mit dieser Tradition gebrochen wurde. Ich versuchte in Kapitel 6 zu beweisen, daß, wenn man Körperwissen mit unbewußtem Wissen gleichsetzt, die hermetische Weltanschauung eher physiologisch als okkult wurde. Aber ich habe an keiner Stelle behauptet, daß wir unsere Schwierigkeiten durch den Versuch der Rückkehr zur vorneuzeitlichen Welt lösen könnten. Mein Argument lautete vielmehr, daß, solange wir träumen und solange wir einen Körper besitzen, diejenigen Einsichten in die Realität unersetzlich bleiben werden, die die Alchemisten, Jung und Reich erlangten und eigentlich ein wichtiger Bestandteil unserer Realitätssicht werden müssen. Das gleiche läßt sich über den Versuch sagen, mit der Umwelt harmonisch zusammenzuleben oder das Gefühl der Vertrautheit und Gemeinschaft zu spüren. Solche Dinge werden immer die grundlegende Wirklichkeit eines gesunden menschlichen Lebens bilden, und eine Weltanschauung, die dies im Namen des „Fortschritts" ignoriert, ist selbst eine anfechtbare Illusion. „Alle Fehler und Torheiten der magischen, religiösen und mystischen Traditionen", schreibt Philip Slater in dem Buch „*Earthwalk*", „werden durch die eine große Einsicht aufgewogen, die sie beinhalten – dem Bewußtsein der organischen Verwurzelung der Menschheit in einem komplexen und natürlichen System." (1) Diese Weisheit wiederzugewinnen bedeutet nicht dasselbe wie die Abschaffung der Modernität – obwohl uns das helfen könnte, sie zu transzendieren.

Die wirkliche Schwierigkeit liegt natürlich darin zu entdecken, wie wir diese Einsicht in ihrer reifen Form wiedererlangen können. Arbeiten von Jung und Reich sind markante Versuche, dies zu tun, aber ihr Ansatz ist der Tendenz nach antiintellektuell. Ein Wissen um Träume und den Körper wird unausweichlich eine entscheidende Komponente der neuen Metaphysik sein, aber ich bezweifle, daß das Werk Jungs oder Reichs jemals als ihr Rahmen dienen könnte.

Ich kenne tatsächlich nur einen einzigen Versuch, Ding und Wert wieder zu vereinigen, den ich als möglichen Bezugsrahmen einer neuen Metaphysik ansehe, und das ist die erstaunliche Synthese, die der Kulturanthropologe Gregory Bateson liefert. Soweit ich weiß, stellt sein Werk die einzige, vollständig formulierte ganzheitliche Wissenschaft dar, die heute verfügbar ist;

eine, die sowohl wissenschaftlich ist als *auch* auf dem unbewußten Wissen fußt. Batesons Werk ist außerdem viel umfassender als das von Jung und Reich, indem es zusätzlich zum unbewußten Geist den Aspekt der sozialen und natürlichen Umwelt sehr stark betont. Es stellt uns in die Welt *hinein*, wohingegen bei Jung oder Reich die Selbstverwirklichung oftmals zu einem Versuch wird, sie zu meiden.

Bateson ist bisher noch nicht allzu bekannt, aber ich nehme an, daß zukünftige Historiker ihn als den fruchtbarsten Denker des 20. Jahrhunderts ansehen könnten. Die „Synthese von Bateson" – die die „kybernetisch-biologische Metapher" genannt werden könnte – ist nicht allein Batesons Werk; aber die Synthese der Ideen ist es, ebenso wie die Befreiung des Begriffs des Geistes aus seinem traditionell religiösen Zusammenhang und der Beweis, daß er ein der realen Welt innewohnendes Element ist. Durch Batesons Werk wird der Geist (der ebenfalls die Werte umfaßt) zu einer konkreten Realität und einem funktionsfähigen wissenschaftlichem Begriff. Der hieraus resultierende Zusammenschluß von Ding und Wert stellt eine enorme Herausforderung an den menschlichen Geist dar, nicht bloß eine Beruhigung seiner Ängste. (2)

Wenn wir nun unsere Erörterung über Bateson beginnen, ist es vielleicht dienlich, gleich zu Beginn ein Dementi abzugeben. Die moderne Wissenschaft geriet dadurch in Schwierigkeiten, daß sie behauptete, sie sei die einzig wahre Realitätsbeschreibung. In dieser Hinsicht hat sie viel mit ihrer Vorgängerin, der mittelalterlichen katholischen Weltsicht gemein, und es ist sinnlos, diesen Fehler bewußt zu wiederholen. Ich behaupte daher nicht, daß Batesons Werk ohne Beschränktheiten oder Probleme ist oder daß die Krisen unserer Zeit dadurch gelöst werden können, daß wir es unkritisch übernehmen und auf unsere Dilemmas anwenden. Auf diese Weise werden Krisen sowieso niemals gelöst. Ich glaube jedoch, daß Batesons Werk die Wiedererlangung der alchemistischen Weltsicht in einer glaubhaften, wissenschaftlichen Form darstellt; daß es die Dialektik des Bewußten und Unbewußten in eine schöpferische Methode der Realitätserforschung verwandelt und daß, obwohl die Weltsicht einer nicht-dystopischen Neuen Zeit nicht direkt aus seinem Werk stammt, sie doch unausweichlich einige seiner hervorstechendsten Merkmale enthalten wird.

Obgleich die Synthese Batesons bemerkenswerte Ähnlichkeiten mit östlichem Denken besitzt und sich epistemologisch von der gesamten westlichen wissenschaftlichen Methodologie außer der Quantenmechanik und der Informationstheorie zu unterscheiden scheint, kommt ihre wirkliche Inspiration aus dem Werk von Gregorys Vater, William Bateson, einem bemerkenswerten Biologen der Jahrhundertwende, der 1906 den Begriff „Genetik" prägte. Ein kurzer Abriß des wissenschaftlichen Werdegangs von William Bateson ist nicht nur für ein Verständnis der Ursprünge von Gregory Batesons Denken, sondern auch für ein gründliches Erfassen seiner Inhalte unentbehrlich. (3)

William Bateson lebte zur Zeit der Höhepunkts des britischen wissenschaftlichen Materialismus. Der große Physiker James Clerk Maxwell (1831-79) hatte gegen Ende seines Lebens seine abschließenden Aussagen über die Realität in dem Werk: *Matter and Motion* veröffentlicht, und Thomas Henry Huxley hatte einen Großteil seiner Karriere damit verbracht, diese Art und Weise des Denkens in seiner ideologischen „Kampagne" für die Naturwissenschaften und die Theorie Darwins über die natürliche Auslese zu popularisieren. Bateson, der seine eigene Ausbildung von dem berühmten antidarwinistischen Denker Samuel Butler erhalten hatte, war trotz seines wissenschaftlich hohen Niveaus Träger einer älteren, nichtprofessionellen wissenschaftlichen Tradition, der des „Gentleman-Amateurs", einer gesellschaftlichen Figur, die eng mit der britischen Aristokratie verbunden war. (4) Materialismus, Utilitarismus und Expertenwissen – er sah sie allesamt als die schäbigen Werte der bürgerlichen Mittelschicht an. Seine eigene Betonung lag auf der ästhetischen Sensibilität. Er sprach von der wahren Erziehung als „dem Erwecken zur Ekstase" (eine Vorstellung, die Gregory in seiner eigenen Theorie des Lernens beibehielt), nicht der langweiligen Vorbereitung auf eine banale Karriere. Wissenschaftliche Arbeit erreicht ihren Höhepunkt, so glaubte er, wenn sie zur Kunst strebt. Als junger Student in Cambridge verteidigte er die Beibehaltung des klassischen Griechisch als Pflichtfach, weil es dem ansonsten vertrockneten Geist des typischen Studenten der Naturwissenschaften eine „Oase der Ehrfurcht" bietet, und in einem Pamphlet zu diesem Thema schreibt er 1891:

> Hätte es keine Dichter gegeben, dann hätte es auch keine Probleme gegeben, denn der ungebildete Wissenschaftler von heute hätte sie niemals gefunden. *Für ihn ist es einfacher, eine Schwierigkeit zu lösen als sie zu spüren.* (Hervorhebung durch den Autor)

Eine Wissenschaft aus dem „Gefühl" für Dinge aufzubauen, erwies sich als eine Leistung, der sich William Bateson entzog. Seine eigene Karriere verkörperte den quälenden Bruch zwischen Wissenschaft und Kunst, dessen Heilung zum zentralen Unternehmen in Gregory Batesons Leben wurde. Er war von Anfang an überzeugt, daß das Gefühl genau wie die Vernunft präzise Rechenverfahren besaß, und eines von Gregorys Lieblingszitaten stammte von Déscartes Erzrivalen Blaise Pascal: „Das Herz besitzt seine eigene *Vernunft*, von der der Verstand nichts weiß."

William Batesons Versuch der Entwicklung einer Wissenschaft der Form und des Musters und die ästhetischen und politischen Auffassungen, die die Grundlage dieses Versuchs bildeten, sind von dem Biologiehistoriker William Coleman brilliant untersucht worden. Coleman zeigt auf, wie dieser Versuch und die entstandenen Auffassungen aus dem Kontext von Batesons Opposition gegenüber der Chromosomen-Theorie entstehen, die bis 1925 entwickelt worden waren. Die Theorie behauptete und behauptet immer noch, daß alle erblichen Phänomene sich bis zu einem Materieteilchen zurückverfolgen lassen, bekannt als Gen, das sich im Chromosom befindet. Dieser atomistische, Newtonsche Ansatz sieht das Gen als das einzig erbliche Element an, das beständig ist und durch alle Veränderungen hindurch fortdauert. Nach Batesons Meinung begann ein solcher Ansatz am falschen Ende des Problems. Wie sowohl Samuel Butler als auch Batesons Nachbar Alfred North Whitehead ihm erklärt hatten, war das, was Bestand hat nicht die Materie, sondern die *Form*; was Gregory später „Geist" nennen würde. Er versuchte daher, das Muster und den Prozeß der Evolution durch eine Analyse der Vererbung und deren Variatonen aufzudecken, und um dies zu tun, beleuchtete er nicht die Regelmäßigkeiten sondern die Abweichungen von der Norm. „Schütze Deine Andersartigkeiten", bemerkte er einmal zu einem noch unerfahrenen Wissenschaftler; und die Erhellung der „normalen" Anatomie durch das Studium der Anomalien in der Natur wurde zum zentralen Punkt seines Ansatzes. Man untersuchte Abweichungen oder morphologische Störungen, um herauszufinden, wie die fraglichen Organismen sich anpassen, wie sie es schafften, *nicht* unterzugehen. Einige Jahre später würde Gregory Bateson durch die Untersuchung von Alkoholikern und Schizophrenen zu seiner eigenen Formulierung der typischen menschlichen Interaktion gelangen. Daher legte Bateson in seinem Werk *Materials for the Study of Variation* (1894), einem Führer der tierischen Teratologie dar, daß das Ziel darin lag, die Gesetze zu ermitteln, die die Form bestimmen. (5) Den Ursprung der Variabilität, so behauptete er, muß man in dem lebendigen Ding selber suchen, nicht, wie Darwin glaubte, in der Umwelt. Obwohl er kein Anhänger Lamarcks war, war für William Bateson wie für den frühen Newton, der noch Anhänger der Alchemie war, Transformation ein inneres Prinzip der Dinge. Es ist jedoch ein spät-Newtonscher Fehler, den Ursprung der Variabilität im Gen zu sehen und dies dann mit einer Theorie der zufälligen Variabilität zu verbinden: zu vertreten, daß Ordnung irgendwie aus dem zufälligen Aufeinandertreffen von Materieteilchen entstehen könnte. Newtons späterer Lehrsatz über Wandel durch Neuanordnung von undurchdringlichen Korpuskeln war Bateson ein Greuel, eine Nichterklärung.

Für Bateson war es also nicht das Gen, sondern das Muster oder die Form der Organismen, die das entscheidende Element in der Vererbung ist; und wenn dem so ist, dann muß die Symmetrie des Rätsels Lösung sein. Die grundlegenden Fakten dieser Studie entstammten der Untersuchung der Segmentierung, wie sie beim Regenwurm vorkommt. Die Biologen nennen dieses Phänomen die „meristematische Differenzierung", die Wiederholung der Teile entlang der Körperachse bei Tieren. Diese axiale Symmetrie kann von dem Typus der Radialsymmetrie unterschieden werden, die Seesterne oder Quallen zeigen. Beide Symmetriearten verdeutlichen die Kontinuität der Generationen und des Verhaltens von Zellen, die wir „Vererbung" nennen. Während sich jedoch die Segmente der radialsymmetrischen Tiere gewöhnlich gleichen, sind die transversal segmentierten Lebewesen zu einer dynamischen Asymmetrie zwischen einander folgenden Segmenten – zur „Metamerie" fähig. Mit anderen Worten: Anomalien des meristematischen Wachstums sind Ergebnisse des gestörten normalen Funktionierens, und dies führt zur Variation; dieser Prozeß ist jedoch in sich normal. Nichtrepetitive Segmentierung, wie sie in der Entwicklung der Zange des Hummers vorkommt, fällt in diese Kategorie. Das Studium der Metamerie eröffnete William Bateson die Möglichkeit, das Primat der Form über die Materie zu demonstrieren, und dies ermöglichste ein systematisches Verständnis der Vererbung und Variation. Sein Werk bildete somit einen ersten Schritt bei der Entwicklung einer Alternative zur Chromosomen-Theorie. Er behauptete schließlich, daß das, was durch die Vererbung weitergegeben wurde, kein objektiver Stoff war, sondern die Kraft oder das Vermögen, einen Stoff zu reproduzieren: Neigung, Veranlagung war das, was weitergegeben wurde. (6)

Bateson übernahm jedoch einen Gedanken der viktorianischen Physik, die sich auf ihre Weise abmühte, Materie und Kraft miteinander zu versöhnen. Mehrere Physiker einschließlich Maxwell, hatten ausschließlich aus heuristischen Gründen vorgeschlagen, daß Atom nicht als eine Newtonsche Billiardkugel, sondern als einen Rauchring oder einen Wirbel anzusehen. Die Vorteile lagen auf der Hand. Das sogenannte Vortex-Atom ermöglichte eine Erklärung des Universums, die nicht völlig deterministisch war. Die Vorstellung verkörperte die Vereinigung von Materie und Kraft, wie es Sir Joseph Larmor, ihr führender Vertreter einmal ausdrückte, und ermöglichte es, über Kräfte und Veränderung zu sprechen, ohne völlig auf eine Newtonsche Änderung angewiesen zu sein. Vom Vortex-Atom wurde angenommen, daß es sich wie ein Rauchring drehen und teilen und dabei neue Ringe hervorbringen könne; und wenn Bateson das Vortex-Atom auch nicht ausdrücklich erörterte, betonte er doch die spontane Teilung als das zentrale Merkmal der lebendigen Materie. Seine eigene Vorstellung von der lebenden Materie, die zum Teil aus den bereits damals verbreiteten Ansichten zoologischer Kreise in Cambridge stammten, beinhaltete, daß ein Organismus ein „Vortex des Lebens" sei. 1907 schrieb er, daß Tiere und Pflanzen nicht einfach nur Materie sind, sondern Systeme, durch die Materie hindurchgeht. Abgesehen vom Bewußtsein, sagte William Bateson, mußte jedes Wesen, das sich wie ein Rauchring spontan teilen kann, als eine lebende Einheit angesehen werden. Es gibt keine Lebenskraft, keine Annahme eines „Gottes" oder einer *élan vital* in seinem Werk. Aber ihm ist eine Erklärungsart eigen, die sehr wenig mit der traditionellen Physik und in Wirklichkeit viel mehr mit der Alchemie gemein hat. In beiden – wie auch in dem, was später die Informationstheorie werden sollte – arbeitet die Natur zuallererst „in beständigen Kreisläufen". (7)

Das Bild des Vortex – das später in der kybernetischen Fachsprache das Konzept der Regelkreise genannt werden sollte – war wie die Behauptung des Primats der Form über die Materie ein zentraler Bestandteil in Batesons Ablehnung der Chromosomen-Theorie. Wenn ein Organismus ein einheitliches Ganzes ist, eher ein System als eine bloße Ansammlung von „Merkmalen", dann ist die Variation ein Phänomen mit ernsten Konsequenzen, weil sie einen geordneten Wandel des gesamten Organismus verursachen muß. Im 19. Jahrhundert hatte der französische Physiologie Claude Bernard von dem *milieu interieur* (der inneren Umwelt) eines Organismus gesprochen – einem Milieu, das Walter Cannon in: *The Wisdom of the Body* (1933) durch einen Prozeß aufrechterhalten sah, den er „Homöostase" nannte. Diese Vorstellung war William Batesons zentrales, ganzheitliches Prinzip. Er schrieb seiner Schwester Anna 1888:

> Ich glaube jetzt, es ist eine grundsätzliche Wahrheit, daß keine Variation, wie gering auch immer, an irgendeiner Stelle auftreten kann, ohne daß an allen anderen Stellen entsprechende Variationen auftreten; oder vielmehr, daß kein System fortfahren könnte, ein System zu sein, bei dem die Variation eines Teils ohne solche entsprechende Variation bei allen anderen Teilen auftritt.

Die anfängliche Variation fungiert also als ein Millieuwandel, der im gesamten „Regelkreis" oder „Vortex" eine Kettenreaktion auslöst. Es muß einige Zeit verstreichen, bis der Organismus wieder zu einem System geworden ist. Wie Gregory Bateson viele Jahre später ausführen würde, ist jedes System in sich rational, sei es eine Gesellschaft, Kultur, ein Organismus oder ein Ökosystem, das sich selbst funktionsfähig erhalten kann; sogar der Wahnsinn folgt einer „Logik" der Selbererhaltung. Mit der Zeit gelangte William Bateson mehr und mehr zu der Überzeugung, daß die Binnenbeziehungen der Systemteile der geometrischen Kontrolle unterworfen war, so wie es die konzentrischen Wellen eines Teiches sind und daß der Schlüssel zu den Gesetzen der Form darin bestand, den „akkommodierenden Mechanismus" oder das homöostatische Prinzip zu entdecken. Er vermutete weiterhin, daß dieser „Mechanismus", von dem er annahm, daß er den gesamten Organismus koordinierte, eine regelmäßige Erscheinung wie eine Welle sein würde. Mitte der zwanziger Jahre begann der Vater den Sohn in seine Forschungen miteinzubeziehen. Sie verfaßten gemeinsam einen Artikel, in dem diese „Wellenhypothese" auf eine Studie über Rebhühner ausgedehnt wurde, um zu erklären, wie die regelmäßigen Farbstreifen sich entwickeln und sich über den Körper sogar bis in die Spitzen der Federn ausbreiten. Die „Analogie zur Ausbreitung der Wellenbewegung muß zumindest teilweise", schrieben die Autoren, „ein richtiger Anhaltspunkt sein." (8) Ob diese Hypothese zutreffend ist oder nicht, so ist doch klar, daß die von seinem Vater entwickelten Begriffe und Methodologien die Basis von Gregory Batesons früher wissenschaftlicher Erfahrung bildeten. „Ich nahm ein vages mystisches Gefühl wahr", schrieb letzterer im Jahre 1940,

> daß wir in allen Bereichen natürlicher Phänomene nach derselben Art von Prozessen suchen müßten – daß wir damit rechnen könnten, dieselbe Art von Gesetzen in der Struktur eines Kristalls wie in der Struktur der Gesellschaft wirken zu sehen, oder daß die Zellteilung eines Regenwurms tatsächlich mit dem Prozeß vergleichbar sein könnte, durch den sich Basaltsäulen herausbilden.

Vor allem war es William Batesons Haltung gegenüber der Vernunft selber, die Gregorys wissenschaftliches und emotionales Gewissen so sehr formten. Vernunft, schrieb Coleman, war für William nicht das bloße Newtonsche Herumwühlen in Sinneseindrücken über das Atom, sondern „das intuitive Erfassen der wichtigsten Beziehungen." Er betrachtete das Vortex-Atom oder irgendein anderes wissenschaftliches Modell auf die gleiche Weise wie einen orientalischen Druck. Es besaß begriffliche Ganzheitlichkeit. Es inspirierte die Vorstellungskraft zu einem Verständnis, das durch rationale Überlegung nicht zu erlangen ist. William Bateson sah diese Art intuitiver Einsicht als Beweis für die Ansicht, daß die Richtigkeit jeder wissenschaftlichen Erklärung begrenzt war, und daß es eine tiefergehende Realitätsebene (Geist) gab, die jenseits ihrer Reichweite lag. Diese Auffassung der notwendigen erkenntnistheoretischen Unvollständigkeit, daß der Geist sich selbst niemals kennen kann, ist vielleicht der entscheidende Punkt der ganzen Metyphysik Gregory Batesons. Und wenn dies der Stein ist, über den die moderne Wissenschaft schließlich stolperte, hat er sich ebenfalls dank Gregory Bateson als Grundlage erwiesen, auf der eine neue Wissenschaft aufgebaut werden könnte. (9)

Um uns nun Gregorys Werk zuzuwenden, können wir seine intellektuelle Entwicklung folgendermaßen zusammenfassen. In den zwanziger Jahren studierte er Biologie und Anthropologie, wobei er in etwa den Spuren seines Vater in Cambridge folgte. Die dreißiger Jahre waren den anthropologischen Feldstudien gewidmet, zunächst bei den Iatmul auf Neuguinea, was zur Veröffentlichung des Buches: *Naven* (1936) führte, und dann bei den Balinesen, wo er mit seiner damaligen Frau Margaret Mead zusammenarbeitete. Bateson diente während des Krieges beim American Office of Strategic Services und nahm dann an den Macy Konferenzen nach dem Kriege teil, auf denen die moderne kybernetische Theorie formuliert wurde. Schon bald nach dem Buch *Communication: The Social Matrix of Psychiatry* (1951), das er mit dem Psychiater Jürgen Ruesch schrieb, verbrachte er die nächsten 10 Jahre als Ethnologe am Veterans Administration Hospital in Palo Alto, Californien. Hier hatte er die Möglichkeit, mit Alkoholikern und Schizophrenen zu arbeiten und die Konzepte der kybernetischen Theorie auf die „Krankheiten" anzuwenden und für beide einen neuartigen Ansatz zu entwickeln. Diese Arbeit, wie auch die über die Kommunikation zwischen verschiedenen Arten während der sechziger Jahre, ermöglichte es ihm schließlich, eine neue Lerntheorie zu entwickeln. Schließlich waren die siebziger Jahre primär durch den Versuch gekennzeichnet, die Einsichten aus seinen früheren Untersuchungen mit einer Revision der Darwinschen Theorie zu einem neuen Ansatz über die Probleme der Evolution zu integrieren, was zur Veröffentlichung des Werkes *Mind and Nature: A Necessary Unity* (1979) führte. Mit dieser Arbeit ist Bateson wieder zu seinem Ausgangspunkt gelangt und kehrte zu seinem ursprünglichen Interesse an der Biologie zurück, nachdem er eine der kreativsten intellektuellen Unternehmungen abgeschlossen hatte, die je ein Einzelner eingegangen war. Um dies darzulegen, werde ich dieses Kapitel seiner Arbeit in den Bereichen der Anthropologie, Ethnologie, Lerntheorie und Psychologie des pathologischen Verhaltens widmen, mich in Kapitel 8 mit Batesons Erkenntnistheorie und ihren ethischen Implikationen beschäftigen und mich in Kapitel 9 einer kritischen Einschätzung des Holismus Batesons als einer zukünftigen Metaphysik zuwenden. (10)

Wie Bateson erläutert, führten gewisse biologische Analogien, die er in den zwanziger Jahren erkannte ebenso wie seines Vaters Ansatz beim Studium der natürlichen Welt zu seiner Untersuchung des Stammes der Iatmul auf Neuguinea. Batesons Studie konzentrierte sich auf die transvestitenhafte Zeremonie, die als „naven" bekannt ist, aber es erwies sich, daß das Wesen der Feierlichkeit viel weniger interessant war als die Tatsache, daß die Studie in Batesons Augen das Wesen der wissenschaftlichen Erklärung selbst aufdeckte, und sie endete in der Aufstellung eines Modells, das den wesentlichen Charakter aller geistigen Interaktionen erklären könnte. Da dieses Modell und die daraus hervorgehende Methodologie bereits den Kern vieler späterer Theorien Batesons über Sozial- und Naturphänomene in sich trägt, ist es wichtig, seine

Erforschung des Naven in einiger Ausführlichkeit zu untersuchen. (9)

Naven ist ein von den Iatmul durchgeführtes Ritual, in dem die Männer sich wie Frauen kleiden und umgekehrt und dann bestimmte Rollen ausagieren, die gewöhnlich mit dem anderen Geschlecht in Verbindung gebracht werden. Die Gelegenheit für das Naven sind die Leistungen des *Laua* oder des Kindes der Schwester, und für die eigentliche Feierlichkeit ist der *Wau* oder der Bruder der Mutter verantwortlich. Die entscheidende Beziehung besteht daher zwischen Onkel und Nichte oder Neffe, aber tatsächlich wird das Naven von „klassifikatorischen" *Waus* durchgeführt, nicht vom wirklichen Onkel mütterlicherseits. „Klassifikatorische" *Waus* sind die mit dem *Laua* matrilinear verwandten, zum Beispiel der Großonkel oder männliche Verwandte, die in einer Art Schwagerbeziehung zum Vater des *Laua* stehen.

Es gibt eine ganze Reihe von feststehenden kulturellen Handlungen, die ein Naven notwendig machen, Handlungen, die äußerst wichtig sind, wenn sie zum erstenmal von einem Jungen oder Mädchen ausgeführt werden. Diese umfassen (für einen Jungen) das Töten eines Feindes oder Fremden; das Töten bestimmter Tiere, oder das Pflanzen bestimmter Bäume; bestimmte Arten von Werkzeugen und Musikinstrumenten zu benutzen; zu einem anderen Dorf reisen und zurückzukehren; zu heiraten; von einem schamanistischen Geist besessen zu sein usw. Für ein Mädchen gehört unter anderem Fische fangen, Sago kochen oder ein Kind bekommen dazu.

Während der Feierlichkeiten legen die klassifikatorischen *Waus* unordentliche Frauenverkleidungen an, nehmen den Namen „Mutter" an und beginnen dann, ihr „Kind" das *Laua* zu suchen. Die rituelle Pantomime kann darin bestehen, sich als heruntergekommene Witwe zu kleiden und zu benehmen und absichtlich herumzutorkeln, während die Kinder des Dorfes mit schallendem Gelächter folgen. Wenn Frauen eine Rolle spielen, können die (klassifikatorischen) Tanten ihren Neffen und ihre Nichte schlagen, wenn seine oder ihre Leistungen gefeiert werden. Anders als die Männer, tragen die Frauen keine verdreckte Kleidung, sondern legen die vornehmste männlichste Festtracht an. Sie können ihre Gesichter mit Schwefel weißen – dem Privileg von Männern, die einen Mord begangen haben – und männlichen Schmuck tragen. Man bezieht sich gemäß der männlichen Familienbeziehungen (Vater, älterer Bruder etc.) auf sie, und sie täuschen den Wagemut vor, der gemeinhin bei den Iatmul mit männlichem Verhalten verbunden wird, während sich die Männer in selbsterniedrigender Weise verhalten. Die Zeremonie kann auch eine Umkehr offener sexueller Aktivität als Pantomime miteinschließen. Bateson beobachtete eine Zeremonie, bei der die *Mbora* oder *Waus* Frau Geschlechtsverkehr mit ihrem Mann simulierte, wobei sie die männlich-dominierende Rolle einnahm. Manchmal stellt der *Wau* das Gebären eines *Laua* pantomimisch dar.

Vom westlichen Standpunkt aus gesehen scheint die ganze Zeremonie mit ihrer gewollten Verwirrung sexueller Rollen und Kleidung völlig unverständlich. Was könnten sich die Iatmul überhaupt bei dem, was sie tun, denken? Bei seinem Versuch, dies zu beantworten, folgte Bateson seiner Ahnung, daß der Unterschied zwischen der radialen und transversen Segmentierung der zoologischen Welt ein soziales Gegenstück besaß. Es stellte sich heraus, daß die größeren Dörfer der Iatmul unstabil waren, häufig kurz davor, sich nach patrilinearer Herkunft zu spalten: der Vater setzte sich ab und nahm seinen Sohn mit. Anders als im Westen, wo dieser Bruch im wesentlichen ketzerisch ist, ist die Lage bei den Iatmul – ideologisch anders – eine *schismatische*. Die Spaltergruppe bildet eine andere Kolonie, aber mit denselben Normen wie die Ursprungsgemeinschaft. Das westliche Modell der Ketzerei ist der Metamerie oder der dynamischen Asymmetrie ähnlich, wohingegen das Modell der Iatmul der radialen Segmentierung analog ist, in der die einander folgenden Einheiten sich wiederholen.

Das Problem sozialer Spannungen, sagte Bateson, wird klarer, wenn wir erkennen, daß die Analogie auf einen Vergleich darüber ausgedehnt werden kann, wie soziale Kontrolle ausgeübt wird. Das geistige Auge könnte sich ein radial-symmetrisches Tier als zentrifugales vorstellen, ohne jedes Kontrollzentrum, weil die Betonung im Muster auf den umgebenden Segmenten zu liegen scheint. Die Iatmul sind auf ähnliche Weise zentrifugal, weil sie kein Gesetz, keine zentrale etablierte Autorität besitzen, die Sanktionen im Namen der gesamten Gemeinschaft verhängt. Vergehen geschehen immer zwischen zwei „Segmenten" und soziale Sanktionen sind ebenfalls „lateral". Die westliche Gesellschaft betont hingegen den Staat dem Bürger gegenüber. Wenn ich meinen Nachbarn beraube, mag er wütend sein, es ist „das Gesetz", das mir nachstellt und etwas gegen mich unternimmt. Sollte er eine laterale Sanktion versuchen und sich entschließen, das Gesetz in die eigene Hand zu nehmen, könnte er in genauso große Schwierigkeiten wie ich kommen. Wegen dieser hochgradigen Zentralisation können westliche Gesellschaften einer neuen Gruppe mit neuen Wertüberzeugungen nur dann einen Platz einräumen, wenn sie in ihrer Existenz verhältnismäßig unauffällig bleibt. Sollte sie ihre Unterschiede zum Zentrum herausstreichen oder dieses angreifen, wird dieses Zentrum einen entschlossenen Gegenangriff starten. Die Gesellschaft der Iatmul besitzt ein solches Zentrum und derart rigide Normen nicht. Normen werden von den Iatmul als Vereinbarungen angesehen, die man auch bricht, falls man über genügend persönliche Macht verfügt. Und da die männliche Ausstrahlungskraft, die so entscheidend für das Sexualleben der Iatmul ist, sehr bewundert wird, befinden sich die Gemeinschaften ständig am Rande der Aufspaltung nach patrilinearer Zugehörigkeit.

Es ist daher klar, daß die Naven-Zerenomie im sozialen Sinne absolut einleuchtend ist. Wenn die Spaltungen patrilinear geschehen, vermindert alles, was die Verwandtschaftsbeziehungen stärkt (solche, die aus Heirat resultieren) die Chancen eines schismatischen Bruchs. Die verwandtschaftlichen Bande sind die Schwachstellen in der ganzen sozialen Organisation der Iatmul und daher dienen die Naven-Zeremonien, die diese Bande verstärken und sogar übertreiben zur Untermauerung der Integration der Gemeinschaft. Tatsächlich könnten die Dörfer der Iatmul ohne die Naven-Zeremonie nicht so groß sein, wie sie sind.

Batesons Erklärung der sozialen Bedeutung des Naven ist brillant, aber die wirkliche Eingebung liegt dabei in der Tatsache, daß er seine eigene Erklärung niemals ernst nahm. Angenommen, Naven erfüllt die angedeutete Funktion, kann irgendjemand wirklich glauben, daß die machtvolle Gefühlsenergie, die in den Zeremonien evident ist, sich in soziologischen Begriffen erklären läßt? Würde irgendjemand ernsthaft behaupten wollen, daß Transvestitentum und ritueller Beischlaf ausdrücklich den Zweck verfolgen, soziale Spannungen zu vermeiden? Bateson war sich bewußt, daß dieser Art von Erklärung das Verständnis der Motive der Teilnehmer fehlte, und ihm wurde klar, daß der Schlüssel zu solchen Motiven in dem „Ethos" der Kultur, in ihrer allgemeinen gefühlsmäßigen Stimmung liegt. Wenn man an das Ethos herankommen wollte, das so sehr eine Sache der Werte als auch der Tatsachen war, würde man eine neue Definition der wissenschaftlichen Methodologien aufstellen müssen. Der rein funktional-analytische Ansatz ist in einem rationalen oder pragmatischen Sinn korrekt, aber ihm entgeht der eigentliche Punkt. Wie sein Vater einmal geschrieben hatte, war es für einen Wissenschaftler leichter, eine Schwierigkeit zu lösen, als sie zu empfinden. Gregory war auf eine Situation getroffen, in der das Erfühlen und Lösen eines Problems beide Seiten ein- und derselben Münze darstellten.

Was konnte man als Modell benutzen? So sehr Bateson auch von dem analytischen Werk der berühmten Zeitgenossen wie zum Beispiel Bronislaw Malinowski und Edward Evans-Pritchard beeindruckt war, war seine wirkliche Mentorin die große Anthropologin Ruth Benedict, deren Konzepte der „Konfiguration" ziemlich genau dem entsprach, was er später zusammengenommen als Ethos und „Eidos" bezeichnen würde. Ethos war der allgemeine Gefühlswert einer Kultur, Eidos das zugrundeliegende kognitive („logische") System, das eine Kultur besaß. Die „Begriffe", schrieb Bateson

> basieren in allen Fällen eher auf einer ganzheitlichen, denn einer grob analytischen Untersuchung der Kultur. Die These lautet, daß, wenn eine Kultur als Ganzes betrachtet wird, gewisse Gewichtungen entstehen, die aus dem Nebeneinander der verschiedenen Merkmale entstanden sind, aus denen die Kultur besteht. (12)

Daher entstammte die abstrakte Eigenschaft, das „Gefühl" oder Ethos der *Anordnung* aus den konkreten Teilen. Man konnte es nicht in der gleichen Weise erkennen wie die einzelnen Teile, weil es, wie er dies später bezeichnen würde, von einem höheren „logischen Typus" als sie waren. Eine andere Anordnung würde notwendigerweise eine andere Kultur bedeuten, selbst wenn alle Teile identisch wären. Auf diese Weise, sagt Bateson, können wir feststellen, daß eine Kultur die Psychologie ihrer einzelnen Mitglieder beeinflußt, ohne gleichzeitig zu behaupten, daß ein Hegelscher Zeitgeist oder Jungscher „Gruppengeist" irgendwie am Werke ist. Dem Beispiel Ruth Benedicts folgend fuhr er fort:

> Ich werde über die Kultur als einer *Standardisierung* der Psychologie des Einzelnen sprechen. Dies ist wahrscheinlich wohl eines der grundlegenden Axiome des ganzheitlichen Ansatzes aller Wissenschaften: daß der untersuchte Gegenstand – sei es ein Tier, eine Pflanze oder eine Gemeinschaft – aus Einheiten

> besteht, deren Eigenschaften auf eine bestimmte Weise durch ihre Anordnung innerhalb des gesamten Organismus *standardisiert* sind ... die Kultur wird ihre Werteskala beeinflussen. Es wird die Art und Weise beeinflussen, in der ihre Triebe zu Gefühlen ausgerichtet werden, um auf unterschiedliche Art auf die verschiedenen Lebensstimuli zu reagieren.

Die Methode war bewußt zirkelschlüssig, wie Bateson zugab: Man bestimmt das der Kultur normalerweise gemäße Gefühlssystem (das Ethos) und benutzt es dann als Erklärung für Institutionen und Verhalten. Solche Zirkelargumente, fand er, sollten kein Problem darstellen, weil sie nur vermeidbar wären, wenn man einer funktionalen oder soziologischen Systemsicht folgen würde, und das würde uns nichts über die *Motive* der einzelnen sagen. Wenn wir die Motive kennenlernen möchten, müssen wir uns *in* das System begeben und das zu tun bedeutet unausweichlich, in die Zirkelschlüssigkeit zu stürzen. Diese Situation hat nichts geheimnisvolles an sich, wie sogar Gödels Theorem gezeigt hatte. Unser Verhalten war nicht deshalb weniger real, weil es selbstbestätigend war.

Was würde also eine angemessene Analyse des Ethos der Iatmul ausmachen und was könnte uns diese Analyse über ihre Gründe sagen, Naven durchzuführen? Ein Großteil des Ethos sowohl der westlichen wie asiatischen Gesellschaften entsteht durch die soziale Differenzierung, insbesondere der zwischen Klassen und Kasten. Wie man sich im Beisein einess anderen benimmt, welche emotionale Note man anschlägt, ist zumindest teilweise durch die relative soziale Position bestimmt, deren Stellenwert von der einen zur anderen Gesellschaft verschieden ist. In der Kultur der Iatmul gibt es andererseits keine sozialen Klassen und die Differenzierung geschieht aufgrund der Sexualität. Dabei sind Batesons Kapitel über das Ethos notwendigerweise Diskussionen des *sexuellen* Ethos. (13) Er fragt: wie verhalten sich Männer untereinander, wie verhalten sich Frauen untereinander und wie verhalten sich die beiden Geschlechter zueinander?

Das hervorstechendste Merkmal männlichen Verhaltens in der Öffentlichkeit, sei es in gemischter oder ausschließlich männlicher Begleitung ist Stolz. Für Iatmul-Männer ist das Leben mehr oder weniger eine Theateraufführung, und die im Zeremonienhaus ausgeführten Handlungen neigen dem Spektakulären und Gewaltsamen zu. Das Haus ist sowohl ein ritueller Ort als auch ein Platz zum Debattieren und Prahlen, aber es ist dieser letzte Aspekt, der weitgehend überwiegt. Wie Bateson vermerkt, ist das Zeremonienhaus in der Vorstellung der Iatmul „heiß", von „einer Mischung aus Stolz und theatralischem Selbstbewußtsein" durchdrungen. Der Eintritt in das Haus wird durch ein ziemliches Theater begleitet: der Mann, der in die Öffentlichkeit tritt, wird angeben oder mit Clownereien reagieren. Genauso wie die Gesellschaft keine Gesetze oder zentrale Autorität besitzt, hat sie ebenfalls keine Machthierarchien; keine Häuptlinge. Was sie stattdessen besitzt, ist eine „ständige Betonung der Selbstbehauptung." Die soziale Position wird durch Leistung im Krieg, des Schamanismus, des esoterischen Wissens und auch aufgrund des angeberischen Verhaltens in der Öffentlichkeit erlangt.

Dieses Verhalten ist während öffentlicher Aussprachen besonders ausgeprägt, in denen irgendein strittiger Punkt beizulegen versucht wird. „Die Redner", schreibt Bateson, „bringen sich auf einen Höhepunkt oberflächlicher Erregung, während sie gleichzeitig ihre Gewalttätigkeit mit theatralischen Gesten dämpfen und in ihrer Stimmlage zwischen Schroffheit und Clownerie wechseln." Ein Redner kann zum Beispiel androhen, ein Mitglied der Opposition zu vergewaltigen und seine Drohung mit einem obszönen Tanz pantomimisch darstellen. Wenn einem Redner schließlich eine Beleidigung gelingt, die für die Opposition zu tolerieren zu schwerwiegend ist (meist durch Lächerlichmachen ihrer in Totempfähle geschnitzen Vorfahren) bricht eine Schlägerei aus, die zu schweren Verletzungen führen kann und schließlich zu Fehden, zu denen auch das Töten durch Zauberei gehört.

Obwohl das Zeremonienhaus nur den Männern vorbehalten bleibt, bleiben die Reaktionen der Frauen im Dorf bei den Männern nie ganz unberücksichtigt. Die Aktivitäten im Hause sind eine Vorbereitung auf die öffentlichen Zeremonien, bei denen sich die Männer in großer Aufmachung vor den Frauen aufführen. Initiationen, die im Hause stattfinden, werden bewußt so durchgeführt, daß Teile der Zeremonie für die Frauen sichtbar sind, die sich in der Nähe oder draußen aufhalten und die dadurch eine Zuschauerschaft bilden. Die Frauen hören ebenfalls die Laute der geheimen Stammesinstrumente, und „die Männer, die diese Töne hervorbringen sind sich dieser unsichtbaren weiblichen Zuhörerschaft äußerst bewußt." Die gesamte Kultur, sagte Bateson, „ist durch die ständige Betonung des Spektakulären und durch den Stolz des männlichen Ethos geprägt."

Wie zu vermuten, ist das Ethos der Frauen der Iatmul ziemlich entgegengesetzt, obgleich es Beispiele erstaunlicher weiblicher Selbstbehauptung gibt, die bei den Iatmul als bewunderswert angesehen werden. Aber überwiegend gilt: wenn das Leben der Männer sich stark um „Theater" dreht, dann ist das der Frauen auf die „Realität" bezogen: Nahrung herbeischaffen und zubereiten, die Behausung in Ordnung halten und Kinder erziehen. Diese Aktivitäten werden privat verrichtet, ohne Rücksicht auf theatralische Auftritte. Der weibliche Verhaltensstil ist unauffällig, manchmal bis zur Wortkargheit. Die allgemeine Stimmung besteht in ruhiger Fröhlichkeit und Zusammenarbeit, und es ist das theatralische Benehmen der Männer, das dem Leben der Frauen den größten Teil seiner Dramatik gibt. Wenn die Frauen jedoch gemeinsam aufgefordert sind, öffentlich zu tanzen, zeigen sie eine stolze Gesinnung, tragen männliche Tracht und bewegen sich sogar leicht angeberisch. Dieses leichte Transvestitentum kommt beim Naven zur vollen Blüte.

Wie Bateson aufzeigt, ist seine Darstellung des sexuellen Ethos der Iatmul aus einer europäischen Sicht her entworfen. Männliches Verhalten bei den Iatmul erscheint uns theatralisch, aber nicht den Iatmul, die es völlig normal finden. Wenn wir uns selber in die Kultur hineinversetzen, merken wir, daß die Frauen die Männer als stark und selbstbewußt empfinden, während die Männer das weibliche Verhalten als schwächlich, sentimental und sogar schmachvoll empfinden. Es wird als erniedrigend angesehen, die weibliche Stellung beim Geschlechtsverkehr einzunehmen, und aus diesem Grund ist der ganze Rollenwechsel während des simulieren Geschlechtsakts beim Naven fast schockierend. Wir sehen also, daß „jedes Geschlecht sein eigenes *einheitliches* Ethos besitzt, das sich von dem des anderen Geschlechts unterscheidet. „Das Naven ist wegen seines Wechsels dieser beiden äußerst rigiden kulturellen Verhaltensweisen so bemerkenswert. Wir sind endlich in der Lage zu verstehen, warum das Naven durchgeführt wird. Die unmittelbare Motiviation dazu entspringt der Tradition: ein Kind hat etwas Bemerkenswertes erreicht und seine Verwandten müssen deshalb ihrer Freude öffentlich Ausdruck verleihen. In diesem Sinne ist das Naven nicht esoterischer als ein bar mithvah (jüdisches Initiationsfest für Jungen – Anm. d. Übers.). Was wir uns eigentlich fragen ist, warum die Zeremonien ihre besondere Form besitzen, denn die Iatmul könnten ja auch einfach mit einem Festgelage feiern. Das oben beschriebene sexuelle Ethos gibt die Antwort. Die Männer sind an eine theatralische Zurschaustellung von Gefühlen gewöhnt, nicht an deren echtem Ausdrücken. Andererseits ist den Frauen erlaubt, wirkliche Freude über die Leistungen anderer auszudrücken, sie sind jedoch selten an auffälligen öffentlichen Verhaltensnormen beteiligt. Die Leistung des Kindes zwingt die Iatmul jedoch, eine Zeremonie durchzuführen, die über die rigide geschlechtliche Kategorisierung hinausgeht und die Normen der beiden Geschlechter verletzt. Die Männer können sich mit der öffentlichen Zurschaustellung identifizieren, nicht jedoch mit dem Ausdrücken von Freude. Die Frauen können Freude ausdrücken, aber das öffentliche Vorführen bedeutet das Verletzen ihrer Norm. Das Ergebnis ist eine schmerzliche Verlegenheit für beide Geschlechter, und diese Verlegenheit drängt die Situation zum Transvestitentum.

Bateson vergleicht dies mit einer vornehmen englischen Reiterin, die entschieden männliche Kleidung beim Reiten trägt. Reiten besitzt im Vergleich zu den eher typisch „weiblichen" Aktivitäten in der britischen Kultur einen absolut männlichen Beigeschmack, indem es einen starken Eindruck physischen Könnens erzeugt. In Großbritannien sind Männer und Frauen nicht weniger als auf Neuguinea sehr unterschiedlich voneinander sozialisiert. Die britische Frau, die ein Pferd reitet, befindet sich in einer etwas ungewöhnlichen Lage als Frau, die aber typisch für Männer ist; deshalb ist eine männliche Verkleidung dieser „abnormalen" Situation angemessen. Im üblichen Sinne tut eine Frau der Iatmul eine „Männersache", wenn sie sich öffentlich darstellt, aber das Tragen von Männerkleidung nimmt der sich daraus ergebenden Verlegenheit die Schärfe. Im Grunde sagt das Tragen einer solchen Verkleidung aus: „Es ist schon in Ordnung, ich bin in diesem Augenblick ein Mann." Was den Mann betrifft, so trägt er verdreckte Kleidung und benimmt sich auf inkompetente Weise, weil sein Ethos ihn gelehrt hat, weibliches Verhalten als schwach oder verachtenswert anzusehen. Dieses „Austausch"verhalten ist gefühlsmäßig derart aufgeladen, daß auf seinem Höhepunkt der *Wau* den Gebärakt simulieren könnte, während die *Mbora* (die Frau des *Wau*) auf den *Wau* springen mag und ihren Ehemann durch ihr Einnehmen der aktiven Rolle beim ritualen Geschlechtsakt demütigt.

Ohne es an dieser Stelle zu betonen, bemerkte Bateson doch neben der Verlegenheitslinderung noch ein anderes psychologisches Motiv für das Naven. Die meisten Kulturen besitzen ein aggressives männliches Leistungsethos (in Verbindung mit: „Sei ein Mann!"); aber in der Kultur der Iatmul, beobachtete Bateson, könnte dieser Druck eine überdurchschnittliche Bürde für die Gefühle bedeuten. Wie Jung bemerkte, hat jede Persönlichkeit weibliche und männliche Anteile, und daher ist es möglich, daß das Sexualethos der Iatmul sich sogar selbst erstickt. Wahrscheinlich werden enorme psychologische Spannungen hergestellt, wenn ein Mann die Freude über die Leistung eines anderen ausdrücken darf oder in der Sexualität passiv sein muß und eine Frau niemals widerspenstig oder sexueller Aggressor sein darf. Offensichtlich sind die Spannungen eine Energiequelle der Naven-Zeremonie, die dadurch etwas Linderung verschafft, daß jedem Geschlecht erlaubt wird, für kurze Zeit das andere Geschlecht zu „sein" und die streng unterdrückten Teile jener Persönlichkeit auszuagieren. Auch bestätigt gerade die große Häufigkeit der Naven-Zeremonie, die wegen des kleinsten Vorfalls durchgeführt wird, die Behauptung, daß sie ein Gegengewicht zu dem belastenden Sexualethos darstellt. Die Iatmul würden selber sagen, daß ihre Gesellschaft eine „heiße" ist, die mächtige Spannungen erzeugt, die häufig und auf dramatische Weise gelindert werden.

Batesons Überlegungen über das Wesen dieser sozialen und psychologischen Spannungen führten zur Formulierung seines bedeutendsten anthropologischen Begriffs, dem der Schismogenese. Wiederum suchte er nach einer sozialen Analogie für eine biologische Unterscheidung zwischen radialer und metamerer Differenzierung, die schon von seinem Vater betont worden war. Die Beziehungen zwischen Iatmul-Männern verdichten sich in symmetrischer Weise zu einem Höhepunkt. Im Zeremonienhaus wurde Spott mit Spott begegnet, Ironie mit Ironie und Angeberei mit Angeberei, bis irgendeine Bemerkung schließlich eine Schlägerei herbeiführte. Die Mann-Frau-Beziehungen folgten jedoch einem ganz anderen Muster. Obwohl wir von einem männlichem und weiblichem Ethos gesprochen haben, sind sie wohl kaum unabhängig voneinander. Die Männer benehmen sich theatralisch, *weil* die Frauen das Schauspiel bewundern; die Frauen sind (überwiegend) passiv, *weil* die Männer affektiert sind; und es ist anzunehmen, daß das Verhalten eines Jeden zunehmend übersteigerte gegenteilige Reaktionen hervorruft. Aber die Form der Schismogenese, die Bateson „komplementär" im Gegensatz zur symmetrischen Schismogenese der Beziehungen von Mann zu Mann nennt, eskaliert mit der Zeit ebenfalls und baut sich zu einem Höhepunkt auf, und wir können uns durchaus fragen, warum die Gesellschaft der Iatmul nicht einfach durch die beiden Arten von Schismogenese explodiert. Tatsächlich tut sie das im Falle der symmetrischen Rivalität auch, und es ist die Naven-Zeremonie, die die Iatmulgesellschaft am völligen Auseinanderfallen hindert. Obwohl Auseinandersetzungen zu Schlägereien und Schlägereien zu langandauernden Fehden führen, stärkt die Praxis des Naven doch die verwandtschaftlichen Bande und mildert dadurch die Schroffheit von Clangegensätzen ab.

Hier sehen wir eine Mischung der beiden Arten von Schismogenese. Die Beziehungen zwischen *Wau* und *Laua* sind komplementär, während das Band zwischen den Schwagern symmetrisch ist. Die *Wau-Laua*-Beziehung dämpft so die symmetrische Schismogenese. Beim Naven besteht der *Wau* auf den komplementären Aspekten seiner Beziehung mit dem *Laua* auf Kosten der symmetrischen Aspekte der Familienstruktur. Er spielt „Mutter" oder „Frau" des

Laua und verneint damit seine wirkliche Position als (klassifikatorischer) Schwager, was den symmetrischen Aspekt der Beziehung ausmacht. Das Naven verhindert auch einen kulturellen Zusammenbruch auf sexuellem Gebiet, indem es Männern und Frauen erlaubt, der andere zu „werden", sogar bis zu dem Punkt des Rollentausches beim simulierten Geschlechtsakt, wodurch Spannung abgeleitet wird, die sich durch zunehmende Persönlichkeitsverzerrung angesammelt hat. Das Naven entschärft den Höhepunkt, der sich in der symmetrischen und komplementären Schismogenese aufbaut; und wenn dann das rituelle Drama geendet hat, kann der ganze Vorgang wieder erneut beginnen.

Bateson definierte Schismogenese allgemein als „einen Differenzierungsprozeß in den Normen individuellen Verhaltens, der sich aus der kumulativen Interaktion zwischen Einzelnen ergibt." Aber er merkte bald, daß der Begriff umfassender anwendbar war, denn kumulatives oder „progressives" Verhalten schien zahlreichen Arten menschlicher, sozialer und psychologischer Organisationen eigen zu sein. Bateson benutzte „progressiv" nicht im üblichen westlichen Sinn, wo es die Assoziation von Fortschritt erweckt, sondern verwendete den Begriff stattdessen zur Beschreibung jeglichen Verhaltens, das nach einem Höhepunkt strebt. Im progressiven Wandel dieser Art bedeutet das Fehlen eines stabilen Elements normalerweise, daß der Prozeß in einer Explosion oder einem Verfall enden wird (eine Situation, die „außer Kontrolle" gerät). Um den allgemeinsten Fall zu nehmen, stellen wir uns zwei soziale Gruppen vor, die wir „A" und „B" nennen wollen. (Dies könnten Männer und Frauen, Eltern und Kinder, zwei Staaten, zwei politische Fraktionen etc. sein). Eine symmetrische Schismogenese tritt auf, wenn zwei Gruppen in eine Beziehung treten, die der Wettbewerbssituation auf einer Auktion entspricht. Die beiden Verhaltensformen sind identisch, wobei jede Gruppe versucht, die Opposition auszustechen: „Also bitte, könnt ihr *dies* noch übertreffen?" Diese Art von Rivalität kann in Situationen kulturellen Kontakts zwischenmenschlicher Konkurrenz und in der gesamten politischen Arena beobachtet werden, wie das leidige Spiel des Rüstungswettlaufs zwischen Pentagon und Kreml deutlich zeigt.

Im Fall der komplementären Schismogenese ist die Rivalität reziprok; das aggressive Verhalten von A, nehmen wir einmal an, provoziert unterwürfiges Verhalten bei B, was noch mehr Aggressivität von A provoziert und sich zu einer eskalierenden Spirale aufschaukeln wird. Das klassische Beispiel ist vielleicht die traditionelle Ehe, in der das Muster des dominierenden Ehemanns und der gehorsamen Frau zunächst für beide beteiligten Seiten befriedigend ist. Mit der Zeit verzerren sich die Rollen auf groteske Weise. Die Unterwürfigkeit der Frau fordert die Autorität des Mannes heraus, die wiederum ihre Unterwürfigkeit verstärkt usw. Niemand ist von Natur aus völlig selbstbewußt oder unterwürfig, aber die Beziehungsdynamik unterdrückt zunehmend die eine Seite der Persönlichkeit jedes Partners, bis jeder den verkümmerten Teil seiner oder ihrer Persönlichkeit wiedererkennt, der in der Persönlichkeit des anderen überentwickelt wurde. Schließlich werden beide unfähig, den Standpunkt des anderen zu verstehen. Sie haben jedes Interesse am Funktionieren der Beziehung verloren, während sie gleichzeitig reziproke Spannungen weiterhin verstärken. Letztendlich könnte der Ehemann bei dem Versuch, eine Reaktion zu provozieren, zu völlig despotischem Verhalten getrieben werden, und seine Frau könnte sich entschließen, sich eine Kugel durch den Kopf zu jagen – oder ihm. Eher wird sie aber aus der Ehe flüchten. Dieses einzelne Beispiel erhält die Mechanismen einer Anzahl anderer Arten zwischenmenschlicher oder politischer Situationen. Man kann komplementäre Schismogenese in bestimmten Fällen kulturellen Kontaktes beobachten, in zahlreichen Arten von Gruppenverhalten (zum Beispiel bei der Verstärkung „abweichender" Verhaltensmuster eines Mitglieds durch die Handlungen der anderen Mitglieder), und in Situationen wie Klassenkonflikten und rassischer Konfrontation.

Wie im Falle der Iatmul müssen wir uns fragen, warum denn nicht die ganze Welt zusammenbricht; und wiederum sind wir gezwungen zu antworten: sie *tut* es. Trotzdem eskalieren die Dinge nicht immer bis zum Zusammenbruch, wie Bateson erkannte. Manche Ehen stabilisieren sich, obwohl nur wenige glücklich verlaufen. Vielleicht werden uns das Pentagon oder der Kreml noch alle um die Ecke bringen, aber bislang ist es ihnen gelungen, die globale Katastrophe zu vermeiden. Klassenkämpfe sind oftmals erbittert, aber wie die Marxisten entdeckten, sind industrielle Gesellschaften kein fruchtbarer Boden für die proletarische Revolution. Um dies zu erklären, stellte Bateson die Theorie auf, das schismogene Spannungen wie in der Situation der Iatmul durch bestimmte Beigaben gemindert wurden. Mittelalterliche Fürstentümer besaßen manchmal einen Tag im Jahr, an dem die Leibeigenen Könige wurden und der König ein Untertan – ein einmaliger kurzer Rollenwechsel, der oft genug das ganze System aufrechterhielt. Die traditionelle Ehe ist bis vor kurzem möglich gewesen, weil die Ehefrau zumindest in der Küche die Herrin sein konnte, auch wenn sie überall sonst unterlegen war. Interne Rivalitäten belasten die industriellen Gesellschaften zwischen den Kriegen und sind mit einem Schlage durch das Erscheinen eines gemeinsamen Feindes beigelegt, der interne symmetrische Spannungen zu komplementären macht und eine Zielscheibe für die Richtung der symmetrischen Schismogenese bietet. (Gewerkschaften und Unternehmensführung teilen sich zum Beispiel heute in komplementäre Rollen bei dem Versuch, einen gemeinsamen Feind zu schlagen.)

Der Begriff der Schismogenese ermöglichte es Bateson auch, auf die schärfste Kritik an der Art der Anthropologie von Ruth Benedict zu antworten. Welchen wirklichen Wert besaßen Begriffe wie „Konfiguration", „Standardisierung" und „modale Persönlichkeit", so wurde gefragt, wenn klar war, daß jede einzelne Gesellschaft *in sich* eine größere Spannbreite von Sozialtypen besaß als es zwischen ihr und anderen Gesellschaften gab? Wie könnte man zum Beispiel die abweichende Persönlichkeit erklären, den Einzelnen, der dem Druck seines oder ihres sozialen Kontexts eindeutig entkommen war? (14)

Schon 1942 wies Bateson darauf hin, daß sowohl Individuen als auch Gesellschaften organisierte Einheiten sind. Bei den Untersuchungen der Iatmul hatte es nicht ausgereicht zu sagen, daß die Charakterstruktur des einen Geschlechts von der Charakterstruktur des entgegengesetzten Geschlechts sehr verschieden war. Der springende Punkt war, daß das Ethos des einen in das

Ethos des anderen *verzahnt* war; daß das Verhalten eines Jeden die Gewohnheiten des anderen unterstützte. *Alles soziale, persönliche und biologische Leben besitzt seine eigene „Grammatik", seinen Code.* Man kann *gegen* den speziellen Code handeln; aber man kann sich wohl kaum auf eine Art und Weise verhalten, die für ihn völlig bedeutungslos ist. Außerdem sind diese Muster der Tendenz nach bipolar. Wenn man für die eine Hälfte eines solchen Musters erzogen ist, kann man wohl vermuten, daß der Boden für die andere Hälfte irgendwo in der eigenen Persönlichkeit bereitet wurde. Deshalb ist es nicht so, meinte Bateson, daß Mann und Frau zum Dominieren bzw. zur Unterwürfigkeit erzogen werden. Dominanz und Unterwürfigkeit sind wesenhaft (dialektisch, alchemisch) miteinander verwandt; es gibt keine reine Dominanz oder reine Unterwürfigkeit. Das Ehepaar war stattdessen zur Dominanz-Unterwürfigkeit als einem umfassenden Muster erzogen und bei genügender Dominanz des Ehemanns könnte die Frau ihre verdrängten Dominanzgefühle in Form eines Mordes durchsetzen. Die Tatsache, daß die *Mbora* beim Naven der männlichen Sexualrolle mit Leidenschaft nachgehen kann, läßt vermuten, daß Unterwürfigkeit nicht alles gewesen ist, was ihre Gesellschaft sie gelehrt hat. Deshalb schloß Bateson, daß, wenn wir uns mit verhältnismäßig stabilen Differenzierungen innerhalb einer Gesellschaft befassen, wir berechtigt sind, von einer modalen oder standardisierten Persönlichkeit zu sprechen, wenn wir sie hinsichtlich der für die ganze Gemeinschaft vertrauten Beziehungsmuster beschreiben. Die abweichende Persönlichkeit ist dem Druck ihrer Gemeinschaft *nicht* entronnen, denn ihre Devianz ist eine Reaktion *auf* diese Muster. Das Verhalten des Devianten mag den sozialen Normen folgen, aber es wurde in Hinsicht auf solche Normen angenommen, und selbst wenn das Verhalten das Gegenteil dieser Normen darstellt, behält es doch seinen Bezug zu ihnen. Auf Neuguinea fehlt zum Beispiel die Beziehung zwischen Benutzer-Werkzeug; deviante Iatmul verhalten sich nicht in dieser Weise. Oder um ein berühmteres Beispiel aus Batesons Werk zu nehmen: der Wahnsinn ist genau solch eine Reaktion auf kulturelle Normen. Statt eine „Krankheit" zu sein, die das Opfer wie aus heiterem Himmel befällt, stellt er eine strukturierte, „logische" Antwort dar, die sich auf recht wirksame Weise in die umgebende Familienstruktur eingliedert. (15)

Ist die Schismogenese nun wirklich ein dem menschlichen Verhalten inhärentes Merkmal? Dies ist zwar eine zwingende These, wird jedoch durch Batesons folgende anthropologische Untersuchung über die Gesellschaft Balis völlig widerlegt. (16) Ohne hier zu sehr in Einzelheiten zu gehen, ist es wichtig anzumerken, daß Bateson die nicht-dialektische Situation der Balinesen beispiellos fand. Er erkannte, daß ihre Kultur überhaupt keiner Art hegelianischer oder marxistischer Analyse zugänglich war. Die balinesische Musik und Kunst ist durch Ausgewogenheit, nicht wie im Westen durch Spannung und Auflösung gekennzeichnet; und in der Tat scheint die Ausgewogenheit eine Metapher zu sein, die in jede Phase des balinesischen Lebens hineinreicht. Die Betonung liegt auf Vergnügen im Hier und Jetzt: die Balinesen besitzen keinen Begriff von Belohnung in der Zukunft, und die Dinge werden um ihrer selbst willen getan. Das Leben selbst wird als ein Kunstwerk angesehen. Die beste Metapher für die Lebensführung der Balinesen könnte ein Seiltänzer sein, der ständig seinen Balancierstab ausrichtet, um eine anmutige und unterhaltsame Vorstellung zu geben.

Konkurrenz und Rivalität fehlen also auf Bali. Sollte es zu einem Streit zwischen zwei Gesellschaftsmitgliedern kommen, so werden sie zu einer örtlichen Amtsperson gehen und die Tatsache mitteilen, daß sie im Streit liegen. Es gibt keinen Versuch zur Versöhnung, und sie haben in Wirklichkeit einen Vertrag über ihre Feindschaft geschlossen. Trotzdem können die beiden Gegner ihre Beziehung, so wie sie ist, anerkennen und deren Existenz auf diesem besonderen Stand akzeptieren, und als Folge davon wird eine Klimax-Interaktion vermieden. Wie die Iatmul, so erkennen auch die Balinesen keine zentrale Autorität an, aber anders als die Iatmul nehmen sie Beleidigungen nicht persönlich. Wenn, so sagt Bateson, eine kastenlose Person es versäumt, sich einem Prinzen förmlich zu nähern, sieht der Prinz darin keine persönliche Beleidigung, sondern ein Vergehen gegen die natürliche Ordnung des Universums, eine Verletzung der Gleichgewichtslage. In allem, was sie tun, geht es um *Optimierung*, nicht um Maximierung. Die balinesische Ökonomie läßt sich zum Beispiel weder im Sinne der Profitmotivation beschreiben, noch kann die balinesische Sozialstruktur als eine Ansammlung von Individuen oder von Gruppen gesehen werden, die miteinander im Konkurrenzkampf um Status und Prestige stehen.

Anscheinend erreichen die Balinesen dieses Gleichgewicht durch die Art ihrer Kleinkindererziehung, indem sie ihre Sprößlinge zu kumulativer Interaktion reizen und dann absichtlich genau vor dem Höhepunkt das Interesse verlieren. In den meisten Kulturen würde diese Erzichungspraktik psychotische Individuen hervorbringen, aber auf Bali verstärkt die Totalität des Musters die Praktiken und formt Erwachsene, die kumulativem Engagement mißtrauen. Dennoch müssen wir unseren westlichen Grundannahmen widerstehen, daß das Leben auf Bali ein einziger langweiliger Versuch ist, den status quo aufrechtzuerhalten. Genau wie die Iatmul sind wir in der Vorstellung gefangen, daß schismogene Situationen, die an sich zutiefst neurotisch sind, aufregend sind und daß alles andere langweilig sein muß. Herbert Marcuse beschreibt in einer seiner besten Passagen in: *Der eindimensionale Mensch* die offensichtliche Dynamik der fortgeschrittenen industriellen Kultur richtigerweise als betrügerisch: „Hinter ihrer offensichtlichen Dynamik ist diese Gesellschaft ein durch und durch statisches Lebenssystem: eigendynamisch in seiner unterdrückerischen Produktivität und seiner dafür vorteilhaften Koordination."(17) Das Leben in der Fabrik, als Verbraucher, Unternehmer, leitender Angestellter – für alle ist es von innen her gesehen langweilig, immer gleich und vom Fehlen jeden echten Abenteuers oder Entdeckung gekennzeichnet.

Auf Bali ist die Situation genau umgekehrt. Sie erscheint wie eine „kühle" Gesellschaft, ist aber in Wirklichkeit äußerst aktiv. Bateson sagt, daß die Balinesen Verhaltensweisen, die auf körperlicher Ausgeglichenheit basieren, auf die zwischenmenschlichen Beziehungen übertragen. Sie verallgemeinern den Gedanken, daß Bewegung für jede Art von Gleichgewicht ausschlaggebend ist. Ihre Gesellschaft ist sehr komplex und geschäftig, aber nicht in unserem Sinne, denn ihre Gesellschaft wird durch kontinuierlichen, fortschrittsfremden Wandel ausgeglichen gehalten. In seinem Artikel „Stil, Grazie und

Information in der primitiven Kunst" analysiert Bateson ein balinesisches Gemälde und zeigt auf, daß seine Botschaft in der Vorstellung besteht, „daß es ein grober Fehler wäre, entweder Unruhe oder Heiterkeit als menschliches Ziel zu wählen." Die Balinesen erkennen, daß diese beiden Pole in der Kunst, beim Sex, in der Gesellschaft, beim Tode voneinander abhängig sind, aber sie haben sich mit dieser Realität vermittels einer nicht-schismogenen Lösung abgefunden. Obwohl Bateson nie an „primitive" Lösungen für den Westen glaubte, diente ihm Bali doch als ein wichtiges Modell, das sich wie eine Art Spiegel verhielt, in dem die Torheiten der meisten zwischenmenschlichen Beziehungen hart aufgedeckt und kontrastiert wurden.

Die Schismogenese ist daher *erlernt*; sie ist so sehr eine angenommene Gewohnheit wie es das nicht-schismogene Verhalten ist, das Bali kennzeichnet. Dennoch erscheint es von so grundlegender Bedeutung, daß wir zu fragen gezwungen sind, woraus das Lernen selber besteht, wenn es die Erkenntnis und das Gefühl (Eidos und Ethos) derart unauflöslich miteinander verbindet. Was bedeutet es, etwas zu lernen, etwas zu „wissen"? Nach den Macy-Konferenzen über Kybernetik machte Bateson diese Frage zum Gegenstand seiner nächsten größeren Untersuchung.

Bateson begann seine Studien der Lerntheorie mit einer angeblich sinnlosen Frage: Gibt es so etwas wie einen „wahren Irrtum"? Allgemeiner gefragt: Gibt es so etwas wie eine wahre Ideologie? Ideologien sind kulturelle Dinge, die im kulturellen Zusammenhang erlernt wurden, aber sie funktionieren gewöhnlich bei den Kulturen, die an sie glauben. Die Balinesen glauben bestimmte Dinge über die Welt, die uns oder den Iatmul unvorstellbar erscheinen. Bateson hatte die kumulative Interaktion als einen inhärenten Wesenszug angesehen, aber Bali zeigte ihm, daß eine ganze Nation lernen könnte, etwas ganz anderes zu tun. Die Gesellschaft Balis war außerdem viel stabiler als die Iatmul- oder die westeuropäische Gesellschaft, und deshalb mußten ihre „verrückten" Prämissen irgendwie wahrer sein. So gesehen lautete die entscheidende Frage, wie werden Ideologien (Wahrnehmungen, Weltanschauungen, „Wirklichkeiten") und Gefühlsmuster (Dominieren-Unterwerfen, Beistand und Abhängigkeit) im Kopf eines Individuums oder seiner Gesellschaft gebildet? Zur Beantwortung dieser Frage folgte Bateson Benedicts Begriff der Konfiguration und kehrte zu dem Konzept der „Grammatik" oder des Codes zurück. Individuen und Gesellschaften sind organisierte Einheiten; sie sind in einer bestimmten Weise „codiert" die in sich schlüssig ist, die emotional als auch kognitiv einen Sinn ergibt. Da es dieser Vorgang des Codierens war, der sie stabil machte (solange der Code funktionierte), war es entscheidend, jenen Vorgang genauer zu erklären. (18)

Bis Mitte der sechziger Jahre war die Lerntheorie vom behavioristischen Modell beherrscht, das gewöhnlich mit J.B. Watson und B.F. Skinner in Verbindung gebracht wird. Der wirkliche Großvater solcher Arbeiten war Ivan Pawlow, der dadurch einem Hund zur Unsterblichkeit verhalf, daß er ihm beibrachte, seinen Speichelfluß zu aktivieren, wann immer er eine Klingel läutete. Was Pawlow tat, bestand darin, einen Beziehungskontext zu schaffen. Immer wieder folgte dem Klingeln Nahrung, bis allein schon das Klingelgeräusch ausreichte, um beim Tier die gesamte gastrische Reaktion auszulösen. In einem der Experimente von Skinner lernte eine Ratte, einen Hebel zu drücken und dadurch ein Stück Futter freizubekommen. Skinners Ratte mußte sich mit Regeln auseinandersetzen, die sich von denen unterschieden, die Pawlows Hund betrafen, aber wiederum hatte ein (kausaler) Beziehungskontext zentrale Bedeutung: ein Geschehnis tritt ein, Futter erscheint. Außerdem beinhalteten alle diese Versuche eine zunehmend schnellere Lernrate bei den Tieren. Hund und Ratte hatten die Spielregeln schnell verstanden. Nach einigen Versuchen brauchte der Hund kein Fleisch mehr, um Speichel zu produzieren; er hatte gelernt, was die Klingel bedeutete. Auf ähnliche Weise entdeckte die Ratte, daß das Futterstück kein Zufall war und begann, viel Zeit mit dem Herunterdrücken des Hebels zu verbringen.

Was passiert bei solchen Versuchen? Was bedeuten die Begriffe „Lernen" und „Entdecken", so wie ich sie gerade benutzt habe? Bateson gebrauchte den Begriff „Proto-Lernen", um die einfache Lösung eines Problems zu kennzeichnen. Die Klingel läutet oder der Hebel wird angeboten. Die Pawlowsche Situation erfordert eine passive Reaktion, die bei Skinner eine aktivere, aber in beiden Fällen bleibt noch ein Problem zu lösen: was erfordert dieses Phänomen von mir (bzw. Hund, Ratte) und wozu führt es? Solch ein spezifisches Problem zu lösen bedeutet Proto-Lernen oder Lernen I. Das „Deutero-Lernen" oder Lernen II definierte Bateson als eine „fortschreitende Veränderung im Grad des Proto-Lernens." Beim Lernen II entdeckte das Subjekt das Wesen des Kontexts selber, das heißt es löst nicht nur die ihn konfrontierenden Probleme selber, sondern wird für die generelle Problemlösung geschickter. Es nimmt die Gewohnheit an, die Kontinuität einer bestimmten Abfolge oder eines Kontexts zu erwarten und dadurch „lernt es zu lernen." Darüber hinaus gibt es vier Kontexte positiven Lernens im Gegensatz zum negativen Lernen, in denen das Subjekt lernt, etwas *nicht* zu tun. Da sind die beiden zunächst beschriebenen Pawlowschen Kontexte und diejenigen der instrumentellen Belohnung; und ebenso gibt es Kontexte der instrumentellen Vermeidung (zum Beispiel bekommt die Ratte einen Elektroschock, wenn sie den Hebel nicht innerhalb eines bestimmten Zeitintervalls niederdrückt) und solche des seriellen und mechanischen Lernens (zum Beispiel muß das Wort B immer nach dem Wort A ausgesprochen werden). Proto-Lernen ist also die Lösung eines Problems in solchen Kontexten, und Deutero-Lernen bedeutet das Herausfinden, was dieser Kontext selber ist – die Spielregeln zu lernen.

Charakter und „Realität" haben ihren Ursprung im Prozeß des Lernens II; Charakter und Realität erweisen sich sogar als untrennbar. Eine, von einem Pawlowschen Versuchsleiter trainierte Person würde eine fatalistische Weltsicht haben. Sie würde glauben, daß nichts ihren Zustand beeinflussen könnte, und für solch eine Person dürfte die Realität vielleicht darin bestehen, Vorzeichen zu deuten. Ein im Sinne Skinners trainierterMensch wäre aktiver in der Auseinandersetzung mit seiner oder ihrer Welt. Aber nicht weniger rigide in seiner oder ihrer Sicht der Wirklichkeit. Bateson merkt an, daß westliche Kulturen nach einer Mischung von instrumenteller Belohnung und Vermeidung funktionieren. Ihre Bürger deutero-lernen die Kunst, alles um sie herum zu manipulieren, und es fällt ihnen schwer zu glauben, daß die Realität auf einer völlig andersartigen Grundlage aufgebaut sein könnte. Die Verbindung zwischen Dingen und Werten ist dergestalt, daß a) solche erworbenen Wahrnehmungen ebenfalls erworbene Charaktermerkmale sind und daß b) sie reine Glaubenssachen sind. Mit anderen Worten: um mit a) zu beginnen, ist jedes Lernen, insbesondere Deutero-Lernen der Erwerb eines Persönlichkeitsmerkmals, und *was wir „Charakter"* (*Ethos* auf griechisch) *nennen, ist auf Prämissen gebaut, die im Lernkontext erworben wurden.* Alle den Charakter beschreibenden Adjektive, sagt Bateson – „abhängig", „abweisend", „nachlässig" usw. – sind Beschreibungen möglicher Ergebnisse des Lernen II. Der im Sinne von Pawlow trainierte Mensch sieht die Realität nicht nur fatalistisch; wir können über ihn oder sie auch sagen: „Sie ist fatalistisch", oder: „Er ist ein passiver Typ." Die meisten von uns, die in den westlichen Industriegesellschaften aufgewachsen sind, wurden in instrumentellen Mustern erzogen, und deshalb fallen uns diese Muster normalerweise nicht auf: sie bilden unser Ethos. Sie sind „normal" und daher unsichtbar. In besonders offensichtlichen Fällen werden wir sagen: „Es geht ihm nur um sich selber" – eine charakterliche Beschreibung, die gleichzeitig eine Erkenntnistheorie ist. Beherrschend, unterwürfig, passiv, selbstüberheblich und exibitionistisch – alle sind gleichzeitig auch Charaktermerkmale und Definitionsarten der Wirklichkeit, und alle wurden seit frühester Kindheit (deutero-)gelernt. Der zweite Punkt, daß diese „Realitäten" Glaubenssachen sind, wirft die Frage der „wahren Ideologien" auf. Wenn wir mit einer instrumentellen Weltsicht aufgewachsen sind, werden wir uns dementsprechend zu unserer sozialen und natürlichen Umwelt verhalten. Wir werden die Umwelt auf dieser Grundlage prüfen, um positive Verstärkung zu erhalten, und wenn unsere Annahmen nicht bestätigt werden, werden wir wohl nicht unsere Sicht der Welt aufgeben, die negative Resonanz oder den Mangel an Resonanz jedoch als eine Anomalie abstempeln. Auf diese Weise entfernen wir die Bedrohung unserer Sicht der Realität, die gleichzeitig unsere Charakterstruktur darstellt. Weder der Medizinmann noch der Chirurg gibt die Magie und die Wissenschaft auf, wenn seine Methoden versagen, was oft der Fall ist. Verhalten, sagt Bateson, wird durch das Lernen II kontrolliert und formt den gesamten Kontext so, daß er zu diesen Erwartungen paßt. Der selbstbestätigende Charakter des Deutero-Lernens ist so machtvoll, daß es normalerweise nicht auszulöschen ist und gewöhnlich von der Wiege bis zur Bahre besteht. Natürlich durchlaufen viele Individuen „Bekehrungen", wobei sie das eine Paradigma für ein anderes aufgeben. Aber unabhängig vom Paradigma verbleibt die Person doch fest im Griff eines Deutero-Musters und geht durch das Leben, um „Fakten" zu finden, die es bestätigen. Nach Batesons Ansicht besteht der einzige wirkliche Ausweg in dem, was er das Lernen III nennt, bei dem es nicht um das eine Paradigma gegen das andere geht, sondern um ein Verständnis des Wesens des Paradigmas selbst. Solche Wechsel beinhalten eine tiefgreifende Neuorganisation der Persönlichkeit – ein Wandel der Form, nicht nur des Inhalts – und kann bei wirklichen religiösen Bekehrungen, in der Psychose oder der Psychotherapie vorkommen. Diese Veränderungen brechen die Kategorien des Lernens II mit großartigen oder gefährlichen Ergebnissen auf. (Wir werden uns mit dem Lernen III ausführlich weiter unten beschäftigen.)

Es sollte also klargeworden sein, daß die Verbindung von Dingen und

Werten, die die moderne Wissenschaft prinzipiell verneint, in Batesons Analyse des Lernens auf ganz natürliche Art einfließt. Ein Kodifizierungssystem, sagt er, ist nicht sehr verschieden von einem Wertesystem. Das Netzwerk der Werte bestimmt teilweise das der Wahrnehmungen. „Der Mensch lebt mit solchen Lehrsätzen, deren Gültigkeit eine Funktion seines Glaubens an sie ist", schreibt er. Oder wie er später sagt: „Der Glaube ist das Akzeptieren der Deutero-Lehrsätze, deren Gültigkeit in *Wirklichkeit* aufgrund ihrer Anerkennung durch uns zunimmt."

Aber was *ist* die Charakterstruktur? Wenn es ein Fehler war, das Ethos in Neuguinea zu verdinglichen, meinte Bateson, dann war es ebenso falsch, ein Charaktermerkmal wie eine bloße Sache zu behandeln. Adjektive, die den Charakter beschreiben, sind in Wirklichkeit Beschreibungen von „Austauschsegmenten". Sie beschreiben *Transaktionen*, keine Einheiten, und die betreffenden Transaktionen finden zwischen der Person und seiner oder ihrer Umwelt statt. Niemand ist einfach nur „abwesend" oder „nachlässig", trotz der gegenteiligen Behauptung Pawlows, Skinners und der gesamten behavioristischen Schule. Das Lernen II entspricht eindeutig der Erlangung apperzeptiver Gewohnheiten, wobei „Apperzeption" als Eigenwahrnehmung des Geistes als eines bewußt Handelnden definiert ist. Solche Gewohnheiten können auf mehr als nur eine Weise erlangt werden, und der Behaviorist irrt, wenn er glaubt, daß die Gewohnheit nur durch die wiederholte Erfahrung einer bestimmten Art von Lernkontext entsteht. „Wir haben es nicht", schreibt Bateson,

> mit einem hypothetischen, isolierten Individuum in Kontakt mit einem unpersönlichen Strom von Ereignissen zu tun, sondern vielmehr mit realen Individuen, die komplexe emotionale Beziehungsmuster zu anderen Individuen haben. In solch einer realen Welt wird das Individuum durch die sehr komplexen Phänomene von persönlichem Verhalten, Ton der Stimme, Feindseligkeit, Liebe usw. zur Annahme oder Zurückweisung apperzeptiver Gewohnheiten gebracht. Viele dieser Gewohnheiten werden ihm auch vermittelt, und zwar nicht durch seine eigene nackte Erfahrung des Stroms von Ereignissen, da kein menschliches Wesen (selbst der Wissenschaftler nicht) in diesem Sinne nackt ist. Der Ereignisstrom wird ihm durch Sprache, Kunst, Technologie und andere kulturelle Medien vermittelt, die an jedem Punkt durch eingefahrene Wege apperzeptiver Gewohnheiten strukturiert sind. (19)

Das psychologische Laboratorium ist wahrscheinlich der *allerletzte* Ort, um etwas über das Lernen zu lernen, ebenso wie das Physiklabor der letzte Ort ist, um etwas über Licht und Farbe zu lernen. Skinner wie Newton trifft die Schuld, den Kontext so weit eingeschränkt zu haben, bis sie das Triviale präzise kontrollieren konnten. Wenn man etwas über das Lernen herausfinden will, so behauptete Bateson, muß man die Individuen in ihrem kulturellen Kontext und insbesondere der nonverbalen Kommunikation, die zwischen ihnen stattfindet, studieren. Das Deutero-Lernen geht überwiegend aufgrund von Stichworten vonstatten, die er später „analog" im Gegensatz zu „digital" nannte. Er glaubte, daß wir dort den Ursprung unserer Charakter„merkmale" und unserer kognitiven „Realitäten" finden werden.

Um dies kurz zu vertiefen: digitales Wissen, das sich seit der Zeit von Gutenberg rapide verbreitete, ist verbal-rational und abstrakt. Zum Beispiel besitzt ein Wort keine besondere Beziehung zu dem, was es beschreibt („Kuh" ist kein großes Wort). Analoges Wissen andererseits ist ikonisch: die Information stellt das dar, was mitgeteilt wird. (Eine laute Stimme deutet auf starke Gefühle hin.) Diese Art des Wissens ist im Sinne Polanyis stillschweigend und schließt Dichtung, Körpersprache, Gestik und Intonation, Träume, Kunst und Fantasie ein. Pascal und Descartes hatten diesen Unterschied zwischen Stil und Nuance einerseits und Messung und Geometrie andererseits erörtert. Obwohl diese beiden Formen des Wissens auf den ersten Blick unvereinbar erscheinen, zog es Bateson vor zu glauben, daß Pascal recht hatte, als er schrieb, daß das Herz seine Gründe habe, die der Verstand nicht kenne. Vielleicht war es für die Wissenschaftler an der Zeit, mit der Formulierung einiger Algorithmen des Herzens anzufangen.

Bateson erinnert sich, daß er im Januar 1952 beim Beobachten der spielenden Affen im Fleishhacker Zoo in San Francisco erkannte, daß ihr Spiel (trotz Gefangenschaft der Affen) einen Ansatzpunkt für den ganzen Bereich der nonverbalen Kommunikation bieten könnte. Der daraus resultierende Artikel „Eine Theorie des Spiels und der Phantasie" behauptete, 1. daß es beim Spiel zwischen Säugetieren eher um *Relata* ging als um einen eindeutigen Inhalt und in diesem Sinne in seiner Struktur dem Material von Primärprozessen (oder Träumen und Phantasien) sehr ähnlich war; 2. daß solches Material, obwohl es unserem bewußten Geist nicht vertraut war, der formallogischen Analyse unterworfen war, insbesondere den Regeln über Paradoxa, die in dem klassischen Werk von Russell und Whitehead, *Principia Mathematica* (1910-1913) beschrieben wurden; 3. daß, da die Menschen Säugetiere sind, unser eigenes Lernen – und deshals unser Wesen und unsere Weltsicht – von solchem Material abhängt; daß das, was wir „Persönlichkeit" und „Realität" nennen, sich durch einen (Deutero-)Lernprozeß bildete, der unsere Umwelt durchdrang und uns auf subtile aber bestimmte Weise bestimmte zugelassene Muster lehrte, die die Kultur als „normal" bezeichnete und 4. daß das Umgekehrte der Wahnsinn (der angebliche Mangel an Persönlichkeitskohärenz und Weltsicht,) wahrscheinlich das Unvermögen beinhaltete, die Beziehung zwischen Bewußtem und Unbewußtem den Deutero-Aussagen eines speziellen kulturellen Kontexts entsprechend zu manipulieren.

Der theoretische Ausgangspunkt für Batesons Forschung waren hier Russels und Whiteheads „Theorie der logischen Typen". Diese Theorie sagt für sich selbst genommen lediglich aus, daß keine Klasse von Elementen, wie sie in der Logik oder der Mathematik definiert sind, ein Mitglied der eigenen Klasse sein kann. Stellen wir uns zum Beispiel eine Klasse von Objekten vor, zu der alle Stühle gehören, die momentan auf der Welt existieren. Alles, was wir gewöhnlich als Stuhl bezeichnen, wird ein Mitglied dieser Klasse sein. Aber die Klasse selber ist kein Stuhl, sowenig wie ein bestimmter Stuhl die

Klasse der Stühle sein. Ein Stuhl und die Klasse der Stühle sind zwei verschiedene Abstraktionsebenen (wobei die Klasse die höhere Ebene ist). Dieses Axiom, das besagt, daß es eine Dyskontinuität zwischen einer Klasse und ihren Elementen gibt, erscheint uns auf triviale Weise offenkundig, bis wir entdecken, daß die Kommunikation der Menschen und Säugetiere ständig dagegen verstößt und dabei bedeutsame Paradoxa hervorbringt.

Eines der berühmtesten dieser Paradoxa ist als „Epimenides' Paradox" oder als „das Paradox des Lügners" bekannt (vgl. Kapitel 5, Fußnote 30). Man kann es wie in Abbildung 14 darstellen:

Alle Behauptungen
Innerhalb dieses Rahmens
Sind unwahr

Figur 14: Gregory Batesons Illustration (verändert) des Epimenideschen Paradoxons (aus „Eine Theorie des Spiels und der Phantasie")

Wir sehen sofort das Problem. Falls die Mitteilung stimmt, ist sie falsch, und wenn sie falsch ist, stimmt sie. Die Auflösung liegt in dem Axiom von Russell–Whitehead. Das Wort „Mitteilung" wird sowohl im Sinne einer Klasse (die Klasse der Mitteilungen) *und* ebenfalls als ein Teil innerhalb der Klasse benutzt. Diese Klasse wird gezwungen, ein Mitglied ihrer Selbst zu sein, aber weil diese Situation gemäß den formalen Regeln der Logik nicht zulässig ist, entsteht ein Paradox. Die Mitteilung selber wird als Prämisse der Überprüfung ihrer eigenen Richtigkeit oder Unwahrheit verwendet, und daher werden zwei verschiedene Abstraktionsebenen oder logische Typen durcheinandergeworfen.

Die Wahrheit ist, daß weder die Kommunikation der Menschen noch der Säugetiere sich nach der Logik der *Principia Mathematica* richtet. In Wirklichkeit schließt jede sinnhafte Kommunikation notwendigerweise auch Metakommunikation mit ein – Kommunikation über die Kommunikation – und bringt deshalb ständig Paradoxa der Russellschen Art hervor. Nehmen wir als erstes die menschliche Kommunikation. Nehmen wir einmal an, ich sage Ihnen an, wenn wir gerade mit einer bestimmten Handlung oder Unterhaltung beginnen: „Dies ist Spiel." Die Botschaft, die ich übertrage heißt: „Nehmen Sie das Folgende nicht ernst." Was bedeutet der Satz in Wirklichkeit? „Dies ist Spiel", sagt Bateson, kann man in die Mitteilung übersetzen: „Diese Handlung, in die wir jetzt verwickelt sind, bezeichnen nicht das, was solche Handlungen, *für die sie stehen* bezeichnen würden"; oder, da „stehen" und „bedeuten" je dasselbe meinen, kann die Übersetzung auch lauten: „Diese Handlungen, in die wir jetzt verwickelt sind, bedeuten nicht, was jene Handlungen, die sie bezeichnen, bezeichnen würden." Wenn ich meine Geliebte spielerisch zwicke, bedeutet das Zwicken einen Biß, aber es bedeutet nicht, was ein echter Biß bedeuten würde. Es ist *kein* aggressiver Akt und ich drücke das dadurch aus, daß ich die Handlung als negative Kommentierung ihrer selbst benutze. Aber weder dieses Verhalten, noch die Mitteilung: „Dies ist Spiel" ist formallogisch erlaubt. Der „übersetzte" Satz ist ein gutes Beispiel für das Paradox des Lügners: das Wort „bedeuten" wird in zwei Abstraktionsgraden verwendet, die fälschlicherweise so behandelt werden, als ständen sie auf der gleichen logischen Ebene (der einen ist erlaubt, der anderen zu widersprechen). Sowohl das Zwicken als auch die Mitteilung: „Das ist Spiel" erreichen einen Rahmen, dem dann erlaubt wird, seinen eigenen Inhalt zu kommentieren.

Diese Diskussion führt uns in den Fleishhacker Zoo und zu der Frage zurück, was wir von den Affen lernen können. Metakommunikative Botschaften sind logisch unzulässig, weil sie Rahmenbezüge sind, die Aussagen über sich selber machen. Dieser Punkt ist im Falle einer verbalen Mitteilung wie etwa: „Dies ist Spiel" offensichtlich, und tatsächlich versichern wir uns ständig des Bezugsrahmens beim gewöhnlichen Gespräch: „Was meinst du eigentlich damit?" „Glaubst Du das auch?" „Nimmst Du mich auf den Arm?" usw. Aber, sagt Bateson, obwohl wir anders als die Affen der gesprochenen und geschriebenen Metakommunikation fähig sind, sind wir doch im folgenden entscheidenden Sinne wie sie: die allermeisten Metamitteilungen bleiben implizit. „Ich liebe Dich", sage ich geistesabwesend zu meiner Geliebten, die gerade ins Zimmer trat und meine Aufmerksamkeit oder Zuwendung suchte, während meine Körpersprache und mein Tonfall sagen: „Laß mich in Ruhe, damit ich mein Kapitel über Bateson beenden kann." Was unsere Verwandten unter den Säugetieren betrifft, so sind sie wegen der fehlenden Sprache eingeschränkt und können zwar eine Handlung verweigern oder ablehnen, aber sie nicht negieren oder verneinen. Zwei Hunde treffen sich und keiner von beiden will kämpfen. Sie sind unfähig zu sagen: „Laßt uns nicht kämpfen." Freundlich zu sein, löst das Problem ebensowenig, weil es eine positive Mitteilung ist, die jede „Diskussion" über das Kämpfen ausläßt, statt sich speziell dagegen zu entscheiden. Also fletschen die Hunde die Zähne, veranstalten einen Schaukampf und hören dann auf. Die ausgetauschte Botschaft: das Zwicken ist kein Biß, oder: „Diese Handlungen, in die wir jetzt verwickelt sind, bedeuten nicht ..., usw." Das Spiel ist ein Phänomen, bei dem Spielhandlungen andere Handlungen des Nicht-Spiels bedeuten; und wie Hunde oder Affen tauschen auch wir ständig solche Botschaften aus. Tatsächlich, sagt Bateson, haben wir Menschen sehr komplexe Spiele entwickelt, die auf einer gewollten Verwirrung der Landkarte mit dem Territorium beruhen. Die Katholiken sagen, daß die Hostie der Leib Christi ist, ein Sakrament. Die Protestanten sagen, sie ist *wie* der Leib Christi, eine Metapher. Millionen wurden nur wegen dieser Frage im Krieg getötet, gefoltert oder verbrannt, und Millionen sterben weiterhin für diese oder jene Fahne – Stoffetzen, die in den Augen der Soldaten, die für sie marschieren, viel mehr als nur Metaphern sind.

Hier liegt also die Ähnlichkeit zwischen tierischer Kommunikation und dem Primärprozeß. Wie bei Träumen und Phantasien dreht es sich beim Spiel (wenn auch nicht ausschließlich) eher um *Relata* als um Inhalt. Die bedeutsame Aussage jedes Traums liegt in der Beziehung zwischen den Dingen im Traum. Das Bild, das als Ausdruck des Bezugs benutzt wird, ist weniger wichtig als die Beziehung selber. Anders als der Sekundärprozeß, kann der Primärprozeß sich nicht direkt zu sich selber äußern. (20) Landkarte und Territorium sind gleichgesetzt. Der Rahmen selbst, wie Bateson sagt, wird Teil des Prämissensystems; er ist metakommunikativ. Jede Phantasie umschließt zum Beispiel die implizite Mitteilung: „Dies ist nicht im wörtlichen Sinne wahr."

Schließlich müssen wir fragen: Na und? Wenn unsere Kommunikation meistens irgendeine abstrakte Theorie der Logik verletzt, die im ersten Jahrzehnt des 20. Jahrhunderts aufgestellt wurde, na und? Die Bedeutung liegt in der Tatsache, daß *es weitgehend diese Verletzung der Logik ist, die den größten Teil unseres Deutero-Lernens ausmacht*; daß wir eine Persönlichkeit und eine Weltsicht durch ein ausgedehntes System kultureller metakommunikativer Botschaften erhalten, das ziemlich genau verstanden werden kann; und daß dieses analoge Wissen im Vergleich zum absichtlichen, bewußten, digitalen Wissen unglaublich weitreichend ist. Ich werde auch auf diesen letzten Punkt, dem „Prinzip der Unvollständigkeit" in Kapitel 8 noch zurückkommen. Im Augenblick ist es wichtig zu verstehen, wohin Batesons Untersuchung zur Lerntheorie ihn führte. Während die traditionelle wissenschaftliche Untersuchungsarbeit jedes Überlappen von Dingen und Werten peinlichst vermeidet (wie wir gesehen haben, liegt hierin der Grund für ihre Entkörperlichung), führt Bateson die beiden bewußt zusammen, oder zumindest erzwang er nicht die übliche künstliche Trennung. Deshalb war die Antwort, die sich herausschälte, präzise und auch bedeutsam. Die „Wahrheit" einer Person ist auch sein oder ihr „Charakter", und die Formungsprozesse finden sich in den Modalitäten der nicht-verbalen- oder Metakommunikation wieder.

Die Arbeit, aufgrund derer Bateson wahrscheinlich am bekanntesten ist, seine Studie der Geisteskrankheit und die Formulierung der double bind-Theorie (Beziehungsfalle – Anm. d. Übers.) als der formalen Ätiologie der Schizophrenie, ist wirklich eine brillante Ausarbeitung und Verifizierung der oben erwähnten Lerntheorie. Dieses Werk verdeutlicht ebenso wie jedes andere Beispiel, das wir aufführen können, klar die Genese von Weltanschauung und Persönlichkeit und zeigt die „Algorithmen des Herzens", die dem Prozeß zugrundeliegen. Es ist jedoch eine Art von Beweis durch das gegenteilige Beispiel, eine *reductio ad absurdum*, denn der Wahnsinn zeigt, was passiert, wenn die Fähigkeit zur Metakommunikation fehlt oder ernsthaft geschwächt ist. Was, so fragte Bateson, wurde bei der Herstellung des Wahnsinns ge- oder eher ver-lernt?

Batesons Erkundung der Lerntheorie bis an diesen Punkt hatte ihn zu dem Schluß geführt, daß das Metakommunikationssystem unserer Kultur uns den Gebrauch der Bezugsrahmen lehrte und daß ihr Gebrauch die Persönlichkeit, die Sicht der Welt und die soziale Gesundheit definierte. Die These eines von Batesons Kollegen, des Psychiaters Jay Haley war, daß die Symptome des

Wahnsinns von der Unfähigkeit herrührten, zwischen den logischen Typen zu unterscheiden. Das Individuum, das die Metapher als Realität nahm, das *außerhalb* der Kirche darauf bestand, daß die Hostie wirklich der Leib Christi *war*, wurde als psychotisch eingeordnet. In einem Referat über Spiel und Phantasie hatte sich Bateson noch damit begnügt zu fragen: „Gibt es irgendeinen Hinweis darauf, daß bestimmte Formen der Psychopathologie durch abweichenden Umgang des Patienten mit Bezugsrahmen und Paradoxien charakterisiert sind?" Der zukunftsweisende Artikel über den double-bind, der zusammen mit Haley, Dan Jackson und John Weakland geschrieben worden war, erschien im darauffolgenden Jahr und bot eine positive Antwort an.

Nach Haley war die Fähigkeit, zwischen dem wörtlichen und dem übertragenen Bedeutungsinhalt zu unterscheiden, der Prüfstein geistiger Gesundheit. Bateson verweist selbst auf die Situation, in der der schizophrene Patient in die Kantine des Krankenhauses tritt und die Frau hinter dem Tresen zu ihm sagt: „Was kann ich für Sie tun?" Er antwortet nicht: „Heute esse ich die Fleischpastete", sondern er steht stattdessen da und versucht herauszubekommen, was für eine Art von Botschaft dies ist. Bietet sie an, mit ihm zu schlafen? Versucht sie, ihn hereinzulegen? Will sie ihm eine kostenlose Mahlzeit geben, wenn er darum bittet? Der Punkt ist, sagte Haley, daß alle Botschaften der Menschen die Theorie der logischen Typen verletzen. Es gibt *immer* eine begleitende Metakommunikation, meistens nonverbal, und geistige Gesundheit besteht in der Fähigkeit, diesen Code zu entziffern und zu benutzen. Unser Patient läge mit dem Schluß richtig, daß ein sexuelles Angebot gemacht wurde, falls ein bestimmter Tonfall in der Stimme oder in der Körpersprache die Frage der Frau begleitet hätte, aber er ist unfähig, eine solche Unterscheidung zu treffen, und es ist diese Unfähigkeit, die das Etikett „verrückt" rechtfertigt. Haley gibt das Beispiel eines schizophrenen Mannes wieder, für den der Einschluß aufgehoben worden war und der dieses Privileg mißbraucht hatte und aus der Anstalt geflohen war, indem er über den sie umgebenden Zaun geklettert war. Die Polizei griff ihn schließlich auf und brachte ihn zurück. Einige Tage später zeigte der Mann Haley die Stelle des Zaunes, wo er hinübergeklettert war und sagte: „Dort ist jetzt ein Stopschild." Während er sprach, war jedoch ein Zwinkern in seinen Augen. Haley erkannte plötzlich, daß der Patient das Gesagte nicht wörtlich meinte. Er hatte vielmehr gelernt, seine eigenen Mitteilungen zu kommentieren und befand sich also auf dem Wege der Besserung. (21)

Wie gelangt jemand zu dem Punkt, ständig die logischen Typen zu verwechseln? Bateson glaubte, daß wir nicht nach irgendeinem Trauma aus der Kindheit suchen sollten, irgendeinen Wendepunkt, sondern stattdessen untersuchen, was in der Kindheit des Schizophrenen *normal* gewesen ist. Irgendwie war er oder sie dazu erzogen worden, *nicht* zu metakommunizieren, sich zu den Botschaften der anderen nicht zu äußern, und solch eine Unfähigkeit war so abweichend, daß es erschien, daß ein einziger Vorfall dies hervorgebracht haben könnte. Kybernetisch ausgedrückt (vgl. Kapitel 8) ist Metakommunikation Feedback, und der Psychotiker ist wie ein selbstregulierendes System, das seinen Regler verloren hat und sich in endlose Verzerrungen hineinsteigert, die als „Katatonie", Hebephrenie", „Paranoia" usw. bezeichnet werden.

In Wirklichkeit sind diese Verzerrungen Alternativen zur eigenen Kommentierung der Mitteilungen von anderen, die, so spürt es der Schizophrene, ihm oder ihr aus irgendeinem Grunde nicht erlaubt ist.

Was Bateson, Haley et al. taten, bestand in der Untersuchung der gesamten Familiensituation, statt nur (wie immer noch üblich) des vereinzelten Schizophrenen. Bateson und seine Mitarbeiter glaubten, daß der Patient nicht von einer „Krankheit", die auf mysteriöse Weise von den Genen oder der Gehirnchemie verursacht wurde, sondern von einem *Prozeß*, einem *Muster* befallen war, was bereits seit Jahren abgelaufen war. Wie R.D. Laing, dessen eigenes Werk auf der double bind-Theorie gründete, gezeigt hat, ist der Unterschied zwischen dem Behandeln des Patienten als einem „Organismus", der „Krankheitssignale" aussendet und als einer Person, die sich in einem Prozeß befindet, ein Unterschied wie Tag und Nacht. In: *Das geteilte Selbst* gibt Laing den berühmten Bericht (1905) des deutschen Psychiaters Kraepelin, über dessen Präsentation eines schizophrenen Patienten in einem Hörsaal voller Studenten wieder:

> „Der Patient, den ich Ihnen heute zeigen will, muß beinahe in den Raum getragen werden, da er mit gespreizten Beinen, auf den Außenseiten seiner Füße steht. Als er hereinkommt, wirft er seine Pantoffeln von sich, singt laut eine Hymne und schreit dann zweimal 'mein Vater, mein wahrer Vater'. Es ist 18 Jahre alt und Schüler der Realschule, groß und ziemlich kräftig gebaut, aber von blasser Gesichtsfarbe, die sich sehr oft vorübergehend rötet. Der Patient sitzt da mit geschlossenen Augen und schenkt seiner Umgebung keinerlei Aufmerksamkeit. Er blickt nicht auf, auch nicht, als man mit ihm spricht, aber er antwortet, erst mit leiser Stimme, dann lauter und lauter schreiend. Als man ihn fragt, wo er ist, sagt er: 'Möchten Sie das auch wissen? Ich sage Ihnen, wer gemessen ist und gemessen wurde und gemessen wird. Ich weiß das alles und ich könnte es Ihnen erzählen, aber ich will nicht.' Als man ihn nach seinem Namen fragt, schreit er: 'Wie heißen Sie? Was macht er zu? Er macht seine Augen zu. Was hört er? Er versteht nichts; er versteht nichts. Wie? Wer? Wo? Wann? Was meint er? Wenn ich ihm sage, er soll schauen, schaut er nicht richtig. Sie da, schauen Sie her! Was ist? Was ist los? Passen Sie auf; er paßt nicht auf. Ich sage, was ist denn? Warum antworten Sie mir nicht? Werden Sie wieder unverschämt? Wie können Sie nur so unverschämt sein? Ich komme! Ich werde es Ihnen zeigen! Sie huren nicht für mich. Schlau sind Sie auch nicht; sie sind ein unverschämter, lausiger Kerl, so ein unverschämter, lausiger Kerl ist mir noch nie über den Weg gelaufen. Fängt er wieder an? Sie verstehen überhaupt nichts, überhaupt nichts; überhaupt nichts versteht er. Wenn Sie jetzt nicht gehorchen, er will nicht gehorchen, er wird nicht gehorchen. Werden Sie immer noch unverschämter? Sind Sie immer noch unverschämt?

Wie Sie aufpassen, Sie passen auf' usw. Am Ende schimpft er in ziemlich unartikulierten Lauten vor sich hin."

Kraepelin fügte seiner Beschreibung die folgenden Bemerkungen hinzu:

> „Obwohl (der Patient) ohne Zweifel alle Fragen verstand, *gab er uns kein einziges Stück wertvoller Information*. Seine Rede bestand ... *nur aus einer Reihe unzusammenhängender Sätze, die nicht die geringste Relation zu der allgemeinen Situation aufwiesen*. (Kursivschrift von Laing.)

Was passiert hier also? Diese Art von „Wortsalat", wie er oben wiedergegeben wurde, ist unter schizophrenen Patienten sehr verbreitet, und es war Batesons Behauptung, daß, weil das entscheidende am Wahnsinn die Unfähigkeit zur Metakommunikation ist, solch ein „Wortsalat" eine Anmerkung über die Situation beinhalten muß, aber auf eine sichere, das heißt indirekte und versteckte Weise. Tatsächlich parodierte der Patient das ganze Interview ohne Wissen Kraepelins, und zwar auf eine Weise, die ihm erlaubte, Kraepelin zu sagen, daß er sich verpissen soll: „Möchten Sie das auch wissen? Ich sage Ihnen, wer gemessen wir, und wer gemessen wurde, und wer gemessen werden wird. Ich weiß das alles, und ich könnte es ihnen erzählen, aber ich will nicht." „Das scheint", so kommentiert Laing, „deutlich genug zu sein. Vermutlich ist ihm diese Form des Ausfragens, die in einem Hörsaal voller Studenten stattfindet, zutiefst zuwider. Er sieht wahrscheinlich nicht, was was mit den Dingen zu tun hat, die für ihn äußerst qualvoll sein müssen." Als ihn Kraepelin daher nach seinem Namen fragt, antwortet er auf eine Weise, die Krapelins ganze Einstellung zu ihm dokumentiert:

> Wie heißen Sie? Was macht er zu? Er macht seine Augen zu ... Warum antworten Sie mir nicht? Werden Sie wieder unverschämt? Sie huren nicht für mich (das bedeutet, sagt Laing, daß er glaubt, Kraepelin sei unwillig, weil er nicht bereit ist, sich vor dem Hörsaal voller Studenten zu prostituieren) ... So ein unverschämter, schamloser, miserabler, lausiger Kerl ist mir noch nicht über den Weg gelaufen. (22)

Von Laings Standpunkt aus ist Kraepelin ein ziemlicher Tölpel. An anderer Stelle erzählt Laing die Geschichte eines Patienten, der seinen Psychiater ähnlich verspottete: „Du bist ein Spinner." Der Psychiater schrieb es emsig in seinem Notizbuch mit.

Die Frage ist, warum denn auf solch obskure Art Metakommunikation betreiben? Warum wandte sich der Junge nicht einfach zu Kraepelin und sagte: „Ich bin dagegen, daß ich wie ein Zirkusbär behandelt werde. Bitte lassen Sie mich zufrieden"? Selbst wenn Kraepelin in der Lage gewesen wäre, solch eine Aussage wahrzunehmen, wäre der Patient von seiner Verfassung her nicht in der Lage gewesen, sie zu machen, weil zweifelsohne sein ganzes Leben lang Menschen wie Kraepelin mit ihm umgegangen sind. Seine Familiensituation war wahrscheinlich derart, daß sie jede offene Metakommunikation ausschloß. Deshalb der Wortsalat, der Kraepelins Diagnose „bestätigte". Batesons Hypothese war, daß dieser Wortsalat eine andauernde traumatische Situation beschrieb, die ein Durcheinander in der Metakommunikation beinhaltete, und daß dieses fortdauernde Trauma „eine *formale* Struktur in dem Sinne gehabt haben muß, daß mehrere logische Typen gegeneinander ausgespielt wurden ..." Ein Besuch zu Hause bei einem von Batesons eigenen Patienten deckte zum Beispiel auf, daß die Mutter des Patienten ständig und anscheinend unbewußt Mitteilungen von Menschen, die sie umgaben (Bateson eingeschlossen) aufnahm und sie uminterpretierte, so daß sie etwas anderes bedeuteten. Der Patient hatte solches Verhalten zweifellos seit seiner Kindheit ertragen müssen, aber es war eher er als sie, der für verrückt gehalten wurde – weil sie und nicht er es war, die den Haushalt führte und die vermutlich die Unterstützung oder Einwilligung ihres Ehegatten erhielt. Als der Sohn schließlich alt genug war, um zu sagen: „Das habe ich nicht gemeint; du verstehst mich falsch", war er dazu schon völlig unfähig. Was sich stattdessen entwikkelte, war eine Reihe bizarrer Symptome.

Die Forschungen Batesons und seiner Mitarbeiter zielten darauf ab, die allgemeine Annahme zu untermauern, daß in der Psychose der realen Kommunikation, der Theorie der logischen Typen (die Diskontinuität zwischen einer Klasse und ihren Teilen) ständig widersprochen wurde. Sie fanden heraus, daß die Schizophrenie das Ergebnis des Bruchs bestimmter formaler Muster ist, der auf extreme Weise in der Kommunikation zwischen Mutter und Kind geschieht. Natürlich kann Metakommunikation immer entstellt werden: das gespielte Lachen, das gekünstelte Lächeln. Aber wie in dem obigen Beispiel von Mutter und Sohn geschieht die Verfälschung bezeichnenderweise unbewußt. Wie Mrs. Malaprop, war sich auch die Mutter nicht bewußt, daß sie alles durcheinanderbringt, aber in diesem Falle waren die Konsequenzen nicht ganz so erheiternd. An diesem Punkt der Analyse der Schizophrenie wurde Batesons Theorie des Deutero-Lernens relevant. Der Sohn war in eine schizophrene Wirklichkeit deutero-hineintrainiert worden; er hatte gelernt, die Wirklichkeit auf diese Weise zusammenzufügen, um zu überleben. Mit diesem Ethos war der Wahnsinn zu seinem „Charakter" und seiner Weltsicht geworden. Aber es mußte da noch etwas anderes geben. Dies war lediglich der Anfang einer Erklärung; was Bateson suchte, war ein umfassendes wissenschaftliches Verstehen des Phänomens.

Auf Neuguinea hatte Bateson das Ethos der Iatmul zumindest teilweise mit Hilfe des Begriffs der Schismogenese verstanden. Besaßen Schizophrene ebenfalls solch eine formale Struktur und wenn dem so wäre, welches war diese Struktur? Worin bestand das Lernen II für psychotische Individuen? Der „Weg durch das Geheimnis der Arten", hatte William Bateson 1894 geschrieben, „könnte in den Tatsachen der Symmetrie gefunden werden." (23) Welches war in diesem Fall die Symmetrie? Welches war das zugrundeliegende Muster, der Algorithmus des Herzens? Das schizophrene Kind, schrieben Bateson et al., lebt in einer Welt, in der die Ereignisabfolgen so aufgebaut sind, daß unkonventionelle Kommunikationsgewohnheiten auf irgendeine Weise in sich logisch sind. „Die Hypothese, die wir anbieten", fuhren die Autoren fort, „ist, daß die Abfolgen dieser Art in der äußeren Erfahrung des Patienten für die inneren Konflikte in der logischen Typisierung verantwortlich sind. Für solche unauflösbaren Sequenzen von Erfahrungen verwenden wir den Terminus 'double bind'.“ Bateson bestimmte die Bestandteile einer double bind-Situation wie folgt:

(1) Zwei oder mehrere Personen müssen betroffen sein, von denen eine gezwungen ist, die Rolle des Opfers zu spielen.

(2) Die double bind-Struktur wiederholt sich ständig: Sie ist nicht das Ergebnis eines starken, traumatischen Schocks, sondern der sich wiederholenden und gewohnheitsmäßigen Art der Welterfahrung.

(3) Es besteht ein primäres negatives Gebot, entweder in der Form: „Tue dieses oder jenes nicht, sonst werde ich dich bestrafen“, oder: „Wenn du dies oder jenes nicht tust, werde ich dich bestrafen.“ Wiederum ist die Bestrafung kein traumatisches Schlüsselerlebnis, sondern geschieht fortlaufend, wie etwa der Liebesentzug oder der Ausdruck des Verlassenwerdens.

(4) Es gibt ein „sekundäres Gebot, das mit dem ersten auf einer abstrakten Ebene in Konflikt steht und wie das erste durch Strafen oder Signale verstärkt wird, die das Überleben bedrohen“. Hier liegt das Verwechseln der logischen Typen vor. Das sekundäre Gebot wird gewöhnlich durch kinetische Signale „metakommuniziert“. Die Eltern könnten das Kind zum Beispiel bestrafen und ihm dann durch eine Körpersprache signalisieren: „Betrachte dies nicht als Bestrafung“, „betrachte mich nicht als Strafinstanz“, oder sogar: „Unterwerfe dich dieser Bestrafung nicht.“ In akuten Formen der Schizophrenie brauchen die Eltern gar nicht mehr anwesend zu sein. „Das Muster widerstreitender Gebote kann“, so sagt Bateson, „sogar von halluzinatorischen Stimmen übernommen werden.“ (24)

(5) Der double bind ist jedoch nicht nur eine Situation des „Wehe, du tust dies – wehe, du tust dies nicht.“ Nur die bloße Verlierersituation, in der man immer nur verlieren kann, macht noch niemanden verrückt. Das entscheidende Element besteht darin, nicht aus der Situation herausgehen oder den Widerspruch aufzeigen zu können; und Kinder befinden sich oft gerade in solch einer Lage. Laing faßt daher das double bind-Dilemma so zusammen: „Regel A: tu es nicht. Regel A. 1.: Regel A existiert nicht. Regel A. 2.: erörtere weder die Existenz noch die Nichtexistenz der Regeln A, A. 1. oder A. 2.“ (25)

Was passiert mit einem Kind, das in solch eine Situation gerät? Es wird bestimmt seine eigenen Gefühle widerlegen müssen, sich selber davon überzeugen müssen, daß es wirklich unrecht hat, um die Beziehung zu seiner Mutter und seinem Vater aufrechterhalten zu können. In der formalen Begrifflichkeit gesprochen, wird es deutero-lernen müssen, *nicht* zwischen den logischen Typen zu unterscheiden, weil es gerade ein solches Unterscheiden ist, das die ganze Beziehung bedrohen wird. Mit anderen Worten: a) es steckt in einer intensiven Beziehung und spürt daher, daß es wissen muß, welche Botschaften ihm gesendet werden; b) die Person, die die Kommunikation aussendet, schickt zwei Mitteilungen verschiedener Abstraktionsebenen und benutzt die eine davon, um die andere zu leugnen; c) das Opfer kann nicht metakommunizieren, kann sich nicht mit diesem Widerspruch auseinandersetzen. Derartige Widersprüche werden „Realität", und mit der Zeit könnte das Kind lernen, mit Hilfe der merkwürdigsten Bilder zu metakommunizieren. Das Metaphorische und das Wörtliche geraten dauerhaft durcheinander und das Metaphorische ist sicherer, da es die direkte Äußerung umgeht und das Opfer dadurch nicht in Verlegenheit bringt. Wenn der Patient sich schließlich entscheidet, daß er Napoleon ist, befindet er sich in absoluter Sicherheit, weil er tatsächlich erreicht hat, was vorher nicht möglich war: er hat die Situation verlassen. Der double bind kann nicht länger wirken, weil nicht mehr er da ist, sondern „Napoleon". Dies ist jedoch kein Spiel; wenn das Überleben davon abhängt, Napoleon zu sein, wird sich das Opfer nicht bewußt sein, daß es in Metaphern spricht oder daß es in Wirklichkeit nicht der geschichtliche Napoleon ist. Der Wahnsinn ist nicht einfach der Zusammenbruch der Psyche. Tatsächlich ist er der Versuch, die Psyche zu *retten*.

Double bind-Situationen gibt es in der Psychopathologie im Überfluß, und Bateson führt als klassisches Beispiel den Fall eines Besuchs der Mutter ihres ins Krankenhaus eingewiesenen Sohnes an, der sich von einem kurz zuvor eingetretenen Schub akuter Schizophrenie erholte.

> Er freute sich über ihren Besuch (schreibt Bateson) und legte ihr impulsiv seinen Arm um die Schultern, worauf sie erstarrte. Er zog seinen Arm zurück, und sie fragte: „Liebst Du mich nicht mehr?" Daraufhin wurde er rot, und sie sagte: „Lieber, Du darfst nicht so leicht verlegen werden und Angst vor Deinen Gefühlen bekommen." Der Patient war danach nicht in der Lage, länger als ein paar Minuten mit ihr zusammenzusein, und nachdem sie gegangen war, griff er einen Assistenten an und wurde in die Wanne gesteckt.

Es liegt auf der Hand, fährt Bateson fort, daß dieser Ausgang hätte vermieden werden können, wäre der junge Mann in der Lage gewesen, seiner Mutter klarzumachen, daß ihr unbehaglich wurde, als er ihr Zuneigung zeigte. Aber jahrelange intensive Abhängigkeit und Training, die bis in eine Zeit zurückreichen, als er ein hilfloses Kleinkind war, hatten ein Muster entstehen lassen, das diese Wahl unmöglich machte. Über die Jahre hinweg hatte er gelernt, sagt Bateson, daß, „wenn ich eine Bindung an die Mutter erhalten will, ich ihr nicht zeigen darf, daß ich sie liebe, aber wenn ich ihr nicht zeige, daß ich sie liebe, dann werde ich sie verlieren." Bei diesem Beispiel sehen wir ein Verwechseln der logischen Typen. Das Kind hatte gelernt, daß, wenn es die Beziehung zu seiner Mutter erhalten wollte,

> es nicht genau zwischen Arten von Mitteilungen unterscheiden darf ... Im Ergebnis muß (es) seine Wahrnehmung metakommunikativer Signale systematisch verzerren ... Es muß sich selber über seinen eigenen inneren Zustand täuschen, um die Mutter in ihrer Täuschung zu unterstützen.

Es gibt also so etwas wie eine schizophrene Person nicht. Es gibt nur ein schizophrenes *System.* In einem solchen System ist die Mutter in der Lage, die Definitionen der eigenen Mitteilungen des Kindes zu kontrollieren (und deutero-) lehrt ihn eine Wirklichkeit, die auf dem falschen Unterscheiden dieser Mitteilungen beruht. Sie verbietet dem Kind ebenfalls, die metakommunikative Ebene zu benutzen, die die Ebene ist, die normalerweise benutzt wird, um unsere Wahrnehmung von Mitteilungen zu korrigieren und ohne die solche normalen Beziehungen unmöglich werden. Aber die moderne Psychiatrie bringt *das Kind* hinter Schloß und Riegel und läßt die Mutter frei herumlaufen. Ein starker Vater könnte früh für das Kind eingreifen, und in einer Großfamilie könnte sogar ein Onkel oder ein Großelternteil die Situation retten. Aber der Wahnsinn hat proportional mit dem Anwachsen der Kleinfamilie zugenommen, und in Familien, die Schizophrenie hervorbringen, ist es typischerweise der Fall, daß der Vater (oder die Mutter, wenn es der Mann ist, der das double binding durchführt), wenn er zur Unterstützung des Kindes etwas unternimmt, das wirkliche Wesen seiner eigenen Ehe erkennen müßte – eine Einsicht, die sie auflösen würde. Schizophrenie ist keine Krankheit, sondern ein systematisches Netzwerk, ein Wunderland, in dem es Alice nicht freisteht, der Königin zu sagen, daß sie mehr als nur ein klein wenig verrückt ist.

Wie *kann* man nun dem double bind entfliehen? Auf der individuellen Ebene, merkt Bateson an, ist die Ausgangstür oftmals die Kreativität. In einer späteren (1969) Überlegung zum double bind und in seinen Ausführungen zum „Lernen III" in einem Aufsatz über „Die logischen Kategorien der Lernens und der Kommunikation" (1971) erkannte Bateson, daß die Schizophrenie selber Teil eines umfassenden Systems war, das er das „transkontextuelle Syndrom" nannte. Witze, die oftmals ein Vermischen des Wörtlichen mit dem Metaphorischen beinhalten, sind ein gutes Beispiel für dieses Syndrom. Sie beruhen auf einer plötzlichen Verschmelzung der logischen Typen, eines Verstoßes gegen die Russell-Whitehead-Theorie. („Ein Bettler erzählte mir, daß er seit drei Tagen nichts mehr zu beißen gehabt hätte, also biß ich ihn.',) In der Tat gibt es einen double bind in der Ätiologie einer ganzen Bandbreite des Verhaltens – Schizophrenie, Humor, Kunst und Dichtung zum Beispiel – aber die Theorie des double bind unterscheidet formal nicht zwischen diesen Handlungen oder Geisteszuständen. Es gibt keine Möglichkeit zu sagen, ob eine bestimmte Familie beispielsweise einen Spaßmacher oder einen Schizophrenen hervorbringen wird. Jenen, deren Leben durch transkontextuelle Geschenke bereichert wird, oder durch sie verarmt, sagt Bateson, ist das folgende gemeinsam: die Dinge sind niemals einfach nur das und nichts weiter. Oftmals oder sogar immer geht es dabei darum, „zweimal hinsehen zu müssen", eine symbolische Ebene, die einen Don Quichote von einem Sancho Pansa unterscheidet. Während also der Patient in der Krankenhauskantine glaubt, das „Was kann ich für sie tun?" vielleicht ein sexuelles Angebot bedeutet, macht der Komiker eine Kurzgeschichte oder eine Situationskomödie im Fernsehen daraus, die auf derselben Verwechslung basiert.

Nach Batesons Meinung ist der double bind in der Theorie des Deutero-Lernens verwurzelt. Transkontextualität ist ein deutero-gelerntes „Merkmal". In seinen Arbeiten über die Kommunikation unter Säugetieren in den sechziger Jahren entdeckte Bateson, daß man einen Tümmler in einen double bind bringen kann, bis schizophrene Symptome hervorgerufen werden. (26) Man bringt dem Tier zum Beispiel zuerst eine Reihe von Kunststücken bei (Strecksprünge, Saltos etc.) und deutero-unterrichtet den Kontext – instrumentelle Belohnung – durch Hinwerfen eines Fisches nach jedem durchgeführten Kunststück. Dann erhöht man den Einsatz: eine Belohnung gibt es nach drei durchgeführten Kunststücken. Schließlich erhöht man den Einsatz dermaßen, daß das ganze Muster des Lernens II angegriffen wird: man belohnt den Tümmler nur noch, wenn er ein völlig neues Kunststück erfindet. Das Tier führt sein gesamtes Repertoir auf, entweder einzelne Kunststücke oder in Dreierserien und bekommt keinen Fisch. Es macht so weiter, wird wütender, heftiger. Schließlich beginnt es, verrückt zu werden, zeigt Zeichen extremer Frustration oder Schmerz. Was bei diesem Experiment als nächstes geschah, war völlig unerwartet: das Gehirn des Tümmlers schwang sich zu einem höheren logischen Typus auf. Es erkannte irgendwie, daß die neue Regel lautete: „Vergiß alles, was du beim Lernen II gelernt hast; daran ist nichts mehr heilig." Das Tier erfand nicht nur einen neuen Trick (wofür es sofort belohnt wurde); es fuhr damit fort, vier völlig neue Kapriolen auszuführen, die vorher noch niemals bei dieser besonderen Tierart beobachtet worden waren. Der Tümmler war transkontextuell geworden. Er hat den double bind dahingehend durchbrochen, was Bateson „Lernen III" nennt. Beim Lernen III steigen wir buchstäblich zu einer neuen Existenzebene auf, um dann nach unten zu sehen und uns, vielleicht liebevoll, an unser vergangenes Bewußtsein, beladen mit Widersprüchen, die wir als unlösbar ansahen zu erinnern. „Oh ja", sagen wir dann vielleicht, „*darum* ging es also." Aber die formale Ätiologie der Kreativität und Schizophrenie bleibt die gleiche. Das Prinzip ist synergetisch, sagt Bateson, „keine noch so große Zahl tiefschürfender Erörterungen eines gegebenen logischen Typus können die Phänomene des höheren Typus 'erklären'.,' (27)

Ein ähnlicher Vorgang geschieht in der Beziehung zwischen dem Zen-Meister und dem Schüler, in der der Meister ein unlösbares Problem eingibt, einen double bind, der als „Koan" bekannt ist. Einige davon sind berühmt: „Welches Geräusch macht eine Hand, die klatscht?", oder: „Zeige mir dein Gesicht, bevor deine Eltern dich empfingen." Bateson zitiert eines, bei dem der Meister einen Stock über den Kopf des Schülers hält und ruft: „Wenn du sagst, dieser Stock sei real, werde ich dich damit schlagen. Wenn du sagst, er ist nicht real, werde ich dich schlagen. Wenn du nichts sagst, werde ich dich schlagen" – ein klassischer double bind. Hier ist es die Natur der Metakommunikation, die den kreativen Ausweg darstellt. Der Schüler kann zum Beispiel den Stock nehmen und ihn entzweibrechen, und der Meister akzeptiert diese Antwort, wenn er sieht, daß die Handlung den begrifflich-emotionellen Durchbruch widerspiegelt.

Beim Lernen III lernt das Individuum, Gewohnheiten zu ändern, die beim Lernen II erworben wurden, jene schismogenen Gewohnheiten, die uns alle im double bind halten. Es lernt, daß es ein Wesen ist, das unbewußt das Lernen II erreicht, oder es lernt, sein Lernen II einzuschränken oder zu steuern. Das Lernen III bedeutet, etwas *über* das Lernen II, über den eigenen „Charakter" und die eigene Weltsicht zu lernen. Es ist ein Freisein von der Unterjochung der eigenen Persönlichkeit – ein „Erwachen zur Ekstase", wie William Bateson einmal die echte Erziehung definierte. Dieses Erwachen beinhaltet notwendigerweise eine Neudefinition des Selbst, das ein Produkt des eigenen früheren Deutero-Lernens ist. Tatsächlich beginnt das Selbst eine gewisse Irrelevanz anzunehmen; in Batesons Worten: Es hört auf, „als ein zentrales Thema der Erfahrungshöhepunkte zu fungieren." Wie wir gesehen haben, kann die Reise gefährlich sein. Das Problem des Selbst ist so schwierig, daß viele Psychotiker beim Sprechen die erste Person Einzahl nicht benutzen wollen. Für die anderen Glücklicheren, behauptet Bateson, findet ein Verschmelzen der persönlichen Identität mit „all den Beziehungsprozessen in einer umfassenden Ökologie oder Ästhetik statt ..." Oder, wie Laing es in einer seiner schönsten Passagen ausdrückt,

> wirkliche geistige Gesundheit beinhaltet auf die eine oder andere Weise die Auflösung des normalen Ego, jenem falschen Selbst, das so vollkommen an unsere entfremdete Wirlichkeit angepaßt ist; das Auftauchen der „inneren" archetypischen Mittler der göttlichen Kraft und durch den Tod eine Wiedergeburt und die schließliche Wiedereinsetzung einer neuen Art von Ego-Funktion, wobei das Ego nur der Diener des Göttlichen ist, nicht mehr dessen Verräter. (28)

Hier erreichen wir nun einen entscheidenden Punkt, den Laing in seinem Werk immer wieder hervorgehoben hat. Die Art des Denkens, die die Schizophrenie mit sich bringt, ist die gleiche, die auch bei der Kunst, der Dichtung, dem Humor und sogar der religiösen Inspiration am Werke ist. Der Hauptunterschied liegt darin, daß letztere Formen der Transkontextualität mehr oder weniger frei gewählt wurden, während der Schizophrene in einem System gefangen ist, das er nicht selber hergestellt hat. Aber zumindest formal gesehen stellt die Schizophrene eine höher entwickelte Form des Bewußtseins als die verschiedenen Arten des Lernen II dar, die den meisten von uns beigebracht wurden. Aber was ist das Wesen dieses Lernens II, zumindest auf der offiziellen Ebene? Im Großen und Ganzen ist es eine Farce. Das neuzeitliche Realitätssystem fordert Treue einer Logik gegenüber, die in Wirklichkeit ständig verletzt werden muß. Die westliche Gesellschaft hat einen kartesianischen double bind deutero-gelernt und nannte ihn „die Wirklichkeit"; es war gerade die Metakommunikation (die Nuancen, das stillschweigende Wissen),die die kartesianische Weltsicht offiziell zu zerstören in der Lage war. (29) Auf der Ebene der herrschenden Kultur sollen wir glauben, daß wissenschaftliches Wissen das einzig wirkliche oder wissenswerte Wissen ist; das analoges Wissen nicht existent oder unterlegen ist; und daß Ding und Wert nichts miteinander zu tun haben. Nichts davon ist wahr, aber es wird von uns allen verlangt, mit diesen Regeln zu leben und uns größtenteils nicht mit ihnen auseinanderzusetzen (außer in Büchern, nehme ich an). Wo liegt in einer solchen Situaiton jedoch der Wahnsinn? Wie wir bei unserer Erörterung Newtons gesehen haben, leben wir jetzt in einer Welt, die auf dem Kopf steht, in einem systemischen double bind, der zu einer Art kollektiven Wahnsinns geführt hat. Der einzige Ausweg aus diesem double bind, so scheint es, liegt darin, zu einer neuen Ebene ganzheitlichen Bewußtseins aufzusteigen, das neue und gesunde Verhaltensweisen ermöglichen wir. Während eine kartesianische Analyse des neuzeitlichen Wissens und der sozialen Probleme damit endet, wie Nietzsche sagte, sich in den eigenen Schwanz zu beißen, weist eine ganzheitliche Untersuchung darauf hin, daß nicht alle Kreise Teufelskreise sind und daß es Wege geben könnte, aus dem gegenwärtigen herauszutreten. Bateson bietet uns einen Ort zum Aussteigen, eine nichtkartesianische Art und Weise *wissenschaftlicher* Überlegung. Denn während er das Wesen unserer schismogenen Spannungen und die Rolle des analogen Wissens in der Informationsvermittlung ausführt – Erfahrungen, die notwendigerweise eine Kritik des kartesianischen Dualismus einschließen – hat er ebenfalls eine Methodologie entwickelt, die Ding und Wert miteinander verbindet und die Schranken zwischen Wissenschaft und Kunst unterhöhlt. Diese Methodologie ist eher ganzheitlich denn kartesianisch und ebenso intuitiv wie sie analytisch ist. Sie ist, um Don Juans Ermahnung an Carlos Castaneda zu zitieren, „ein Weg mit Herz" und dennoch ohne einen damit einhergehenden Verlust an rationaler Klarheit.

Ich habe dieses Kapitel als eine intellektuelle Odyssee dargeboten, als Gregory Batesons Reise durch eine Reihe von Problemen, die zu den faszinierendsten gehören, die ein Wissenschaftler oder Denker betrachten kann. Seine Studien summieren sich nicht unbedingt zu einer formalen Erkenntnistheorie, aber schließlich begann auch die wissenschaftliche Revolution nicht als eine Serie abstrakter Prinzipien, sondern eher als eine Untersuchungsreihe verschiedener Probleme – fallende Körper, Planetenbewegung, Licht und Farbe. Diese Untersuchungen enthüllten erst sehr viel später eine gemeinsame Methodologie; die *Ideologie* des Mechanismus war eher das Werk von Voltaire und Laplace als das von Descartes und Galileo. Dennoch ist es in Batesons Fall wohl nicht vorschnell zu behaupten, daß die Einsichten, die aus der Untersuchung des Transvestitentums der Iatmul, der Lerntheorie, der Metakommunikation und der Schizophrenie resultieren, letztendlich doch einen erkenntnistheoretischen Bezugsrahmen ergeben. In der Tat hat Bateson selber seine Erkenntnistheorie in einigen seiner Schriften über kybernetisches Erklären entwickelt. Jedoch verweigert sich die Erkenntnistheorie Batesons gerade aus ihrem Wesen heraus einer linearen Erörterung. Sie ist vielmehr eine Einstellung dem Leben und dem Wissen gegenüber, mehr ein Engagement als eine

Formel. So wie die Alchemie stellt seine Erkenntnistheorie eine Praxis dar. Wenn er sich einem Problem näherte, versuchte Bateson, in die Weltsicht einzutauchen, die er untersuchte. Ungeachtet seines hohen wissenschaftlichen Niveaus, wußte Bateson instinktiv, daß das meiste Wissen analog ist, daß die Realitäten eher im Ganzen denn in den Teilen lagen und daß eher das Eintauchen (*Mimesis*) als das analytische Auseinanderpflücken der Anfang der Weisheit war. Eine digitale Zusammenfassung dieses Ansatzes würde die Gefahr seiner Verdinglichung bedeuten und ihn dadurch wertlos und sogar gefährlich machen. „Laßt die offenstehenden Fragen zu ihren eigenen Antworten finden", schrieb einmal eine Freundin von mir in einem ihrer Gedichte; und vielleicht wäre es am besten, sie hier offenzulassen. Gewiß kann eine Serie von Abstraktionen, die Bateson oder ich in linearen, diskursiven Begriffen ausbreiten, die weite, nicht-kognitive Wirklichkeit des Lebens erfassen. Aber wir leben in diesem und nicht im 14. oder 22. Jahrhundert, und wir haben das verbal-rationale Wissen als wichtigste Erklärungsweise sowieso am Halse. Ich wende mich daher mit einer gewissen Zwiespältigkeit einer linearen und analytischen Darlegung der Erkenntnistheorie Batesons zu.

VIII. EINE METAPHYSIK VON MORGEN (II)

...: daß eine bloß zweckorientierte Rationalität, die ohne Rücksicht auf Phänomene wie Kunst, Religion, Traum oder ähnliches verfährt, notwendig pathogen und lebenszerstörend ist; und daß ihre Virulenz besonders aus dem Umstand folgt, daß Leben auf eng ineinandergreifenden Kreisläufen von Zufälligkeiten beruht, während das Bewußtsein nur so kurze Bögen solcher Kreisläufe erkennen kann, wie sie die menschlichen Zwecke festlegen können ...

In einer solchen Welt leben wir – einer Welt von Kreislaufstrukturen –, und Liebe kann nur überleben, wenn Einsicht (d.h. ein Sinn oder eine Anerkennung für die Tatsache der Kreislaufstruktur) eine wirksame Stimme hat.

Gregory Bateson, „Stil, Grazie und Information in der primitiven Kunst" (1967), aus *Ökologie des Geistes,* Frankfurt/M. 1982

Ein wohlgeordneter Humanismus beginnt nicht bei sich selbst, sondern setzt die Dinge dorthin, wo sie hingehören. Er setzt die Welt vor das Leben, das Leben vor den Menschen, und den Respekt vor anderen vor die Liebe zu sich selbst.

Diese Lektion lehren uns die Menschen, die wir „Wilde" nennen: eine Lektion in Bescheidenheit, Zurückhaltung und Diskretion im Angesicht einer Welt, die unserer Art vorausging und sie auch überleben wird.

Claude Lévi-Strauss (1972 in einem Interview)

Im wesentlichen stellt die Batesonsche Epistemologie die genaue Ausarbeitung einer Antwort auf eine einzige Frage dar: Was ist Geist? Wie Bateson uns in seiner Einführung zu *Ökologie des Geistes* erzählt, versuchte die westliche Wissenschaft, „die Brücke zu der falschen Hälfte der antiken Dichotomie von Form und Substanz zu schlagen." (1) Anstatt Geist zu erklären, erklärte die abendländische Wissenschaft Geist hinweg. So erscheint es doch unwahrscheinlich, mit Substanz (Materie und Bewegung) als dem einzigen erklärenden Prinzip beginnen zu können, um dann Form oder Geist aus ihm zu deduzieren. In Batesons Denkweise ist Geist – ohne ein religiöses Prinzip oder eine Entelechie zu sein – ganz genauso real wie Materie. (2)

Diese Wirklichkeit des Geistes in Batesons Weltsicht geben seiner Epistemologie gewisse Charakteristika, die formal mit der Alchemie und der Aristotelischen Philosophie übereinstimmen. Ding und Wert sind so wenig getrennt wie „innen" und „außen" getrennte Wirklichkeiten darstellen. Auf Qualität kommt es an, nicht auf Quantität, und die meisten Phänomene sind für ihn, zumindest in einem besonderen Sinne, lebendig. Und dennoch gibt es einen großen Unterschied zwischen Batesons Arbeit und all den anderen traditionellen Epistemologien, die mit der Vorstellung einer heiligen Einheit beginnen: es gibt keinen „Gott" in seinem System. Es gibt keinen Animismus, kein *Mana*, nichts von dem, was wir „ursprüngliche Partizipation" nannten, denn Geist wird verstanden als dem Arrangement und dem Verhalten von Phänomenen immanent, und nicht als der Materie selbst inhärent. Und obwohl es so etwas wie Partizipation gibt – wir sind von den Dingen um uns herum nicht getrennt – existiert sie nicht im „primitiven" oder vormodernen Sinne.

Zu einem früheren Zeitpunkt skizzierten wir in dieser Arbeit die Unterschiede zwischen der Wissenschaft des 17. Jahrhunderts und ihren holistischen Vorläufern. Bevor wir uns mit einer Analyse der Batesonschen Epistemologie beschäftigen werden, dürfte es hilfreich sein, einen Abriß ihrer Unterschiede zum kartesianischen Paradigma zu untersuchen, wie das in der Übersicht 2 dargestellt wird. (3)

Übersicht 2: **Die kartesianische und Batesonsche Weltsicht im Vergleich**

Die Weltsicht der modernen Wissenschaft	*Die Weltsicht des Batesonschen Holismus*
Keine Beziehung zwischen Ding und Wert.	Ding und Wert untrennbar.
Die Natur wird von außen kennengelernt, und die Phänomene werden getrennt von ihrem Kontext untersucht (im Experiment).	Die Natur gibt sich in unseren Beziehungen zu ihr zu erkennen, und die Phänomene können nur im Kontext verstanden werden (durch partizipierende Observation).

Das Ziel ist die bewußte, empirische Kontrolle über die Natur.	Der unbewußte Geist hat Vorrang; das Ziel ist Weisheit, Schönheit, Grazie.
Beschreibungen sind abstrakt, mathematisch; nur das Meßbare ist wirklich.	Beschreibungen sind eine Mischung aus Abstraktem und Konkretem; Qualität hat Vorrang vor Quantität.
Geist ist getrennt vom Körper, Subjekt getrennt vom Objekt.	Geist-Körper, Subjekt-Objekt sind je zwei Aspekte des gleichen Prozesses.
Lineare Zeit, unendlicher Fortschritt; im Prinzip können wir die gesamte Wirklichkeit kennen (-lernen).	Kreislaufstruktur (einzelne Variablen des Systems können nicht maximiert werden); im Prinzip können wir von der Wirklichkeit nicht mehr als einen Bruchteil kennen(lernen).
Die Logik lautet entweder-oder; Emotionen haben epiphänomenalen Charakter.	Die Logik heißt sowohl-als auch (dialektisch); des Herzens Algorithmen sind präzise.
Atomismus: 1. Nur Materie und Bewegung sind wirklich. 2. Das Ganze ist nicht mehr als die Summe seiner Teile. 3. Lebende Systeme lassen sich letztlich auf anorganische Materie reduzieren; letztlich ist die Natur tot.	Holismus: 1. Prozeß, Form und Beziehung sind das wichtigste. 2. Ganzheiten besitzen Eigenschaften, die ihre Teile nicht haben. 3. Lebende Systeme – wie auch Geist – sind nicht auf ihre Komponenten reduzierbar; die Natur lebt.

Einiges zu den oben angeführten Unterschieden haben wir bereits in den Kapiteln 5 und 7 gesagt, doch fallen die meisten nicht sofort ins Auge und bedürfen der im Anschluß folgenden weiteren Diskussion. Im Moment möchte ich nur darauf hinweisen, daß diese Unterschiede so schwerwiegend sind wie die zwischen Wissenschaft und Alchemie, Sancho Pansa und Don Quixote, oder konventioneller geistiger Gesundheit und Lernen III. Wie Bateson selbst einmal zugab, fiel ihm der Abschied vom Dualismus sehr schwer. Dessen ungeachtet fuhr er fort in Begriffen wie dem unabhängigen „Ich" zu denken und sah sich selbst als Subjekt, das sich mit Objekten beschäftigte. Das alles kann nur wenig überraschen, denn Bateson bleibt, wie jeder andere Denker, der im ausgehenden 20. Jahrhundert über Holismus schreibt, eine Figur des Übergangs. Die Tatsache, daß er die Denkprozesse dieser Welt beibehielt, erlaubte es ihm, sich uns mitzuteilen. Sollte Batesons Holismus sich jedoch als geistiger Rahmen einer sich entwickelnden neuen Zivilisation erweisen, dann wird diese Zivilisation – hat sie sich erst einmal entwickelt – unsere Art zu denken für nahezu völlig unverständlich halten. Vielleicht werden sie gar Museen für Wissenschaftsgeschichte bauen, in denen die Besucher ihren Geist beinahe wörtlich werden umkrempeln müssen, um zu erfassen, was Galileo und Newton zu sagen versuchten.

Obwohl sich Bateson mit der kybernetischen Theorie im Verlauf der Macy-Konferenzen zu beschäftigen begann, entwickelte sich sein Verständnis für die Feinheiten der Theorie im Kontext konkreter menschlicher Situationen. Es mag seltsam erscheinen, aber Bateson wählte einen Essay über den Alkoholismus, „Die Kybernetik des Selbst" (1971), um die kybernetische Theorie zu verdeutlichen, denn seine Untersuchungen machten deutlich, daß die „Theologie" der Anonymen Alkoholiker im wesentlichen mit der kybernetischen Epistemologie identisch war. Bevor wir den Batesonschen Holismus formal zusammenfassen, wollen wir ihm noch durch eine konkretere Untersuchung folgen. (4)

Auf den ersten Blick mag es sonderbar erscheinen, daß Alkoholismus irgendetwas mit Erkenntnistheorie zu tun haben könnte. Ich hoffe jedoch, daß mittlerweile klar sein dürfte, daß Philosophie und Epistemologie keine auf Akademiker begrenzte Themen sind. Ob wir es wissen oder nicht, wir alle haben eine Weltsicht, und der Alkoholiker bildet da keine Ausnahme. Unsere Weltsicht ist tatsächlich, wie Bateson deutlich machte, unser „Selbst", unser „Charakter", denn sie stellt das Resultat unseres Deutero-Lernens dar. Im Falle des Alkoholismus entdeckte Bateson, daß der Alkoholiker in der Oszillation zwischen Nüchternheit und Intoxikation tatsächlich hin- und herspringt zwischen einer kartesianischen Perspektive und einer, die wir „pseudoholistisch" nennen könnten. Batesons Ausgangspunkt war der Versuch, die Dynamik dieser Oszillation aufzudecken.

Mit Ausnahme der Bemühungen der Anonymen Alkoholiker basieren alle Versuche, das Alkoholproblem zu lösen, auf dem Modell bewußter Selbstkontrolle. Der Alkoholiker hat stark zu sein, der Versuchung zu widerstehen, „der Meister meines Schicksals ... der Kapitän meiner Seele" zu sein, wie William Ernest Henley in seinem „Invictus" (Der Unbesiegte) schrieb. Im nüchternen Zustand stimmt er überein mit diesen Ermahnungen seiner Frau, seiner Freunde, seines Arbeitgebers und all jener anderen, die angeblich ihm zu helfen versuchen. Das Problem ist, daß solch ein Rat Kartesianismus in reinster Form darstellt; er basiert auf der Annahme einer Trennung von Geist und Körper. Der Geist (d.h. bewußtes Wahrnehmen) ist das „Selbst", das die Kontrolle über einen schwächeren und widerspenstigen Körper ausüben soll. Aber „Heilung" durch Selbstkontrolle macht aus der Gesamtsituation die einer symmetrischen Schismogenese: der bewußte Wille mißt sich in einem Rund-um-Krieg mit dem Rest der Persönlichkeit. Genau wie in der Freudschen Psychologie wird das Unbewußte (oder der Körper) vom Selbst ausgeschlossen, um dann als eine Ansammlung von (bösen) „Kräften" gesehen zu werden, denen sich das bewußte Selbst zu widersetzen hat. Die Entscheidung des Alkoholikers, „ich werde die Flasche bekämpfen", „ich werde den Teufel Alkohol besiegen", ist eine Art Stolz, die direkt dem kartesianischen Dualismus entstammt.

Warum funktioniert dieser Ansatz nicht? Wie Bateson feststellt, ändert sich der Kontext der Nüchternheit mit dem Erreichen des Ziels. Es steckt eine Herausforderung in seinem symmetrischen Bemühen, und sobald es dem Alkoholiker gelingt, eine Weile ohne die Flasche auszukommen, nimmt seine Motivation ab. Der kartesianische Geist-Körper-Dualismus ist schismogener Natur und bedarf fortwährenden Widerstands, um sein Funktionieren zu gewährleisten, und es ist diese Weltsicht, in der der Alkoholiker gefangen ist. Nicht zu trinken stellt keine Herausforderung mehr dar. Wie wäre das aber mit einem bißchen „kontrollierten Trinken", wie die AA das höhnisch nennen? Wie ist das mit „einem einzigen Drink"? Das ist in der Tat eine Herausforderung! Und natürlich „fällt er um" und ist in kürzester Zeit wieder einmal betrunken.

Wie steht es nun um die Wahrnehmungen des Alkoholikers im betrunkenen Zustand? Zumindest im Anfangsstadium der Intoxikation zeigt sich eine andere Persönlichkeit, und das heißt, es ist eine andere Epistemologie an der Arbeit. Und tatsächlich wechselt der Alkoholiker zeitweise von einem kartesianischen Dualismus zu etwas, was eine holistische Perspektive zu sein scheint. Der Geist gibt alle Versuche auf, den Körper zu kontrollieren, womit der Kampf zwischen ihnen aufhört, mit – wie Bateson argumentiert – dem Resultat eines korrekteren Geisteszustands. Sich zu betrinken stellt eine Möglichkeit dar, einer Reihe kultureller Prämissen über die Geist-Körper-Beziehung zu entkommen, die in der Tat irrsinnig sind, denen aber von der Gesellschaft, in diesem Falle vom Ehemann, von der Ehefrau, von Freunden oder vom Arbeitgeber immer wieder Nachdruck verliehen wird. Im Zustand der Intoxikation jedoch fällt diese ganze symmetrische Auseinandersetzung in sich zusammen – mit den entsprechenden Gefühlen im Gefolge. Während der Alkoholiker langsam immer betrunkener wird, darf er sich seinen Trinkkumpanen nahe fühlen, nahe auch der Welt um ihn herum, ebenso wie seinem eigenen Selbst, daß ihn nicht länger so sträflich mißhandelt. Die Aufgabe des Kampfes gegen sich selbst und die Welt um ihn herum wirkt als willkommene Befreiung. Der kartesianische Dualismus ermahnte ihn „über allem" zu stehen, über allem, was schwach und menschlich ist. Jetzt aber fühlt er sich schon eher als Teil der menschlichen Szenerie. Die Psychologie des Kampfes (*agon* im Griechischen, aus dem wir das Wort „Agonie" ableiten) räumt den Platz für das, was die Psychologie der Liebe zu sein scheint.

Damit stehen wir jedoch vor einem neuen Problem. Denn dieser Zustand der „Liebe" ist eine Illusion, beinahe so illusorisch wie der kartesianische Dualismus. In Wirklichkeit stellt dieser neue Zustand die Pathologie der Unterwerfung dar. Der Alkoholiker hat nur zwei Saiten auf seiner Gitarre: die Starre, die „Unbesiegten"-Haltung, und den Zusammenbruch, den Kollaps, die völlige Verletzlichkeit. In seinem Verhaltensrepertoire findet er nichts außer „triumphierenden" Egoismus und totale Kapitulation. Es ist wohl genial zu nennen, wie die Begründer der AA erkannten, daß diese Wahlmöglichkeiten zwei Seiten derselben Sache waren und daß es vielleicht eine dritte Möglichkeit geben könnte. (5) Dieser dritte Weg fing dann tatsächlich die „Wahrheit" des Zustands der Trunkenheit ein, die Vorstellung von völliger Aufgabe, von Einverstandensein, die darin enthalten ist. Doch ging es hier um ein Einverständnis, um ein Ja-Sagen, das dem Individuum nicht weinerliche

Impotenz einhandelte, sondern Kraft übertrug. Anders ausgedrückt, es ließ ihn in der Welt *aktiv* werden; dies war kein illusorischer Zustand, kein Kurzschluß; dieser Zustand war dynamisch und beständig.

Wie konnte es den AA gelingen, dies zu erreichen? Man bedenke die ersten beiden Schritte ihres Programms: 1. wir gaben zu, dem Alkohol gegenüber machtlos zu sein, daß wir ratlos waren, was unser Leben anging, und 2. begannen wir zu glauben, daß eine größere Macht als wir uns wieder gesund machen könnte. Bereits der erste Schritt unterläuft den kartesianischen Dualismus voll und ganz. Jener Dualismus stellt dem „nüchternen" Geist den „alkoholischen" Körper gegenüber und impliziert, der Teufel Alkohol sei irgendwie *außerhalb* der Persönlichkeit, außerhalb des Körpers. Der „anständige", „reine", „noble" bewußte Wille – „hier drinnen" – versucht den „schwachen"', „schmutzigen" alkoholischen Körper „dort draußen" zu kontrollieren. In dem Moment, da der Alkoholiker zu einem AA-Treffen kommt und der Gruppe sagt, „Ich heiße Hans Meyer und bin Alkoholiker", plaziert er den Alkoholismus in seinem Selbst. Die ganze Persönlichkeit hat zugegeben alkoholabhängig zu sein. Es handelt sich nicht länger um einen Fall von Alkoholismus „dort draußen". In dem Moment, wo du ja sagst, wo du zugibst, daß du der Flasche gegenüber hilflos bist, wo du den Slogan vom „Unbesiegten" hinter dir läßt – den die AA auch wirklich lächerlich machen –, löst sich die symmetrische Schlacht in Luft auf, ohne daß du dich betrinkst.

Das zweite Prinzip der AA gibt uns die Basis für eine alternative Epistemologie, die wirklich holistisch ist. Definitionsgemäß befindet man sich in einer abhängigen Beziehung zu einer größeren Kraft. Dieses Einverstandensein sieht wie ein Aufgeben aus, sagt Bateson, ist jedoch eigentlich ein Wandel der Epistemologie und somit eine Veränderung des Charakters oder der Persönlichkeit. Diese größere Kraft – „Gott, wie du ihn verstehst", wie die AA sagen – ist natürlich der unbewußte Geist und auch mehr als das. Hier handelt es sich auch um deine soziale Wirklichkeit, die anderen Mitglieder der AA und ihr Lebenskampf. Das individuelle Ich, der bewußte Wille, zieht sich zurück, um Platz zu schaffen für eine reifere Form des Selbst, die sowohl intra- als auch interpersonal ist. Ein Sich-Aufgeben dieser Art ist kein Zusammenbruch, sondern eine Erneuerung. Für den Alkoholiker, der schließlich „ganz am Ende ist", wie die AA das nennen, stellten die ersten beiden Schritte der AA in der Tat einen Akt von Lernen III dar, und häufig genug erfährt der Alkoholiker sie als religiöse Konversion.

Was hat nun diese Analyse mit der kybernetischen Theorie zu tun? Die Metaphysik der abendländischen Wissenschaft beschäftigt sich mit Atomen, mit einzelnen Individuen und mit Ursachen, die direkt sind, bewußt und empirisch. Das kartesianische Paradigma würde beispielsweise den Alkoholiker isolieren, um dann zu versuchen, die „Ursache" zu bestimmen, die die unerwünschte „Wirkung" hervorruft. Hier handelt es sich um eine Theorie direkten, linearen Einflusses, basierend auf dem Modell der mechanistischen Physik des 17. Jahrhunderts, die Geist als explizit bewußt und außerhalb von Materie sah. Aus Descartes' Perspektive steht Gott jenseits, außerhalb von allen. Alles, was Er tat, war, das ganze Arrangement in Bewegung zu versetzen. Ebensowenig findet sich in den Kugeln des Billiardtisches ein inhärenter Geist; Geist kommt *zu* ihnen in der Person mit dem Billiardstock.

Im Gegensatz dazu ist die zu berücksichtigende Einheit in der kybernetischen Theorie das Gesamtsystem, nicht die eine oder andere Komponente. Man denke an das Zusammenspiel einer Dampfmaschine und ihrer Kontrolleinheit, allgemein als „Regler" bekannt. Wie im Falle eines Thermostaten, der die Temperatur eines Hauses kontrolliert, wird der Regler auf die Idealmarke eingestellt – in diesem Falle auf die optimale Laufgeschwindigkeit der Maschine. Fällt die tatsächliche Geschwindigkeit beträchtlich unter die der Idealeinstellung, verlangsamt die Armatur den Lauf, bis die Treibstoffversorgung eingeschaltet wird und die Geschwindigkeit wieder auf „normal" bringt. Wenn im umgekehrten Fall die Maschine zu schnell zu laufen beginnt, löst die sich bewegende Armatur die Bremse aus, und wieder ist das System in Ordnung gebracht. Das jedoch, was den Regler beeinflußt, den selbstkorrektiven Feedbackmechanismus, ist nicht irgendein kartesianischer Mechanismus, irgendeine Billiardkugel oder konkrete Entität, sondern schlicht Information. Und ein Informations-„bit", auch bekannt als „Idee", definiert Bateson als „ein Unterschied, der einen Unterschied macht". Anders ausgedrückt, Maschine, Regler, Treibstoffversorgung, Bremse und Antrieb, ebenso wie die anderen Komponenten, bilden einen komplexen kausalen Regelkreis. Eine Veränderung, ein Unterschied in der Organisation jeder einzelnen Komponente wird im ganzen System wahrgenommen, und das System reagiert mit etwas, das man Bewußtheit, wenn nicht Bewußtsein nennen könnte. In diesem Sinne ist es lebendig. Es besitzt mentale Charakteristika und kann durchaus als eine Art Geist verstanden werden. Wir gehen davon aus, schreibt Bateson, „daß *jedes* stattfindende Zusammenspiel von Ereignissen und Gegenständen, das die angemessene Komplexität in ihren kausalen Regelkreisen und die angemessenen Energierelationen aufweist, mit Sicherheit geistige Charakteristiken aufweist." Anders ausgedrückt wird es Vergleiche anstellen, d.h. auf Unterschiede reagieren, Informationen verarbeiten, sich selbstkorrektiv in Richtung auf bestimmte Optimalgrößen verhalten, usw. Darüberhinaus, fügt Bateson hinzu, „kann kein Teil eines solchen intern interaktiven Systems einseitige Kontrolle über den Rest oder irgendeinen anderen Teil ausüben. Die geistigen Eigenschaften sind dem Zusammenspiel als einem *Ganzen* inhärent oder immanent."

Nun kann ein mentales System, ein Geist, eine von drei möglichen Verhaltenstypen zeigen: Selbstkorrektur, auch Fließgleichgewicht genannt, Oszillation, oder Durchdrehen. Und damit haben wir die Verbindung zwischen Schismogenese und kybernetischer Theorie. *Eine schismogene Situation ist eine Situation ohne Regler, das System dreht ständig durch*. In einem selbstkorrektiven System werden die Resultate vergangener Aktionen ständig wieder an das System zurückgemeldet, und diese neue Informationseinheit reist dann durch den gesamten Regelkreis und ermöglicht es dem System, sich in der Nähe des Ideal- oder Optimalzustands zu halten. Ein System am Durchdrehen hingegen, verzerrt sich mit der Zeit immer mehr, denn das Feedback ist positiv, nicht negativ oder selbstkorrektiv. Sucht ist ein perfektes Beispiel für ein durchdrehendes System. Der Heroinsüchtige braucht immer größere Injektionen, der Zuckersüchtige stellt fest, daß er mehr Kuchen will, je mehr er ißt, und die imperialistische Macht, bei der es damit anfängt, daß sie bestimmte

Auslandsmärkte sucht, findet sich schließlich in dem Bemühen wieder, den gesamten Globus zu beaufsichtigen.

Obwohl die ethischen Implikationen dieser Alternativen an späterer Stelle diskutiert werden, scheint es doch angebracht, auf eine offensichtliche Schlußfolgerung aus dieser kybernetischen Analyse hinzuweisen. In Anbetracht der Tatsache, daß Schismogenese ein so beherrschendes Phänomen in der abendländischen Kultur ist, müssen wir zwangsläufig zu dem Schluß kommen, daß die Institutionen und Individuen dieser Kultur mit graduellen Unterschieden am Durchdrehen sind. Suchtverhalten charakterisiert auf die eine oder andere Weise jeden Aspekt der Industriegesellschaft, bis hinein in das Leben ihrer individuellen Glieder. Abhängigkeit von Alkohol, Essen, Drogen, Tabak usw. unterscheidet sich formal nicht von der Abhängigkeit von Prestige, Karriere, Einfluß, Wohlstand, dem Bedürfnis, immer größere Bomben zu bauen oder dem Verlangen, über alles bewußte Kontrolle auszuüben. Jedes System, das bestimmte Variablen maximiert und damit gegen die natürlichen Bedingungen des Fließgleichgewichts verstößt, das diese Variablen *optimieren* würde, befindet sich per definitionem im Durchdrehen und hat letztlich keine größere Überlebenschance als ein Alkoholiker oder eine Dampfmaschine ohne Regler.

Ohne daß solch ein System seine Epistemologie aufgibt, wird es untergehen oder ausbrennen – eine Erkenntnis, die langsam weite Kreise der westlichen Gesellschaft erfaßt. Selbstkorrektiver Rückkoppelung kann man nicht entkommen, auch dann nicht, wenn sie die Form totaler Auflösung einer ganzen Kultur annimmt. Ein geistiges System kann nicht ständig durchdrehen, kann Variablen nicht maximieren und gleichzeitig die Eigenschaften des Geistes erhalten. Es *verliert* seinen Geist, es stirbt. Auf der individuellen Ebene kann das die Form von Zirrhose annehmen, von Herzanfällen, Krebs, Schizophrenie oder von dem, was man lebendigen Tod nennen müßte. Die Ethik eines Systems ist fester Bestandteil seiner Epistemologie.

Das Beispiel des Alkoholismus ermöglicht es uns, den Status des „Selbst", oder des konventionellen „Geistes" (des kartesianischen Ichs) in der kybernetischen Theorie zu verstehen. Wie wir feststellen konnten, behauptet Bateson, daß die geistigen Charakteristika eines kybernetischen Systems nicht irgendeinem bestimmten Teil immanent sind, sondern dem System als Ganzen. *Der bewußte Geist, oder das „Selbst", ist ein Kreisbogen in einem größeren Regelkreis,* und das Verhalten jedes beliebigen Organismus wird nicht dieselben Grenzen aufweisen wie das Selbst. Der „Stolz" des Alkoholikers oder entschlossene Nüchternheit stellen den Versuch dar, die „bewußter Geist" genannte Variable zu maximieren, um diesen kleinen Kreisbogen zu veranlassen, die Kontrolle über den gesamten Regelkreis zu übernehmen. Dieser Stolz ist die Torheit des „Unbesiegten", wenigstens bei der Anwendung auf das Suchtverhalten, denn an der Dampfmaschine gibt es mehr als nur den Regler. Betrunken zu sein, oder im Zustand des Zusammenbruchs, ist eine Abkürzung auf dem Weg zur Ganzheit und eine kurzfristige Lösung. Die Weisheit der AA liegt darin, das System von Durchdrehen auf Selbstkorrektur umzuschalten durch die Einführung ergänzender Elemente in eine symmetrische Situation, und sie auf eine Weise einzuführen, daß die daraus resultierende Erkenntnis des Regelkreischarakters sich selbst am Leben erhält.

Bateson benutzt das Beispiel eines Mannes, der einen Baum fällt, um die indirekte, regelkreisförmige Natur des Geistes zu demonstrieren. Nach dem kartesianischen Paradigma besitzt nur das Gehirn des Menschen Bewußtsein: der Baum ist natürlich lebendig, aber (aus dieser Sicht) in keinster Weise ein mentales System, und die Axt selbst ist tot. Die Interaktion ist kausal und linear: Mann nimmt Axt und arbeitet am Baumstamm. Er könnte im Verlauf der Arbeit zu sich etwa folgendes sagen: „Ich fälle diesen Baum", in der Annahme, daß es da eine einzelne Einheit gibt, „Ich", das Selbst, das eine zweckorientierte Aktion an einem einzelnen Objekt unternimmt. In diesem Fall liegt der Trugschluß darin, daß Geist eingeführt wird durch das Wort „Ich", jedoch begrenzt bleibt auf den Mann, während der Baum konkretisiert, als Objekt gesehen wird. Aber auch der Geist wird schließlich konkretisiert; denn da das Selbst auf die Axt einwirkte, die dann auf den Baum einwirkte – eine perfekte Anwendung kartesianischer mechanistischer Physik – muß das Selbst auch ein Ding sein, und darum tot. Mehr noch, wenn wir versuchen, das Selbst in solch einem System zu lokalisieren, stellen wir fest, daß es uns nicht gelingt. In einem anderen von Batesons Beispielen, dem eines blinden Mannes, der sich mit Hilfe eines Gehstocks seinen Weg die Straße herunter sucht, gibt es überhaupt keine Möglichkeit zu sagen, wo das Selbst anfängt oder aufhört. Ist der Stock wirklich ein Teil seines Selbst? Er wirkt nicht einfach auf ihn wie ein Objekt, das dann auf die Straße weiterwirkt. In Wirklichkeit ist der Stock ein Pfad zur Straße, zu seiner Umwelt. Aber wo endet dieser Pfad? Unter dem Griff? An der Spitze? Irgendwo an der Spitze? „Diese Fragen", schreibt Bateson, „sind Unsinn, denn der Stock ist der Pfad, auf dem unter Umwandlung Unterschiede übermittelt werden, sodaß eine begrenzende Linie über diesen Pfad zu ziehen bedeuten würde, einenTeil seines systemischen Regelkreises abzutrennen, der dieses Blinden Fortbewegung bestimmt." Das geistige System des Blinden – oder das eines jeden von uns – endet nicht an den Fingerspitzen. Um des Mannes Fortbewegung zu erläutern, so Bateson, braucht man die Straße, den Stock und den Mann; und der Stock wird erst dann irrelevant, wenn er sich setzt und ihn beiseite stellt.

Das gleiche Argument gilt für den Mann und die Axt. Jeder Streich wird entsprechend der Kerbe des vorangegangenen Streichs modifiziert. Es gibt kein „Selbst" „hier drinnen", das einen Baum „dort draußen" fällt; stattdessen kommt es zu einer Beziehung, zu einem systemischen Regelkreis, zu Geist. Die ganze Situation lebt, nicht nur der Mann, und dieses Leben ist dem Regelkreis immanent, nicht transzendent. Der Geist mag in der Tat des Mannes Großhirn sein, aber das umfassendere ist hier der GEIST, in diesem Fall „Baum-Augen-Gehirn-Muskeln-Axt-Streich-Baum". Noch präziser, was sich hier in diesem Regelkreis bewegt, ist *Information*: Unterschiede im Baum/ Unterschiede in der Retina/Unterschiede in der Bewegung Axt/Unterschiede im Baum, usw. Dieser Kreislauf von Information ist Geist, die selbstkorrektive Einheit, die jetzt deutlich wird als Netzwerk von Verbindungen, nicht begrenzt durch zweckorientiertes Bewußtsein oder durch die Haut, sondern ausgeweitet, um die Pfade unbewußten Wissens ebenso einzuschließen wie die äußeren Pfade, auf denen Information fließen kann.

Damit ist klar, daß große Teile des Denknetzwerks außerhalb des Körpers liegen, und das Statement, daß Geist dem Körper immanent ist, das ich (mehr oder weniger) im 6. Kapitel artikulierte, kann jetzt als Schwelle zu dieser Diskussion gesehen werden. Stillschweigendes Wissen ist nicht nur ein physiologisches Phänomen. Die Untersuchung des Alkoholismus, der Schizophrenie und des Deutero-Lernens hat gezeigt, daß solche Phänomene nicht im Bereich der Individualpsychologie anzuordnen sind, sondern im Bereich des Geistes, im Bereich von Systemen, nicht begrenzt durch die Haut des Teilnehmers. Das „Selbst" ist eine falsche Konkretisierung von einem kleinen Teil eines größeren Informationsnetzwerks, und wir machen genau den gleichen Fehler, wenn wir diese Art Konkretisierung einführen in die Beziehung zwischen dem Mann und dem Baum, den er gerade fällt, oder in jede beliebige andere Interaktion oder das Verständnis, das wir möglicherweise für oder von „trägen" Objekten haben. Im Zusammenhang einer kybernetischen Interpretation dessen, was ein Ereignis und den Geist ausmacht, ist die Weltsicht eines Galileo oder eines Newton im wahrsten Sinne des Wortes ohne Sinn, die Weltsicht der Alchemisten aber, die das Nichtvorhandensein einer Subjekt-Objekt-Trennung postulierten, auf profunde Weise korrekt.

Wir sind jetzt in der Lage, die kybernetische Epistemologie als formales System zu untersuchen, was sich machen läßt, indem man alle Bestandteile explizit macht, die als Kriterien von Geist oder eines mentalen Systems betrachtet werden können. Diese stellen sich wie folgt dar: (6)

(1) Es gibt ein Aggregat interagierender Teile, wobei die Interaktion durch Unterschiede ausgelöst wird.
(2) Es handelt sich hier nicht um Unterschiede in Substanz, Raum oder Zeit. Sie sind nicht lokalisierbar.
(3) Die Unterschiede und Umwandlungen (kodierte Versionen) von Unterschieden werden entlang geschlossener Schleifen oder Netzwerken von Bahnen transportiert; das System ist kreisförmig oder komplexer.
(4) Viele Ereignisse innerhalb des Systems besitzen ihre eigenen Energiequellen, d.h. sie werden aufgeladen durch den reagierenden Teil und nicht durch den Einfluß des Teils, der die Reaktion auslöst.

Bevor wir uns diesen Punkten im einzelnen zuwenden, wollen wir uns noch einmal klarmachen, daß entsprechend dieser Gruppe von Kriterien eine soziale oder politische Struktur, ein Fluß und ein Wald lebendig sind und Geist besitzen. Jeder einzelne von ihnen besitzt seine eigenen Energiequellen, bildet ein ineinander verschränktes Aggregat, verhält sich selbstkorrektiv und kann unter Umständen durchdrehen. Jeder weiß wie er wächst, wie er sich versorgen kann, und, sollten diese Prozesse fehllaufen, wie er zu sterben hat. Wie Bateson sagt, treten alle die Phänomene, die wir Denken nennen, Lernen, Evolution, Ökologie und Leben ausschließlich in Systemen auf, die diese Kriterien aufweisen. Diesen Kriterien wollen wir uns jetzt kurz zuwenden.

(1) Es gibt ein Aggregat interagierender Teile, wobei die Interaktion durch Unterschiede ausgelöst wird. Dieses Kriterium diskutierten wir bereits

am Beispiel der Dampfmaschine, am Fall des Mannes, der den Baum fällt, sowie des Blinden mit dem Stock. In jedem dieser Fälle zirkuliert Information – Unterschiede, die einen Unterschied machen – durch das System. Der Blinde geht plötzlich langsamer, da der Stock ihm sagt, daß er sich am Rande einer Straßenkante befindet; ein völlig anderer Prozeß wird in Gang gesetz, während er sich seinen Weg über die Straße fühlt. Unterschiede in den Muskeln führen zu Unterschieden in den Bewegungen führen zu Unterschieden auf der Retina führen zu Unterschieden im Gehirn führen zu Unterschieden auf der freigelegten Oberfläche des Baumstammes, und diese Unterschiede zirkulieren durch das System des Mann-fällt-Baum und beeinflussen einander in einem kontinuierlichen, wechselnden Kreislauf.

Darüberhinaus könnten Teile des Aggregats – zum Beispiel der Baum – auch diese Voraussetzungen erfüllen, was sie zu einer Art Untersystem des Geistes (sub-mind) machen würde. Dennoch gibt es immer eine darunter liegende Ebene, die *nicht* lebendig ist, so zum Beispiel die Axt für sich genommen. Die Erklärung geistiger Phänomene ist somit niemals übernatürlich. Geist lebt somit immer in der Interaktion einer Vielzahl von Teilen, die, jedes für sich genommen, die Kriterien des Geistes nicht erfüllen müßten.

(2) Es handelt sich hier nicht um Unterschiede in der Substanz, in Raum oder Zeit; sie sind nicht lokalisierbar. Dieses Statement repräsentiert eine andere Art der Auflehnung gegen das Modell der kartesianischen mechanistischen Physik, bzw. gegen lineare Kausalität. Das Modell funktioniert mit Sicherheit bei interagierenden Billiardkugeln oder newtonschen Untersuchungen von Kraft und Beschleunigung, aber sobald ein lebender Beobachter als Teil einer solchen Untersuchung zugelassen wird, geht es bei der Ursache der Ereignisse nicht länger um irgendwelche Kräfte oder Wirkungen. Ein Beobachter oder Empfänger reagiert auf einen Unterschied oder eine Veränderung in der Beziehung, und dieser Unterschied ist nach konventionellem Verständnis nicht lokalisierbar.

Man bedenke beispielsweise den Unterschied zwischen der Druckerschwärze in diesem Satz und der Weiße des Papiers, auf das er gedruckt ist. Nur wenige Menschen würden leugnen, daß es sich hier um einen echten Unterschied handelte. Aber wo ist er? Der Unterschied ist nicht in der Druckerschwärze, genausowenig im weißen Hintergrund. Auch liegt er nicht im „Übergang" oder im Umriß, zwischen ihnen, der letztlich eine Ansammlung mathematischer Kurven ohne jede Dimension ist. Auch ist der Unterschied nicht im Geist, genausowenig wie die Druckerschwärze oder das Papier wirklich im Geist sind. Ein Unterschied ist kein Ding oder Ereignis. Er besitzt wie andere Abstraktionen wie Kongruenz oder Symmetrie keine Dimension. Und dennoch existiert er, und um die Sache noch komplizierter zu machen, nichts – das was *nicht* ist – kann ihn verursachen. Wie Bateson zeigt, kann der Brief, den man nicht schreibt, eine ärgerliche Antwort hervorrufen; der Steuerbescheid, den man nicht einreicht, kann Ärger verursachen. In diesem Fall gibt es keine Parallele zur mechanistischen Physik, wo Wirkungen Ursachen sind, wo reale Dinge Dimension besitzen müssen, und wo ein „Ding" vonnöten ist, um einen Effekt hervorzurufen.

(3) Die Unterschiede und Umwandlungen (kodierte Versionen) von Un-

terschieden werden entlang geschlossener Schleifen oder Netzwerken von Bahnen transportiert; das System ist kreisförmig oder komplexer. Im wesentlichen diskutierten wir dieses Kriterium bereits in unserer Analyse des Rückkoppelungsprozesses. Um es auf eine andere Weise deutlich zu machen, könnte man sagen, daß das System selbstkorrektiv ist, und zwar in Richtung auf Homöostase und/oder Durchdrehen, und diese Fähigkeit zur Selbstkorrektur impliziert „trial-and-error"-Verhalten. Nichtlebende Dinge haben eine passive Existenz; lebende Existenzen wie Geist entkommen dem Wandel *durch* Veränderung, oder, genauer ausgedrückt, indem sie ständigen Wandel in sich aufnehmen. Die Natur, so Bateson, zieht kurzlebigen Wandel langandauernder Stabilität vor. Das Bambusrohr biegt sich im Wind und kehrt in seine ursprüngliche Position zurück, sobald der Wind sich gelegt hat, und die Seiltänzerin balanciert ständig ihr Gewicht aus, um nicht vom Hochseil zu fallen. Selbst durchdrehende Systeme enthalten noch einige Körnchen von Selbstkorrektur. Symmetrische Spannungen sind unter den Iatmul so stark vorhanden, daß das komplementäre Naven-Verhalten beinahe ständig ausgelöst wird. Der Alkoholiker kommt in der Regel dann zu den AA, wenn er schließlich ganz am Ende ist. Marx' Argument, daß der Kapitalismus sich von seiner eigenen Natur her sein Grab schaufelt, ist auch ein Beispiel kybernetischen Denkens. Und schließlich können Phänomene wie Hungersnöte, Epidemien und Kriege durchaus als extreme Versuche der Natur verstanden werden, Homöostase zu erhalten. Der gegenwärtige Zusammenbruch der Industriegesellschaft könnte somit die Art und Weise sein, in der der Planet einen größeren Tod zu vermeiden sucht.

(4) Viele Ereignisse innerhalb des Systems haben ihre eigenen Energiequellen, das heißt sie werden aufgeladen durch den reagierenden Teil und nicht durch den Teil, der die Reaktion auslöst. Durch dieses Kriterium wird auf andere Weise ausgedrückt, daß lebende Systeme selbstverwirklichend sind, daß sie Subjekte statt Objekte sind. Die Reaktion eines Hundes, nach dem man tritt, kommt aus dem Metabolismus des Hundes; der halbe Meter, den er durch den Tritt geflogen ist, ist von geringerer Bedeutung als die darauf folgende Reaktion des Hundes, zu der es möglicherweise gehört, einem ein Stück Fleisch aus der Wade zu reißen.

Diese Kriterien des Geistes legen die offensichtlich nächste Frage nahe: Wie (er)kennen wir die Welt, das heißt andere geistige Systeme? Am kartesianischen Modell erkennen wir ein Phänomen, indem wir es in seine einfachsten Bestandteile zerlegen und sie anschließend wieder zusammensetzen. Es wurde genügend darauf hingewiesen, wie irreführend dieser atomistische Ansatz tatsächlich ist. So stellt die kartesianische Analyse aus der Perspektive der kybernetischen Theorie in der Tat einen sicheren Weg dar, die meisten Phänomene *nicht* zu verstehen, denn das Charakteristikum des Geistes kann nur ein (interagierendes) Aggregat sein. Bedeutung ist im wesentlichen ein Synonym für Kontext. Nimm ein Ding aus seinem Kontext (einen Lichtstrahl beispielsweise) und die Situation wird bedeutungslos, möglicherweise jedoch mathematisch präzise.

So können wir in der kybernetischen Theorie irgendetwas nur im Kontext verstehen, in seiner Beziehung zu anderen Dingen. (7) Zusätzlich zu

„Kontext" benutzt Bateson andere Begriffe um Bedeutung zu bezeichnen, Worte wie „Redundanz", „Muster", und „Kodierung". Zum Informationsfluß gehört die Verringerung von Zufälligkeit, ein Prozeß, den man auch das Erschaffen negativer Entropie nennen könnte. (Entropie ist das Maß für Zufälligkeit in einem System.) Wenn irgendetwas redundant ist, wenn es ein bestimmtes Muster aufweist, dann ist es nicht zufällig und stellt eine Informationsquelle dar. Kommunikation ist somit die Erschaffung von Redundanz, Redundanz aber das zentrale erkenntnistheoretische Konzept der kybernetischen Theorie, die wiederum die Wissenschaft der Informationen ist. Es ist interessant, sich noch einmal in Erinnerung zu rufen, daß es sich hier um ein Konzept handelt, das die Entwicklung einer Idee darstellt, die zuerst von William Bateson formuliert wurde, nämlich die „wellenförmige Hypothese" (siehe hierzu Kapitel 7). Redundanz stellt eine wellenförmige Hypothese dar; beide Begriffe stammen vom lateinischen Wort *unda*, die Welle, ab. Eine redundante Situation ist dadurch gekennzeichnet, daß Welle auf Welle ähnlicher oder gleicher Information über uns hinwegspült. Die holistische Perspektive der beiden Batesons wurzelt in der Vorstellung, daß wir die Welt durch Redundanz kennenlernen.

Folgende Definition bezeichnet Gregory Bateson als sein Paradigma für Wissen:

> Von jeder Ansammlung von Ereignissen oder Objekten (zum Beispiel eine Abfolge von Phonemen, ein Gemälde, ein Frosch oder eine Kultur) soll gelten, daß sie „Redundanz" oder ein „Muster" enthält, wenn die Ansammlung irgendwie durch ein „Schnittzeichen" geteilt werden kann, so daß ein Beobachter, der nur wahrnimmt, was auf der einen Seite des Schnittzeichens ist, mit mehr als zufälligem Erfolg raten kann, was sich auf der anderen Seite des Schnittzeichens befindet. Wir können sagen, daß das, was auf der einen Seite des Schnitts liegt, *Informationen* über die andere Seite enthält oder *Bedeutung für sie hat.*

*Ein Gro*ßteil der Informationen, die wir aufnehmen, ist digitaler Natur und erreicht uns gewöhnlich in gesprochener oder geschriebener Form. Wenn ich „einerseits" sage, dann weiß man, daß es da irgendwo noch eine andere, versteckte Seite gibt, und man weiß, was das bedeutet. Klischees sind redundant und zwar bis hin zur Rigidität. Der Terminus bezeichnete ursprünglich Buchstabenblöcke, die von Druckern zusammengeklebt worden waren, da sie häufig in Veröffentlichungen vorkamen. Die englische Sprache ist auch auf der Ebene von Einzelbuchstaben redundant. Finden wir den Buchstaben T in einem Prosastück, dann können wir mit einiger Gewißtheit davon ausgehen, daß der folgende Buchstabe H, R, W oder ein Vokal (einschließlich des Y) ist. Wörter wie „Tsetse" oder „Tmesis" wecken in der Regel unsere Aufmerksamkeit, denn ihre Buchstabenfolge ist weniger redundant als die Buchstabenfolge von „than" oder „the".

Die *meisten* der von uns aufgenommenen Informationen sind jedoch analoger oder ikonischer Natur. Während ich an einem großen Gebäude vorbei die Straße herunterspaziere – nicht in der Lage um die Ecke zu sehen – erwarte ich sowohl auf der Straße als auch am Gebäude rechte Winkel, wenn ich um die Ecke biege. Tatsächlich stellt dies das Äquivalent eines Klischees dar. Wenn ich jedoch regelmäßig, wenn ich um solch eine Ecke böge, in einen Minenschacht fiele, dann würde die Situation jeglicher Bedeutung entbehren, und ich würde mein Haus nicht mehr verlassen. Klischees sind, wie wir alle wissen, sicher.

Auch der ganze Bereich der Metakommunikation hat diese Struktur. An einer Geste oder dem Klang der Stimme können wir (auf der anderen Seite des Schnittzeichens) die wirkliche Bedeutung vermuten:

„Ich liebe dich" (die Stimme klingt ungeduldig)/ Ablehnung.

Aus dem gleichen Grunde gibt es, wie wir gesehen haben, nicht so ein *Ding*, so eine *Sache* wie „Ethos" oder „Charakter". „Abhängigkeit", „Feindseligkeit" usw. sind Muster; und aus dem Verhalten einer Person schließen wir auf ihren Gemütszustand, das heißt auf die andere Seite des Schnittzeichens. Ein redundantes Verhaltensmuster wie die von Freud in seiner Liste der menschlichen Abwehrmechanismen beschriebenen, oder wie die von Eric Berne in *Spiele der Erwachsenen* reproduzierten, neigt dazu, zu einem Klischee zu werden und verleitet uns dazu, ein Muster als konkretes Etwas, als „Charakterzug" zu sehen.

Im Gegensatz dazu ist einer der Gründe, warum wir die Demonstration von Kunstfertigkeit genießen, gleichgültig, ob es sich dabei um Klavierspielen oder um Ballaktrobatik auf einem Einrad handelt, darin zu finden, daß wir instinktiv erfassen, daß es sich bei Kunstfertigkeit um die Kodierung unbewußter Informationen handelt. Eine Kodierung aber ist – anders als ein Klischee – nur mit Mühe zu erreichen. Die Grazie eines solchen Aktes enthüllt eine gewisse Ebene psychischer Integration, die uns verständlicherweise fasziniert. In solchen Fällen nimmt die Redundanz folgende Form an:

Aufführung/ Beziehung zwischen Bewußtem und Unbewußtem.

So ist es diese Art Redundanz, die es uns beispielsweise ermöglicht, die Kunst uns völlig fremder Kulturen zu schätzen. Irgendwie können wir den Grad der Authenzität fühlen; der Grad der Integration zwischen Bewußtem und Unbewußtem wird in der Kunstfertigkeit oder der Aufführung deutlich.

An diesem Punkt nimmt das Prinzip der Unvollkommenheit oder Unbestimmtheit – die Unschärferelation der Quantenmechanik – zentrale Bedeutung an. In Kapitel 5 wies ich hin auf Batesons grundsätzliche Übereinstimmung mit dieser Auffassung im Gegensatz zu der freudianischen oder kartesianischen Auffassung, daß man im Prinzip alles wissen kann. Unsere Diskussion der Redundanz macht deutlich, daß, wenn alles stillschweigende Wissen explizit gemacht werden könnte, wenn alle unbewußte Information bewußt gemacht würde, es nichts gäbe, was Klischee wäre. Alles wäre völlig stilisiert, alles formalistisch und somit auch total zufällig – bedeutungslos. Die allgemeine Struktur von Kommunikation, von Bedeutung, ist notwendigerweise Teil-an-Stelle-des-Ganzen; und alles ausbuchstabiert zu haben, das Schnittzeichen auszuradieren, indem man alles redundant macht, heißt auch, die Möglichkeit Redundanz zu schaffen auszulöschen. Nicht ohne guten Grund nennt Polanyi diesen Versuch, alles explizit zu machen, ein Programm der Reduktion des Menschen auf einen Zustand „freiwilligen Schwachsinns". (8)

Das Prinzip der Unvollkommenheit gibt Batesons Holismus seine wirkliche Kraft, indem sie das, was in der konventionellen Wissenschaft eine Schwäche darstellt, zu einer Quelle von Stärke macht. Er sagt, in einem Satz, daß Geist nicht gleich GEIST ist (*that mind is not Mind)*, und im Prinzip auch niemals sein kann. Er behauptet, daß stillschweigendes Wissen definitionsgemäß niemals rational ausgedrückt werden kann. Wir können jedoch seine Existenz erkennen, wir können es hinzuziehen bei unserem Bemühen, die Welt zu verstehen, und in der Tat müssen wir das tun, denn Indirektheit, Kreisläufigkeit im kybernetischen Sinne, ist die Art, in der Wirklichkeit strukturiert ist.

Zur Zeit seiner Forschungsarbeit für *Naven* sah Bateson Unvollkommenheit als Problem. Insbesondere meinte er, „Ethos" sei zu vage (analog), um erfaßt werden zu können. In seinem Nachwort aus dem Jahre 1936 schrieb er, die wirkliche Schwäche seiner Untersuchung läge nicht so sehr in seiner eigenen theoretischen Abhandlung als im Nichtvorhandensein irgendeiner Wissenschaft vom stillschweigenden Wissen. „Solange wir uns keine Techniken einfallen lassen zur ordentlichen Aufzeichnung und Analyse von der Haltung des Menschen, von seiner Gestik, seiner Intonation, seinem Lachen, usw.", schrieb er, „werden wir uns mit journalistischen Skizzen vom 'Klang' des Verhaltens zufrieden geben müssen." (9) In jedem Bereich, den er fortan untersuchte, sollte ihm diese Lücke wiederbegegnen. Deutero-Lernen war im großen und ganzen eine Angelegenheit analoger Hinweise. Schizophrenie drehte sich um Störungen in der Metakommunikation. Oberflächlich betrachtet schien eine Wissenschaft vom analogen Verhalten genau das zu sein, was man zur Lösung solcher Probleme brauchte. In seinen balinesischen Untersuchungen versuchte Bateson diese Lücke zu schließen durch einen sehr innovativen Einsatz von Feldfotografie, und Jürgen Ruesch, ein späterer Mitarbeiter, sowie andere Forscher entwickelten schließlich das ganze Gebiet der Kinesik und Paralinguistik zu einer eigenen wissenschaftlichen Disziplin. (10) Im großen und ganzen jedoch bewegte sich Batesons eigene Arbeit letztlich in eine ganz andere Richtung. So kam er nicht nur zu dem Ergebnis, daß es unklug sei, den Versuch zu unternehmen, diese Art unbewußter Information völlig auszuleuchten, sondern meinte, daß dies prinzipiell nicht machbar sei, daß analoge und digitale Wissensmodi nicht wirklich gegenseitig übersetzbar seien. Er kam zu der Überzeugung, daß diese Lücke in unserem Wissen nicht irgendetwas sei, was die Wissenschaft zu „lösen" hätte, sondern eine wissenschaftliche Tatsache des Lebens darstellte. Ganz ähnlich ist die Situation in der Beziehung zwischen Figur und Hintergrund in der Gestaltpsychologie. Sie ist nicht symmetrisch, die Beziehung ist nicht lediglich gegensätzlicher Natur. Digitales Wissen wird durch das „Punktieren" analogen Wissens selbstevident, letzteres hängt in seiner Existenz kaum von ersterem ab. Analoges Wissen ist durchdringend und umfassend, die Grundlage von Wahrnehmung und Erkenntnis. In vormoderner Kultur stellte das Digitale, soweit es existierte, das Instrument des Analogen dar. Nach der Wissenschaftlichen Revolution wurde das Analoge zum Instrument des Digitalen, soweit es nicht völlig von letzterem unterdrückt wurde, soweit das möglich war. Diese Verzerrung, die Freud zum Kennzeichen von Gesundheit erhob, sah Bateson als den zentralen Punkt unserer heutigen Schwierigkeiten. Die Umwandlung des gesamten Es zum Ich, oder der Versuch, die „Wege des Herzens" in kognitiv-rationale Begriffe zu fassen, war nichts anderes als eine Fortführung des Programms der Wissenschaftlichen Revolution und ihrer verzerrten Epistemologie. Eine gesunde Erkenntnistheorie sollte es zulassen, daß die beiden Wissensmodi dazu benutzt werden, sich gegenseitig zu stärken und zu ergänzen. Unsere Kultur mit ihrem (überwiegenden) Schwergewicht auf dem Digitalen könnte solch eine komplementäre Beziehung nur zurückgewinnen durch die Wiederentdeckung dessen, was sie einst über archaische Wissensmodi wußte. Der Versuch jedoch, diese Modi in empirisch-bewußten Begriffen auszuarbeiten, bedeutet in der Tat, wie Bateson zusammenfaßte, sie zu zerstören, um sie zu verstehen. (11)

Um sich diese Angelegenheit klarer zu machen, bedenke man die populäre Theorie, daß Sprache in der menschlichen Entwicklungsgeschichte den Platz früherer ikonischer Kommunikationssysteme übernahm. Sobald die Mitteilungen verbal oder schriftlich artikuliert werden konnten, starb die Kommunikation durch Zeichen, Trommeln, usw. einfach aus. Das Problem mit dieser Theorie, so Bateson, liegt darin, daß analoge Kommunikation, einschließlich menschlicher Kinesik, tatsächlich aber reichhaltiger wurde. Statt abgelegt zu werden, entwickelten sich diese archaischen Modi selbst weiter. Heute haben wir Kubismus und Höhlenmalereien, modernes Ballett und Regentänze. Es geht hier nicht um die Behauptung, moderne Formen seien komplizierter, entwickelter als archaische; Evolution ist kein Synonym für Fortschritt. Aber unser Kommunikationsrepertoire wurde komplizierter im Verlauf der Jahrhunderte, und die Evolution ikonischer Kommunikationssysteme legt nahe, daß sie irgendwelche anderen Funktionen erfüllen als jene, für die uns Sprache zur Verfügung steht. Es scheint, als sei es nie vorgesehen gewesen, sie durch Sprache zu ersetzen. Kinesik in Worte zu übertragen und besonders in Prosa, meint Bateson, verfälscht die Dinge, denn solch eine Übertragung muß den Anschein bewußter Absicht bei einer Mitteilung erwecken, die unbewußt und unbeabsichtigt ist. Da die Essenz einer unbewußten Mitteilung gerade darin liegt, daß sie unbewußt *ist*, daß es so etwas *gibt* wie unbewußte Kommunikation, zerstört die Übertragung notwendigerweise die Natur der Mitteilung selbst. Freuds Theorie der Verdrängung, daß das Unbewußte der Verwahrung schmerzhafter Erinnerungen dient, stellt eine sehr irregeleitete Theorie dar und zwar insofern, als daß vieles, was im Unbewußten existiert, schon immer dort war. Freud zufolge wäre Lyrik eine Art verzerrter Prosa, während in Wahrheit Prosa Lyrik ist, die in eine „logische" Darstellung umgewandelt wurde.

Ich habe bereits auf Batesons Beispiel des hypothetischen Fernsehapparates hingewiesen, der, als Beispiel für die Grenzen des Bewußtseins, von den Abläufen in seinem eigenen Innern berichtet. Das Paradoxon wird sofort ersichtlich; es ist so als würde ich sagen: „Erzählen Sie mir, worüber Sie sprechen, während Sie sprechen." Um dem Fernsehapparat zu ermöglichen, von seinem Funktionieren zu berichten, einem Funktionieren, das die Voraussetzungen für den Report ist, müßte man eine andere Einheit anschließen. Aber da diese neue Einheit nicht über *ihr* Funktionieren berichten könnte, müßte wiederum eine neue Einheit angeschlossen werden, usw. Bald würde man sich einem unendlichen Rückschritt gegenüber finden, einer Reihe chinesischer Rätselkistchen. Der Versuch des bewußten Geistes, seinen eigenen Operationsmodus zu explizieren, beinhaltet ein ähnliches Paradox. Weitere Verwirrung kommt noch durch die verschiedenen beteiligten Kommunikationsarten hinzu. Wie wir bereits festgestellt haben, stellt jede analoge Kommunikation eine Übung dar, über die Arten des unbewußten Geistes zu kommunizieren, darüber wie er arbeitet. Der unbewußte Geist ist jedoch nicht mehr als der bewußte Geist dazu in der Lage, das logisch zu tun. Nur auf seine Weise kann er sich uns zeigen. Und so meint Bateson, daß die gängige Interpretation einer Bemerkung, die Isadora Duncan zugeschrieben wird, falsch sei. Folgendes soll sie gesagt haben: „Könnte ich Ihnen sagen, was es bedeutet, dann bestünde kein Anlaß, es zu tanzen." Wie Bateson sagt, würde eine gängige Interpretation etwa folgendermaßen aussehen, „es bestünde kein Anlaß, es zu tanzen, weil ich es Ihnen schneller und weniger zweideutig in Worten sagen könnte." Diese Interpretation geht einher mit dem Programm, das Unbewußte total explizit zu machen. Es gibt jedoch, so Bateson, eine andere mögliche Interpretation, eine, die Isadora wahrscheinlich im Sinne hatte:

> wäre die Botschaft eine solche, die man mit Worten vermitteln kann, dann bestünde kein Anlaß, sie zu tanzen, aber es handelt sich nicht um eine solche Mitteilung. Es ist in der Tat genau die Art von Botschaft, die falsifiziert würde, kommunizierte man sie mit Worten, weil die Verwendung von Worten (es sei denn in der Dichtung) bedeuten würde, daß dies eine völlig bewußte und willentliche Mitteilung ist, und das wäre ganz einfach unwahr.

Digitales Wissen kann nur bewußte Absicht kommunizieren. Wenn die Mitteilung selbst lautet, „es gibt eine Art Wissen, die weder bewußt noch zweckorientiert ist", wäre ihr Ausdruck in digitaler Form notwendigerweise die Falsifikation der Mitteilung und nicht ihr Ausdruck. „Lassen Sie mich einen Aspekt des stillschweigenden Wissens für Sie tanzen", sagt Isadora, „ich werde Ihnen zeigen, was Leben wirklich ist." Es ist nicht nur so, daß wir nur einen Bruchteil von Wirklichkeit kennen, sondern genau diese Unvollständigkeit des Wissens stellt die Quelle des Wissens selbst dar (könnte ich dieses Buch tanzen, dann müßte ich es nicht schreiben). Wenn es der abendländischen Wissenschaft gelänge, ihr Programm totaler Gewißheit abzuschließen, in genau dem Moment würde sie ganz und gar nichts wissen. (12)

Wie bereits am Ende des 7. Kapitels festgestellt wurde, kann das Batesonsche Pardigma nicht wirklich auf digitale Weise formuliert werden,genausowenig wie das alchemistische Paradigma. Nur wenn wir ganz spezifische Beispiele untersuchen (wie wir das getan haben), und darüber hinaus auch seine

Untersuchungsmethode anwenden, kommen wir so nahe wie möglich an eine Formulierung des Batesonschen Paradigmas heran. Damit erhalten wir holistische Antworten auf Fragen wie: Was ist Schizophrenie? Was ist Alkoholismus? Wie lernen Säugetiere? Mir scheint, als könnte der holistische Ansatz ausgedehnt werden auf Fragen wie: Was sind Licht und Farben? Was ist Elektrizität? Die gegenwärtigen mechanistischen Antworten, die wir auf diese Fragen erhalten, sind eindeutig ungenügend, besonders deshalb, weil sie den Beobachter und sein gesamtes analog-affektives Verhalten aus der Untersuchung heraushalten. Die von einer zukünftigen holistischen Wissenschaft unternommenen Untersuchungen würde Unvollständigkeit und Kreisläufigkeit zu Axiomen machen. Sie würde sich darum bemühen, die kybernetischen Eigenschaften einer Situation offenzulegen und gleichzeitig den Untersuchenden in den zu untersuchenden Bereich miteinbeziehen. Sie würde ein spezifisches Stück Untersuchungsarbeit dann als „beendet" betrachten, wenn die Natur des in der Situation gegenwärtigen GEISTES befriedigend dargelegt wurde. Und schließlich könnte diese Arbeit alles andere als digitale Form annehmen, sondern stattdessen als Videoband, als Pantomime oder als Buchkollage erscheinen. Forschungsziel wäre es, unsere Beziehung zur Natur zu vertiefen, indem wir ihre Schönheit demonstrieren – was beispielsweise der Zweck Keplers Untersuchung der planetarischen Harmonie war. Das Endresultat wäre damit eine bessere Orientierung unsererselbst im Kosmos. In einer Gesellschaft, die auf holistisches Gedankengut aufbaut, würde diese Vorstellung, den Kosmos zu *beherrschen*, Schulkinder zum Kichern bringen und in den Gesichtern von Erwachsenen einen leeren, völlig unverständlichen Ausdruck hervorrufen.

Wie könnte eine holistische Gesellschaft aussehen? Ich habe die Behauptung aufgestellt, daß das Schreckensbild heutiger Zeiten zumindest teilweise auf das kartesianische Paradigma zurückgeführt werden kann und legte nahe, daß sein Verharren auf der Trennung von Ding und Wert, oder Erkenntnistheorie und Ethik, ganz besonders dafür verantwortlich ist. Für die moderne Wissenschaft sind Fragen wie „Was kann ich wissen?" und „Wie soll ich leben?" Fragen, die in keinerlei Beziehung zueinander stehen. Angeblich kann uns die Wissenschaft nicht sagen, wie ein gutes Leben aussehen kann oder könnte. Natürlich ist diese Zurückhaltung höchst fragwürdig. „Wertfrei", das ist in sich ein Werturteil, wie Amoralität eine besondere Form der Moral. Im Batesonschen Holismus ebenso wie in der Hermetischen Weltsicht und in anderen vormodernen Denksystemen ist diese falsche Bescheidenheit glücklicherweise nicht vorhanden. Zu Batesons Epistemologie gehört eine ganz bestimmte Ethik, oder, wie er selbst sich ausdrückte, „die Ethik der Optima und die Ethik der Maxima sind völlig voneinander verschiedene Systeme." (13) Da wir bereits eine ganze Menge über die Ethik der Maxima wissen, über den Versuch, unsere Umwelt zu kontrollieren, wird es nötig sein, dieses Kapitel abzuschließen mit einer Untersuchung der Ethik der Optima, sowie der Art Gesellschaft, die kongruent wäre mit der holistischen oder kybernetischen Vorstellung. Weiterführendes zu diesem Thema werde ich, was die Politik anbelangt, in Kapitel 9 zu sagen haben.

Vieles der in Batesons Weltsicht implizierten Ethik wird recht deutlich, wenn seine Epistemologie auf lebende Systeme angewandt wird. Obwohl es zu weit führen würde, Batesons biologische Arbeiten zu diskutieren, einschließlich seiner radikalen Revision der Darwinschen Evolutionstheorie, so können wir doch hinweisen auf vier wesentliche Themen in diesem Arbeitskomplex, die nicht übersehbare ethische Implikationen in sich tragen:

1. Alle lebenden Systeme sind homöostatisch, das heißt sie bemühen sich um Optimierung statt Maximierung bestimmter Variablen.
2. Was wir als Einheit *Geist* identifizierten, erweist sich jetzt als identisch mit der Einheit evolutionären Überlebens.
3. Es gibt einen fundamentalen physiologischen Unterschied zwischen Sucht und Gewöhnung.
4. Artenvielfalt ist Artenhomogenität vorzuziehen.

Wir wollen uns jetzt jedes dieser Themen der Reihe nach vornehmen. Obgleich nicht sofort evident, erweisen sich Punkt 1 und 2 als Variationen der kybernetischen Themen von der Kreisläufigkeit und der Unvollständigkeit. Um diese Vorstellungen noch einmal kurz zu überfliegen, könnten wir uns Geist als Kreis vorstellen, durchzogen von einer Linie, die den größeren Teil des Kreises unter sich läßt, sodaß nur ein kleiner Bogen sichtbar bleibt. Das kartesianische Paradigma behauptet nun, daß dieser sichtbare Teil – Geist oder bewußte Wahrnehmung – die Summe aller nichtmaterieller Wirklichkeit sei; oder aber es wird als epiphänomenal betrachtet, auf Materie reduzierbar und somit nicht wirklich vorhanden. In der Freudschen Version dieses Paradigmas wird die größere Wirklichkeit zur Kenntnis genommen, aber als gefährlich betrachtet und zum Ziel des menschlichen Systems wird es, die von dem Bogen ausgeübte Kontrolle zu maximieren, um so den ganzen Kreis einzuschließen. Letzlich heißt das Freudsche Ziel, den gesamten Abschnitt unterhalb der Linie zu der Denkweise zu transformieren, die oberhalb der Linie vorherrscht, und das heißt, ihn auszulöschen.

Nach dem Verständnis von Jung, Reich oder Bateson, geht es für das menschliche System darum, diese Linie im höchsten Sinne osmotisch zu machen. Für Jung ist das, was sich unterhalb der Linie befindet, das Unbewußte. Für Reich ist es der Körper, der echte Körper, ekstatisch und ungepanzert. Für Bateson ist es stillschweigendes Wissen, das komplexe Muster von Informationsbahnen (einschließlich der sozialen und natürlichen Umwelt), die ein System zu dem machen, was wir als GEIST charakterisierten. Die Linie völlig durchlässig zu machen bedeutet für alle drei, Ganzheit zu erreichen, oder „Grazie". Diese Verwirklichung löst das Ich, den sichtbaren Bogen, nicht auf, sondern plaziert es vielmehr in einen Kontext, sieht es als kleinen Teil eines umfassenderen Selbst. Für Bateson bedeutet Weisheit die Anerkennung von Kreisläufigkeit, von Indirektheit, die Anerkennung der Begrenztheit bewußter Kontrolle. Der Teil kann niemals das Ganze erkennen, sondern sich bestenfalls – sofern sich Weisheit durchsetzt – dem Ganzen dienstbar machen.

Die Beziehung zwischen diesen Vorstellungen und Punkt 1 besteht darin, daß es sich hier um ein homöostatisches System handelt, und käme es zu dem Versuch der Maximierung irgendeiner einzelnen Variablen, einschließlich jener, die man entweder „Geist", „bewußte Wahrnehmung" oder auch „zweckorientierte Rationalität" nennt, dann würde das System durchdrehen und sowohl sich selbst als auch seine unmittelbare Umwelt in dem Prozeß zerstören. (14) Physiologische Systeme tragen diese Struktur in sich. Der menschliche Körper benötigt beispielsweise nur eine bestimmte Menge Kalzium. Niemand würde sagen, „je mehr Kalzium ich in meinem Körper habe, desto besser", denn wir wissen, daß über einen bestimmen Punkt hinaus jedes chemische Element für einen Organismus toxisch wird, ganz egal wie wichtig dieses Element für die Gesundheit sein mag. Biologisch sind die Wertsysteme von Lebewesen immer auf Optimierung angelegt.

Obwohl die westliche Gesellschaft sich dieser Wahrheit bewußt ist, soweit es die Biologie betrifft, schenkt sie ihr ansonsten kaum Aufmerksamkeit. Rationales Bewußtsein kann es nicht genug geben, nie genug Gewinn oder Macht, niemals kann man genug erreichen, kein Bruttosozialprodukt ist groß genug. Für den Kybernetiker ist solch ein Denken selbstzerstörerisch und unklug. Bateson bemerkt, daß die kybernetische Natur des Selbst um so mehr verschleiert wird, je mehr wir von Zwecküberlegungen beherrscht werden. Die Kybernetik schenkte uns eine ganz wesentliche Einsicht in die Natur der Stabilität und der Veränderung. Sie versteht Wandel als Teil des Bemühens, Stabilität zu erhalten. Zweckorientiertes oder maximiertes Verhalten jedoch begrenzt die Wahrnehmung von Indirektheit, Kreisläufigkeit und Komplexität und führt zu progressiver Veränderung, zum Durchdrehen.

Was wäre nun ein Beispiel für ein optimierendes System, eines, das die Tatsachen der Kreisläufigkeit versteht, eines, das erfolgreich seine Homöostase erhält? Bei der Beantwortung dieser Frage bezieht sich Bateson auf seine Kenntnis von Bali. Die Balinesen wissen, daß Stabilität Wandel und Flexibilität verlangt, und sie kreierten eine Gesellschaft, der Bateson in angemessener Weise das Attribut des „Fließgewichts" gab. Gleichgewicht wird betont, keine Variable wird absichtlich maximiert, und die Ethik der Situation ist „karmisch", das heißt ein Gesetz nichtlinearer Ursache und Wirkung wird befolgt, ganz besonders in Hinblick auf die Umwelt. Wie Bateson sagt, „wird Mangel an systemischer Weisheit immer bestraft." Wenn man die Ökologie eines Systems bekämpft, dann verliert man besonders dann, wenn man „gewinnt".

Unser zweiter Punkt, daß die Einheit Geist identisch ist mit der Einheit evolutionären Überlebens, ist eine Variation von Punkt 1. In der kybernetischen Theorie stellt der Kreislauf nicht ein einzelnes Individuum dar, sondern ein Netzwerk von Beziehungen, in das er oder sie eingebettet ist. Natürlich befriedigt jeder lebende Organismus Batesons Kriterien des Geistes, aber es gibt immer Geist (Vielzahl) im Geist (Vielzahl) (siehe Abbildung 19). Ein Mensch für sich selbst stellt Geist dar, aber sobald er eine Axt in die Hände nimmt und einen Baum zu fällen beginnt, wird er zu einem Teil eines umfassenden Geistes. Der Wald um ihn herum stellt einen noch umfassenderen Geist dar, usw. In dieser Reihe hierarchischer Ebenen muß es um die Homöostase der größten Einheit gehen, wie es die Evolution der Arten gezeigt hat. Eine Spezies, die sich an die Veränderungen seiner Umwelt nicht anpassen kann, überlebt nicht. „Person" oder „Organismus" sind somit als untergeordnetes System desGeistes (sub-Mind) zu verstehen und nicht als unabhängige Einheit. Der westliche Individualismus basiert auf einer Verwechslung zwischen diesen un-

Abb. 18: M. C. Escher, *Drei Welten* (1955). Escher Stiftung, Haags Gemeentemuseum, Den Haag.

tergeordneten Systemen und Geist. Er betrachtet den menschlichen als den einzigen Geist, uneingeschränkt in der Lage, jede beliebige Variable zu maximieren und die Homöostase der größeren Einheit zu ignorieren. Die Haltung des „Unbesiegten", des im abendländischen Gedankengut so sehr geschätzten unabhängigen Selbst, ist Batesons Art zu denken fremd. Er betrachtet diese Unabhängigkeit als oberflächliche Freiheit, die, sobald sie aufgegeben, eine andere Art von Freiheit enthüllt, die viel umfassender ist. Und so bestätigt er, daß Darwins Theorie von der natürlichen Auslese korrekt war – die Stärksten überleben in der Tat – schränkt jedoch ein, daß Darwin die Überlebenseinheit falsch identifizierte. „Die Überlebenseinheit", schreibt Bateson, „sowohl in der Ethik wie in der Evolution, ist nicht der Organismus oder die Spezies, sondern das umfassendste System, die Kraft, innerhalb derer die Kreatur lebt. Wenn die Kreatur ihre Umwelt zerstört, zerstört sie sich selbst."

Geist, fährt er fort, ist dem Ökosystem, der totalen evolutionären Struktur immanent. „Überleben" bedeutet etwas anderes, wenn es ausgeweitet wird, um das Ideensystem eines weiteren Bereichs einzuschließen und nicht nur die Fortdauer von etwas durch Haut begrenztes. Kurzgesagt, das Ökosystem ist rational (im Sinne von vernünftig sein), und es ist unmöglich, ohne gewisse Konsequenzen gegen seine Regeln zu verstoßen. Indem er sein eigenes Überleben gegen das Überleben des gesamten restlichen Ökosystems stellte, das Baconsche Programm technologischer Beherrschung übernahm, ist es dem Abendländer in wenig mehr als drei Jahrhunderten gelungen, sein eigenes Überleben in Frage zu stellen. Die wahre Einheit des Überlebens, wie die des Geistes, stellt nicht der Organismus oder die Spezies dar, sondern Organismus + Umwelt, Spezies + Umwelt. Wenn man die falsche Einheit wählt und glaubt, es sei schon irgendwie in Ordnung, den Lake Erie zu verseuchen, bis er den Geist verliert, dann wird man selbst auch ein bißchen verrückt werden, da man selbst ein Untersystem Geist in einem größeren Geist ist, den man ein bißchen zum Durchdrehen gebracht hat. Mit anderen Worten, so Bateson, wird der resultierende Wahnsinn Teil der *eigenen* Gedanken und Erfahrung, und es gibt klare Grenzen, die festlegen, wie häufig man solche Situationen schaffen kann, bevor der Planet sich entscheidet, uns auszulöschen, um sich selbst zu retten. Die jüdisch-christliche Tradition sieht uns als Hausherren. Batesons Holismus sieht uns als Gäste im Heim der Natur.

Abschließend können wir zu Punkt 1 und 2 feststellen, daß sich die von Bateson angebotene Weltsicht, sowohl in ihrer Ethik wie *auch* in ihrer Epistemologie, in direktem Gegensatz befindet zum säkularen Humanismus, der aus der Renaissance stammenden Tradition individueller Verwirklichung und der Beherrschung der Natur. Bateson betrachtet diese Art Arroganz als völlig unwissenschaftlich. Sein eigener Humanismus, wie der von Claude Lévi-Strauss, basiert auf dem, was uns die Mythen lehren, auf der Weisheit der „Primitiven" und den archaischen Algorithmen des Herzens. Er steht nicht im Gegensatz zu wissenschaftlichem Intellekt, lediglich zur Unfähigkeit jener Weltsicht, ihren Platz in einem weiteren Kontext zu finden.

Der dritte Punkt, der den grundsätzlichen physiologischen Unterschied zwischen Gewöhnung und Sucht behandelt, beschreibt, was passiert, wenn ein homöostatisches System gestört wird. (15) Bateson illustriert Gewöhnung an folgendem Beispiel:

> Wenn ein Mensch von der Höhe des Meeresspiegels auf 3.000 Meter über dem Meer gebracht wird, wird er anfangen, nach nach Luft zu schnappen, und sein Herz wird zu jagen beginnen. Aber diese ersten Veränderungen sind leicht reversibel: Wenn er am selben Tag absteigt, werden sie sofort verschwinden. Bleibt er jedoch oben, tritt eine zweite Verteidigungslinie ein. Er wird sich infolge komplexer physiologischer Veränderungen langsam akklimatisieren. Sein Herz wird aufhören zu jagen, und er wird auch nicht mehr nach Luft schnappen, es sei denn, er unterzöge sich einer besonderen Anstrengung. Wenn er nun auf die Ebene des Meeresspiegels zurückkehrt, werden die Charakteristika der zweiten Verteidigungslinie ziemlich langsam verschwinden, und er kann sich sogar etwas unwohl fühlen.

Bateson weist darauf hin, daß der Prozeß der Gewöhnung eine eindrucksvolle Ähnlichkeit zum Lernprozeß aufweist, besonders zu Lernen II. In der Tat ist Gewöhnung ein besonderer Fall des letzteren. Das System wird abhängig von der ständigen Präsenz eines Faktors, der ursprünglich als fremd, nicht dazugehörig betrachtet wurde; es deutero-lernt einen neuen Kontext. Genau das gleiche trifft auch auf die Sucht zu, aber in diesem Fall ist der Faktor dem Überleben des Systems tatsächlich abträglich – Umkehr ist unmöglich, ohne sich schweren Entzugssymptomen zu unterziehen, oder, wenn die Situation schließlich am Ende ist, durch eine Verschiebung der gesamten Weltsicht (Lernen III).

Das Problem liegt darin, daß die Trennungslinie zwischen den beiden Lernarten, Akklimatisation, also Gewöhnung, und Sucht, sich auf lange Sicht als etwas verwaschen herausstellen kann. Was als geschickte Anpassung begann, kann sich letztlich pathologisch weiterentwickeln. Die Säbelzähne des Tigers können einen kurzfristigen Überlebenswert besitzen, sie verhindern jedoch Flexibilität in anderen Situationen, die sich letztlich als wesentlich erweisen. Der gesamte Rest des Systems paßt sich an und die Innovation wird immer weniger reversibel; die Interaktion mit anderen Arten schafft weitere Erneuerungen, die die Situation schließlich zum Durchdrehen bringt. Die Flexibilität ist zerstört, und schließlich ist die „bevorzugte" Spezies dermaßen „bevorzugt", daß sie ihre eigene ökologische Umwelt zerstört und verschwindet. Im Falle der Sucht „wird der Innovator abhängig von der Beschäftigung, sich ständig darum zu bemühen, einen gewissen Wandel konstant zu halten." Was als Gewinn auf einer Ebene begann, wurde im weiteren Kontext zu grosser Not.

Menschliche Sozialsysteme bieten uns viele Beispiele zu diesem Problem, und Bateson führt die Geschichte des DDT an, um diesen Punkt zu belegen. 1939 entdeckt, wurde das Pestizid als wesentlich zur Steigerung der Getreideernte betrachtet, wie zur Verhinderung von Malaria unter den Truppen in Übersee. Für Bateson war es „eine symptomatische Behandlung von Schwierigkeiten im Gefolge des Bevölkerungsanstiegs." Etwa um 1950 wußten viele

Wissenschaftler, daß DDT für viele Tiere toxisch war, doch zu viele andere Variablen hatten sich bereits neu arrangiert, so daß es uns nicht mehr möglich erschien, uns von dem Pestizid zu „entwöhnen“. Eine gewaltige Industrie hatte sich um seine Herstellung entwickelt; die Insekten, gegen die das Mittel gerichtet war, wurden dagegen immun; die Tiere, die sich von jenen Insekten ernährten, wurden vernichtet; und ganz generell erlaubte die Verbreitung von DDT einen Anstieg der Weltbevölkerung. Heute sind wir von seinem Gebrauch abhängig, während sich die Natur um Korrekturen bemüht, die zum Fürchten sind. DDT taucht jetzt in der Muttermilch auf; Fische, sofern sie nicht als Quecksilberträger giftig werden, könnten schon bald als Träger von DDT giftig werden; 34 Arten Malaria verbreitender Moskitos sind heute gegen wesentliche Insektizide resistent; und das Auftreten von Malaria hat sich in einigen Ländern im Verlauf der vergangenen 15 Jahre um das Hundertfache gesteigert. Was als einfallsreiche ad-hoc-Maßnahme begann, wurde letztlich zu einer Verschlimmerung des ursprünglichen Problems, um uns schließlich in eine Suchtspirale zu stürzen, die heutzutage unsere Existenz bedroht. (16)

Im Moment besteht unsere Reaktion auf diese Situation in der Suche nach der immer größer werdenden „Spritze“. Wie der Alkoholiker glauben wir immer noch daran, daß die Lösung in „rationaler Beherrschung“ liegt; und so steigern wir den Giftgehalt unserer Insektizide, machen dadurch immer gefährlichere Insekten immun und heben so die Schlacht auf die nächst höhere Ebene. Vielleicht dann, wenn wie in einigen Science-Fiction-Filmen gigantische Heuschrecken an unsere Türe klopfen, werden wir endlich verstehen, daß die „rationale Beherrschung“ das Problem war; dann jedoch wird es zu spät sein.

Die sogenannte Energiekrise ist ein ebenso zwingendes Beispiel für die Suchtspirale. Die Zeitungsspalten sind angefüllt mit Artikeln, die tiefe Besorgnis ausdrücken über das zu erwartende Verschwinden von Erdöl, und man besteht auf der Notwendigkeit, neue Energiequellen zu erschließen – insbesondere Nuklearenergie – um die steigende Nachfrage zu befriedigen. Jene Stimmen, die meinen, daß wir möglicherweise „abhängig“ sind von Energie, und daß wir uns doch lieber in Richtung auf Entzug als auf die nächste „Spritze“ ausrichten sollten, sind im wesentlichen von den Industrieinteressen kaltgestellt worden, die sich entschlossen haben, die Dosierung der „Spritze“ zu erhöhen. Mittlerweile wird das negative Feedback immer lauter, wobei die Beinahe-Katastrophe in dem Atomkraftwerk auf Three Mile Island, 1979, nur das spektakulärste Beispiel darstellt. In der Nähe von Autobahnnetzen lebende Menschen laufen größere Gefahr, Krebs zu bekommen, als jene, die außerhalb der Zentren dichter Luftverschmutzung leben, wie eine Schweizer Studie zeigte. Radioaktiver Abfall entweicht aus tief in den Ozean versenkten leckgeschlagenen Containern. Immer häufiger kommt es zu Stromausfällen in Industriegebieten mit einem ausgedehnten Vandalismus im Gefolge, und die internationalen Spannungen über Öllieferungen und Ölpreise werden immer intensiver. Kurz gesagt, unsere auf wachsenden Energieverbrauch basierende Ökonomie zeigt Anzeichen schwerster Überbelastung. Die moderne Industriegesellschaft versucht, so könnte man sagen, das Erste Gesetz der Thermodynamik zu hintergehen, welches besagt, daß zur Freisetzung von Energie Energie benötigt wird, daß man in der Physik niemals etwas für nichts bekommt. Energieverbrauch zur Lösung der Probleme unserer Industriegesellschaft ist ein Teil des geistigen Rahmens der Sucht. Blake erzählte uns, daß Energie ewige Freude sei; er sagte aber auch, daß Weisheit das Resultat sein kann, wenn man die Torheit bis an ihre Grenzen treibt. Es mag jedoch bereits zu spät sein. Unser Suchtverhalten könnte den Planeten bereits bis an den Rand der Vernichtung getrieben haben.

Schließlich kann das Bild der Sucht angewandt werden auf den gesamten westlichen Lebensstil nach 1600. Nehmen wir ein Beispiel aus unserer vorangegangenen historischen Diskussion. Die Hermetische Tradition war ein selbstkorrektives Feedback-System. Rationales Bewußtsein, insbesondere das Interesse an der Manipulation der Umwelt, wurde vorsichtig behandelt (optimiert), denn es stellte nur eine Variable dar in einem System, daß sich um die Idee heiliger Harmonie herum organisierte. Mit der Ankunft der Wissenschaftlichen Revolution kam das Bemühen, gerade diese Variable zu maximieren. Sie wurde aus dem heiligen Kontext herausgenommen, und innerhalb weniger Generationen wurde etwas, was vorher als pervertiert galt, als durchaus normal betrachtet. Unbegrenzte Expansion, ideologisch ratifiziert von der Französischen Aufklärung und der ökonomischen Idee des Laissez-faire, galt auf einmal als vernünftig, und das Bedürfnis nach einer immer größeren „Spritze“ wurde betrachtet als Teil der natürlichen Ordnung der Dinge anstatt als von Sitte und Moral abweichend. Zu diesem Zeitpunkt sind wir bereits völlig abhängig von der Maximierung von Variablen, die unser natürliches System zerstören. Das Auftauchen von holistischem Gedankengut in unserer heutigen Zeit könnte durchaus Teil des generellen Prozesses selbstkorrektiven Feedbacks sein.

Die Erhaltung von Vielfältigkeit (Punkt 4), wesentlich für das Überleben aller biologischen Systeme, hängt direkt mit dieser Problematik zusammen, denn sie beinhaltet die Beibehaltung von Flexibilität anstatt sie addiktiv zu verbrauchen. (17) Bevölkerungsgenetiker sind sich seit langem bewußt, daß die evolutionäre Einheit nicht homogen ist. Zufall stellt die Quelle des Neuen dar. Ohne Vielfalt könnte kein neues Verhalten auftauchen, keine neuen Genen oder Organe, an der die natürliche Auslese arbeiten könnte. Die wilde Gesellschaft einer beliebigen Spezies besitzt eine große Bandbreite genetischer Konstitutionen, verteilt über ihre individuellen Angehörigen, und es ist genau diese Heterogenität, die das Potential schafft, das für überlebenswichtigen Wandel wesentlich ist. Homogene Situationen, einschließlich der Rigidität addiktiven Denkens, besitzt diese Elastizität nicht. Damit wird Flexibilität deutlich als Teil der Überlebenseinheit, wie des Geistes. Liebe, Weisheit, Kreisläufigkeit bzw. Indirektheit, Optimierung – all dieses gehört zu einer Ethik der Vielfalt, und es ist genau dieses ethische System, für das der Batesonsche Holismus steht. Doch die gesamte abendländische Industriegesellschaft, sei sie nun sozialistisch oder kapitalistisch, bemüht sich offiziell um Homogenität, um Einheit in Gedanken und Verhalten. In seinen Städten gelang es dem westlichen Menschen, zu Ökosystemen einer einzigen Spezies zu kommen, besonders was Architektur angeht, Design und die Ideale der Mittelklasse vom „lebenswerten Leben“. In der Landwirtschaft bemüht er sich um Monokulturen: Ein Feld neben dem anderen mit Mais oder Weizen bebaut; Hühnerfarmen, die Eier am Fließband produzieren. Seine Ideen scheinen verschieden, doch stammen sie letztlich alle aus der jüdisch-christlichen Tradition und dem säkularen Humanismus der Renaissance: der Goldene Schnitt, das Überleben des Stärksten, Prämissen wie Herausforderung (Schismogenese) und individuelle Leistung, die Natur menschlicher „Charaktereigenschaften" als fixierte Einheiten, usw. Einige dieser Ideen mögen sogar gut sein — was auch immer das heißen mag —, unsere Köpfe angefüllt zu haben mit nur einer Art zu denken, kann jedoch unmöglich gut sein. Letztlich wird diese Monomanie ausgedehnt auf alles und jeden. Der abendländische säkulare Humanismus verschreibt, wie Lévi-Strauss in *Traurige Tropen* schrieb, im Namen der Achtung vor dem Menschen eine einzige Lebensweise und einen einzigen Typus Mensch. Die Freude, mit einem anderen Menschen zu sein, könnte ästhetischen Charakter haben, begründet in der Erkenntnis, daß es sich bei ihm oder ihr um ein menschliches ökologisches System handelt, das vom eigenen verschieden ist, und das die Beziehung zwischen Bewußtem und Unbewußtem auf seine oder ihre eigene Art manifestiert (jeder Mensch ist ein Lied, wie Gary Snyder das ausdrückte); aber für gewöhnlich hassen wir das Andere und verlangen, daß es so sei wie wir: sicher, berechenbar — in Wirklichkeit ein Klischee.

Von welcher Wahrheit, welcher Ethik aber spricht die Vielfältigkeit? Es ist ganz einfach so, wie Mary Catherine Bateson vor kurzem feststellte und Nietzsche lange vor ihr, daß jeder von uns seine eigene Mythologie hat, seine eigenen echten Lebensmöglichkeiten, daß wir alle „unsere eigene zentrale Metapher" sind. In der biologischen und ökologischen Welt bedeutet Homogenität Rigidität und Tod. Die Natur vermeidet Monotypen, denn sie neigen zur Schwäche. Sie können nichts Neues hervorbringen, und durch ihren Mangel an Flexibilität sind sie leicht zu vernichten. In ihrer Komplexität reduzierte Systeme sind in ihren Möglichkeiten eingeschränkt, sie werden anfällig für Schwankungen und Verletzungen. Demgegenüber sorgt Flexibilität in Persönlichkeitstypen wie in der Weltsicht für Veränderungsmöglichkeiten, Evolution und echtes Überleben. Der Imperialismus jedoch, äußere er sich nun im ökonomischen, im psychologischen oder im persönlichen Bereich (in der Regel läuft das zusammen), versucht, eingeborene Kulturen auszulöschen, ebenso wie individuelle Lebensweisen und abweichende Ideen — sie auszuradieren, um an ihre Stelle eine globale und homogene Lebensweise zu setzen. Er sieht eine Bedrohung in Variationen. Im Gegensatz dazu würde eine holistische Zivilisation Variationen schätzen, sie als Geschenk betrachten, als eine Form des Wohlstands, des Besitzes.

Vor einiger Zeit hatte ich das Vergnügen, eine Fotoausstellung mit europäischen Porträts aus den 20er und 30er Jahren zu besuchen. Die Leute auf diesen Bildern waren „ganz gewöhnliche" Leute, keine Berühmtheiten. Was mir an diesen Fotos am meisten auffiel, war die Eindeutigkeit, mit der aus ihnen hervorging, daß es sich bei allen um ausgeprägte Persönlichkeiten handelte, um echte Individuen. Man wollte sie kennenlernen, denn man glaubte seinen Augen nicht zu trauen, die ein Gefühl der Komplexität und Idiosynkrasie hervorriefen, deren Entfaltung Jahre hätte dauern müssen. Der Kontrast zwischen diesen Gesichtern und dem hohlen, abwesenden Ausdruck in den Gesichtern der meisten heutigen Stadtmenschen kam mir überwältigend vor. Diese Art organischer Vielfältigkeit wird von dem amerikanischen Schriftsteller John Nichols in Romanen wie *The Milagro Beanfield War* gefeiert, oder auch von Fellini in seinem Film *Amarcord*, wo beinahe jeder Bewohner der Stadt Exzentrizitäten vorzuweisen hat, die man als ungeheuerlich betrachten könnte, die aber, aus einer anderen Perspektive betrachtet, einfach herrlich sind. Die Mitglieder dieser Gemeinde kämpfen ohne Ende um diese Verschiedenheiten, jedoch im Kontext eines instinktiven Verständnisses, daß sie alle Teil einer umfassenderen Ökologie sind. Das Kämpfen wird erst dann bösartig, wenn das soziale Ökosystem bedroht ist: bei Nichols durch kapitalistische Fortschrittsideen, bei Fellini durch den Faschismus. Wenn auch jeder Typ (aus unserer Perspektive) mehr als nur ein bißchen Irrationales zeigt, so ist doch die Gesamtstruktur in sich rational, organisch, ganz. Im Gegensatz dazu wird in westlichen Industriegesellschaften jeder Person auferlegt, sich „rationalen“, homogenen, dennoch irgendwie „individualistischen“ (in Wirklichkeit aber egoistischen) Stereotypen anzupassen, mit dem Endeffekt, den sowohl Bateson wie auch Marcuse so beschreiben: sinnlos, verrückt, unglaubliche Entfremdung statt umfangreicher Ökologie. Es ist dieses Bemühen um Einförmigkeit im Leben, sei es nun auf einem Weizenfeld in Kansas oder in einer Abschlußklasse der Pekinger Universität, das durch seine Zerstörung der Vielfalt menschliches Leben so unendlich viel ärmer gemacht hat.

IX. EINE POLITIK DES BEWUSSTSEINS

Die Sterilität der bürgerlichen Welt wird im Suizid enden oder in einer neuen Form kreativer Partizipation. Dies ist das „Thema unserer Zeit", wie Ortega y Gasset sich ausdrückte, es ist die Substanz unserer Träume und die Bedeutung unserer Handlungen.

Octavio Paz, *Das Labyrinth der Einsamkeit* (1961)

1883 oder 84, als mein Großvater mütterlicherseits gerade fünf Jahre alt wurde, schickten seine Eltern ihn zur *Cheder*, der jüdischen Grundschule, wo er lernen sollte, die jüdische Sprache und das Alte Testament zu lesen. Unter den Juden der Provinz Grodno (Grodno Gubernija) in Weißrußland war es Sitte, jedem Jungen bei Eintritt in die *Cheder* eine Schiefertafel zu schenken. Sie galt als sein persönliches Eigentum, auf dem er lesen und schreiben lernen würde. Und an jenem ersten Tag tat der Lehrer etwas bemerkenswertes: er schmierte die ersten beiden Buchstaben des hebräischen Alphabeths, *aleph* und *beys*, mit Honig auf die Tafel. Während mein Großvater die Buchstaben von der Tafel ableckte, lernte er eine Botschaft, die er sein Leben lang behalten sollte: Wissen ist süß.

Und doch ist diese Botschaft noch viel komplexer, denn jener Akt stellt beinahe ein anthropologisch symbolträchtiges Ritual dar. Oberflächlich betrachtet wird die Tafel zum Erlernen diskursiver hebräischer Grammatik und Vokabeln benutzt werden, eine dingliche, wenig gefühlserregende Art des Wissens, notwendig jedoch für unser Funktionieren in der Welt. Die Tatsache jedoch, weckt eine ältere poetische Funktion der Sprache, die für das Hebräische besonders chrakteristisch ist: die Macht des Wortes. Das Hebräische ist eine ungewöhnlich onomatopoetische (d.h. schallnachahmende Sprache). Häufig gelingt es den Wörtern beinahe, eine emotionale Resonanz mit dem hervorzurufen, was sie konzeptionell repräsentieren. Eine der ausgeführten

Meldungen in dieser Honig schmeckenden Zeremonie lautet, das wirkliches Wissen nicht nur diskursiver oder sachlicher Natur ist, es ist auch – vielleicht sogar zuallererst – sinnlich. Und so ist Wissen denn beinahe erotischer Natur, gezogen aus der körperlichen Partizipation am Akt des Lernens. *De gustibus non est disputandum* lautet ein scholastischer Spruch, über den Geschmack läßt sich nicht streiten. Oder, wie die Sufis sagen: wer schmeckt, weiß.

Darüberhinaus kommt es hier zu einer wohl beabsichtigten Fusion, vielleicht sogar zu einer *Kon*fusion von diskursiven und sinnlichen Arten des Wissens. Wie wir festgestellt haben, sind sowohl Identifikation (*Mimesis*) als auch Unterscheidungsvermögen im physiologischen Reaktionssystem des menschlichen Organismus gegenwärtig. In genau dem Moment, da das Kind in das Symbolsystem eingeführt wird, das abstraktes Denken und damit Kategorisierung ermöglicht, vollzieht es den Urakt der Identifikation, den Akt des Kleinkindes, das sich alles in den Mund steckt, sich alles einverleibt. Damit sind Vereinigung und Trennung, das Selbst und das Andere, unwiderruflich miteinander verbunden bei dieser ersten formalen Begegnung mit der Lernerfahrung.

Und schließlich finden wir hier noch eine dritte Bedeutungsebene, eine, die uns an einige Einsichten von Lévi-Strauss erinnert. Was hier wirklich ist, wird zu sich genommen, in sich aufgenommen. Der Symbolismus besteht darin, das Unbekannte bekannt zu machen; im wahrsten Sinne des Wortes essen wir das andere und verdauen es, und werden schließlich von ihm verändert.

Die Kenntnis dieser beiden letzten Ebenen des Wissens ist in den offiziellen Kultur- und Erziehungsinstitutionen unserer heutigen abendländischen Gesellschaft so gut wie nicht zu finden, da sie in ihrer Wissenschaftlichkeit verharren und in rein diskursivem Wissen. Und so kommt es fast einer gewaltigen Ironie gleich, daß die „Informationsexplosion" unserer Tage eigentlich eine *Kontraktion* unseres Wissens von der Welt darstellt, worauf das Zitat von Octavio Paz, zu Beginn dieses Kapitels, hinweist. Bateson, Reich, Jung und sehr wenige andere repräsentieren die bestmögliche Reaktion auf diesen Status quo: das Bemühen, uns aus dieser kognitiven Ecke freizukämpfen, die wir uns selbst geschaffen haben. Ihre Sprache ist, wie Theodore Roszak einmal feststellte, die Suche nach lebendigen Optionen und nicht die Verfolgung moribunder Forschung, die typisch ist für das fortschrittliche Denken unseres modernen Universitätssystems. Digitales Wissen ist an sich nicht notwendigerweise falsch, aber auf erschütternde Weise unvollständig und hinterläßt uns somit eine verfälschte Wirklichkeitsprojektion. Das gesamte Universitätspersonal und im weiteren Sinne die technobürokratische Elite der abendländischen Kultur wird recht gut bezahlt im Verhältnis zu ihrer Fähigkeit, diese Weltsicht zu fördern und aufrecht zu erhalten. Und so wird analoge Wirklichkeit unterdrückt, eingeschränkt, oder zumindest domestiziert.

Dennoch ist die Gesamtsituation aus den bereits erwähnten Gründen instabil. Es ist nicht nur so, daß unsere analoge Seite sich wehrt, sondern rein digitales Wissen „bleibt nicht kleben", da wir es niemals „in uns aufnehmen". Die ganze Situation ist eine Charade, da es über wirtschaftlichen Gewinn und Ich-Gratifikation hinaus zu keiner echten emotionalen Beteiligung kommt. Wir wurden geradezu verhext zu glauben, daß es sich dabei um fundamentale Belohnungen handelt, aber eine tiefsitzende, durch nichts zu beruhigende

Stimme erzählt uns das Gegenteil. In der Tat wurde die Gefahr solcher blutlosen Art des Wissens, ebenso wie die Trennung von Ding und Wert im allgemeinen, von einem der bedeutendsten Verfechter dieses Denkens erkannt. In seinem klassischen Aufsatz, *Protestantische Ethik und der Geist des Kapitalismus*, schreibt Max Weber: „Fachmenschen ohne Geist, Genußmenschen ohne Herz: die Nichts bildet sich ein, eine nie vorher erreichte Stufe des Menschtums erstiegen zu haben." (1)

Das Glück meines Großvaters bestand darin, geboren und erzogen zu werden in einer Welt, in der das Heilige und das Säkulare noch eng miteinander verbunden waren. In der abgeschlossenen Gemeinschaft des russischen *Shtetl* sah er sich nicht dem Dilemma ausgesetzt, das Weber erkannte. Dennoch gehörte es zu seinem Schicksal, das *Shtetl* zu verlassen, erst nach England und dann nach Amerika auszuwandern, und dadurch der säkularen Woge der modernen Welt ausgesetzt zu werden. Für den Rest seines Lebens war er dann dazu gezwungen, sich der Auseinandersetzung mit dem großen metaphysischen Problem unseres Zeitalters zu stellen: wie war das, was sein Kopf wußte, in Einklang zu bringen mit dem, was sein Herz wußte? Ganz offensichtlich erbte ich diese Auseinandersetzung, und zumindest teilweise präsentiert dieses Buch mein Bemühen um eine Resolution.

Was weiß denn nun mein Herz? Es weiß, daß auf eine ganz besondere Weise alles aufeinander bezogen und lebendig ist, daß nichtkognitives Wissen, komme es nun aus Träumen, aus der Kunst, dem Körper, oder aus völligem Wahnsinn, in der Tat Wissen darstellt, daß Gesellschaften wie menschliche Wesen organischer Natur sind, und der Versuch, beide zu verplanen, zerstörerisch ist, und schließlich, daß wir auf einem sterbenden Planeten leben, und daß ohne eine radikale Änderung unserer Politik wie unseres Bewußtseins die Generation unserer Kinder wahrscheinlich Zeugen der letzten Tage dieses Planeten sein werden.

Aber auch in meinem Kopf weiß ich einige wichtige Dinge. Ich weiß, daß die Wiederbelebung des Okkulten dieser Tage eine Reaktion auf diese Ereignisse darstellt, und ganz generell glaube ich, daß die archaische Tradition, einschließlich der dialektischen Vernunft und verschiedener psychischer Fähigkeiten, die wir alle besitzen, wichtige Dinge sind, die es mit neuem Leben zu erfüllen gilt. Im großen und ganzen jedoch sehe ich unsere unmittelbare Zukunft in einem nachkartesianischen Paradigma und keinesfalls in einem vormodernen. Ich weiß, daß die intellektuelle Analyse trotz ihres Mißbrauchs ein wichtiges Werkzeug der menschlichen Rasse darstellt und daß auch das Ich-Bewußtsein einen gewissen Überlebenswert besitzt. Und ich weiß, daß jede Auflösung der Ding-Wert-Unterscheidung von einiger Bedeutung über die eigene persönliche Individuation hinausgehen muß; sie muß sozial, politisch und umweltbewußt sein. Wenn Sartre schrieb, daß der Mensch zur Freiheit verurteilt ist, dann meinte er nicht diesen oder jenen Menschen, sondern die ganze menschliche Rasse.

Meine Behauptung in Bezug auf Bateson besteht darin, daß soweit es um die Lösung dieser Schwierigkeiten geht, und darum, das Heilige und das Säkulare wieder miteinander zu verbinden, seine Art das Beste darstellt, was uns heute zur Verfügung steht. Das heißt nicht, daß sein holistisches Paradigma unproblematisch sei und auf einige dieser Probleme werde ich weiter unten noch zu sprechen kommen, aber sein Hauptvorzug besteht darin, daß er sich mit Werten einlassen kann, ohne sie den Tatsachen, den Dingen zu opfern. Es stellt eine reife Art alchemistisch-dialektischer Urteilskraft dar, übertragen auf unser heutiges Zeitalter. Ich habe einige Zeit damit verbracht, seine Überlegenheit gegenüber dem kartesianischen Paradigma zu demonstrieren und wies hin auf seine formalen Ähnlichkeiten mit der Hermetischen Weltsicht sowie traditioneller Denksysteme. Ich habe behauptet, daß *Geist* in Batesons Arbeit aus seinem traditionellen religiösen Kontext herausgenommen ist und dargestellt ist als konkretes, aktives wissenschaftliches Element (Prozeß) in der wirklichen Welt, und daß Partizipation auf diese Weise existiert und nicht in ihrem ursprünglichen animistischen Sinne. Bevor ich mit einer Kritik dieser Arbeit fortfahren werde, möchte ich zusammenfassen, was für mich die einzigartigen großen Leistungen des Batesonschen Paradigmas darstellen, insbesondere seine Überlegenheit über die archaische Tradition, obwohl es viel mit ihr gemein hat.

Der Hauptvorteil des Batesonschen Holismus gegenüber der archaischen Tradition besteht in seinem sich selbst bewußten Charakter. Geist ist, wie ich bereits feststellte, gegenwärtig in der letzteren, jedoch auf undifferenzierte Weise („Gott"). Batesons Vorstellung von Geist hingegen ist spezifisch; es gelingt ihm, seine Charakteristika explizit darzustellen. Und somit wird er nicht der Advokat einer unmittelbaren Wiederbelebung archaischen Wissens, sondern einer selbstbewußten *Mimesis*, die uns besänftigen und *mit* der Dichotomie zwischen Bewußtem und Unbewußtem arbeiten läßt, anstatt nur zu versuchen, sie aufzulösen. Emotionen haben präzise Algorithmen, und in seinen Untersuchungen der analogen und relationalen Natur der Wirklichkeit hat Bateson uns klare Beispiele dafür geliefert, wie diese Wirklichkeit aufgezeichnet werden kann. Die Unterschiede zwischen archaischem Denken, moderner Wissenschaft und dem Holismus von Bateson sind in Übersicht 3 zu sehen. Der reine Materialismus moderner Wissenschaft tritt überdeutlich hervor, während der Nichtmaterialismus der ersten und dritten Spalte die Ursache dafür ist, daß eine formale Ähnlichkeit zwischen ihnen besteht. Man denke beispielsweise an den Schizophrenen, der ständig in widersprüchlichen, halluzinierten Stimmen zu sich spricht. (2) Dem Ansatz der westlichen Medizin gelingt es nicht zu erkennen, was sowohl die Theorie der Besessenheit, wie die des Double Bind, der Beziehungsfalle, wissen: daß sich dieses Individuum in einem fremden *Geist*, einem fremden geistigen System, verfangen hat, daß dieser Geist oder dieses System im wahrsten Sinne des Wortes in ihn eingedrungen ist, und schließlich, daß dies ganz und gar wirklich ist. Wie wir gesehen haben, kann ein Mensch, der in einem schizophrenen Double Bind gefangen ist, nicht seinen eigenen Geist sprechen lassen, denn er hat gelernt, daß er dafür hart bestraft wird. In diesem Sinne war der Junge, der von Kraepelin vorgestellt wurde, tatsächlich von einem fremden Geist besessen, und hätte er im Mittelalter gelebt, es wäre sehr wohl möglich gewesen, daß ein Exorzismus ihn ausgetrieben hätte. Doch solch eine Erklärung ist im wissenschaftlichen Zeitalter unmöglich, und darum ist Batesons Ansatz so wertvoll. Wenn wir die Vorstellung akzeptieren können, daß Bewußtsein etwas reales ist, und wenn wir ver-

Übersicht 3: Ein Vergleich der Schizophrenie in drei Weltbildern

	Archaische Tradition	Kartesianisches Paradigma	Batesonscher Holismus
Interpretation	Von einem Geist besessen.	Organische Erkrankung (Genetik, Neurochemie, etc.)	Deutero-Lernen in der Familie führt zu einem Muster, daß die Natur der Metakommunikation maskiert (Double Bind, Beziehungsfalle).
Behandlung	Exorzismus (rein spirituell).	Veränderung der molekularen Arbeit des Gehirns durch Drogen oder Schock (rein mechanisch).	Arbeit am schizophrenen System durch Familientherapie, so daß die Person seine Metakommunikation korrigieren kann. Der Therapeut übernimmt es, auf Beziehungsfallen (Double Binds) hinzuweisen, so daß sie durchbrochen werden können.
Resultate	Wahrscheinlich unterschiedlich. Die Lösung ist individuell, persönlich, innerlich.	Effektiv in der Unterdrückung von Symptomen. Seele oder Geist wird gebrochen; die Person wird ein „produktives Mitglied der Gesellschaft". Lösung ist individuell, aber von außen aufgezwungen.	Noch zu früh, um dazu etwas zu sagen: geht über Laing's Arbeit und die weniger anderer hinaus. Die Effektivität hängt davon ab, ob es gelingt, das schizophrene System zu stören, d.h., die organisierte Pathologie der Familie deutlich zu machen. Hier handelt es sich um innere Veränderungen mit radikalen sozialen Implikationen.
Art der Gesellschaft	spirituell-religiös	Wissenschaftlich-materialistisch; organisiert um die Ideen von Produktivität und Effizienz. Logischer Schlußpunkt: ein konkreter, einförmiger, dystopischer Alptraum.	Selbstverwirklichend; eingebettet in Primärprozeß und analoge Kommunikation. System von Großfamilien mit der Bewußtheit von umfassender relationaler Wirklichkeit wie der Bedeutung gesunder Metakommunikation. Ziel dieser Gesellschaft ist weder Gott (Erlösung) noch Leistung, sondern gesunde Beziehungen.

stehen, wie es zu einer bestimmten Art von Geist, von mentalem System geformt wurde, so daß es den Jungen und seine Familie einschließt *und* deren Art und Weise, auf ihn einzugehen, dann sind wir in der Lage, den Double Bind zu zerbrechen und ein anderes, gesünderes geistiges System (*Geist*) zu schaffen. Darüberhinaus ist solch eine Analyse und Problemlösung nicht beschränkt auf das einzelne Individuum, wie das beim archaischen oder wissenschaftlichen Ansatz der Fall ist. Wie es in der Arbeit von Laing so deutlich wird, geht es um die gesamte Familienstruktur und darüberhinaus ebenso um die Gesellschaft, die aus solchen neurotischen (und psychotischen) Bausteinen zusammengesetzt ist. Obwohl Exorzismus dem Thorazin wahrscheinlich überlegen und ganz gewiß menschlicher ist, berücksichtigt keines von beiden die politischen Bedingungen, die diesen Irrsinn letztlich produzierten. Batesons Analyse geht, was das angeht, nicht weit genug, aber sie stellt einen bedeutenden Anfang dar.

Auch wußte die archaische Tradition einiges über Licht und Farben (mit Goethe als ihrem letzten modernen Repräsentanten), ebenso über Elektrizität und Schwerkraft, was die moderne Wissenschaft nicht beachtete. Doch ist es nicht länger möglich, diese Phänomene teleologisch zu betrachten oder als direkte Manifestationen Gottes oder irgendeiner Lebenskraft. Auch eine rein spirituelle Interpretation würde in solchen Fällen keine fruchtbare Untersuchung ermöglichen. (3) Doch wie ich bereits in Kapitel 6 nahelegte, ist eine durch einen „objektiven Beobachter“ vorgenommene Analyse dieser Phänomene ebenso obsolet. Der Batesonsche Holismus hingegen könnte uns eine nichtspiritualistische, prozeßorientierte Untersuchungsmethode bieten. Man könnte diese Phänomene auf kybernetische oder systemische Weise sehen, als Teile eines Geistes (oder geistigen Systems), das den Untersuchenden einschließlich seiner affektiven Reaktionen einbezieht. Eine Batesonsche Analyse würde nicht nur die quantitativen Relationen sondieren, sondern auch die qualitativen, das Wesentliche im vorgefundenen Arrangement, die verschiedenen Schichten oder Ebenen des Geistes und die Natur ihrer Interaktion.

Es sollte auch nicht verkannt werden, daß die Essenz der kybernetischen Erklärungsmethode, ihre Betonung der relationalen Natur der Wirklichkeit, die dem kartesianischen Paradigma fehlt, in der archaischen Tradition gegenwärtig ist. Durch Praktiken wie den Totemismus und ihre Naturgläubigkeit erfaßten traditionelle Kulturen intuitiv das kybernetische Konzept der Kreislaufstrukturen, und auf diese Weise gelang es ihnen, ihre Umwelt zu erhalten und zu beschützen. Wenn wir die vielseitigen Beziehungen der geistigen Untersysteme (sub-Minds) um uns herum nach einem Batesonschen Modell deutlich machten, könnten wir lernen, den Lake Erie nicht zu vergiften, denn die resultierende Kettenreaktion würde sofort evident werden. Der Vorzug wird hier einem gesunden holistischen Verhalten gegeben, ohne zu völliger *Mimesis* zurückzukehren. Im Gegensatz zum archaischen Bewußtsein würde uns ein Batesonscher Verständnisrahmen erlauben, uns tatsächlich auf den Kreislauf zu konzentrieren und nicht nur in ihn eingebunden zu sein. Es ist zu hoffen, daß archaisches Wissen und besonders die Erkenntnis von Geist unter einer ästhetischen Rubrik wiederauftauchen wird, so daß unsere Wissenschaft (unser Wissen von der Welt) kunstvoll (künstlerisch) werden wird. Hoffen wir, daß wir uns die Möglichkeiten sowohl der *Mimesis* wie die der Analyse aneignen bzw. erhalten können, daß die beiden sich gegenseitig verstärken werden, anstatt eine Spaltung in „zwei Kulturen“ zu erzeugen. Einzig und allein durch eine mimetische Beziehung zur Umwelt, oder zu dem Objekt unseres Interesses, ist eine Einsicht in die Wirklichkeit zu gewinnen, die dann das Zentrum des analytischen Verständnisses darstellen wird. Ding und Wert gehen ineinander über, verschmelzen, und Geist erweist sich als Wert wie auch als Verfahren der Analyse.

Und schließlich ist Batesons Konzept des Lernens III, der psychologische Durchbruch zu einer „umfassenden Ökologie“, beinahe identisch mit der religiösen Konversion archaischer Tradition, sei es in der christlichen Mystik, im *Satori* des Zen, oder im letzten Stadium alchemistischer Transmutation. Obwohl Bateson nicht explizit für irgendeine dieser Praktiken eintritt, ist es klar, daß das zentrale Ereignis sowohl im Lernen III, wie auch in diesen Traditionen, eine Neudefinition der Persönlichkeit darstellt. Es kommt zu einem Durchbruch zu einer neuen Ebene und damit erscheint der eigene Charakter und auch die ganze Welt aus einer völlig neuen Perspektive. Es gibt jedoch einen gravierenden Unterschied zwischen Batesons Vorstellung von Lernen III und traditioneller Selbsterkenntnis. Batesons Konzept stellt einen integralen Aspekt der Suche nach Gemeinschaft und Bruderschaft dar, und nicht, wie beispielsweise bei Norman O. Brown, lediglich eine persönliche ekstatische Vision. In Batesons Untersuchung der Anonymen Alkoholiker ist die größere Kraft, der sich der Alkoholiker letztlich ausliefert, nicht nur „Gott“ oder das Unbewußte, sondern auch und vor allem die anderen Mitglieder der AA. Er macht sich zu einem Teil ihrer sozialen Wirklichkeit, ihres gemeinsamen Bemühens. Unabhängig davon, wie oder wo man Geist entdeckt, sagt Bateson, „es ist dem gesamten untereinander verbundenen sozialen System und der planetaren Ökologie immanent.“ (4)

Ich möchte mich jetzt einer Kritik von Batesons Arbeit zuwenden, befinde mich gewissermaßen aber in einer Klemme, die ich dem Leser nicht verhehlen möchte. Als ich anfing, diese Kritik zu skizzieren, mußte ich entdekken, dies auf abstrakte, konzeptionelle Weise zu tun. Die Kritik wurde sehr schnell politisch, und das ist vielleicht keine Überraschung. Historisch gesehen, zeigen Politik und Erkenntnistheorie die geradezu unheimliche Eigenschaft, sich gegenseitig zu verstärken, und im Falle von Batesons Arbeit ist die Einheit von Ding und Wert so dicht, daß die Darlegung von Epistemologie notwendigerweise die von Ethik und somit letztlich von Politik darstellt. Ich bin sicher, der Leser versteht, daß mein Interesse an Bateson im wesentlichen auf meine Suche nach einer befreienden Epistemologie zurückzuführen ist; soweit das mich betrifft, bedeutet das aber auch die Suche nach einer befreienden Politik. Und obwohl Befreiung eindeutig in Batesons Paradigma enthalten ist, führt seine formale Ähnlichkeit zur dialektischen Tradition zu der Art politischer Zweideutigkeit, die diese Tradition historisch verdorben hat. Sie führt zu einem linken Reich und zu einem rechten Jung, zu den revolutionären religiösen Kulten, die Christopher Hill beschrieb (5), und zu den autoritären Selbstverwirklichungsgruppen (*Est*, die „Moonies“, die Scientology Kirche), welche gegenwärtig die amerikanische Szene verseuchen. Obwohl Bateson persönlich nichts mit rechter Politik zu tun hatte, sind eine Reihe seiner Konzepte zweischneidig. Sie enthalten das Potential sowohl für Unterdrükkung wie für Befreiung. Politische und epistemologische Zweideutigkeit gehen hier Hand in Hand, und es ist diese Zweideutigkeit, die das Ziel meiner Kritik darstellt. Wenn es mir gelingen soll, diese Kritik mit einiger Klarheit zu formulieren, wird es nötig sein, die befreiende politische Vision zu skizzieren, die mit Batesons Paradigma im Einklang ist. (6)

Eines der herausragendsten Charakteristika einer zukünftigen „planetaren Kultur" wird die Wiederbelebung und Ausarbeitung analoger Ausdrucksweisen sein, ein Prozeß, der die vorsätzliche Kultivierung und Erhaltung (digitaler) Unvollständigkeit mit einbeziehen wird. Solch eine Kultur wird verträumter und sinnlicher sein als unsere. Die innere psychische Landschaft von Träumen, Körpersprache, Kunst, Tanz, Phantasie und Mythos wird bei unserem Bemühen, die Welt zu verstehen und in ihr zu leben, eine wesentliche Rolle spielen. Diese Aktivitäten werden von jetzt an als legitime und letztlich wesentliche Formen des Wissens betrachtet werden müssen, und sie werden begleitet sein von einer direkten Kultivierung psychischer Fähigkeiten wie ASW, Psychometrie und Psychokinese, dem Lesen und Heilen von Auras und anderem. (7) Gleichzeitig wird es in der medizinischen Praxis eine starke Verschiebung in Richtung auf volkstümliche und natürliche Heilmethoden geben, ein weitgehendes Vermeiden von Medikamenten und chemischer Manipulation, sowie eine annähernde Fusion von Ökologie und Psychologie, da Krankheit im wesentlichen als Reaktion auf eine gestörte physische und emotionale Umwelt angesehen werden wird. Geburten werden nicht länger am „Fließband" moderner Kliniken stattfinden, sondern zuhause, so daß die sanften Geburtspraktiken, die in Kapitel 6 beschrieben wurden, wieder die Entwicklung der Kindheit prägen können. (8) Ganz allgemein wird der Körper als Teil der Kultur gesehen werden und nicht als gefährliche Libido, die es zu kontrollieren gilt. Ein Wandel in der Wahrnehmung wird zu einer drastischen Reduktion sexueller Unterdrückung führen und zu einer umfangreichen Bewußtheit unserer selbst als Tiere. Ebenso wird diese zukünftige Kultur zu einer Wiederbelebung der Großfamilie führen, im Gegensatz zur konkurrierenden und isolierenden Kleinfamilie, die heutzutage der Nährboden der Neurose ist. Die Alten werden mit den ganz Jungen zusammen sein, anstatt in Altenheime für „Unproduktive" gesteckt zu werden, so daß ihre Weisheit weiterhin einen Teil des kulturellen Lebens darstellt.

Derartige Veränderungen werden parallel dazu einen Wechsel im Ideal der Persönlichkeit ermöglichen, insbesondere eine Verschiebung des Interesses vom Ich zum Selbst, und die Interaktion dieses Selbst mit anderen wird gefördert werden. Das Endresultat wird in einer Verlagerung des Schwergewichts vom Wettbewerb auf die Gemeinschaft bestehen, vom Individualismus auf eine allgemeine Individuation, in einem Ende des „Systems des falschen Selbst" und des Rollenspiels, das menschliche Beziehungen auf so unerträgliche Weise profanisiert, ja entheiligt hat. Macht wird als Äquivalent von Zentriertheit betrachtet werden, von innerer Autorität, und nicht als die Fähigkeit, andere das tun zu lassen, was man will, wenn nötig gegen ihren Willen. Macht wird definiert als die Fähigkeit, andere *ohne* Druck oder Zwang zu beeinflussen, und der Begriff „Machtposition" wird als Widerspruch in sich erkannt werden, denn die allgemeine Erkenntnis wird sich durchsetzen, daß eine Person, die eine bestimmte Position benötigt, um sich mächtig zu fühlen, sich in Wirklichkeit impotent fühlt. (9)

Diese zukünftige Kultur wird in viel größerem Umfang das Fremde tolerieren können, das Nichtmenschliche, Verschiedenartigkeit jeder Art, sowohl innerhalb wie außerhalb der Persönlichkeit. Dieses Ansteigen der Toleranz impliziert einen Wechsel von der freudianisch-platonischen zur alchemistischen Vorstellung von geistiger Gesundheit: das Ideal wird die kaleidoskopische Persönlichkeit mit „vielen Aspekten" sein, die eine größere Flexibilität, ja Flüssigkeit zeigt in ihren Interessen, der Art und Weise, wie sie ihre Arbeit und ihr Leben arrangiert, in ihren sexuellen und sozialen Rollen, usw. Jedes Verhalten wird betrachtet werden als etwas, das des berechtigten Ausdrucks mindestens einer Ergänzung, mindestens eines „Schattens" bedarf.

Möglicherweise kommt es auch zu einem Experimentieren mit verschiedenen Arten zu denken und Beziehungen zu knüpfen, die nicht schismogener Natur sind, als einem Versuch, Verhaltensmuster zu schaffen, die inhärent befriedigend sind und nicht von einer späteren Gratifikation abhängen. (10) Das Prinzip der Verschiedenartigkeit bedarf des Schutzes von bedrohten Arten und Kulturen als Faktoren, die den Genpool der Möglichkeiten vergößert und dadurch das Leben beständiger, dauerhafter und interessanter macht.

Menschliche Kultur wird in einem viel größeren Umfang als Kategorie der Naturgeschichte gesehen werden, als „semipermeable (halbdurchlässige) Membrane zwischen Mensch und Natur." (11) Eine Gesellschaft dieser Art wird zuallererst daran interessiert sein, sich in die Natur einzupassen, anstatt zu versuchen sie zu beherrschen. Die Aufgabe wird darin bestehen, „einen Bereich nicht zu *beherrschen*, sondern ihn *freizusetzen*", um endlich wieder „saubere Luft, klare Flüsse, die Gegenwart von Pelikanen und Fischadlern und Blauwalen in unserem Leben, Lachs und Forelle in unseren Flüssen, eine saubere, klare Sprache und gute Träume" zu haben. (12) Die Technologie wird nicht länger unser Bewußtsein beherrschen, sie wird in der Form von Schiffen, Flugzeugen und Werkzeugen gegenwärtig sein, Dingen, die *innerhalb* unserer Kontrollmöglichkeiten liegen statt umgekehrt. (13) Wir werden nicht länger von technologischen Problemlösungen abhängen, sei es in der Medizin, in der Landwirtschaft oder wo auch immer, sondern wir werden stattdessen langfristige Lösungen vorziehen, die die Ursachen statt die Symptome bekämpfen.

Politisch wird das große Schwergewicht auf Dezentralisierung liegen, die auf alle gesellschaftlichen Institutionen ausgeweitet wird und als Voraussetzung für planetare Kultur erkannt sein wird. Dezentralisation bedeutet kleine Institutionen, die lokaler Kontrolle unterliegen, sowie politische Strukturen regionaler und autonomer Natur. Charakteristisch für solch eine Dezentralisierung sind Gemeindekrankenhäuser und Nahrungsmittel-Coops, sowie die Kultivierung von nachbarschaftlicher Hilfe und Autonomie, die Beseitigung solcher Zerstörer von Gemeinschaft wie Fernsehen, Autos und Autobahnen. Massenproduktion wird dem Handwerk weichen, Landwirtschaft wird kleiner, organischer und arbeitsintensiver werden, und zentralisierte Kraftwerke, insbesondere Atomkraftwerke, werden jenen erneuerbaren Energieoptionen weichen, die am besten in die jeweilige Region passen. Große Ausbildungszentren, die im wesentlichen eine einzige Art Wissen als Vorbereitung auf eine berufliche Karriere vermitteln, werden ersetzt werden durch echte Lehrzeit in Form einer lebenslangen Ausbildung, die sich den wandelnden Interessen anpaßt. Es wird nicht länger um die Karriere gehen, sondern um *Leben*. Unsere ausgedehnten vergifteten Städte mit ihren Vororten, wahrhaftig die Antithese jedes Stadtlebens, wird ersetzt werden durch eine echte Stadtkultur, die zu ihrer Region paßt und nicht lediglich die internationale Welt der Massenkommunikation reflektiert. Die Stadt wird dann wieder zu einem Zentrum des Lebens, des Vergnügens werden: *Agora* (dieses schöne griechische Wort), ein Marktplatz und Treffpunkt, der „Farbenmedley" von Philippe Ariès. Die Menschen werden näher an ihrem Arbeitsplatz leben, und ganz generell wird der Unterschied zwischen Arbeit, Leben und Freizeit gering sein. (14)

Die Volkswirtschaft schließlich wird sich im Fließgleichgewicht befinden, eine Mixtur aus Sozialismus im kleinen Maßstab, Kapitalismus und direktem Tauschhandel. Es wird eine „Erhaltergesellschaft" sein, ohne Verschwendung und, soweit möglich, mit großem Schwergewicht auf regionaler Unabhängigkeit. Die Haltung in bezug auf andere und natürliche Ressourcen wird harmonisch sein und Ausbeutung und Gewinnstreben ersetzen. Wie die Ökologen Peter Berg und Raymond Dasmann schrieben, wird Volkswirtschaft (economics) zu Ökowirtschaft (ecologics) werden, zu einer Untergruppe der Ökologie. (15)

Wie können wir dahin kommen? Von unserem gegenwärtigen Ausgangspunkt betrachtet, erscheint die Vision einer Zukunft, in der Ding und Wert wieder vereint sind, in der Männer und Frauen selbst ihre eigene Zukunft bestimmen, und in der Ich-Bewußtsein auf angemessene Weise in einem weiteren Kontext angesiedelt ist, im höchsten Maße utopisch. Und doch, wie Octavio Paz feststellte, ist die einzige Alternative der Suizid. Die westliche Industriegesellschaft hat die Grenzen ihres eigenen Deutero-Lernens erreicht, und ein großer Teilbereich von ihr befindet sich mitten in der sozialen Entsprechung von entweder Irrsinn oder Kreativität, das heißt von Re-Kreativität (Lernen III). Aus dieser Situation betrachtet: wie utopisch ist solch eine Vision? Wenn man natürlich davon überzeugt ist, daß ausschließlich eine gewalttätige Revolution grundsätzlichen Wandel hervorbringen kann, und daß eine solche Transformation in wenigen Jahrzehnten erreicht werden kann, dann hat diese planetare Kultur kaum eine Chance. Wenn es hier jedoch um Veränderungen vom Maßstab des Untergangs des Römischen Weltreiches geht, wie Theodore Roszak, Willis Harmann, Robert Heilbroner u.a. meinen, dann beginnt unsere utopische Vision immer realistischere Züge anzunehmen. (16) Und in der Tat ist der Verfall der hochentwickelten Industriegesellschaft selbst einer der effektivsten Schrittmacher für diesen Wandel. Aus diesem Grund schreibt Percival Goodman in *The Double E*, daß die Erhaltergesellschaft sich nicht aufgrund geplanter, vorsätzlicher Bemühungen entwickeln wird, sondern deshalb, weil dieser Planet ein in alle Ewigkeit wachsendes Bruttosozialprodukt nicht wird hergeben können. Die industrielle Wirtschaft wird anfangen zu schrumpfen. Möglicherweise wird es uns einfallen, dem, was man „Buddhistische Ökonomie" genannt hat, einen besonderen Wert beizumessen, aber wir werden, ob wir das wollen oder nicht, zu einer Ökonomie im Fließgleichgewicht zurückkehren müssen. (17)

Sozialer Wandel wird ausgelöst auch durch die Millionen von Individuen, die an Wandell an sich kein besonderes Interesse haben, die aber auf sehr gründliche Weise eine „Emigration nach innen" oder einen Rückzug vollzogen haben. Sowohl Harman wie Heilbroner haben auf die Tatsache hingewiesen, daß die industriellen Volkswirtschaften genau dann in eine ernste ökonomische Krise geraten werden, wenn ihre Arbeiter – im Kittel oder im Anzug – entdeckt haben, daß die Arbeit, die sie verrichten, so völlig bar jeder wesentlichen Bedeutung ist, daß sie die persönliche Bindung an ihren Betrieb aufkündigen. Protestantische Arbeitsethik, die geistige Stütze unserer gegenwärtigen Lebensweise, wird nicht mehr existent sein, wenn die Wirtschaft sie am meisten benötigt. Ein Bericht aus dem Jahre 1975 der Abteilung für Trendanalyse des American Institute of Life Insurance sagt eine Aufweichung der „Philosophie des industriellen Zeitalters" im Verlauf der nächsten zwei Jahrzehnte voraus, mit einhergehender Entfremdung der Arbeiter, Verlangsamung des Industriebetriebs, Sabotage und Tumulten. „Möglicherweise", so die Zusammenfassung des Reports, „befinden wir uns mitten in einem Übergang zu einer neuen oder zumindest einer irgendwie andersgearteten Kultur", die etwa 1990 deutlicher werden wird. (18)

Auf politischer Ebene wird der Verfall wahrscheinlich als Zersplitterung der Nationalstaaten auftreten. Kleine, regionale Einheiten werden die Favoriten werden. Dieser Trend, der manchmal politischer Separatismus genannt wird, Devolution oder Balkanisierung, ist bereits in allen Industrienationen ziemlich weit verbreitet. Die Anzahl neuer Nationen weist seit 1945 einen drastischen Anstieg auf, und andere Gesellschaften fangen an, in provinzielle oder sektiererische Untereinheiten zu zerfallen. Leopold Kohr sagte diesen Trend (sehr enthusiastisch) bereits im Jahre 1957 in seinem Buch *The Breakdown of Nations* voraus, offizielle Kulturträger wie *Harper's* sind heutzutage davon erschreckt. In dem Buch *Europa 2000* hält, nüchterner, eine Gruppe von etwa 200 europäischen Experten den Aufstand irgendeines regionalen Randgebietes für sehr wahrscheinlich. (19) Nicht nur in den Vereinigten Staaten gibt es heutzutage starke separatistische Bewegungen (Nordkalifornien, Obermichigan, der Panhandle in Idaho), sondern auch in Schottland, in der Bretagne, im Baskenland, auf Korsika. Auch viele andere Länder erleben starke regionale Bestrebungen, und das in so großem Umfang, daß das Europa des Jahres 2000 n.Chr. durchaus wie ein Mosaik sehr kleiner Staaten aussehen kann. Dieser Prozeß repräsentiert eine Rückkehr zu den ursprünglichen politischen Grenzen, die vor dem Aufkommen moderner Nationalstaaten existierten: nicht Frankreich, sondern Burgund, Picardie, Normandie, Elsaß und Lothringen; nicht Deutschland, sondern Bayern, Baden, Hessen, Hannover; nicht Spanien, sondern Valencia, Aragon, Katalonien, Kastilien; usw. Peter Hall schreibt, daß das, was im allgemeinen auf allen Ebenen

> gewöhnlich Separatismus genannt wurde, heute in der Regel Regionalismus genannt – im Grunde der Wunsch und die Be-

> reitschaft, mehr unmittelbare Kontrolle für die eigene Bestimmung zu übernehmen –, möglicherweise den heutzutage stärksten politischen Antrieb darstellt. Er ist die Hauptursache für die „Autoritätskrise“ und die Schwächung zentralisierter Kontrolle. (20)

Die holistische Gesellschaft entwickelt sich somit aus einer Vielzahl von Antrieben, die quer durch die traditionelle politische Links-Rechts-Achse verlaufen. Feminismus, Ökologie, Ethnizität und Transzendentalismus (religiöse Erneuerung), die scheinbar politisch so gar nichts gemein haben, können möglicherweise zu einem gemeinsamen Ziel zusammenfließen. Diese holistischen Bewegungen repräsentieren keine einzelne soziale Klasse; auch können sie nicht in solchen Begriffen analysiert werden, denn im großen und ganzen repräsentieren sie die verdrängten „Schatten“ der industriellen Zivilisation: das Weibliche, die Wildnis, das Kind, den Körper, den kreativen Geist, das schöpferische Herz, das Okkulte und die Völker der nichtstädtischen, regionalen Randgebiete in Europa und Nordamerika, Völker, die den Ethos der industriellen Ballungsgebiete ohnehin nie übernommen haben und es auch nie tun werden. Wenn es so etwas gibt wie eine Verbindung zwischen den Einzelelementen dieser „Gegenkultur“, dann ist es die Vorstellung einer Wiedergewinnung. Ihr Ziel ist die Wiedergewinnung unserer Körper, unserer Gesundheit, unserer Sexualität, unserer natürlichen Umwelt, unserer archaischen Traditionen, unseres unbewußten Geistes, unserer Verwurzelung mit dem Land, unseres Gefühls für Gemeinschaft und der Verbundenheit miteinander. Was sie auf ihre Fahnen geschrieben haben ist nicht lediglich ein Programm, das „Nullwachstum“ oder „Industrieabbau“ lautet, sondern das direkte und unmittelbare Bemühen, der Vergangenheit das abzugewinnen, was wir verloren haben im Verlauf der letzten vier Jahrhunderte – rückwärts zu gehen, um voranzukommen. Kurzgesagt, sie repräsentieren den Versuch, unsere Zukunft zurückzugewinnen.

Bemerkenswert in vielen dieser Entwicklungen ist auch der Versuch, eine Politik zu kreieren, die nicht einen Satz Machthaber durch einen anderen ersetzt, oder eine politische Struktur durch eine andere, sondern eine Politik zu betreiben, die die Grundbedürfnisse von Geist, Körper, Sexualität, Gemeinschaft und ähnlichem reflektiert. Das Ziel, so das uralte chinesische Orakel, das I Ging, ist

> eine befriedigende politische oder soziale Organisation der Menschheit. (Deshalb) müssen wir zu den Grundlagen des Lebens vordringen. Denn jede nur oberflächliche Ordnung des Lebens, die die tiefsten Bedürfnisse unbefriedigt läßt, ist so wenig effektiv, als wäre nie ein Versuch der Ordnung unternommen worden. (21)

Auf vielfältige Weise wurde dies das Ziel jeder holistischen Politik, einer Politik, die das Ende der Politik bedeutete, zumindest der, die wir heute kennen.

Wenn alle diese Veränderungen, oder auch nur ein Drittel von ihnen eintreten würden, dann wäre die Anomie der heutigen Ära mit Sicherheit ein abgeschlossenes Kapitel der Geschichte. Solch eine planetare Kultur würde notwendigerweise unser Gefühl der Verlorenheit, der Heimatlosigkeit auslöschen, ebenso das Gefühl, daß unsere persönliche Wirklichkeit mit der offiziellen ganz und gar nicht übereinstimmt. Die unendlichen Räume, deren Stille Pascal erschreckten, dürften den Männern und Frauen der Zukunft als Erweiterungen einer Biosphäre vorkommen, die uns nährt und uns wohltut. Bedeutung wird nicht länger etwas sein, das gefunden und einem absurden Universum aufgedrückt werden muß; Bedeutung wird einfach da sein, und als Resultat werden Männer und Frauen ein Gefühl kosmischer Verbundenheit empfinden, ein Gefühl der Zugehörigkeit zu einem größeren Muster. Mit Sicherheit repräsentiert solch eine Welt Erlösung, aber nur in dem Sinne, daß es nichts gibt, von dem man erlöst zu werden braucht. Mangelndes Interesse an den traditionellen Opiaten wäre wahrscheinlich die Folge, und selbst die Psychoanalyse würde als überflüssig betrachtet werden. Was verehrt, was angebetet würde, wären – wenn überhaupt – wir selbst, gegenseitig, und *diese Erde*, unser Heim, unser aller Körper, der unser Leben möglich macht.

So also sieht die befreiende Version einer planetaren Politik aus, die mit der Epistemologie eines Batesonschen Holismus kongruent ist. Ich hoffe, daß die sozialen und politischen Entwicklungen des nächsten Jahrhunderts uns einer solchen Welt näher bringen werden. Und doch ist das alles, wie ich bereits sagte, nicht ganz so einfach, denn eine Reihe von Batesons Konzepten sind zweischneidig. Ich möchte hier nicht suggerieren, daß Bewußtsein an sich Geschichte macht (es *gibt* kein Bewußtsein an sich!), sondern daß die zwei eine Gestalt bilden und daß der Batesonsche Holismus potentiell kongruent ist mit politischen Konfigurationen, die weit weniger wohlwollend ausschauen als die oben skizzierte. In der Tat, sollten politische Entwicklungen holistische Konzepte ideologisch nutzen und schließlich bestimmte Aspekte davon gegen andere hervorheben, dann könnte uns das in eine recht finstere Lage bringen: das Gespenst eines holistischen Bewußtseins als der Schrittmacher von noch mehr Entfremdung, von noch umfangreicherer Versachlichung, als wir es gegenwärtig erleben. Diese Möglichkeit bedarf der weiteren Untersuchung.

Der Ausgangskontext des Batesonschen Holismus war kaum, mit Theodore Roszaks Worten, die „taoistische Anarchie“, die oben skizziert wurde, sondern die rigide hierarchische Gesellschaft der britischen Aristokratie. Wie wir gesehen haben, waren die meisten von Batesons wissenschaftlichen Konzepten als Ansätze bereits in der Arbeit seines Vaters vorhanden, und in seiner Darstellung von William Batesons Arbeit identifiziert William Coleman ganz korrekt den darin verwurzelten Konservatismus, der den Kontext jener Arbeit charakterisierte. (22) Das England des späten 19. Jahrhunderts steckte fest in einem abgrundtiefen Pessimismus: man war des Utilitarismus, der Demokratie und parlamentarischer Politik müde. Die schimmernde Verheißung von Crystal

Palace (1851) war nicht eingetreten, und es verbreitete sich eine Stimmung wie in einer zusammenbrechenden Zivilisation. Die Intelligenz und die oberen Klassen reagierten, indem sie sich auf traditionelle Werte zurückzogen, vor allem ästhetische Sensibilität, Intuitionismus und eine organische Auffassung von der Gesellschaft. Es waren diese drei traditionell konservativen Themen, sagt Coleman, die einen zentralen Platz in William Batesons Gedankengut einnahmen. Ihn interessierte das Genie, die außergewöhnliche Person, deren Entwicklung in einer egalitären Gesellschaft niemals gefördert werden würde. William Batesons Interessen waren Vision und Inspiration, nicht Ambition und kalkulierende Vernunft, was deutlich wird in seiner Bemerkung gegen Ende des großen Krieges: „Es mag sein, daß wir die Welt sicher gemacht haben für die Demokratie, aber für alles andere haben wir sie unsicher gemacht." Wie Coleman feststellt, war die Welt des Kommerz, die Welt der Demokratie für ihn ein finsteres Zeitalter. Die natürliche Hierarchie der Funktion in der biologischen Welt validierte für den älteren Bateson die Klassengesellschaft, und er war davon überzeugt, daß die richtigen politischen Lösungen jene waren, denen es gelang, Ungleichheit zu *erhalten*, die verschiedenen und ungleichen Teile der Gesellschaft in der Ausübung der ihnen angemessenen Arbeit zu koordinieren.

Im Lichte dieses extremen Elitismus nehmen sich viele von William Batesons wissenschaftlichen Konzepten schon seltsam aus. Das Primat von Form und Muster (Geist) über Materie reflektiert eine Mentalität, die den stolzen *Geist* (deutsch in der englischen Fassung) des aristokratischen Intellektualismus gegen den schmutzigen Materialismus des Handels und Handwerks der Mittelklasse hervorhebt. Die Vorstellung, daß Unterschiedlichkeit von innen kommt, anstatt von äußerer Aktion in der Umwelt verursacht zu werden, hat mit Sicherheit eine lange Reihe alchemistischer Vorläufer, wie wir das auch im Falle Newtons beobachten konnten, aber bei William Bateson reflektiert sie die ästhetische Sensibilität innerer Reinheit und Intuitionismus: der Lotus in der Drecklache, im Sündenpfuhl, der Mann über der Menge. Ein ähnliches Klassenbewußtsein charakterisierte seine Verteidigung der Klassiker und die Vorstellung, daß wirkliche Erziehung ein „Erwecken zur Ekstase" sei; eine Vorstellung, die davon ausgeht, daß die meisten Menschen in Platos Höhle gefangen sind. Vielleicht verrät William Batesons zentrales holistisches Prinzip am meisten, welches besagt, daß jede Variation in einem koordinierten Wandel des gesamten betroffenen Organismus resultieren muß. 1888 schrieb er seiner Schwester, daß, ohne daß es zu einem solchen wechselseitig bedingten Wandel kommt, ein System nicht länger ein System bleiben kann. So ausgedrückt, klingen in Batesons Prinzip starke politische Untertöne mit; es reflektiert eine Voreingenommenheit gegen Veränderung per se und ganz besonders gegen jede Form der Unruhe. Als jemand, dem es gelungen war, in die Kreise der Elite einzudringen, wollte William Bateson nicht, daß jenes System, das ihn gefördert hatte, zerfällt. In seiner Wissenschaft wie in seiner Politik wurde die Erhaltung von Stabilität zum Kernstück seiner Wirklichkeit, und alles außer den sanftesten und organischsten Veränderungen galt es mit größter Skepsis und Feindseligkeit zu begegnen, eine Haltung, die ihn mitten in der Tradition von Edmund Burke plazierte. Da Gregorys eigene wissenschaftliche Konzepte so stark von denen seines Vaters beeinflußt waren, sollte es uns nicht überraschen zu entdecken, daß sie politische Implikationen in sich tragen – oder tragen können – die an diesen extremen Konservatismus erinnern. Im Anschluß möchte ich mich mit den folgenden Konzepten oder Aspekten von Gregorys Arbeit beschäftigen: der Betonung von Kommunikation und Informationsaustausch, der Theorie der logischen Typen, der Homöostase, sowie mit Lernen III.

Wie wir sehen konnten, nimmt die Übermittlung von Ideen entlang eines Regelkreises eine zentrale Stelle im kybernetischen Erklärungsmodell ein. Sie erlaubt die Ablehnung des kartesianischen Atomismus wie der mechanischen Kausalität und setzt an deren Stelle etwas, das Geist genannt wird und dessen Interrelationen mit anderen geistigen Systemen (with other Minds). Auch konnten wir feststellen, wie überlegen das letztere Modell dem ersteren ist, wenn es darum geht, sich mit Schizophrenie auseinanderzusetzen, mit Alkoholismus, mit der Lerntheorie und anderen Forschungsbereichen. Das Problem kommt erst dann auf, wenn die Vorstellung von Informationsaustausch auf eine Situation übertragen wird, die eindeutig und unmittelbar politischer Natur ist. (23) Anthony Wilden nennt folgendes Beispiel: (24)

Person A: Bitte geben Sie mir ein Glas Wasser!
Person B: (Reicht A das Wasser)
Person A: Danke schön.

Natürlich läßt sich das als Austausch von Nachrichten analysieren, und auf den ersten Blick scheint es so, als sei A jemand, der B unterwürfig bittet, oder als handelte es sich um Gleichberechtigte. Man stelle sich jedoch vor, so Wilden, die Realität der Situation sei ganz anders und A's Bitte sei eigentlich ein Befehl. Man stelle sich vor, A sei ein Mann und B eine Frau. Oder wie wäre es, wenn A ein Vormann und B ein Arbeiter wäre? Und wie wäre es, wäre B ein Schwarzer oder ein Sozialhilfeempfänger? Dann ließe sich die Situation nur erhellen durch eine historische Analyse der Rasse, Geschlechterbeziehungen oder der beteiligten Interessen. Die ausschließliche Analyse von Informationen oder Nachrichten oder gestörter Kommunikation kann die Gesamtsituation nicht klären. Schismogenese kann möglicherweise das nukleare Wettrüsten erklären oder einen Familienkrach, aber ganz generell erscheint es mir fraglich, ob Krieg die Folge von Kommunikationsstörungen ist. Ich vermute, die Nordvietnamesen wußten ganz genau, was die Amerikaner im Sinn hatten. Das gleiche läßt sich auch vom sogenannten „Generationskonflikt" der 60er Jahre sagen, wo es den Medien gelang, es zu vermeiden, die Opposition der Studenten gegen die herrschende Kultur ernst zu nehmen, indem sie aus dem ganzen Problem einen „Generationskonflikt" machten Erklärungen auf dieser Ebene beschäftigen sich nur mit dem Hier-und-Jetzt, mit dem Sichtbaren, und sie setzen eine Gesellschaft von Gleichberechtigten voraus, eine offene oder pluralistische Situation, in der es möglich ist, alle Konflikte in Ruhe und ohne große Schwierigkeiten zu lösen, sobald die Blockaden in den Kommunikationskanälen beseitigt sind. So eingesetzt, ist die kybernetische Theorie nicht ein Instrument der Befreiung, sondern eines der Mystifizierung. Die Beziehung zwischen Unterdrücker und Unterdrücktem ist typischerweise kein Problem der Semantik (25), und diese Akzentuierung kann sehr leicht dazu führen, diese Beziehung zu verstärken, obwohl das ganz gewiß nicht in Batesons Absicht lag.

Die Theorie der logischen Typen, die Bateson so brillant einsetzte, weist ein ähnliches politisches Vorurteil auf. (26) Im wesentlichen handelt es sich dabei um eine Theorie hierarchischer Beziehungen, und es ist vorstellbar, daß eine Theorie der Klasse eine Klassengesellschaft impliziert, oder doch zumindest eine, in der einige Gruppen einen höheren sozialen oder theoretischen Status innehaben als andere. Logisches Typisieren reflektiert und impliziert eine oben-unten-Attitüde zur Macht, obwohl diese Haltung in der sozialen Analyse verschwiegen wird, die auf der Theorie der logischen Typen basiert. Diese politische Voreingenommenheit blieb einem der beiden Co-Autoren der Theorie, Bertrand Russell, durchaus nicht verborgen, der an einer Stelle seiner *Autobiographie* bemerkt, daß er die Theorie zur Zeit ihrer Formulierung als Beitrag betrachtete zur Erhaltung britischer Hegemonie und Weltordnung. Obwohl logisches Typisieren offensichtlich ein großartiges Werkzeug zum Verständnis gewisser Probleme darstellt, ist es nicht klar, ob seine Anwendungsmöglichkeiten sehr groß sind. Und dennoch ist sie der absolut zentrale Bestandteil der kybernetischen Analyse, und Bateson wäre der erste, der das zugeben würde.

Es ergab sich, daß Russel seine Zweifel über die Theorie dem Cambridge-Mathematiker G. Spencer-Brown gegenüber eingestand, in einer Unterhaltung, die 1967 stattfand. Brown hatte den mathematischen Nachweis geliefert, der demonstrierte, daß die Theorie überflüssig war und hatte Russell das gezeigt. Russell stimmte damit überein und fügte hinzu, daß die Theorie „die eigenwilligste Sache war, die er und Whitehead jemals unternommen hatten, nicht wirklich eine Theorie, sondern ein Notbehelf ..." (27) Darüberhinaus kam es 1945 durch den kybernetischen Theoretiker Warren McCulloch zu einer indirekten Ablehnung der Theorie der logischen Typen, der sich statt für eine Hierarchie für eine *Heterarchie* der Werte stark machte. In einer mathematischen Analyse des zentralen Nervensystems zeigte McCulloch, daß es sich bei Werten nicht um Größen handelt und ihnen somit transitive Qualitäten (die Ungleichheit von Beziehungen) nicht zugesprochen werden können. (28) So kann man beispielsweise eine Hierarchie oder Wellenlänge von Frequenzen für die Farben des Spektrums einsetzen, aber es gibt keine Möglichkeit zu beweisen, daß rot irgendwie „besser" ist als blau, oder umgekehrt. Aber McCulloch entwickelte seine Theorie niemals weiter, vielleicht auch deshalb, weil die kybernetische Theorie schwer angeschlagen worden wäre, wenn sich die Theorie der logischen Typen als ungültig erwiesen hätte. Die Tatsache bleibt bestehen, daß Heterarchie letztlich Egalitarismus bedeutet und Hierarchie eine Welt von Klassen und Ordnungen. Es gibt aber keine Möglichkeit zu zeigen, daß Hierarchie durch die natürliche Welt legalisiert wird. (29)

Drittens haben wir das Konzept der Homöostase mit ihren offensichtlichen Wurzeln in William Batesons Prinzip sich wechselseitig bedingender Variationen, und wieder sind die konservativen Implikationen offensichtlich. Sehr schnell gelang es René Dubos zu zeigen, daß Homöostase, zum logischen

Schluß vorangetrieben, besagt, daß „was ist, richtig ist." Dubos argumentierte dann für „Homöokinese" oder was C.H. Waddington „Homöorhese" nennt: „stabilisiertes Fließen anstelle von einem stabilisierten Zustand." (30) Im politischen Bereich führt das Konzept der Homöostase logischerweise zum Quietismus oder zur Apathie, zur Passivität im Angesicht von Unterdrückung, die als „in der Ordnung der Dinge" verstanden wird, denn sonst wäre das ja nicht so gekommen. Batesons Argument ist natürlich, daß ein Eingreifen den Fluß des Geschehens in aller Regel verschlimmert, und daß Revolution häufig nichts weiter ist als eine Drehtür (revolving-door) ein Austausch der Meister statt eines Austauschs der Werte. Das ist in der Tat ein wichtiges Argument, aber es ist ganz einfach nicht richtig, daß jeder Freiheitskampf fruchtlos ist. Auch berücksichtigt Batesons Ansatz nicht den Totalitarismus, der sich entwickeln würde, wenn einer bestehenden Macht durch mangelnden Widerstand freier Lauf gelassen würde. Wie im Falle des Informationsaustauschs lautet auch hier die Frage, wie und wo das Konzept angewandt wird. Die frühen kybernetischen Denker benutzten geschlossene Systeme wie den Thermostaten als ihr Paradigma. Ein Thermostat mag im kybernetischen Sinne „lebendig" sein, es bleibt jedoch ein geschlossenes System, weil es in keiner Austauschbeziehung zu seiner Umwelt steht und weil sein Endzustand durch seine Ausgangskondition bestimmt wird. Offene Systeme wie ein Wald oder eine Nation stehen in der Tat in einer Austauschbeziehung zu ihrer Umgebung, und ihr Endzustand ist nicht im voraus bestimmt. Als Resultat davon sind sie offen für substantiven Wandel, unabhängig davon, ob er nun auftritt oder nicht. Anders ausgedrückt sind nur geschlossene Systeme wirklich homöostatisch und kehren immer wieder zu ihrem ursprünglichen Ausgangspunkt zurück. Homöostase stellt somit bei offenen Systemen einen Spezialfall dar. (31) Offene Systeme können Homöorhese durchlaufen, einen Wandel, der Teil des allgemeinen Entwicklungsprogramms ist (die Aneignung von Sprache, Pubertät), oder aber „Morphogenese", den Wandel, der eine Veränderung des Programms selbst darstellt (Lernen III, die Wissenschaftliche Revolution, der Zusammenbruch des Römischen Weltreichs – all dies kann nur aus der Retrospektive „vorausgesagt" werden). (32) Bateson ist sich der Unterschiede zwischen offenen und geschlossenen Systemen im vollen Unfang bewußt; dennoch liegt seine übergreifende Betonung eher auf Stabilität als auf Wandel, wie beispielsweise in der Art und Weise, wie symetrisch-schismogene Situationen ihr Gegenstück auslösen, um die Gefahr der Desintegration, der Auflösung zu verringern, oder wie ein Ökosystem sich darum bemüht, sich selbst zu erhalten, indem es negatives Feedback hervorbringt. Bateson äußert sich eindeutig dahingehend, daß der Prozeß der Erhaltung das System nicht notwendigerweise zum Ausgangspunkt zurückbringt, aber seine allgemeine Betonung der Erhaltung der inneren Konsistenz neigt dazu, Veränderungen in der Kategorie unerwünschter Ereignisse unterzubringen. Und so vergleicht er Wandel mit einem Riß, einem Sprung im Gewebe der Dinge, den Prozeß der Erhaltung aber mit Heilung oder Besserung. (33)

Diese Betonung von Homöostase und Stabilität kann gewiß als kongruent mit der oben beschriebenen kleinen, ökologischen, dezentralisierten „Erhaltergesellschaft" bezeichnet werden. Aber nach einem strikt homöostatischen

Modell würden wir niemals dorthin kommen, während es durchaus wahrscheinlich ist, daß wir uns mitten in einer umfangreichen und gewalttätigen Morphogenese befinden. Darüberhinaus ist das kybernetische Modell der Gesellschaft, wie einige seiner Kritiker deutlich machten, ganz und gar nicht kongruent mit der Erhaltergesellschaft. Es ist sehr einfach, damit das gegenteilige Modell eines industriellen Totalitarismus zu legalisieren. So findet sich beispielsweise nichts in Batesons Arbeit, das auf eindeutige Weise Dezentralisierung impliziert. Das kybernetische Modell könnte durchaus eine Massengesellschaft beschreiben, organisiert von Sozialingenieuren anhand einer Anzahl „holistischer", bürokratischer Parameter, und das ist auch tatsächlich das Szenario von Robert Lilienfeld in seinem Buch *The Rise of System Theory*. Weit davon entfernt, zu einer planetaren Kultur zu führen, so Lilienfeld, suggeriert die Betonung von Kommunikation eine Welt, die eng miteinander verbunden ist durch ein System computerisierter Massenmedien und Informationsaustausch. (34) Solch eine Welt wäre das *Ende* von Verschiedenartigkeit und Freiheit, die Homogenisierung des Erdballs unter der Oberherrschaft des Menschen, oder besser, unter der Vorherrschaft einer kleinen, mächtigen Elite. Das läßt an Interpol denken, an die Datenbanken, die von den Bürgern der Industriegesellschaften immer weiter und umfangreicher erstellt werden und bald auf Siliconchips, auf Microcomputer, übertragen sein werden, die ohne Schwierigkeiten der Polizei oder der Regierung, oder auch Krankenhäusern und Banken zugänglich gemacht werden können. „Die Systemwissenschaft", schrieb Ludwig von Bertalanffy, einer ihrer Begründer, „deren Zentrum in Computertechnologie, Kybernetik, Automation und System-Ingenieurwesen besteht, scheint aus der Systemidee eine andere – und tatsächlich hochentwickelte – Technik zu machen, um Mensch und Gesellschaft noch mehr zu einer „Megamaschine" zu formen." (35) Bürokratie und Zentralisierung wären dann an der Tagesordnung, in der das Konzept der Hierarchie oder der logischen Typen bedeuten würde, daß die niederen Ränge die „Freiheit" hätten, den höheren zu gehorchen, sich im homöostatischen Gleichschritt mit ihnen zu bewegen. Diese Situation, die offensichtlich an *Schöne Neue Welt* oder an *1984* erinnert, ist kaum mit der Vision holistischer Harmonie zu vergleichen, die Bateson vorschwebte, läßt sich jedoch genauso in seiner Epistemologie finden wie das utopische Szenario, das vorher skizziert wurde, und die Konzepte vom Informationsaustausch und all das andere könnten dazu benutzt werden, alles zu rationalisieren. (36)

Teilweise mag das Problem darin bestehen, daß weder die Kybernetik noch die Ökologie immun gegen mechanistische Behandlung ist. Wie Carolyn Merchant in *The Death of Nature* deutlich machte, ist der dominante Trend amerikanischer ökologischer Studien seit den 50er Jahren reduktionistischer und kontrollierender Natur. Nach diesem Modell, sagt sie, werden

> Daten aus dem organischen Kontext in Form von Informationsstücken abstrahiert und dann nach einer Reihe von Differentialgleichungen manipuliert, was die Vorhersage ökologischer Veränderungen erlaubt und damit das rationale Management des Ökosystems und seiner Ressourcen als ganzem.

In der Tat wurde das Wort „Ökosystem" von dieser Schule entwickelt, um den eher anthropozentrischen und dezentralisierten Begriff „biotische Gemeinschaft" zu ersetzen. Dieser Ansatz ist global, und auf Computerberechnungen basierende Berichte wie der berühmte *Grenzen des Wachstums* (1971) des Club of Rome, der Vorschläge für das Management der Ressourcen der ganzen Welt anbietet, stellen die logischen Abkömmlinge dieses Zweigs der Ökologie dar. Wie Merchant deutlich macht, gilt diese Kritik auch für einen Großteil der Systemtheorie. Deren Verfechter behaupten häufig, ihr Ansatz sei holistisch, aber eine Gestalt ist eine nicht greifbare Sache. Möglicherweise hört sie auf, eine echte Gestalt zu sein, sobald man sie berechnet hat. (37)

Kurz gesagt, verlassen wir durch kybernetisches Denken nicht automatisch die Welt eines Francis Bacon. Der kybernetische Mechanismus mag ein komplizierteres Modell sein als das des Uhrwerks aus dem 17. Jahrhundert, aber es bleibt letztlich ein Mechanismus. So ist beispielsweise Batesons Experiment mit dem Delphin – ihn irre zu machen, bis er zu einem eindeutigen Resultat kam – auch ein gutes Beispiel von Bacons *natura vexata.* (38)

Damit kommen wir schließlich zu Lernen III, zum „Erwecken zur Ekstase", oder dem Gefühl, in einer „grenzenlosen Ökologie" aufzugehen. Wie bereits festgestellt wurde, rät Bateson nicht ausdrücklich zur Meditation, zu Yoga, Alchemie oder was auch immer; bei ihm geht es um selbstbewußte *Mimesis,* die nicht mit kognitivem Denken Schluß macht. Aber da uns solche Techniken fehlen, wie kann uns da die Einsicht oder der Durchbruch, Lernen III, gelingen? Der Alkoholiker ist schließlich am Ende, die „transkontextuelle Person" quält sich in ihrem Double Bind, bis sie schließlich in einer hilfreichen Umwelt zur Kreativität durchbricht. Aber da Bateson selbst behauptet, daß „kein noch so umfangreicher, strenger Diskurs einer beliebigen logischen Kategorie Phänomene einer höheren Art 'erklären' kann", (39) ist es wahrscheinlich, daß das vorsätzliche Auslösen von Lernen III lediglich durch traditionelle archaische Praktiken geschehen kann. Anders ausgedrückt, entwickelt der Intellekt eine Art Verlangen nach einer umfassenderen Art geistiger Erfahrung, nach einem weiteren Bewußtsein, aber er kann einen nur bis an den Rand solcher Erfahrung bringen. Die tatsächliche Wahrnehmung der Verschmelzung von Subjekt und Objekt, der total lebendigen und sinnlichen Welt, kurz gesagt, die „Gotteserkenntnis", ist ein rein viszerales Ereignis. Wenn Bateson sich nicht für traditionelle Praktiken ausspricht, dann bleibt unklar, wie irgend jemand zu dieser Einscht kommen kann, und *wenn* er sich für sie ausspricht, dann wird Lernen III durch die gleichen politischen Probleme belastet werden, die diese Praktiken in der Regel mit sich bringen.

Welcher Art sind diese Probleme? Das Hauptproblem ist das der Übertragung, der blinden Ergebenheit einem Guru oder Lehrer gegenüber, die fast unvermeidlich erscheint im Gefolge der Erfahrung, vorübergehend „den Verstand zu verlieren". Alle diese Praktiken wie Meditationstechniken, Atmen, das Singen (von Mantras) usw. dienen dazu, die äußeren Sinneseindrücke zu reduzieren, so daß das Ich-Bewußtsein sich selbst zum Untersuchungsobjekt machen kann. In kybernetischer Terminologie würde es heißen, daß das Programm (Lernen II) überlastet wird und es anfängt, sich als Zufallskonstruktion zu verstehen. Das Individuum verliert seinen Wirklichkeitssinn, der jetzt eine Art fließender Qualität anzunehmen beginnt. Es kann zu großer Angst kommen, denn das Ich nimmt sich selbst als sterbend wahr und kann sich nicht vorstellen, was seine endgültige Auflösung überleben könnte. An genau diesem Punkt setzt die wesentliche Bedeutung des Gurus oder Lehrers ein, denn seine Existenz ist der lebende Beweis dafür, daß in der Tat etwas irgendetwas überlebt. Seine Aufgabe ist es, dem Novizen zu helfen, sich in dieser Dunkelheit zurechtzufinden, an diesem Abgrund zwischen Geist (mind) und *Geist* (Mind). Schließlich zerbricht der Damm zwischen Bewußtem und Unbewußtem völlig, und man hat das Gefühl zu versinken, in einem Ozean der Gotteserkenntnis zu schwimmen. Diese Wahrnehmung wird mit unendlicher Klarheit erfahren, als plötzliches Aufwachen zu etwas, das als ganz und gar wirklich empfunden wird. Wenn der Prozeß erfolgreich verläuft, dann wird der Schüler, der Lernen III erreicht hat, weiterhin eine Lücke zwischen Geist und *Geist* wahrnehmen, jetzt jedoch ohne Angst oder Ekstase. Stattdessen betrachtet er das Ich-Bewußtsein als eine Art Werkzeug: brauchbar, aber nichts, worauf man sein Leben setzen würde. Er weiß, daß jene Wirklichkeit viel größer ist als diese, daß das Ich, wie Laing sich ausdrückt, der Diener des Göttlichen sein sollte, anstatt sein Verräter.

Und jetzt? Was macht man mit Gott, wenn man ihn gefunden hat? Wie das Wort „Erwecken zur Ekstase“ schon nahelegt, ist das Leben des Schülers unwiderruflich verändert. Es ist ein Gefühl, als käme man zum allerersten Mal aus der Dunkelheit und weiß nun, (wie in der platonischen Parabel von der Höhle) wie wirklich unbewußt die eigene vorige „Bewußtheit“ tatsächlich war. Alle eigenen Gefühle können jetzt leicht auf den Lehrer gerichtet werden, der von nun an als Vater (VATER) gesehen wird, als die Person, die diese Befreiung ermöglichte. Wir alle kennen Menschen, die ständig ihren Therapeuten zitieren („Also, *Helga* sagt, daß ...“), eine Tendenz, die eine Abart des Guruismus darstellt. Echter Guruismus ist noch weit schlimmer; es ist die totale und blinde Verehrung, das genaue Gegenstück von Freiheit. Was als Befreiung begann, endet in Anbetung, im Glauben; das Leben des Gläubigen ist nicht länger sein eigenes. Das Wort des Gurus ist Gesetz.

Und was *ist* das Wort des Gurus? Was lehrt er eigentlich? In der Regel, daß sein Wort Gesetz *ist*! Es wäre bereits schlimm genug, wenn der Prozeß mit der Verehrung des Lehrers enden würde, wenn damit Schluß wäre. Das wirkliche Problem besteht jedoch darin, daß der Guru, besonders im Kontext einer manipulativen Gesellschaft, einen verborgenen Plan hat, und dabei geht es häufiger um Macht, als um Geld. Und so wird der Schüler deprogrammiert, wird sein oder ihr Lernen II los, sieht die letzte Wirklichkeit, und bevor der Staub sich gelegt hat, wie Michael Rossman sich ausdrückt, „wird ihm (oder ihr) eine komplette vorfabrizierte und genormte Struktur an Stelle der alten gegeben.“ Doch besteht ein großer Unterschied, wie Rossman hinzufügt, zwischen der Verehrung des enthüllten Geheimnisses und der Verehrung des Enthüllers und was zu ihm gehört. Zu einem Guru gehört immer ein Metacurriculum, und das ist totalitär – wohl kaum die Sorte *solve et coagula*, an welche die Alchemisten dachten. (40)

Auch ist der Guruismus nicht der Typus Neudefinition der Persönlichkeit, die Bateson sich vorstellte, und es scheint mir, als lege er in seiner Arbeit ein wichtiges, potentielles Sicherheitsventil nahe. Die abschließenden Seiten von *Geist und Natur* lassen erkennen, daß Bateson unmittelbar vor seinem Tode damit begonnen hatte, eine Theorie der Ästhetik zu entwickeln, die uns Heiligkeit und Schönheit als Rahmen geboten hätte für die Evolution vom Ich-Bewußtsein zu etwas größerem. Es ist vorstellbar, daß solch eine Theorie eine offene Tür hätte sein können für die planetare Kultur, die ich oben beschrieb. Jetzt liegt es an anderen, sie zu entwickeln. Doch selbst wenn eine angemessene Theorie der Ästhetik entwickelt wäre, so bleibt es doch unklar, wie sie einen ernstzunehmenden politischen Einfluß haben könnte. Es müßte sich dabei, wie im Falle von Batesons Arbeit, um eine Erfahrung handeln, eine Lebensweise, und nicht nur um eine Formel. Dann aber geht es um eine persönliche Entscheidung, um es anders auszudrücken, denn eine *Politik* der Selbstverwirklichung könnte sich als unmöglich erweisen. Eine Theorie der Ästhetik könnte für den indivuduellen Entdecker von Wert sein, der die Reise von zeitgenössischer Wissenschaft zum Holismus unternimmt. Idealerweise würde sie es ihm oder ihr ermöglichen, diese Reise zu unternehmen, ohne dem Guruismus zum Opfer zu fallen. Eine der Stärken von Batesons Arbeit ist jedoch seine relationale Qualität. Es genügt nicht, diese „undendliche Ökologie" für sich allein zu entdecken. Zur Ökologie des bekehrten Alkoholikers gehören die anderen Mitglieder der Anonymen Alkoholiker und ihr gemeinsames Bemühen. Diese Betonung des Sozialen im Falle der AA ist sehr positiv. Ein Problem wird es erst dann, wenn die Organisation nicht so wohlgesinnt ist und nicht an Gesundheit und Freiheit interessiert ist, sondern an politischer Machtausdehnung, gewöhnlich im Namen von Gesundheit und Freiheit. Unglücklicherweise ist der Wunsch, Macht über andere auszuüben, die Regel und nicht die Ausnahme, und es ist nicht zu erkennen, wie es irgendeiner Theorie der Ästhetik gelingen sollte, das Phänomen des Guruismus zu beeinflussen oder zu kontrollieren. Wir benötigen ein Sicherheitsventil, das es erlaubt, daß Lernen III stattfindet, ohne jedoch außer Kontrolle zu geraten, und da es bisher niemandem gelungen ist, etwas vergleichbares zu entwickeln, bedarf es einiger zusätzlicher Bemerkungen, die die Gefahren von Lernen III, sowie seine möglichen politischen Implikationen betreffen. Um es klar und deutlich zu sagen, bei dem was jetzt folgt, handelt es sich weder um eine Kritik von Bateson persönlich, noch um eine Kritik seiner Arbeit. Weder bei ihm noch in seiner Arbeit ist, wie ich bereits an anderer Stelle feststellte, auch nur der Ansatz von Sympathie für jene rechtslastigen Kulte zu finden, die Lernen III gegenwärtig hervorbringt. Vielmehr geht es hier um meine eigenen Befürchtungen, die darin bestehen, daß es bisher keiner holistischen Philosophie gelungen ist, angemessene Sicherheitsventile in Bezug auf den Prozeß von Lernen III zu entwickeln und daß somit jede Diskussion dieses Prozesses es verdient, durch einige warnende Anmerkungen ergänzt zu werden.

Wenn die Gefahr von Lernen III in der Übertragung besteht, dann brauchen wir uns nicht über die geistige Kolonisierung zu wundern, die, besonders in den Vereinigten Staaten, derzeit von unzähligen rechtslastigen Kulten praktiziert wird. (41) Der ehemalige Werbefachmann Jerry Mander hat in seinem Buch über das Fernsehen diesen Prozeß am Fall von Werner Erhards *Est* auf sehr feine Weise deutlich gemacht, nicht ohne darauf hinzuweisen, daß *Est* als

Beispiel austauschbar ist gegen jedes beliebige andere. (42) *Est's* Ansatz beinhaltet viele der klassischen Zen- oder Yoga-Techniken wie Meditation, Visualisation, die vorsätzliche Reduktion sensorischer Stimuli; das Resultat ist jedoch nicht Befreiung, sondern ein Haufen überaus seltsamer Pflanzen. *Est*-Anhänger pflegen sich alle auf die gleiche Weise zu kleiden, einer wie der andere zu reden und benutzen einen Jargon, der auf schaurige Weise an Batesons Holismus erinnert („Geist", „Kontext", „Programmieren", usw.). Bei den Gesprächen geht es immer darum, „Verantwortung für sich selbst zu übernehmen", aber die Schüler klingen alle auf beinahe unheimliche Weise so wie Erhard, und sie wurden von der kalifornischen Presse „sprechende Parksäulen" („talking parking meters") getauft. Das Phänomen von *Est*, schreibt Rossman, zeigt uns „das Schauspiel ... wie relativ intelligente Menschen gleichsam ihren Geist en masse abgaben" (43), und die freiwillige Aufgabe jeder Kritikfähigkeit von seiten seiner Anhänger ermöglichte es Erhard, seine Operationsbasis beträchtlich zu vergrößern. Sein Unternehmen umfaßt heute Public Relation-Tricks wie das betrügerische „Hunger-Projekt", sowie Erhards Berufung als Professor für „Kontext" (!) an die Antioch Holistic Life University. Von einem politischen Standpunkt aus betrachtet, ist das was *Est* lehrt, reiner Blödsinn (Opfer wählen immer ihr Schicksal; wahrscheinlich auch die von Napalmbomben verbrannten Babies von Vietnam), und das muß uns hier nicht weiter beschäftigen. Der Grund zur Sorge liegt darin, daß trotz ihrer weitverbreiteten Popularität Erhard, der Reverend Moon (Vereinigungskirche), L.Ron Hubbard (Scientology Kirche), sowie die anderen ihrer Sorte ziemliche Amateure sind. Die meisten Leute halten sich von solchen Organisationen fern, und die politische Struktur von Industriegesellschaften blieb bis heute von solchen Lernen III-Gangstern verschont. Wer aber ist der nächste falsche Messias? Früher oder später könnte einer von ihnen mit Unterstützung der Regierung zu einem Massenphänomen werden. Erhard hat sich um Leute mit Einfluß und Macht bemüht, allerdings ohne, daß ein Erfolg bekannt wurde. Im Nazideutschland brauchten sich jene, die wußten, wie man das Unbewußte manipuliert, nicht um die Regierung bemühen, sie *waren* die Regierung. „Hitler", schrieb der deutsche Soziologe Max Horkheimer kurz nach dem Krieg, „appellierte an das Unbewußte seiner Zuhörer, wenn er andeutete, er könne einer Macht den Weg ebnen, in dessen Namen die Ächtung der unterdrückten Natur aufgehoben würde." (44) Die gegenwärtigen Bedingungen schließen die Möglichkeit einer Wiederholung dieses Schauspiels kaum aus.

Das Gespenst des Faschismus wird natürlich häufig von jenen beschworen, die ihre Opposition zu politischen Veränderungen rationalisieren wollen, aber ich habe das Gefühl, in diesem Fall handelt es sich um mehr als um eine hohle, unbegründete Drohung. Wir reden hier über die Wiederbelebung des psychischen Unterleibs, und zwar nicht im Kontext einer traditionellen Gesellschaft in Verbindung mit ihren Wurzeln, sondern im Rahmen einer beweglichen, wurzellosen, hochtechnisierten, sexuell verdrängenden Massengesellschaft. Die Parallele zu Deutschland nach dem 1. Weltkrieg liegt nahe, denn das war eine Gesellschaft, in der Mythos und Symbol, Sexualität und Okkultismus, das „Natürliche" und das Irrationale vorsätzlich kultiviert wurden als Gegengewicht zu einer künstlichen, überintellektualisierten, bürokratisierten

Lebensweise. (45) Die psychische Energie, die dort freigesetzt wurde, war enorm und wurde von den Nazis auf brillante Weise besetzt auf den riesigen Versammlungen in Nürnberg und München, mimetischen Schauspielen mit gigantischen Hakenkreuzen und Fackeln – für ihre eigenen politischen Ziele. „Die kleinen Leute" waren kaum die Gewinner in dieser offiziell sanktionierten „Befreiung" von ihrer Unterdrückung.

An die Gefahren eines solchen Mystizismus dachte Immanuel Kant, als er die Vernunft (Ich-Bewußtsein) „das höchste Gut auf Erden" nannte, „den letzten Prüfstein der Wahrheit", und in einem Kommentar zu diesem Statement schrieb Lucien Goldman 1945:

> Die letzten 25 Jahre haben uns gezeigt, wie durchdringend Kants Vision war und wie nahe beieinander die Bande doch sind, die Irrationalismus und die Mystik der Intuition und des Gefühls mit der Unterdrückung individueller Freiheiten verbinden. (46)

Ein gewisses Maß an sozialem und wirtschaftlichem Chaos einerseits und dazu eine steigende Anzahl selbsternannter Gurus; das sind genügend Gründe, um bei unserem guten alten Deuterolernen zu bleiben.

Die Verbindung zwischen dem Irrationalen und staatlicher Macht im allgemeinen besteht in dem Elitismus, der in aller Regel Teil des Guruismus ist. In der Regel, aber nicht immer. Der Schamane traditioneller Kulturen sprach mit der Stimme Gottes, wenn er in Trance war, und damit begnügte er sich. Normalerweise hatte er keinerlei Interesse an säkularer Macht. In einer Zivilisation jedoch, die ihre Wurzeln verlor, verlangen die Lehrer von Lernen III nicht nur hohe Gagen. Einige, wie Erhard, wollen auch Macht in absoluter Form. Ihr Anspruch darauf ist präzise in der Unterscheidung zwischen „Wachenden" und „Schlafenden" begründet. Hier geht es um eine spirituelle Hackordnung, um eine Trennung zwischen Orthodoxen und Heterodoxen, zwischen Selbsterkannten und jenen, die noch nicht „zur Ekstase erwachten" und das vielleicht niemals tun werden. William Irving Thompson meinte vor kurzem, da das Ich-Bewußtsein nun einmal so und nicht anders sei, „sollten wir auf keine politischen Entscheidungen vertrauen, die von Personen ausgehen, welche noch keine *Geistigen* Angewohnheiten haben (that do not yet have the habit of Mind). Wir dürfen niemanden in der Nähe des politischen Prozesses zulassen, der noch nicht aus dem kleinen Geist heraus ist und der ganzen Fülle des Seins begegnet ist." Das ist ein wichtiger Punkt, den Thompson hier vorbringt, aber wie sieht die Alternative aus? Wen meint Thompson mit „wir"? Wie er selbst im nächsten Atemzug feststellt:

> Das Problem mit dieser Idee besteht darin, daß es sich um eine Theorie der Eliten handelt ... Die Elite wird die neue Politik machen, die neuen Politiker stellen, die neuen Menschheit, den neuen Homo sapiens ... Diese globalistische Elite könnte

> dann wieder an das leitende Management der multinationalen Konzerne wenden, um eine neue autoritäre Weltordnung einzuführen. (48)

Holismus könnte somit zur wirkenden Kraft der Tyrannei werden, um Namen des Geistes, von Lernen III, oder (davor bewahre uns Gott) im Namen Gottes. Aus gutem Grund bemerkte Orwell einmal, daß der Faschismus, wenn er einmal in den Westen kommt, das im Namen der Freiheit tun wird.

Und Alfred North Whitehead, der über die mechanische Philosophie der Wissenschaftlichen Revolution reflektierte, meinte einmal, daß der Westen seit ihrer Formulierung von einer Idee gefesselt sei, die es weder erlaube mit ihr, noch ohne sie zu leben. Das gleiche kann mit Sicherheit auch von Lernen III gesagt werden oder von *Mimesis* im allgemeinen. Das körperlose Bewußtsein des modernen Zeitalters ist barbarisch, es ist ein integraler Bestandteil der Landschaft, die in der Einleitung beschrieben wurde. Aber die Versuche, dieser Welt durch die Institutionalisierung von Lernen III zu entkommen, waren häufig nicht weniger barbarisch. Die Betonung liegt hier auf „dieser Welt." Selbst totale *Mimesis* ist nicht barbarisch in einer Zweikammerwelt, einer Welt, die völlig vom Primärprozeß beherrscht wird, wie Julian Jaynes deutlich machte. (49) Das Problem entsteht dann, wenn Welten aufeinander stoßen. Wie Reich erkannte, ist die industrielle Demokratie für den Faschismus und das Irrationale wie trockener Zunder, gerade weil sie so steril *ist*, gerade weil sie den Eros verleugnet und weil wir bereits seit Jahrhunderten unter diesen Bedingungen leben. Weder in der Gesellschaft noch im einzelnen Individuum ist es möglich, eine derartige Blockade plötzlich aufzulösen und dann zu erwarten, daß die Reaktion in einer gelassenen und sanften Anpassung besteht. Damit stehen wir vor einer Entscheidung, die einerseits gefällt werden muß und doch andererseits nicht gefällt werden kann: das Erwecken einer ganzen Zivilisation zu ihrem archaischen Wissen. Es ist nicht sehr wahrscheinlich, daß die geistige Weltsicht des kartesianischen Deuterolernens, wozu Sozialdemokratie und säkularer Humanismus ebenso gehören wie der aufgeklärte oder der vulgäre Marxismus, diese Wahl auf intelligente Weise entscheiden kann, denn diese Traditionen bestehen darauf, daß es sich bei den Vorstellungen von Geist oder Sein um ein unwissenschaftliches Konzept handelt. Wie jedoch ein atypischer Beobachter, Ernst Bloch, im Jahre 1931 bemerkte, ignorierte die Linke in Deutschland Entwicklungen ursprünglicher und utopischer Tendenzen und überließen damit diesen ganzen Bereich den Nazis. (50) Verdrängung funktioniert nur bis zu einem bestimmten Punkt, utopische Sehnsüchte leben selbst in den unterdrücktesten Individuen, und der Faschismus erkennt diese Sehnsüchte und manipuliert sie zu seinem Vorteil. Wie ich bereits weiter oben andeutete, ist die feierliche Erhöhung der Natur über alles künstlich Geschaffene eine zentrale These der faschistischen Ideologie. Die Revolte des „natürlichen Menschen" gegen die Technologie, die Zerstörung von Spontanität und die Beherrschung der Natur wird von der konservativen wie der „fortschrittlichen" Politik auf dümmste Weise ignoriert. Wenn diesen Themen jedoch zentrale Bedeutung zukommt, dann nimmt die Politik furchterregende Dimensionen an. „So betrachtet", schreibt Max Horkheimer, „könnten wir

Faschismus beschreiben als satanische Synthese von Vernunft und Natur – das genaue Gegenteil jener Versöhnung der zwei Pole, von der die Philosophie immer träumte." (51)

Dennoch glaube ich, daß unsere Evolution in Richtung auf Lernen III unausweichlich ist, und wenn dem so ist, dann lautet die Frage: Wie könnte ein sicherer Kontext dafür aussehen? Welche institutionellen Strukturen wären seiner gesunden Entwicklung zuträglich? Bis zu einem gewissen Grad wurde diese Frage bereits in der vorangegangenen Diskussion der planetaren Kultur beantwortet. Eine Anzahl dezentralisierter autonomer Regionen ist das genaue Gegenteil jener wurzellosen Gesellschaft, die Lernen III zu einer so unbeständigen Sache machen. Selbstbestimmen, starke Bindungen in der lokalen Gemeinschaft, Nachbarschaftsgeist, all das würde den globalen Monolithen zerbrechen lassen und damit dazu beitragen, jede Wiederbelebung des Archaischen, die zu einer Massenbewegung zu werden drohte, in Schranken zu halten. Der ganze Prozeß der Balkanisierung bringt natürlich seine eigenen Probleme mit sich, aber ich bezweifle, daß eine globale, totalitäre *Mimesis* dazu gehört. Das Dritte Reich stand beispielsweise regionalen Interessen und Bewegungen feindselig gegenüber. Es stellte einen Nationalstaat dar, letztlich möglich gemacht durch Bismarcks erzwungene Vereinigung der kleinen deutschen Staaten, und es begegnete regionalen Strömungen mit seiner Politik des *Lebensraums*, die darauf abzielte, die benachbarten Gebiete in eine zentralisierte deutsche Weltordnung zu zwingen. Dezentralisierung kann aus sich heraus den Guruismus nicht auslöschen, ganz gewiß jedoch kann sie seinen Einfluß begrenzen. Eine verwurzelte Gesellschaft stellt nicht nur einen Schutz dar gegen Entfremdung, das Ergebnis des Versuchs, alles zu kontrollieren, sondern auch gegen sein Gegenstück, zu dem der völlige Verlust der Kontrolle gehört.

Worin kann eine derartige Gesellschaft verwurzelt sein? Traditionsgemäß war regionale oder lokale Politik eine ethnische Politik. Die Loyalität galt der Sippe, den Verwandten, der Rasse oder der eigenen Sprachgruppe. Es ist zweifelhaft, ob das ethnische Modell noch in einer Welt funktionieren kann, die einige Jahrhunderte lang globale Kommunikation und teilweise recht gewalttätigen Kulturkontakt erlebt hat. Das jedoch könnte sich als durchaus positiv erweisen, da regionale Ethnizität leicht zu einer provinziellen Art ethnischen Chauvinismus werden kann, der letztlich in einer *Verengung* menschlicher Möglichkeiten resultiert. Weltbürgertum ist immer noch ein schönes Ideal, und das heißt, es ist nicht nur eine Verwurzelung gefragt, sondern eine Verwurzelung, die planetare gegenseitige Abhängigkeit und kulturellen Austausch fördert. Als Folge der Zerstörung von Familien und lokalen Bindungen im Verlauf der letzten paar Jahrhunderte suchen viele Menschen in den westlichen Industriegesellschaften heutzutage neue Möglichkeiten der Gemeinschaftlichkeit, die nicht gleichzeitig den Verlust ihres geistigen Horizonts zur Folge haben. Es sind keine einfachen Antworten in Sicht, und möglicherweise gibt es keinen Ausweg aus diesem Dilemma. *In situ* sind Kulturen mit der „Gutenberg-Galaxis" nicht verwandt.

Mit der Unvereinbarkeit der planetaren mit der globalen Weltsicht, oder dem, was Ökosystem genannt wurde, mit biosphärischen Kulturen, hat sich kürzlich der Ökologe Raymond Dasmann beschäftigt. (52) Erstere hängen in

Bezug auf Ernährung und Materialien von ihrem lokalen Ökosystem ab, und der Schutz der Umwelt wird durch die religiöse Überzeugung und die soziale Ordnung gewährleistet. Solche Menschen, wie beispielsweise die amerikanischen Indianer, besitzen (oder besaßen) unglaubliche ortsgebundene Kenntnisse und Fähigkeiten. Sie kennen die örtlichen Tierarten, die Bedeutung der leichtesten Windveränderung, und sie besitzen ein umfangreiches Wissen von Pflanzen und ihrer Zubereitung. Ihr Leben ist zugeschnitten auf ein optimales Verhältnis zu ihrer Region, die Peter Berg *Bioregion* nennt, in der „Kultur eingebunden ist in die Natur auf der Ebene *dieses Ökosystems*, und zu deren Kenntnis ein Bündel von Metaphern nötig ist, deren Herkunft und Struktur sich aus der Beziehung zu diesem Ökosystem ableiten läßt." (53) Neuere Untersuchungen zeigen, daß solche Menschen, historisch betrachtet, ein Leben in relativem Überfluß lebten und das mit weit weniger Aufwand als es heutzutage von uns verlangt wird. (54) Biosphärische Menschen, andererseits, betrachten den ganzen Globus als ihre Provinz und beziehen sich dabei auf umfangreiche Handels- und Kommunikationsnetze. Es findet sich in ihrem Wissen nichts ortsspezifisches und sie können tun, was immer sie wollen, in jeder beliebigen Region ihrer Wahl. Während Ökosystemleute mit Wassermangel umgehen, indem sie vielleicht Auffangbecken auf den Dächern ihrer Häuser installieren oder Speichertanks aufstellen zur Pflege der örtlichen Vegetation, oder auch den einen oder anderen Regentanz veranstalten (all das zu unwesentlichen ökonomischen und ökologischen Kosten), bauen biosphärische Leute gigantische Dämme und Bewässerungsanlagen, die die Umwelt zerstören und Millionen verschlingen. Damit biosphärische Leute das bekommen, was sie wollen, müssen – wie wir wissen – Ökosystemleute freiwillig Platz machen oder – und das ist die Regel – sie werden „umgesiedelt". In Wahrheit, so Dasmann, sind die biosphärischen Leute letztlich die Verlierer dieses globalen Schwindels, denn ihr „Sieg" bedeutet den Verlust eines umfangreichen Netzwerks von Fähigkeiten und Angewohnheiten, die den Menschen in die Lage versetzten, sich auf diesem Planeten jahrtausendelang zu erhalten. Die Wirtschaften biosphärischer Gesellschaften sind nicht aufrecht zu erhalten und befinden sich gegenwärtig im Chaos, behauptet Dasmann, amerikanische Rohstoffpolitik ist ein Beispiel für den Rest der Welt, was man *nicht* tun sollte. „Ich meine", faßt er zusammen, „daß die Zukunft jenen gehört, die auf einer höheren Ebene das alte Empfinden von Balance und Zugehörigkeit zwischen Mensch und Natur zurückgewinnen können." Kurz gesagt, Verwurzelung muß biotisch werden, nicht nur ethnisch, und Dasmann entwickelte eine Karte der „biotischen Provinzen der Welt", die zeigt, welche Grenzen es gäbe, wenn sie den Linien der natürlichen Geographie folgten und die Variationen in der Artendichte berücksichtigten. (55) Das bioregionale Modell von Berg und Dasmann baut auf auf dem Unterschied zwischen der Besetzung einer Region und ihrer Bewohnung, oder, in unserem Sinne, ihrer *Wieder*bewohnung. „*Wiederbewohnen*", schreiben Berg und Dasman,

> das heißt, *in* einem Ort leben, in einer Gegend, die gewaltsam aufgesplittert und verletzt wurde durch frühere Ausbeutung. Das heißt auch, einheimisch zu werden an diesem Ort, indem

> man sich der speziellen ökologischen Beziehungen bewußt wird, die innerhalb und um diesen Ort herum am Wirken sind. Es bedeutet ein Verständnis für Aktivitäten und die Entwicklung von Sozialverhalten, das das Leben dieses Ortes reicher macht, seine lebenserhaltenden Systeme wiederherstellt, wie die Einrichtung eines ökologisch und sozial erhaltenden Existenzmusters in ihm. Einfach ausgedrückt heißt das, voll und ganz lebendig in und mit diesem Ort zu werden. Das heißt auch, einen Antrag auf Mitgliedschaft in einer biotischen Gemeinschaft zu stellen und damit aufzuhören, sie auszubeuten. (56)

Das ist eine schöne Vision, und die Autoren könnten recht haben, wenn sie behaupten, daß „*in* einem Ort zu leben ... vielleicht die einzige Möglichkeit ist, eine wahrhaft zivilisierte Existenz aufrecht zu erhalten." (57) Aber ob es den wurzellosen Stadtmenschen Europas und Nordamerikas gelingt, sich heutzutage Zugang zu einer Identität zu verschaffen, die an biotische Provinzen und die Loyalität zu einer Bioregion gebunden ist, bleibt eine offene Frage angesichts der Tatsache, daß all dies im wesentlichen bereits vor Jahrhunderten ausgelöscht wurde.

Und dennoch, haben wir eine andere Wahl? Die Eigendynamik von Lernen III wird weiter zunehmen, und die zentrale politische Frage des 21. Jahrhunderts könnte es sein, wie wir Lernen III mit einem brauchbaren Kontext ausstatten können. Wie wir bereits an anderer Stelle feststellten, sorgten bestimmte Initiationsriten in allen traditionellen Kulturen dafür, sich Zugang zu Lernen III zu verschaffen. Daß dieser Prozeß nicht außer Kontrolle geriet, lag nicht nur an einer angemessenen dezentralisierten Lebensweise. An Organisationen wie *Est* konnten wir feststellen, daß sobald die Realität zu schwimmen anfängt, die Initiatoren oder Gurus ihre eigene Wirklichkeit auf die betreffende Person übertragen, in der Regel die untertänige Verehrung des Meisters und seiner Organisation. Nun trifft es eindeutig zu, daß alle Stammeskulturen, alle *in situ*-Kulturen ihre Schamanen haben, und der vom Schamanen geleitete Initiationsprozeß ist ebenfalls darauf angelegt, Lernen II zu durchbrechen. Aber in einer Welt, die in bioregionalen Wirklichkeiten wurzelt, wie das bei diesen Kulturen der Fall ist, führt dieser Prozeß nicht zu Übertragung oder blinder Autoritätshörigkeit. Was sich im Verlauf des Prozesses von Lernen III entwickelt, ist nicht die Verehrung des Schamanen, sondern die Verehrung des Geheimnisses, das er manifestiert: das innere Göttliche und das Ökosystem, das es reflektiert. Das ist die letzte Lektion, die Carlos Castaneda bei seiner Initiation durch Don Juan lernte, und das ist auch die Botschaft aller auf der Natur basierenden Religionen. (58) Das führt zu dem, was die Sozialkritiker Jerry Gorsline und Linn House als „eine Wissenschaft des *Konkreten*" beschrieben, „in der die Natur der Kultur als Modell dient, da der Geist von der Natur genährt und von ihr entwöhnt wurde." (59) So vermute ich, kurz gesagt, daß die Erhaltung dieses Planeten die beste Richtlinie für unsere *gesamte* Politik ist, der beste Kontext für *alle* unsere Begegnungen mit Geist oder Sein. Die Gesundheit des Planeten könnte sich somit – sofern es möglich ist, ihn gegen die fortdauernde Dynamik des industriellen Sozialismus und Kapitalismus zu verteidigen – als das beste Sicherheitsventil für die Evolution eines neuen Bewußtseins erweisen. Und ich glaube, daß das kartesianische Paradigma nur in einer solchen Welt ruhig und sicher aufgegeben werden kann und daß die Menschen anfangen können, das Leben zu leben, das ihnen von Anfang an zugedacht war, ihr eigenes.

Unabhängig von ihrer Lebensdauer als politische Einheit stellt jede Zivilisation, wie jede Person eine Botschaft dar, gibt dem Rest der Welt ein einziges Statement. An die westliche Industriegesellschaft wird man sich wahrscheinlich erinnern wegen der Macht und der Schwäche des kartesianischen Paradigmas.

Als ich ein Junge war, erschien das kartesianische Paradigma den meisten Abendländern als unfehlbar, unvergleichlich erfolgreich in der Geschichte des menschlichen Intellekts. Diese Lebensweise wurde zelebriert in Raumfahrtprogrammen, rapiden technologischen Erneuerungen jeder Art und in Büchern mit Titeln wie *Die endlose Grenze* und *Die Stärke der Objektivität*. Mitte der 60er Jahre war es dann vielen klar geworden, daß Wissenschaft tatsächlich eine Ideologie darstellte, und von dort war es nur ein kleiner Schritt zu der Erkenntnis, daß es sich noch nicht einmal um eine besonders gesunde Ideologie handelte.

Es ist sehr wahrscheinlich, daß die nächsten paar Jahrzehnte uns eine Zeit zunehmender Orientierung in Richtung auf den Holismus bringen wird, sei es nun ein Batesonscher oder ein anderer. Da die wissenschaftliche Zivilisation ihre Periode des Untergangs endgültig begonnen hat, werden sich immer mehr Menschen auf die Suche nach einem neuen Paradigma begeben und es mit Sicherheit in der einen oder anderen Version holistischen Denkens finden. Wenn wir Glück haben, könnte uns im Jahre 2200 n.Chr. das alte Paradigma als Kuriosität erscheinen, als Überbleibsel einer Zivilisation, die Jahrtausende zurückzuliegen scheint. Besonders Jung, Reich und Bateson haben jeder für sich geholfen, uns den Weg zu weisen zu einer wiederverzauberten Welt, in der es sich leben läßt. Um es ein letztes Mal zu sagen, das Säkulare wäre die Dienerin des Heiligen, allerdings mit einem Rest intakten Ich-Bewußtseins. Ausgehend von einer größeren Zeitspanne fragt man sich allerdings, ob solch ein Hilfsarrangement genügen wird. Die Zeitspanne von Homer bis zur Gegenwart dauerte nicht einmal 3000 Jahre, nicht mehr als ein Augenzwinkern nach anthropologischen Maßstäben. Die letzten 400 Jahre könnten sich als lediglich die schwerste Phase einer einzelnen evolutionären Episode herausstellen. Wenn dem so wäre, dann könnte der nächste Abschnitt unserer Evolution, der der selbstbewußten *Mimesis*, durchaus eine Übergangsphase sein. Die Wiederverzauberung der Welt, selbst auf nichtanimistische Weise, könnte letztlich doch ganz und gar das Ende des Ich-Bewußtseins nötig machen. Jacques Lacan, der französische Psychiater, behauptete, daß das Ich ein paranoides Konstrukt sei, begründet auf die Logik der Opposition und der Identität des Selbst und des Anderen. Er fügt hinzu, daß jede Logik dieser Art, die ausschließlich im Westen vorkommt, Begrenzungen benötigt, während in Wahrheit Wahrnehmung, da sie analoger Natur ist, keinerlei Grenzen kennt. (60) Während unsere Epistemologie mit der Zeit immer weniger digital, dafür aber immer analoger wird, werden die Begrenzungen langsam ihre Schärfe verlieren. Ego und Charakterpanzer und „Sekundärprozeß" werden sich aufzulösen beginnen. Möglicherweise kehren wir dann langsam zurück zu dem was Robert Bly die „Kultur der Großen Mutter" nennt, zu kosmischer Anonymität, einer total mimetischen Welt. (61)

Selbst wenn das unser Schicksal sein sollte, so ist es dennoch so, daß diese Transformation nicht über Nacht stattfinden wird. Wie ich bereits mehrmas nahelegte, würde eine zu schnelle Devolution wahrscheinlich eine unvorstellbare Katastrophe bedeuten. Wenn wir Glück haben, werden wir in der Zwischenzeit eine Wiederbelebung des Unbewußten erleben, ebenso wie die Entwicklung einer relationalen oder holistischen Wahrnehmung, allerdings mit ausreichender Bewußtheit der Subjekt-Objekt-Trennung, um unerwünschte Ereignisse zu vermeiden. Kurz gesagt, wir müssen einen klaren Kopf behalten, und das heißt, uns einen Rest an Ich-Bewußtsein bewahren. Letzlich könnte sich jedoch das Ich-Bewußtsein als nicht lebenswichtig für unsere weitere Existenz auf diesem Planeten erweisen. Das Ende der Entfremdung liegt möglicherweise nicht in einer Reform des Ich oder in seiner Ergänzung durch Primärprozeß, sondern in seiner Abschaffung.

Im Berliner Museum findet sich ein berühmter Papyrus, Nr. 3024, mit dem Namen *Rebell der Seele*, der irgendwann zwischen 2500 und 1991 n.Chr. datiert wird. Das war die sogenannte Zwischenperiode der ägyptischen Geschichte, die Zeit zwischen den Alten und den Mittleren Königreichen, eine Zeit völligen gesellschaftlichen Zusammenbruchs und weitverbreiteten Chaos'. Ein ähnliches Zeitalter wie das unsere, in der die alten überlieferten Werte nichts mehr galten und noch nicht durch neue ersetzt worden waren. Das Dokument berichtet von etwas, das in einer Zweikammerkultur unbekannt war – von einer Identitätskrise. Sein Autor beschäftigt sich mit dem Sinn des Lebens, mit seinem Selbst (Ego), dem Konflikt zwischen Vernunft und Gefühl, und mit möglichem Suizid. Der Papyrus ist sehr untypisch für Hieroglyphentexte, und viele Nahostexperten betrachten ihn als das einzige altägyptische Dokument seiner Art. Sein Entstehen in der Zwischenperiode ist ein Beweis für Julian Jaynes' Argument, daß, als die Subjekt-Objekt-Trennung im Altertum auftrat, ihre Funktion eine Krisenfunktion war, ein Anzeichen höchsten Alarms. In dieser Arbeit versuchte ich die Behauptung zu belegen, daß der Westen sich seit 1600 n.Chr., und ganz eindeutig seit der Industriellen Revolution, in einer ständigen Krise befindet, eine schwankende Gesellschaft im extremen Alarmzustand. Und so wird das moderne schismatische Bewußtsein als normal betrachtet; die Zeiten sind jedoch seit Jahrhunderten nicht mehr „normal". Die Übereinstimmung mit der ägyptischen Zwischenperiode ist hier ganz deutlich, allerdings mit einer einzigartigen Veränderung der Vorzeichen. Der einsame Autor des *Rebell der Seele* war möglicherweise für seine Zeitgenossen ein Rätsel, denn er *fand* sein Ich, während wir heutzutage Psychotiker rätselhaft finden, weil sie ihres *verloren*. Anders ausgedrückt könnte es sein, daß wir möglicherweise langsam gesund werden, während sich die Ägypter der Zwischenperiode wenigstens zeitweise pathologisch erfuhren. Liest man den Text, dann ist es nicht zu vermeiden, eine Stimme aus unserer Zeit zu erkennen. Für unsere Ohren klingen die Worte fast heroisch: „Bruder", sagt seine Seele zu ihm, „solange du brennst, gehörst du dem Leben." Das ist im Grunde das, was Teiresias zu Odysseus sagt, als letzterer ihn im Hades besucht und den Propheten bittet, ihm den Weg nach Hause zu zeigen und seiner rastlosen Suche ein Ende zu bereiten. Teiresias jedoch *verurteilt* diese 20jährige Suche nach dem Selbst, er gibt Odysseus den Wink, daß ein Leben, das einem „Brennen" gleicht, es vielleicht wert ist, aufgegeben zu werden. (62) Zeitgenössische Existentialphilosophen wie Rollo May wurden im Gegensatz dazu deswegen bekannt, weil sie diese Angst und die Sorge um Identität für ein Zeichen von Gesundheit hielten. Sie scheinen es nicht erfassen zu können, daß wir, wie der Autor des *Rebell*, in Zeiten leben, die so verrückt sind, daß Angst und Vitalität miteinander verwechselt werden. Mit Sicherheit ist unsere Welt, wie Christopher Hill sagen würde, von oben nach unten gekehrt. (63)

Das Ende des Ich-Bewußtseins bedeutet kaum das Ende von Leben, von Kultur oder von sinnerfüllter menschlicher Aktivität. Die existentialistische Position der Gleichsetzung von Bedeutung und Angst kann nur dann aufrecht erhalten werden, wenn wir den wesentlichen Teil der Menschheitsgeschichte auf diesem Planeten ignorieren. Ich-Bewußtsein, und noch viel mehr die Tradition des modernen Individualismus ist ein Phänomen mit vergleichsweise junger Geschichte; sie sind kaum als wesentlich zu betrachten für menschliches Überleben oder für eine reiche menschliche Kultur. Und so wies der Ökologe Paul Shepard darauf hin, daß es eine Devolution, eine Entartung im Gehirn des Neanderthalers war, die zu dem mit einem kleineren Gehirn ausgestatteten Cro-Magnon-Menschen führte (ca. 40.000 v.Chr.) und zur Zivilisation von Aurignac (ca. 23.000 v.Chr.), einer Periode, die bekannt ist für ihre Höhlenmalereien, die Einführung von fast zweihundert Werkzeugarten, sowie für einen ganz allgemeinen Ausbruch kultureller Aktivität. (64) Julian Jaynes meinte, daß die Neurologie des Bewußtseins wohl kaum für alle Zeiten die gleiche bleibt. Möglicherweise leben wir am Rande einer solchen Periode dynamischer Devolution, in der es nicht nur um die Entwicklung einer neuen Gesellschaft geht, sondern um eine neue Spezies, einen neuen Typus Mensch. In letzter Analyse könnte sich die gegenwärtige Art als Rasse von Dinosauriern erweisen, und Ich-Bewußtsein als so etwas wie eine evolutionäre Sackgasse.

„Wenn du dein Fleisch zur Ruhe bringst", wird dem Autoren des *Rebell* von seiner Seele gesagt,

„Und so das Jenseits erreichst,
In jener Stille werd' ich über dir erstrahlen;
Vereint, werden wir dort verweilen."

Wer dort leben wird, und wie sie leben werden, werden zukünftige Historiker zu berichten haben. Allerdings, in einer solchen Welt verspüren sie vielleicht nicht das Bedürfnis danach.

ANMERKUNGEN

Einleitung: DIE BÜHNE DER NEUZEIT

(1) Morris Berman, *Social Change and Scientific Organization* (London und Ithaca, N.Y. Heinemann Educational Books und Cornell University Press 1978).

(2) Russel Jacoby, *Social Amnesia* (Boston, Beacon Press, 1975), S.63.

(3) Herbert Marcuse, *Der eindimensionale Mensch* (Neuwied, 1970), S.18, 19, 159 ff.

(4) Studs Terkel, *Working* (New York, Avon Books 1972).

(5) Richard Sennett und Jonathan Cobb, *The Hidden Injuries of Class* (New York, Vinlage Books 1973), S.168 ff.

(6) Die Ausarbeitung dieses Vorgangs ist vielleicht der größte Beitrag der Frankfurter Schule, deren bekanntester Vertreter in den USA Herbert Marcuse war. Eine Zusammenfassung ihres Werkes findet sich in: Martin Jay, *The Dialectial Imagination* (Boston, Little Brown 1973). Auf der populärwissenschaftlichen Ebene hat Vance Packard viel Beweismaterial für diese Auffassung des völlig manipulierten Lebens in Büchern wie: *The Status Seekers*, *The Hidden Persuaders*, (auf deutsch: Die geheimen Verführer) u.a. geliefert.

(7) Joseph A. Camilleri, *Civilization in Crises* (Cambridge, Cambridge University Press 1976), S.31-32. Die unvorstellbar starke Betonung der sexuellen Techniken anstelle des emotionalen Gehalts spiegelt sich in der umfangreichen Verbreitung der Sexfibeln in den letzten 15 Jahren wider, die heute ein Millionengeschäft sind.

(8) R.D. Laing, *Das geteilte Selbst* (Köln, 1972/ Reinbek 1977).

(9) Zum Bericht einer Studie über Leistungsangst unter Erstklässlern, die von William Kessen von der Yale University durchgeführt wurde, vgl. Barbara Radloff, „The Tot in the Gray Flannel Suit", *New York Times*, 4.5.1975. „Du mußt Spielregeln einhalten, wenn du überleben willst", stellt sie fest, „sei es in einem Unternehmen oder in der ersten Schulklasse." Die Unterscheidung zwischen innerer Lebendigkeit und äußerer Sterilität, die allen älteren Schülern vertraut ist, stellte ein dauerndes Thema in der Rockmusik der 50er Jahre dar. Chuck Berrys Lieder, wie z.B. „School Days" und „Sweet Little Sixteen" sind vielleicht der Prototyp dafür.

(10) Camilleri, *Civilization in Crisis*, S.42. Informationen dieser Art können inzwischen schon allein durch das Lesen der Tageszeitungen und der Unterhaltungszeitschriften gesammelt werden. Meine eigenen Quellen umfassen u.a.: *Newsweek* v. 8.1.73 und 12.11.79; *National Observer* v. 6.3.76; *San Francisco Examiner* v. 24.3.77 und 10.7.80; *New York Times* v. 16.3.76; *Cosmopolitan* v. Sept. 1974; und einen allgemeinen Überblick über solche Artikel bieten John und Paula Zersan, „Breakdown", ein Aufsatz, der in gekürzter Fassung in der Januarausgabe (1976) von *Fifth Estate* erschien. Das Zitat von Darold Treffert ist aus dieser Broschüre. Eine ausführliche Kritik des Drogenkonsums in Amerika befindet sich in : Richard Hughes und Robert Brewin, *The Tranquilizing of America* (New York, Harcourt Brace Jonanovich 1979).

(11) Nach einer finnischen Studie von 1972 rangieren Polen, die Sowjetunion und Ungarn auf Platz 1, 2 und 3 im Weltverbrauch an hochprozentigem Alkohol. Vgl. *San Francisco Chronicle* v. 8.9.78. Meine Informationen über französische und deutsche Selbstmordraten entstammen einer Untersuchung des Pacific New Service aus San Francisco aus dem Jahre 1979 von Eve Pell, „Teenage Suicides sweep advanced Nations of the West."

(12) Dr. Edward F. Foulks, ein Medizinanthropologe von der University of Pennsylvania behauptet, daß der Wahnsinn vielleicht eine Art und Weise sei, durch die sich die Menschen in solchen Krisenzeiten schützen und daß die Psychose deshalb eine Form der kulturellen Avantgarde sein könnte (vgl. den Bericht über seine Arbeit in: *New York Times* v. 9.12.75, S.22 und in: *National Observer* v. 6.3.76, S.1). Vieles von R.D. Laings Werk deutet in diese Richtung, und es ist das Thema einer Anzahl von Doris Lessings Romanen gewesen. Vgl. auch Andrew Weil, *The National Mind* (Boston, Houghton Mifflin 1972).

(13) Robert Heilbronner, *Business Civilization in Decline* (New York, Norton 1976), S.120-24.
(14) Willis W. Harman, *An Incomplete Guide to the Future* (San Francisco, San Francisco Book Company 1976), Kap. 2.

Kapitel 1: **DIE GEBURT DES MODERNEN WISSENSCHAFTLICHEN BEWUSSTSEINS**

(1) Francis Bacon, *Neues Organ der Wissenschaft*, Buch I, Aphorismus XXXI, in: Hugh Dick (Hfrsg.), *Selected Writings of Francis Bacon*, New York 1955. Dieser und die folgenden Auszüge sind mit Genehmigung des Verlagshauses Random House abgedruckt.
(3) „Reine" Ideengeschichtler haben Bacon eher als unwichtig angesehen oder sogar als nachteilig für das Anwachsen der modernen Wissenschaft, zum Teil aufgrund ihrer eigenen Reaktionen gegen marxistische Historiker wie etwa Benjamin Farrington (*Francis Bacon: Philosopher of Industrieal Sciene* (New York Collier Books 1961, erstmalig erschienen 1949), die Bacon als einen kulturellen Helden ansehen. Die extremste Version hiervon ist C.C. Gillispie, *The Edge of Objectivity* (Princeton, Princeton University Press 1960), S.74-82.
(4) Zusätzlich zu Farringtons Arbeit finden sich in den folgenden beiden Büchern gute Erörterungen dieser Frage: Paolo Rossi: *Francis Bacon*, übersetzt von Sacha Rabinorich (London, Routledge u. Kegan Paul 1968) und: *Philosophy Technology and the Arts in the Early Modern Era*, übersetzt von Salvator Attanasio (New York Harper Trochbooks 1970). Vgl. auch Christopher Hill, *Intellectual Origins of the English Revolution* (London Panther Books 1972), Kap. 3.
(5) Francis Bacon, *Neues Organ der Wissenschaft*, Buch I, Aphorismus LXXIV (hrsg. von A.Th. Brück, wissenschaftliche Buchgesellschaft, Darmstadt 1974).
(6) Ebd., Aphorismus XCVIII.
(7) Es gibt natürlich eine breite Literatur des Vergleichs zwischen östlicher und westlicher Wissenschaft und ihren Denkweisen. Eine gute einbändige Zusammenfassung bietet Joseph Needham, *The Grand Titration* (London, Allen und Unwin 1969).
(8) Dieses und alle weiteren Zitate von Déscartes sind seinem Werk *Von der Methode des richtigen Vernunftgebrauchs und der wissenschaftlichen Forschung*, hrsg. von L. Gäbe, Hamburg 1969 entnommen. Die französische Originalauflage erschien 1637.
(9) Eine geistreiche Diskussion dieser Kluft findet sich bei Pierre Duhem, *The Aim and Structure of Physical Theory*, übersetzt von Philip P. Wiener, New York 1962 (die französische Originalausgabe ist von 1914), Kap. 4.
(10) Descartes, *Von der richtigen Methode.*
(11) A.R. Hall, *The Scientific Revolution* (Boston, Beacon Press, 1956), S.149. Meine frühere Aussage, daß für Déscartes „alle nicht-materiellen Erscheinungen letztendlich eine materielle Grundlage besitzen", ist also nicht völlig korrekt. Für Déscartes waren *re cogitans* und *res extensa* getrennte Einheiten; Déscartes Schüler waren es, die den Geist als überlegen erklärten und versuchten, erstere durch letztere unter den Tisch fallen zu lassen – so wie es üblicherweise heute in der Wissenschaft geschieht. Trotz Déscartes' eigener theoretischer Differenziertheit kam es zur Gleichsetzung der Hauptrichtung des Kartianismus mit dem materialistischen Reduktionismus.
(12) Ich übernehme die Unterscheidung zwischen kritischer und dialektischer Vernunft, die Norman O. Brwon in seinem Buch: *Liefe Against Death* (Middeltown, Connecticut 1970, Wesleyan Univ. Press, erschienen 1959) vornahm. (Dt. *Zukunft im Zeichen des Eros*, Pfullingen, 1962, z.Z. vergriffen).
(13) Die beste einbändige Erörterung von Galileos Werk ist meiner Meinung nach Ludovico Geymonat, *Galileo Galilei*, übers. von Stillman Drake (New York, McGraw-Hill, 1965).
(14) Piaget berichtet über seine Erlebnisse in einer großen Anzahl von Arbeiten. Die

neueste Untersuchung ist: *The Grasp of Conscionsness*, übersetzt von Susan Wedgwood (Cambridge, Harvard University Press, 1976). Um jede Verwirrung in der folgenden Erörterung und im Kapitel 2 zu vermeiden, sollte ich feststellen, daß ich kein Aristoteliker bin und keine Rückkehr zur thomistischen Synthese des Mittelalters propagiere. Vielmehr ist mein Interesse an Aristoteles an dieser Stelle und in den Kapiteln 2 und 3 auf die Präsenz des partizipierenden Bewußtseins in seinem Werk bezogen. Bei Aristoteles gibt es offensichtlich mehr als nur dies, einschließlich seiner Gesetze der Logik und Widerspruchsfreiheit, die der Partizipation diametral entgegenlaufen und die die Grundlage für einen Großteil des zeitgenössischen wissenschaftlichen Denkens bis zum heutigen Tag bilden.

(15) Es sollte klar sein, daß der Eintritt in die Welt der modernen Wissenschaft einen Eintritt in eine Welt der Abstraktionen bedeutet, die den alltäglichen Wahrnehmungen zuwiderläuft. Von 1550 bis 1700 betrat Europa ein Wunderland, genauso wie es Alice im Wunderland tat, als sie durch den Kaninchengang fiel. Aber der Fall war, so behaupte ich, kein sauberer. Gewiß stellt die herrschende Wissenschafts- und Technologiekultur, verbunden mit der Schaffung des materiellen Reichtums das andere Ende des Ganges dar, und die Studenten die sich für Positionen in jener Kultur ausbilden, werden flugs zu der Wahrnehmungsart von Newton/ Déscartes/ Galileo umerzogen, aber privat und gefühlsmäßig verhalten wir uns immer noch in der Welt des gesunden Menschenverstandes und der unmittelbaren Erfahrung — einer Welt, in der die Gegenstände natürlicherweise auf den Erdmittelpunkt zufallen und jede Bewegung offensichtlich einen Antrieb benötigt. Wir behalten sogar Spuren von Animismus bei, wenn wir über Jahre hinweg eine fast persönliche Beziehung zu einem Lieblingsstuhl oder -lampe entwickeln, obwohl wir „wissen", daß sie nichts als Holz oder Metall sind.

(16) Oskar Kokoschka, *Mein Leben* (München 1971).

(17) Bertold Brecht, *Leben des Galilei* (Berlin, Frankfurt 1957).

(18) Es macht mich übrigens nachdenklich. Rouchefoucauld gibt eine Begebenheit wieder, die sich in der zweiten Hälfte des 18. Jahrhunderts ereignete, als man einen Geistlichen aus Norfolk fragte, der gerade seine Doktorprüfung in Cambridge ablegte, ob die Sonne um die Erde wandert oder die Erde um die Sonne. „Da er nichts zu sagen wußte und doch eine Antwort geben wollte, tat er sehr entschieden und rief kühn aus: „Manchmal das eine, manchmal das andere." Erstaunlicherweise wurde ihm der akademische Titel verliehen. Vgl. G.E. Mingay, *English Landed Society in the Eighteenth Century* (London, Routledge u. Kegan Paul, 1963), S.137.

(19) Für das Erscheinen des Werkes *Prinzipien der Philosophie* wird im allgemeinen das Jahr 1687 angegeben, aber H.S. Thayer zitiert in seinem Werk: *Newton's Philosophy of Nature* (New York, Hafner 1953), S.9n das Jahr 1686 als das korrekte Erscheinungsjahr der ersten Auflage.

(20) Zitiert in: Tayer, S.54; nachgedruckt mit Genehmigung des Verlagshauses Macmillan Publishing Co., Inc.

(21) Ebd., S.45, Nachdruck mit Erlaubnis der Macmillan Publishing Co., Inc.

(22) Der Positivismus wurde wahrscheinlich zum erstenmal in dem Werk von Martin Mersenne (s. unten, Kap. 3) formuliert. Eine ganz andere Darlegung darüber ist in Roger Cotes' Vorwort der zweiten Auflage der *Principia* enthalten, nachgedruckt in Thayer, S.116-134, insb. S.126.

(23) Alfred North Whitehead, *Science and the Modern World* (New York, Mentor Books, 1948; erstmals erschienen 1925), S.55.

(24) N.O. Brown, *Love's Body* (New York, Vintage Books 1966), S.139; (auf Deutsch, München 1977 z.Z. vergriffen).

(25) Peter Berger, „Towards a Sociological Understanding of Psychoanalysis", *Social Research* 32 (Frühjahr 1965) S.32. Die klassische Formulierung der Wissenssoziologie findet sich bei Karl Mannheim, *Ideologie und Utopie* (Frankfurt 1952).

Kapitel 2: **BEWUSSTSEIN UND GESELLSCHAFT IM FRÜHNEUZEITLICHEN EUROPA**

(1) Ernest Gellner, *Thought and Change* (Chicago, University of Chicago Press 1964), S.72.

(2) Vgl. Carlo M. Cipolla, *Before the Industrial Revolution* (New York, Norton 1976), S.117-18.

(3) Ich werde das Problem der Wissenssoziologie und des radikalen Relativismus am Ende dieses Kapitels kurz und in Kapitel 5 ausführlich erörtern. Was die Frage der Kausalität anbetrifft, so sollte sich der Leser bewußt sein, daß sich ein Großteil der Literatur zur Wissenschaftsgeschichte um die Frage dreht, welchen Stellenwert die „externen" Faktoren beim Aufstieg der modernen Wissenschaft im Vergleich zu den „internen" Faktoren spielen (d.h. Faktoren, die aus sozialen Einflüssen stammen statt solcher, die in dem Material der wissenschaftlichen Entwicklung selbst wurzeln). Es überrascht nicht, daß die Debatte nie entschieden wurde, denn sie beruht vollständig auf der künstlichen Geist-Körper-Dichotomie der modernen Epoche. Wie wir in Kapitel 3 gesehen haben, wurde diese Spaltung in der vormodernen Gesellschaft nicht erfahren. Wenn die Dichotomie einmal als das erkannt ist, was sie bedeutet, löst sich der „extern-intern"-Streit in Luft auf.
Einige der eher klassischen Aufsätze zu diesem Thema finden sich in den folgenden Anthologien: Hugh F. Kearney, Hrsg., *Origins of the Scientific Revolution* (London, Longmans Green 1964); George Basalla, Hrsg., *The Rise of Modern Science* (Lexington, Mass. D.C. Health 1968); Leonhard M. Marsak, Hrsg., *The Rise of Science in Relation to Society* (New York, Macmillan 1964).

(4) E.A. Burtt, *The Metaphysical Foundations of Modern Science*, 2. Auflage (Garden City, N.Y., Doubleday 1932).

(5) John Donne, ,,An Anatomie of the World: The First Anniversary", in: Donne, hrsg. v. Richard Wilbur (New York, Dell 162), S.112-13. (Nachdruck mit Genehmigung der Oxford University Press). Pascal ist im Original zitiert (Les silences des espaces eternels m'effragent") in: W.P.D. Wightman, *Science in a Renaissance Society* (London, Hutchinson University Library 1972), S.174.

(6) Fernand Braudel, *The Mediterranean and the Mediterranean World in the Age of Philip II*, Bd.2, übersetzt von Sian Reynolds (New York, Harper & Row 1972); Pierre Jeannin, *Merchants of the 16th Century*, übersetzt von Paul Fittingoff (New York, Harper & Row, 1972); Carlo M. Cipolla, *Before in Industrial Revolution*; Immanuel Wallerstein, *The Modern World-System*, New York 1975; und J.U. Nef, *Industry and Government in France and England, 1540-1640* (Philadelphia, American Philosophical Society 1940).

(7) Alfred von Martin, *Sociology of the Renaissance* (New York, Harper Torchbooks 1963; deutsche Originalausgabe 1932), S.14, 21; (auf deutsch: *Soziologie der Renaissance*, 3. Auflage, München 1974). Diese und noch folgende Auszüge wurden mit Genehmigung des Verlags abgedruckt. Der Übergang von den geheiligten zu den säkularen Zahlen (von der Kabbalah zur Buchführung z.B.) war ein Teil dieses generellen Vorgangs und ist kurz in Kapitel 3 erörtert.

(8) Ebd., S.40.

(9) Mircea Eliade, *Der Mythos der Ewigen Wiederkehr* (Düsseldorf 1953) und von Martin, *Sociology of the Renaissance*, S.16.
Der Leser sollte zur Kenntnis nehmen, daß lineare Zeit dem mittelalterlichen Verstand wohl erfahrungsmäßig aber nicht offiziell fremd war. Die offizielle christliche Zeit im Mittelalter war in dem Sinne linear, wie geglaubt wurde, daß es einen bestimmten Zeitpunkt der Erschaffung der Welt gäbe und daß sie nun der Widerkunft (die jedoch eine Neuschöpfung darstellt) entgegen gehe. Ebenso bewegte sich jeder einzelne von seiner eigenen Geburt an seinem Tode und (im Idealfall) seiner eigenen Erlösung entgegen. So weit, wie die christliche Kultur den Rahmen der jüdischen Eschatologie übernahm, dachte sie dann auch im Begriff der linearen Zeit. Eliade und von Martin beziehen sich jedoch nicht auf biblische oder offizielle Auffassungen von Zeit, sondern auf Zeit, wie sie im alltäglichen Le-

ben erfahren wurde. Was *empfunden* wurde, war tatsächlich zyklisch. Die Sonne geht auf und unter, die Jahreszeiten folgen jahrein und jahraus aufeinander, nach dem Pflanzen folgt das Ernten, und man kann sich sogar auf die jährlich getreu wiederkehrenden christlichen Feiertage verlassen. Es gibt wahrscheinlich mehrere Denkrichtungen über das Konzept der Zeit im Mittelalter, aber ich glaube, daß Eliade und von Martin die herrschende Bewußtseinsform erfaßt haben.

(10) Lynn White, Jr., *Medieval Technology and Social Change* (London, Oxford University Press 1964), S.125.

(11) Zur Literatur über Gelehrte und Handwerker: vgl. Fußnote 3 in diesem Kapitel. Besonders relevant sind die Aufsätze von A.R. Hall und E. Zilse in: Kearney, *Origins of the Scientific Revolution*, S.67-99 und Paolo Rossi, *Philosophy, Technology and the Arts in the Early Modern Era*, übersetzt von Salvator Attanasio (New York, Harper Trochbooks 1970).
Die Diskussion weiter unten trifft im allgemeinen eher auf den Mittelschichtskünstler oder Handwerksmeister als auf die untersten Schichten der Handwerker zu. Die ersteren, den Militäringenieueren ähnlich, besaßen ein wenig Allgemeinbildung, während dieses bei den letzteren gewöhnlich nicht der Fall war. Ab 1600 gab es bereits Klassenunterschiede zwischen Lehrlingen, Gesellen und Meistern.

(12) Ein Satz, der im späten 16. Jahrhundert populär wurde. William Gilbert paraphrasierte ihn im Vorwort seines Buches *De Magnete* (über den Magneten) von 1600.

(13) Rossi, *Philosophy, Technology and the Arts*, S.30-31.

(14) Ebd., S.42.

(15) Ebd., S.112.
Die unten angeführte Skizzierung Galileos, Tartaglias und der Verbindung von Gelehrten und Handwerkern gründet auf den folgenden Quellen: *Ludovico Geymonat, Galileo Galilei*, übersetzt von Stillman Drake (New York, McGraw-Hill 1965); Galileo Galilei, *Dalogues Concerning Two Ne Science*, übersetzt von Henry Crew und Alfonso de Salvio (New York, Macmillan 1914); Gerald Holton und Duane Roller, *Foundations of Modern Physical Science* (Reading, Mass. Addison-Wesley 1958); Stillman Drake und James MacLachlan, „Galileo's Discovery of the Parabolic Trajectory“, *Scientific American* 232 (März 1975), S.102-10; Edgar Zilsel, „The Sociological Roots of Science“, in: Kearney, *Origins of the Scientific Revolution*, S.86-99; Stillman Drake und I.E. Drabkin, Übersetzer und Hrsg., ‚Mechanic in Sixteenth-Century Italy (Madison, University of Wisconsin Press 1969); A.R. Hall, *Ballistics in the Seventeenth Century* (Cambridge, Cambridge University Press 1952); Stillman Drake, „Galileo and the First Mechanical Computing Device“, *Scientific American* 234 (April 1976), S.104-13.

(16) Galileo Galilei, *Dialogues Concerning Two New Sciences*, S.1, Nachdruck mit Genehmigung der Dover Publications, Inc.

(17) Dies war Imre Lakatos Einschätzung von T.S. Kuhns Ansichten über die wissenschaftliche Revolution. Vgl. Imre Lakatos und Alan Musgrave, Hrsg., *Criticism and the Growth of Knowledge* (Cambridge, Cambridge University Press 1970), S.178.

Kapitel 3: DIE ENTZAUBERUNG DER WELT (I)

(1) Eine ganze Reihe von Wissenschaftlern, so auch T.S. Kuhn, Claude Lévi-Strauss, Michel Foucault, Roland Barthes sowie Vertreter der Frankfurter Schule (siehe Einleitung, Fußnote 6) erkannten den Irrtum, der in dieser Fortschrittstheorie der Geistesgeschichte steckt, jedoch hatte der epistemologische Bezugsrahmen, den sie repräsentieren, kaum Auswirkungen auf das, was zu diesem Thema bisher gedacht wurde. Die „asymtotische“ Sicht wissenschaftlicher Erkenntnis ist immer noch die gängige und durchdringt die Medien, die Universitäten sowie alle anderen Institutionen der westlichen Kultur. Diese Sicht wurde vielleicht von C. P. Snow in seinem Roman *The Search* (New York, Scribner's 1958) verherrlicht.

(2) Untersucht wurde das nicht-rabbinische Judentum von Gershom Scholem, *Über*

einige Grundbegriffe des Judentums. (Frankfurt, Suhrkamp 1970). Die Gnostik des Judentums in der Antike wurde erforscht von Erwin Goodenough, *Jewish Symbols in the Greco-Roman Period,* Bd. 7-8, *Pagan Symbols in Judaism* (New York, Pantheon Books 1958) und von Michael E. Stone, „Judaism at the Time of Christ", *Scientific American* 228 (Januar 1973), S. 80-87.

(3) Owen Barfield, *Saving the Appearances*, (New York, Harcourt, Brace & World 1965), speziell Kap. 16.

(4) Julian Jaynes, *The Origin of Consciousness in the Breakdown of the Bicameral Mind* (Boston, Mifflin 1976), Buch 1, Kap. 3 und Buch 2, Kap. 5; und Friedrich Nietzsche, *Die Geburt der Tragödie* (Walter de Gruyter, Berlin 1972) vor allem S. 85, 107-108. Bennett Simon liefert eine hervorragende Erörterung der homerischen und nach-homerischen Mentalität in seinem Buch *Mind and Madness in Ancient Greece* (Ithaca, N.Y., Cornell University Press 1978)

(5) Die folgende Darstellung des griechischen Bewußtseins stammt aus E. A. Havelock, *Preface to Plate* (Cambridge, Harvard University Press, Belknap Press 1963), S. 25-27, 45-47, 150-158, 190-207, 219, 238-239, 261. John H. Finley Jr. entwickelt in seinem herrlichen Aufsatz *Four Stages of Greek Thought* (Stanford, Stanford University Press 1966) dieselbe Argumentationslinie. Vgl. auch Simon, *Mind and Madness in Ancient Greece.*

(6) Obwohl seine Analyse griechischer Geistesgeschichte an mehreren Punkten falsifiziert werden kann, entdeckte Robert Pirsig das partizipierende Bewußtsein – offensichtlich ohne Nietzsches Entdeckung derselben zu kennen – in seiner autobiographischen Studie griechischer Philosophie wieder und wurde daraufhin, wie Nietzsche, wahnsinnig. *Zen und die Kunst, ein Motorrad zu warten.* Ein Versuch über Werte (Frankfurt, S. Fischer 1976). Dasselbe Thema taucht wiederum in Doris Lessings *Anweisung für einen Abstieg zur Hölle* (Frankfurt, Fischer-Goverts 1981) auf, das die Geschichte des Professors der klassischen Geschichte, Charles Watkins, erzählt. Watkins wird, wie Pirsig, nach seinen Einblicken und Erkenntnissen wahnsinnig und durch Elektroschock-Therapie wieder in ein nicht-partizipierendes Bewußtsein zurückbefördert. Platos psychologisches Ideal ist vielleicht am besten beschrieben in *Ausgewählte Werke* (München, Georg Müller Verlag 1918), Band 5. Dieses Ideal ist für Plato dem des gerechten und tugendhaften Menschen (siehe S. 185 ff.) äquivalent.

(7) Owen Barfiel, *Saving the Appearances*, S. 79-80; Robert Ornstein, *Die Psychologie des Bewußtseins* (Köln, Kiepenheuer & Witsch 1974).

(8) Die folgende Erörterung schließt sich an Michel Foucault, *Die Ordnung der Dinge*; Eine Archäologie der Humanwissenschaften an. (Frankfurt, Suhrkamp 1971), Kap. 2.

(9) Das erste Buch Agrippas wurde unter dem Titel *The Philosophy of Natural Magic* ins Englische übersetzt; Hrsg. L. W. de Laurence (Mokelumne Hill, Calif., Health Research 1972; Neuauflage der Ausgabe aus dem Jahr 1913) Die folgenden Zitate entstammen der o. g. Ausgabe, S. 65, 71, 73, 114, 210. Abgedruckt mit Erlaubnis des Health Research, Box 70, Mokelumne Hill, California 95245.

(10) Vgl. die Ähnlichkeit der französischen Wörter *aimant* (Magnet) und *amant*(e) (Liebhaber).

(11) Dieses Thema ist näher ausgeführt in Keith Thomas, *Religion and the Decline of Magic* (Harmondsworth, Penguin Books 1973) und in D. P. Walker, *Spiritual and Demonic Magic from Ficino to Campanella* (London, The Warburg Institute 1958).

(12) Zu den folgenden Ausführungen siehe Foucault, *Die Ordnung der Dinge*, Kap. 3, Teil I des *Don Quichote*, ersch. 1605.

(13) Owen Barfield, *Saving the Appearances*, S. 320, 42. Ein großer Teil der folgenden Erörterung hält sich an die Untersuchungen des o. g. Werkes.

(14) Auf solche Weise dargelegt, erscheint die Position des „gesunden Menschenverstandes", die besagt, daß Phänomene völlig unabhängig von Bewußtsein auftreten und es bisher immer so gewesen ist, so dumm, daß sie eigentlich keines weiteren Kommentars bedarf. Jedoch *ist* sie die Position des gesunden Menschenverstandes ebenso wie die grundlegende Prämisse jeglicher Geistesgeschichte oder Geschichte

des Bewußtseins. Jaynes Studie des menschlichen Bewußtseins (siehe Fußnote 4 dieses Kapitels) klebt so eng an dieser Prämisse, daß er letztendlich gezwungen ist, jegliche Form eines partizipierenden Bewußtseins (Dichtung, Kunst, Musik) als irrig und atavistisch zu verurteilen und den entfremdeten Intellekt als die einzig verläßliche Art zu wissen zu favorisieren (obwohl er gegen Ende des Buches dazu gelangt, diese Art zu hinterfragen, seine eigene Arbeit eingeschlossen). Das platonische Ideal ist somit zu seiner endgültigen, psychotischen Schlußfolgerung vorangetrieben. Ich möchte an dieser Stelle hinzufügen, daß ich trotz meiner Kritik dieses wissenschaftlichen Ideals mit Barfield dahingehend übereinstimme, daß eine Rückkehr zur ursprünglichen Partizipation zum derzeitigen Punkt der menschlichen Geschichte weder möglich noch erstrebenswert ist.

(15) Aus seinem Buch *De Vanitate*, zitierte von Karl Jung in *Gesammelte Werke* (Zürich, Stuttgart 1966, Rascher Verlag), Bd. 14, S. 35. Siehe auch Wolf Dieter Müller-Jahncke, „The Attitude of Agrippa von Nettesheim (1486-1535) toward Alchemy", *Ambix* 22 (1975), S. 34-50. Vor allem in England betrachtete man die Alchemie häufig als schwindlerisches Spiel und setzte die alchemische Suche der Spielleidenschaft gleich. Chaucer verspottete sie in seinem „Canon Yeoman's Tale" als Zeit- und Geldverschwendung.

(16) Jung, *Gesammelte Werke*, Bd. 12. Siehe auch die hervorragende Sammlung in S. K. De Rola, *Alchemy: The Secret Art* (New York, Avon Books 1973).

(17) Meine Beschreibungen von Jungs Werk in diesem Kapitel gründen sich auf seine *Gesammelten Werke*, Bd. 12, 14, 15 und *Erinnerungen, Träume und Gedanken*, Hrsg. Aniela Jaffé (Zürich, Stuttgart, Rascher 1962); Anthony Storr, *Jung* (London, Fontana 1973); Harold Stone, Prologue to Dora M. Kalff, *Sandplay* (San Francisco, Browser Press 1971); und B. J. T. Dobbs, *The Foundations of Newton's Alchemy* (Cambridge, Cambridge University Press 1975), S. 26-34.
Das Wort „gibberish" (Kauderwelsch) wurde ironischerweise zuerst von Außeneitern auf die Sprache der Alchemie angewandt und von Geber übernommen, dem Namen eines italienischen oder katalanischen Mannes der im 13. Jahrhundert über die Alchemie schrieb und der seinerseits seinen Namen von dem arabischen Alchemisten des 8. Jahrhunderts, Jâbir ibn Hâyyân übernommen hatte.

(18) Ich schließe mich hier der Terminologie N. O. Browns *Life Against Death* (Middletown, Conn., Wesleyan University Press 1970, erstmalig erschienen 1959) (dt. N. O. Brown, *Zukunft im Zeichen des Eros*, Pfullingen 1962, z. Z. vergriffen) an. Eine sehr interessante Erörterung der Sprache des Traumes liefert Ann Faraday mit *The Dream Game* (New York, Perennial Library 1976), S. 54-57.

(19) C. G. Jung, *Gesammelte Werke*, Bd. 12.

(20) Brown, *Life Against Death*, S. 316. (dt. *Zunkunft im Zeichen des Eros*)

(21) Sicherlich ist die Barbarei selbst kaum das Vorrecht des Menschen der Neuzeit, ihr Ausmaß jedoch wahrscheinlich schon. Es ist denkbar, daß Jung so argumentiert hätte, daß die Schaffung einer Technologie, die in der Neuzeit unvermeidlich den Völkermord auslösen würde, selbst Teil des Prozesses seelischer Unterdrückung sei.

(22) „Sol et eius umbra perficiunt opus", aus einem Werk aus dem Jahre 1618, zitiert von Dobbs in ihrer Studie über Newton, S. 31.

(23) Eine Allegorie zu dieser Erfahrung findet sich in der Erzählung „Der Fischer und der Geist" aus *Märchen aus Tausendundeiner Nacht*, in der der Geist, nachdem er aus der Flasche befreit worden war, droht, den Fischer zu töten und nur sehr schwer dazu gebracht werden kann, dorthin zurückzukehren, von wo er gekommen war. Die westliche Version dieser Geschichte hat natürlich mit Technologie zu tun und ist eingefangen in Mary Wollstonecraft Shelley's gothic novel *Frankenstein.*

(24) Genaugenommen ist diese Verknüpfung nicht korrekt. Psychose ist der Versuch, die Seele zu *retten*; nur vom Standpunkt der westlichen klinischen Psychiatrie aus erhält sie eine negative Wertung. Siehe die Schlußseiten von Kapitel 4.

(25) R. D. Laing, *Phänomenologie der Erfahrung* (Frankfurt, Suhrkamp 1969).

(26) R. D. Laing, *Das geteilte Selbst* (Reinbek, Rowohlt, 1981), S. 176.

(27) Mircea Eliade, *Schmiede und Alchemisten* (Stuttgart, Klett-Cotta 1980), Kap. Alchemisten und Initiation S. 149 ff.

(28) Titus Burckhardt, *Alchemy*, trans. William Stoddar (Baltimore, Penguin Books 1971) (dt. *Alchemie*) Die Beschreibung des folgenden alchemischen Verfahrens ist diesem Buch entnommen.

(29) Laut Frank Manuel, *A Portrait of Isaac Newton* (Cambridge, Harvard University Press, Belknap Press 1968), S. 171, gab es insgesamt zwölf grundlegende Verfahren, die er (dem System Sir George Ripleys folgend) auflistete als: Calcinatio, Solutio, Elementorum separatio, Coniunctio, Putrefactio, Coagulatio, Cibatio Sublimatio, Fermentatio, Exaltatio, Augmentatio, Projectio. Der Fortgang der alchemischen Arbeit stellte sich durch die verschiedenen Farben dar, die im Behälter erzeugt wurden, eine Art Index, der offensichtlich seine Wurzeln in der Metallurgie hatte. Der „Abstieg ins Chaos" der ersten Lösung war charakterisiert durch eine Dunkelfärbung, das *nigredo*, das, gefolgt vom Bleichen, dem *albedo* in der Rötung (wenn alles gut ging), dem *rubedo*, endete. Aber eine ganze Reihe von Farben existierten noch dazwischen; deshalb findet sich in den Texten auch häufig der Ausdruck *cauda pavonis*, Pfauenschweif. Quecksilber verursachte Dunkelfärbung, Schwefel Rötung.

(30) Eine der besten Beschreibungen des Modells, das sich die Alchemie von der menschlichen Persönlichkeit machte, ist in Luke Rhinehart's humorvollem Roman *The Dice Man* (London, Talmy, Franklin Ltd. 1971) zu finden, obwohl er sich nicht ausdrücklich auf die Alchemie bezieht. Eine religiöse und psychoanalytische Deutung kann man aus den verschiedensten Quellen beziehen, wobei ich jedoch die Interpretationen paraphrasieren möchte, die James Hillman in einer Vorlesung in San Francisco am 11. Dezember 1976 lieferte. Hillman ist der Herausgeber von *Spring* und Autor einer ganzen Anzahl von Arbeiten über Jungsche Psychologie. Ähnliche Ausführungen über das Wesen der Persönlichkeit findet man in Hermann Hesses brillantem Roman *Steppenwolf*. Das Zitat von Laing befindet sich in der *Phänomenologie der Erfahrung* (Edition Suhrkamp, dt. Ausgabe gekürzt, in der engl. S. 190). Dieses Buch ist ebenso wie *Das geteilte Selbst* ein durch und durch alchemisches Werk.

(31) Zu Perry siehe vor allem sein Buch *The Far Side of Madness* (Englewood Cliffs, N. J., Prentice-Hall 1974). Die Parallelen zwischen Geisteskrankheit, Alchemie und vorneuzeitlichem Denken im allgemeinen werden kurz am Ende des Kapitels 4 der vorliegenden Arbeit diskutiert.

(32) F. Sherwood Taylor, *The Alchemists* (New York, Henry Schuman 1949), S. 179-189. Spinozas Bestätigung des Vorgangs taucht in einem Brief auf, den er im März 1667 an Jarrig Jellis schrieb und in seinen Nachlassveröffentlichungen nachzulesen ist.

(33) Über die Alchemie als Schlüssel zur Natur siehe die verschiedenen Autoren, die A. G. Debus in „Renaissance Chemistry and the Work of Robert Fludd" in *Ambix* 14 (1967), S. 42-59 zitiert. Agrippa diskutierte die Beziehungen zwischen der Alchemie und den zahlreichen Verfahren aus den Handwerkskünsten (siehe dazu den Artikel von Müller-Jahncke, zitiert in Fußnote 15 dieses Kapitels); ihre Beziehung zu Bergbau, Metallurgie und Töpferei wurde von Eliade ausführlich in *Schmiede und Alchemisten* diskutiert. Die Beziehung zwischen Alchemie und Medizin ist Gegenstand einer umfangreichen Literatur und wurde in dem Werk von Paracelsus und seinen Nachfolgern von Allen Debus und Walter Pagel erforscht. Alchemie als Yoga wurde diskutiert von Eliade, Jung und einer ganzen Reihe weiterer Autoren. Von besonderem Interesse sind Burckhardt, *Alchemie* und Marice Aniane, „Notes sur l'alcheimie, 'Yoga' cosmologique de la chrétienté mediévale", in Jacques Masui, Hrsf., *Yoga, science de l'homme integral* (Paris, Cahiers du Sud 1953), S.243-273.

(34) Chinua Achebe, *Things Fall Apart* (New York, Fawcett World Library 1959). Die ersten drei Bücher der Tetralogie Castanedas, *Die Lehren des Don Juan* (Frankfurt, Fischer 1972), *Die andere Wirklichkeit* (Frankfurt, Fischer 1973) und *Reise nach Ixtlan* (Frankfurt, Fischer 1975) befassen sich mit der animistischen Welt-

sicht vom Innern her. Das vierte, *Der Ring der Kraft* (Frankfurt, Fischer 1974) entziffert die Epistemologie der Zauberei in genauen Einzelheiten.

(35) Abgedruckt mit Erlaubnis von G. P. Putnam's Sons aus *Seeing Castaneda*, Hrsg. Daniel Noel, S.53, Copyright 1976 bei Daniel Noel.

(36) Philip Wheelwight, Hrsg., *The Presocratics* (New York, The Odyssey Press 1966), S.52.

(37) Taylor, *The Alchemists*, S.233-34.

(38) Eine Diskussion der Newtonschen Alchemie liefert Kapitel 4. Unter den Wissenschaftshistorikern, die sich mit dem Alchemisten Newton befassen, entwickelte sich so etwas wie eine Heimindustrie, so daß es mittlerweile schon ein gutes Stück Literatur zu diesem Thema gibt. Der interessierte Leser möge sich an folgende Werke wenden: Frank Manuel, *A Portrait of Isaac Newton;* J. E. McGuire und P. M. Rattansi „Newton and the 'Pipes of Pan' ", *Notes and Records of the Royal Society of London* 21 (1966), S. 108-43; Betty Dobbs, *The Foundations of Newton's Alchemy*; R. S. Westfall, „The Role of Alchemy in Newton's Career", in M. L. R. Bonelli und W. R. Shea, Hrsg., *Reason, Experiment and Mysticism in the Scientific Revolution* (New York, Science History Publications 1975), S. 189-232, ebenso wie „Newton and the Hermetic Tradition", in A. G. Debus, Hrsg., *Science, Medicine and Society in the Renaissance*, 2 Bde. (New York, Neale Watson 1972), S. 2, 183-98; P. M. Rattansi, „Newton's Alchemical Studies", im Band von Debus, S. 167-98; und den bemerkenswerten Aufsatz von David Kubrin „Newton's Inside Out! Magic, Class Struggle, and the Rise of Mechanism in the West", in Harry Woolf, Hrsg., *The Analytic Spirit* (Ithaca, Cornell University Press 1981).
Christopher Hill liefert eine hervorragende Diskussion radikaler Ideen des 17. Jahrhunderts, einschließlich derer der okkulten Wissenschaften in *The World Turned Upside Down* (New York, Viking 1972).

(39) Darüberhinaus gibt es im Untergrund immer noch praktizierende Alchemisten. Siehe Jaques Sadoul, *Alchemists and Gold* (London, Neville Spearman 1972) und Armand Barbault, *Gold of a Thousand Mornings*, übersetzt von Robin Campbell (London, Neville Spearman 1975).

(40) Beide Zitate von Magritt befinden sich in Eddie Wolframs Einleitung zu David Larkin, Hrsg., *Margritte* (New York, Ballantine Books 1972). Die Verbindung zwischen Alchemie und Surrealismus wird kurz erwähnt von E.R. Chamberlin in *Everyday Life in Renaissance Times* (New York, Capricorn Books 1965), S. 175.

(41) Siehe Walker, *Spiritual and Demonic Magic.*

(42) Eliade, *Schmiede und Alchemisten*, vgl. Kap. Alchemie, Naturwissenschaften und Brown, *Life Against Death*, S. 258. Dt. Ausgabe *Im Zeichen des Eros*, Pfullingen 1962 (vergriffen).

(43) Paolo Rossi, *Philosophy, Technology and the Arts in the Early Modern Era*, übersetzt von Salvator Attanasio (New York, Harper Torchbooks 1970, ursprüngliche italienische Ausgabe 1962), S. 28. Der Gedanke, daß der Hermetismus ein grundlegender Faktor beim Aufkommen der experimentellen Methode war, wird inzwischen von vielen Historikern anerkannt. Neben Rossi argumentieren etliche Autoren, die in Fußnote 38 genannt sind, in diese Richtung, wie auch Eliade in *Schmiede und Alchemisten*, Frances A. Yates in *Giordano Bruno and the Hermetic Tradition* (New York, Vintages Books 1969) und Christopher Hill in *Intellectual Origins of the English Revolution* (London, Panther Books 1972), erstmalig publiziert 1965). Siehe auch die Einleitung in A.G. Debus, Hrsg. John Dee, *The Mathematical Preface to the Elements of Geometrie of Euclid of Megara, 1570* (New York, Science History Publications 1975).
Robert S. Westermann stellt diese These jedoch ernsthaft in Frage, und J. E. McGuire distanzierte sich deutlich von seiner früheren Position in Aufsätzen, die unter dem Titel erschienen *Hermeticism and the Scientific Revolution* (Los Angeles, William Andrews Clark Memorial Library 1977).

(44) Keith Thomas, *Religion and the Decline of Magic.*

(45) Yates, *Giordano Bruno*, S. 99.

(46) *Elim* war auch eine Anspielung auf den Namen eines biblischen Ortes, erwähnt in

Exodus 15/27 und 16/1. Für eine kurze Bibliographie Delmedigos siehe *Encyclopedia Judaica* 5 (1971), S. 147-8. Die Abbildung von Fludd stammt aus dem zweiten Band seines Buches *Utriusque cosmi maioris scilicet et minoris metaphysica, physica atque technica historia, in duo secundum cosmi differentiam divisa.*

(47) Rossi, *Philosophy, Technology and the Arts*, S. 149.

(48) Zu Dee, siehe Peter J. French, *John Dee* (London, Routledge & Kegan Paul 1972) und die Arbeit von Debus, die ich in Fußnote 43 zitiert habe. Zu Campanella siehe Yates, *Giordano Bruno*, passim. Zum „Ineinanderaufgehen" von Magie und Technologie siehe Agrippas *De Occulta Philosophia.*

(49) Zitiert in Hill, *Intellectual Origins*, S. 149.

(50) Zur Astrologie Ficinos und Bacons Reaktion siehe Walker, *Spiritual and Demonic Magic.*

(51) Erwin F. Lange, „Alchemy and the Sixteenth Century Metallurgists", *Ambix* 13 (1966), S. 92-95. Offensichtlich enthielt das erste in dieser Tradition, das *Bergbüchlein* von 1505, eine ähnliche Mischung aus Metallurgie und Alchemie. Biringuccios Werk, das nur 35 Jahre später entstand, denunzierte die Alchemie, obwohl er, wie Rossi in *Philosophy, Technology and Arts*, S. 52n ausführt, in seiner eigenen Meinung zu diesem Thema unsicher war. Die erste Ausgabe von Agricola erschien (ohne Abbildungen) 1546, und er war sich ganz sicherlich nicht im unklaren über seine Haltung der Alchemie gegenüber.

(52) Zitiert in Rossi, *Philosophy, Technology and the Arts*, S. 71.

(53) Ebd., S. 43-55 und Vorwort zu *De Re Metallica*, übersetzt von Herbert Clark Hoover und Lou Henry Hoover (New York, Dover Publications 1950, ursprüngliche englische Übersetzung aus dem Jahre 1912).

(54) Thomas, *Religion and the Decline of Magic*, Kap. 2.

(55) Die folgende Diskussion basiert auf Jung, *Gesammelte Werke*, Bd. 12 und 14.

(56) Dobbs, *Foundations of Newton's Alchemy*, S.34-36.

(57) Das Symbol, das in solch einem Fall normalerweise für Christus verwendet wurde, war das Einhorn; Beispiele in Form von Wandbehängen bietet der berühmte Einhorn-Zyklus, der in den Kreuzgängen im oberen Manhattan ausgestellt ist.

(58) Die anschließende Diskussion basiert auf folgenden Quellen: Richard H. Popkin, „Father Mersenne's War Against Pyrrhonism", *The Modern Schoolman* 24 (1957), S. 61-78; A. R. Hall, *The Scientific Revolution* Boston, Beacon Press 1956), S.196-197; Robert H. Kargon, *Atomism in England from Hariot to Newton* (Oxford, Clarendon Press 1966); Michael Maier, *Symbola aurea mensae duodecim nationum und Musaeum Hermeticum* (Graz, Akademische Druck- u. Verlagsanstalt 1972); A. G. Debus, „Renaissance, Alchemy and the Work of Robert Fludd", *The English Paracelsians* (London, Oldbourne Books Co. 1965), und „The Chemical Debates of the Seventeenth Century: The Reaction to Robert Fludd and Jean Baptiste van Helmont", in M. L. R. Bonelli und W. R. Shea, *Reason, Experiment an Mysticism*, S. 19-47; und Dobbs, *The Foundations of Newton's Alchemy*, S.53-63. Nützlich sind außerdem Robert Lenoble, *Mersenne ou la naissance du mécanisme* (Paris, Librairie Philosophique. J. Vrin 1943) und Francis A. Yates, *Aufklärung im Zeichen des Rosenkreuzes* (Stuttgart, Klett 1975).
Der französische Versuch, eine stabile Weltphilosophie zu errichten, die auf dem Mechanismus basierte und den dialektischen Prinzipien des Hermetismus genau entgegengesetzt war, tauchte im Kontext des wachsenden politischen Absolutismus der Bauernaufstände auf, letztere besonders häufig in der Zeit zwischen 1623 und 1648. Dieses Thema wird erforscht von Carolyn Merchant in *The Death of Nature* (New York, Harper & Row 1980), Kap. 8, und ich bin ihr dankbar, daß ich die Manuskript-Version dieses Teiles ihrer Arbeit lesen durfte. In meinen eigenen Ausführungen befasse ich mich in erster Linie mit den religiösen Aspekten des Angriffs auf den Hermetismus, aber der Leser sollte sich darüber im Klaren sein, daß Angelegenheiten der Kirche im Bewußtsein der führenden Köpfe nicht getrennt waren von Angelegenheiten des Staates. Deshalb folgt meine eigene Abhandlung ganz unumgänglich der von Professor Merchant entwickelten Argumentationslinie.

(59) Wie Robert Kargon in *Atomism in England* ausführt, gab es je nach Zeitkontext bedeutende Unterschiede innerhalb der verschiedenen Atomisten und den Anhängern der Korpuskel-Theorie. Gassendi war der Meinung, daß Bewegung wesentlicher Bestandteil der Materie und ein Geschenk der Schöpfung war. Von daher gesehen basierte sein System auf den Anschauungen des antiken Atomisten Epikur, um es jedoch überhaupt akzeptabel zu machen, versäumte er nicht, es kräftig mit christlichem Gedankengut auszustatten. Vom Ausgangspunkt des späten 17. Jahr-

(59) hunderts und danach hatten jedoch Déscartes, Hobbes und Gassendi alle eine Physik großer Durchsetzungskraft formuliert.

(6) Eine im Gegensatz zu dem Angriff auf die Alchemie eher rational geführte Debatte fand zwischen Fludd und Johannes Kepler statt, die jedoch der Alchemie in der Öffentlichkeit ebenso abträglich war und dazu beitrug, die Trennung von Ding und Wert zu untermauern. Trotzdem glaube ich nicht, daß diese Debatte, die kurz vor dem Angriff Mersennes und Gassendis geführt wurde, getrennt vom Aufkommen der technologischen Tradition und den religiösen Entwicklungen, die ich weiter oben beschrieben habe, gesehen werden kann. Kepler argumentierte sicherlich (trotz seines eigenen sehr extensiven Hermetismus) für eine eher empirische als allegorische Sicht des Kosmos; aber die „Voraussetzungen dafür, daß dieses System gedacht werden konnte", (wie Foucault es formuliert) lagen in dem Bruch zwischen dem Exoterischen und dem Esoterischen, der sich schon ein Jahrhundert vor der Debatte langsam vollzogen hatte. Was wir Empirismus nennen und was per definitionem der Ausschluß aller okkulten Angelegenheiten bedeutet, ist exakt das Produkt der Veränderungen, die in diesem Kapitel beschrieben werden.
Eine interessante Erörterung der Kepler-Fludd-Debatte findet sich in W. Pauli „The Influence of Archetypal Ideas on The Scientific Theories of Kepler" in C. G. Jung und W. Pauli, *The Interpretation of Nature and the Psyche*, S. 151-240.

(61) Thomas, *Religion and the Decline of Magic*, Kap. 3.

(62) Ebd. S. 130.

(63) Manuel, *Portrait of Isaac Newton*, S. 59, 380.

(64) Hill, *World Turned Upside Down*, S. 262.

Kapitel 4: DIE ENTZAUBERUNG DER WELT (II)

(1) Tatsächlich wurde Newtons Interesse an der Alchemie bald nach seinem Tode enthüllt, wie jedoch weiter unten ausgeführt, war es im Kontext des Rationalismus des 18. Jahrhunderts vorrangig, ihn von den „Anschuldigungen" zu „säubern", ein Alchemist gewesen zu sein. L. T. More ließ Newtons alchemische und theologische Manuskripte völlig außer Acht oder aber hatte keinen Zugang zu ihnen, als er *Isaac Newton: A Biography* (London, Constable 1934) verfaßte; und somit mußte er sich auch keine allzu großen Gedanken darüber machen, wie die rationalen und mystischen Aspekte in diesem Mann zusammenzubringen waren. (Eine Dichotomie, die, wie ich hoffentlich zeigen kann, auf jeden Fall falsch ist.)

(2) Zitiert in B. J. T. Dobbs, The Foundations of N*ewton's Alchemy* (Cambridge, Cambridge University Press 1975), S. 13-14.

(3) Frank E. Manuel, *A Portrait of Isaac Newton* (Cambridge, Harvard University Press, Belknap Press 1968). Zur Studie Kubrins siehe Harry Woolf, Hrsg., *The Analytic Spirit* (Itaca, N.Y., Cornell University Press 1981). Kubrins Aufsatz wird in einem früheren Werk von ihm, *How Sir Isaac Helped Restore Law 'n' Order to the West* (Eigenverlag 1972) noch genauer behandelt; Kopien davon liegen in der Library of Congress.

(4) Der folgende Abriß stammt aus Manuels *Protrait of Isaac Newton*, S. 23-67. Manuels Vorstellung basiert auf der Arbeit von Erik Erikson, der in den führenden Persönlichkeiten eines Zeitalters (er selbst liefert Studien über Luther und Ghandhi) Zeittendenzen in ihrer extremen Form verkörpert sieht, die jedoch schon innerhalb der gesamten Bevölkerung vertreten sind. Manuel konnte dieses Thema sehr schön im Falle Newtons ausführen, da aus dessen Jugendzeit Notizbücher

überliefert sind, die die massive Repression und Depression der puritanischen Mentalität zeigen.

(5) Manuel, *Portrait of Isaac Newton*, S. 380.

(6) Géza Róheim, *Magic and Schizophrenia* (Bloomington, Indiana University Press 1970; Erstausgabe 1955).

(7) D. P. Walker, *The Ancient Theology. Studies in Christian Platonism from the Fifteenth to the Eighteenth Century* (London, Gerald Duckworth 1972).

(8) Zitiert von Rollo May in John Brockmann, Hrsg., *About Bateson* (New York, Dutton 1977), S. 91.

(9) Dies erscheint in einem wichtigen Thema in Betty Dobbs Untersuchung *The Foundations of Newton's Alchemy*.

(10) Kubrin, „Newtons's Inside Out!" Die folgende Diskussion lehnt sich stark an diesen Aufsatz an, und ich möchte deshalb an dieser Stelle Mr. Kubrin dafür danken, daß ich die nicht veröffentlichte Fassung lesen durfte. Zu dem Band über alchemische Publikationen siehe auch Keith Thomas, *Religion and the Decline of Magic* (Harmondsworth, Penguin Books 1973), S. 270.

(11) Siehe dazu Arbeiten wie *The Century of Revolution, God's Englishman* und vor allem *The World Turned Upside Down* (New York, Viking 1972).

(12) Siehe zum Beispiel die Offenbarung, aufgezeichnet von Abiezer Coppe, neu aufgelegt in Norman Cohn, *The Pursuit of the Millenium* (London, Paladin 1970, Erstveröffentlichung 1957), S. 319-30. Cohn ist von einem derartigen Text entsetzt; die Einstellung, zu der man gelangt, hängt ganz sicherlich davon ab, ob man sich innerhalb oder außerhalb des Experiments befindet.

(13) Thomas, *Religion and the Decline of Magic*, S. 322.

(14) Vgl. die abschließenden Seiten von Kapitel 3. Beachten Sie bitte, daß ich den Begriff „Mittelklasse" an dieser Stelle im traditionell marxistischen Sinne gebrauche, das heißt, (im Falle Englands) um damit auf die ökonomischen und politischen Interessen hinzuweisen, die in Opposition zum König standen und nicht im modernen soziologischen Sinne der Gruppenidentifikation, sozioökonomischen Schichtung usw.

(15) Zu einigen der radikalen Führer/Okkultisten gehören William Lilly, John Everard, Lawrence Clarkson, Nicholas Culpepper, Gerard Winstanley, William Dell, John Webster, John Allin und Thomas Tyron. Äußerungen von Klerikern sind nachzulesen in P. M. Rattansi, „Paracelsus and the Puritan Revolution", *Ambix* 11 (1963), S. 24-32.

(16) Hill, *World Turned Upside Down*, S. 144, 238, 287.

(17) Die Zitate Newtons stammen aus Kubrin, „Newton's Inside Out!". Zur alchemischen Sprache bei Newton siehe H. S. Thayer, Hrsg., *Newton's Philosophy of Nature* (New York, Hafner 1953), S. 49, 84-91, 164-65.

(18) R. S. Westfal, „The Role of Alchemy in Newton's Career", in M. L. R. Bonelli und W. R. Shea, Hrsg., *Reason, Experiment and Mysticism in the Scientific Revolution* (New York, Science History Publications 1975), S. 198-232.

(19) Siehe Newton's *Chronology of Ancient Kingdoms Amended* ... (London, 1728), vor allem S. 332-46 und *A Dissertation upon the Sacred Cubit of the Jews*, in John Greaves, *Miscellaneous Works* ... (London 1773), Bd. 2.

(20) Siehe dazu auch Margaret C. Jacob, *The Newtonians and the English Revolution, 1689-1720*, (Ithaca, N.Y., Cornell University Press 1977).

(21) I. B. Cohen und Alexandre Koyré, „The Case of the Missing *Tanquam*: Leibniz, Newton and Clarke", *Isis* 52 (1961), S. 555-67.

(22) Ein zeitgenössisches Werk, das die Erde als lebendig betrachtet, ist von Lewis Thomas, *Das Leben überlegt*. (Köln, Kiepenheuer & Witsch 1976).

(23) E. P. Thompson, *The Making of the English Working Class* (New York, Pantheon 1964), vor allem Kap. 11.

(24) Zitiert in Brown, *Life Against Death*, S. 108. (Dt. Zukunft im Zeichen des Eros, Pfullingen, 1962. Z. Z. vergriffen).

(25) Dieselbe Art der Erstarrung ist an Portraits des späteren Präsidenten der royal Society, Humphry Davy, Abbildungen 11 und 12 in meinem Buch *Social Change*

and Scientific Organisation (London und Ithaca, N. Y., Heinemann Educational Books and Cornell University Press 1978) erkennbar und sollte verglichen werden mit den Abbildungen 24 und 25, die die Portraits des jungen und alten Michael Faraday nebeneinanderstellen. Wie ich in meinem Buch erörtere, war Faraday ein religiöser Mystiker und Hermetiker, der glaubte, daß Materie im wesentlichen geistiger Natur war. Ein Bild Faradays, das ihn als älteren Mann zeigt, trägt auf bemerkenswerte Weise beinahe kindhafte Züge: ein sanfter Ausdruck und helle, fast leuchtende Augen.

(26) Zitiert in Hill, *World Turned Upside Down*, S. 287.

(27) David V. Erdman, Hrsg., *The Poetry and Prose of William Blake* (Garden City, N. Y., Doubleday 1965), S. 693.

(28) Milton Klonsky, *William Blake: The Seer and His Visions* (New York, Harmony Books 1977), S. 62.

(29) Hill, *World Turned Upside Down*, S. 311.

(30) Ebd., S. 236.

(31) Die folgende Diskussion basiert (zum Teil) auf R. D. Laing, *Das geteilte Selbst* (Köln, Kiepenheuer & Witsch 1972), vor allem Abschnitt: Klinische Biographie einer Schizophrenen S. 154 ff.

KAPITEL 5: VORBEMERKUNGEN ZU EINER METAPHYSIK DER ZUKUNFT

(1) Die Überschrift dieses Kapitels ist einem Buch desselben Titels entnommen, das Immanuel Kant 1793 veröffentlichte, zwei Jahre nach der ersten Ausgabe seiner berühmten *Kritik der reinen Vernunft*. Ich bin kein Kantianer, und dieses Kapitel ist kein Versuch einer kantschen Analyse. Trotzdem versuchen meine eigenen Arbeiten, Kant auf den folgenden Arten nachzueifern und daher fühlte ich, daß ich nicht besser daran tun könnte, als einen Titel von Kant zu benutzen, der meinen eigenen Zielen am angemessensten war:

(a) Kant versuchte darzulegen, was seiner Meinung nach die zentralen Probleme der Philosophie seiner Zeit waren, und daraus Prinzipien zu gewinnen, von denen er hoffte, daß sie für alles menschliche Wissen gültig sein würden.

(b) Kant erkannte, daß eine jede zukünftige Methaphysik eine Einleitung haben muß, d. h. eine Art Vorspann, der angibt, was die möglichen Kriterien einer neuen Wissenschaft sein könnten.

(c) Kant war vielleicht der erste westliche Philosoph der modernen Epoche, der erkannte, daß der Geist nicht einfach mit Sinneseindrücken bombardiert wird, sondern in Wirklichkeit eine Rolle spielt bei der Formung dessen, was er wahrnimmt.

(2) Zitiert in: Norman O. Brown, *Zukunft im Zeichen des Eros*, Pflullingen, 1962 (dt. Ausgabe vergriffen/ englische Ausgabe) *Life Against Death* (Middletown, Conn. Wesleyan University Press, Originalausgabe 1959), S. 315.

(3) Michael Polanyi, *Personal Knowledge*, durchgesehene Auflage (Chicago University of Chicago Press, 1962) Owen Barfield, *Saving the Appearances* (New York, Harcourt, Brace + World 1965)

(4) Polanyi, *Personal Knowledge*, S. 294.

(5) Es sollte hinzugefügt werden, daß es bei diesen Illustrationen wahrscheinlich für einen Beobachter möglich ist, beide Bilder gleichzeitig zu sehen, wenn er oder sie sich in einem meditativen Zustand oder in einem Zustand von Alpha-Gehirnströmen befindet. Normalerweise zieht das Gehirn jedoch das eine dem anderen vor.

(6) Vgl. Polanyi, *Personal Knowledge*, S. 69-131, 249-61 und passim; vgl. auch S. 49-54. Die spezifische Frage der Erlangung von Sprache wird erörtert bei Daniel Yankelovich und William Berrett (unter Bezug auf Noam Chomsky) in dem Buch *Ego and Instinct*, (New York, Vinlage Books, 1971), S. 388-392 und bei Suzanne Langer in *Philosophy in a New Key*, 3. Auflage (Cambridge Harvard University Press 1957), S. 122-23, 122n.

(7) Auf S. 10 in: *Personal Knowledge* von Michael Polanyi; Copyright 1958, 1962; Nachdruck mit Genehmigung der University of Chicago Press.

(8) ebd., S. 60-70, 88-90, 123, 162.

(9) Die folgende Diskussion ist dem Buch von Barfield, *Saving the Appearances,* S. 24-5, 32n, 40, 43, 82 und weiteren Stellen entnommen. Was Barfield „Alphadenken" nennt (siehe unten) darf nicht verwechselt werden mit der Erzeugung von Alphagehirnströmen bei Bewußtseinsveränderungen (siehe oben Fußnote 5). Barfields „Alphadenken" ist in der Fachsprache der neueren Hirnforschung tatsächlich eine Art von „Betadenken".

(10) Zu bewahren, was als „der erste Eindruck" bezeichnet wird, ist recht schwierig, wenn man bereits ein Tätigkeitsgeschick entwickelt hat. Es ist dieses Gefühl des Staunens, das die meisten Erwachsenen den sehr jungen Kindern neiden.

(11) Peter Achinstein, *Concepts of Science* (Baltimore, The John Hopkins University Press 1968), S. 164. Das obige Beispiel wird nur ganz kurz in diesem Buch gestreift. Ich hatte das große Glück, bei Professor Achinstein während meiner höheren Semester zu studieren, und ich habe das angegebene Beispiel aus dem Buch zu der viel ausführlicheren Version ausgearbeitet, die er im Seminar dargeboten hatte.

Alan Watts beliebtestes Beispiel für das Verwechseln von Landkarte und Territorium war, sich im Restaurant zum Essen niederzulassen und die Speisekarte statt das Menü zu essen, einen Akt, den er als eine Methapher für die moderne Gesellschaft im allgemeinen ansah.

(12) Die beste einbändige Eröterung des Themas für den Laien, die aber auch nicht einfach ist, bietet: *The Strange Story of the Quantum,* von Banesh Hoffman, überarbeitete Ausgabe (Harmondsworth, Penguin Books 1959). Ich fand auch Jeremy Bernsteins Buch: *Einstein* (London, Fontana 1973) und Werner Heisenberg *Physik und Philosophie* (3. Auflg., Stuttgart 1978.) für das Verstehen des Themas hilfreich.

Wenn ich behaupte, daß das wissenschaftliche Establishment so tut als „würde die Quantenmechanik nicht existieren, so meine ich das mehr im philosophischen als im wörtlichen Sinne. Die Quantenmechanik ist sicherlich als ein berechtigtes Forschungsgebiet anerkannt, und kürzlich nahm Bernard D'Espanat in seinem Aufsatz in: *Scientific American* („die Quantentheorie und die Realität", 241, (Nov. 1979, S. 158-181) kein Blatt vor den Mund in Bezug darauf, wie grundlegend das Thema in erkenntnistheoretischer Hinsicht ist. Aber beinahe alle Wissenschaftler fuhren mit ihren Arbeiten fort, als ob sie kühl distanzierte Beobachter seien, und die traditionelle Subjekt-Objekt-Dichonomie ist in den Curricula und Textbüchern des naturwissenschaftlichen Unterrichts aller Highschools und Colleges verankert. Eine der anspruchsvollsten Arbeiten, die die Quantenmechanik verwendet, um eine neue wissenschaftliche Methaphysik zu schaffen, wird von Daniel Finkelstein von der Yeshiva University geleistet. Vgl. z. B. seine Aufsätze über den „Space-Time-Code", in: *Physical Review* 184 (25.8.1969), S. 1261-70; und: *Physical Review,* D 5 (15.1.1972), S. 320-28 und S. 2922-31 und 9 (15.4.1974), S. 2219-31. Finkelstein hat ebenfalls einen interessanten Aufsatz über „Matter, Space and Logic" in: *Boston Studies in the Philosophy of Science* 5 (1969), S. 119-215 geschrieben.

(13) Vgl. Northrups Einleitung in: Heisenberg, Physics and Philosophy, S. 6-10.

Wenn man behaupten würde, wie Norwood Russell Hanson meint, daß die Unbestimmtheitsprinzipien nicht eigentlich bedeuten, daß den Elektronen eine gleichzeitige Position und Impuls fehlen, würde man im wesentlichen argumentieren, daß Elektronen in präzise definierten Zuständen *sind,* daß wir sie jedoch wegen der groben Untersuchungstechniken nicht definieren können. Dieser heldenhafte Versuch, die klassische Auffassung der Realität zu retten, wird nicht funktionieren. Wie Hanson ausführt, „versucht diese Position, was keine physikalische Theorie sich wünschen kann — ein Wissen über die Natur, das das übersteigt, was unsere besten Hypothesen und Experimente andeuten." Die enge Beziehung zwischen Erkenntnistheorie und Ontologie wird hier offenbar. Wenn wir ein Objekt im klassischen kartesianischen Sinn nicht erkennen können, wie können wir dann behaupten, daß es der klassischen Idee der Realität entspricht? Zu behaupten, daß es den üblichen Subjekt-Objekt-Beziehungen entsprechen muß, verkehrt das kartesianische Pardigma in einen Glaubenssatz, nicht in eine Wissenschaft; was es sowieso immer gewesen ist.

Vergl. N. R. Hanson, „Quantum Mechanics, Philosophical Implications of," in: Paul Edwards, Hrsg., *The Encyclopedia of Philosophy,* New York, (Macmillan 1967), S. 7-44.

(14) Dieser Versuch, die kleinste Materieneinheit zu finden, geht törichterweise weiter. Von den etwa 200 heute als existent erkannten Atomkernteilchen wurden 90 % in der Nachkriegszeit entdeckt, was vermuten läßt, daß die Realität mehr als alles andere eine Funktion des nationalen Etats ist. Seit 1964 haben die Atomphysiker die Existenz von „Quarks" postuliert (ein Wort, daß dem Buch *Finnegan's Wake* entlehnt wurde), um diese Partikel zu erklären. Aber ihre Zahl hat sich bis zu einem Punkt vervielfacht, wo wir bald einen Quark als Erklärung für jedes Partikel haben dürften. Auch ist das noch nicht das Ende: um Quarks zu erklären, sind jetzt „versteckte Variable" vorgeschalgen worden. Es gibt tatsächlich kein Ende dieses Prozesses. Wie Geoffrey Chew klar gemacht hat, spüren wir Teilchen auf, weil sie mit dem Beobachter interagieren, aber um das zu tun, müssen sie irgendeine innere Struktur besitzen. Das bedeutet, daß wir prinzipiell niemals zu einem Objekt vordringen können, das keine innere Struktur besitzt, weil ein wirkliches Elementarteilchen keinerlei Kräften unterworfen sein könnte, die uns erlauben würden, seine Existenz herauszufinden (finden wir es durch sein Gewicht z.B., dann muß es etwas in sich enthalten, daß ein Gravitationsfeld aufbaut). Innerhalb des kartesianischen Modells werden wir „versteckten Variablen" bis ans Ende der Zeit nachjagen. Die Verwirrung in der modernen Physik wurde auf peinliche Weise auf dem Kongress der amerikanischen Physikalischen Gesellschaft 1978 in San Francisco deutlich, wo ein Appell an einen neuen Einstein gerichtet wurde, die Dinge zu klären. Die kartesianische Sackgasse wurde durch die Bemerkung eines Physikers aus Berkeley klar, daß, obwohl niemand wüßte, was die Vermehrung der Partikel bedeutet, wir sie zumindest mit großer Präzision messen könnten (!) Auf einer scharfsinnigeren Ebene verlangte Werner Heisenberg 1978 nach dem Ende des Begriffs des Elementarteilchens. William Irwin Thompsons Bemerkung, daß „ein Elementarteilchen etwas ist, was entsteht, wenn man einen Teilchenbeschleuniger baut", ist in diesem Zusammenhang hier nicht ohne Relevanz.

Vgl. Fritjof Capra, *Der kosmische Reigen*, München, Wien 1981; „Scientist's Call for Another Einstein", *San Francisco Chronicle*, 24. Januar 1978; „Monitor", *New Scientist*, 24 Juli 1978, S. 196; und William Irwin Thompson, „Notes on an Emerging Planet", in: Michael Katz et al. Hrsg., *Earth's Answer*, (New York, Harper + Row 1977), S. 210.

(15) H. Forwald, *Mind, Mater and Gravitation* (New York, Parapsychologiy Foundation, 1969). Forwald, ein pensionierter Ingenieur und Erfinder, führte diese Versuche über eine Zeitspanne von zwei Jahrzehnten durch.

(16) Zum Beispiel Capra, *Der kosmische Reigen*; Lawrence LeShan„ *The Medium, the Mystic, and the Physicist* (New York, Ballantine Books, 1975) erstmalig 1966 erschienen; Gary Zukav, *The Dancing Wu Li Masters*,(New York, William Morrow 1979).

(17) E. H. Walker, „Consciousness in the Quantum Theory of Measurement", *Journal for the Study of Consciousness* 5 (1972), Teil 1, No. 1, S. 46; Teil 2. No. 2, S. 257; „The Nature of Consciousness", *Mathematical Biosciences* 7 (1970), S.175.

(18) Yankelovich and Barrett, *Ego and Instinct*, S. 203.

(19) Gregory Bateson, *Ökologie des Geistes,* Frankfurt 1981, S. 593. Die beiden Arten des menschlichen Bewußtseins werden in einem Teil der anthropologischen Literatur als „tonal" und „nagual" bezeichnet, und in dem Buch von Carlos Castaneda, *Der Ring der Kraft,* Frankfurt, Fischer, 1974, findet sich im 2. Teil eine hervorragende Erklärung ihres Bezugs zueinander. Wie im Falle von Batesons Werk bietet Castaneda ein brilliantes Modell ganzheitlichen Wissens. Anders als in Batesons Werk hört er an dem Punkt auf, wo das Modell beschrieben ist.

(20) Diese Erkenntnis spiegelt die *innere* Osmose vollendet wider, die im ganzheitlichen Bewußtsein zwischen dem bewußten und unbewußten Geist (Zellkern und Zelle) geschehen. In einem solchen Bewußtsein löst sich die Schranke zwischen den beiden Arten und Weisen des Seins auf; sie durchdringen sich und werden einander ähnlicher, dieser Vorgang ist von einer äußerlichen Veränderung begleitet, bei der das Selbst und das Andere also nicht so scharf von einander unterschieden werden.

(21) Hanson, „Quantum Mechanics", S. 46.

(22) Gregory Bateson, „Stil, Grazie und Information in der primitiven Kunst", in: *Ökologie des Geistes*, S. 182 ff.

(23) Zitiert in: Arthur Koestler, *Die Wurzeln des Zufalls*, (Frankfurt, 1977, S. 54.

(24) Peter Koestenbaum, *Managing Anxiety* (Englewood Cliffs, N. J., Prentice-Hall 1974), S. 11-13.

(25) Brown, *Zukunft im Zeichen des Eros*, Pfullingen, 1962 (engl. Ausgabe S. 94-95, 273-4. Sowohl Freud als auch Reich unterstreichen diesen Punkt, zumindest in der Form einer Analogie. Vgl. Wilhelm Reich, *Die Funktion des Organsmus*, Kiepenheuer und Witsch, Köln, 1969. S. 36.

(26) Barfield, *Saving the Appearances*, S. 136, 144, 160.

(27) Alle Begriffe, die diese Unterscheidung zwischen Innerem und Äußerem machen und damit den Geist-Körper- und Subjekt-Objekt-Dualismus verewigen, sollten in Anführungszeichen gesetzt werden. In diese Kategorie würde ich solche Begriffe wie „Phänomene", „Daten", „gegeben"u.s.w. miteinbeziehen. Wir brauchen ein neues Vokabular, das den ökologischen Sinn der Realität verstärkt.

(28) Auf das Risiko hin, eine Aussage überzustrapazieren, behaupte ich nicht, wie Berkeley, daß Ereignisse nicht existieren würden, wenn wir abwesend wären, sondern lediglich, daß das Wesen dessen, was passiert, auf irgend eine Weise von unserer Teilnahme am Ereignis abhängig ist. Was bei unserer Abwesenheit passiert, würde daher irrelevant sein.
Was die moderne Kosmologie betrifft, so ist der letzte Erkenntnisstand vom Lick Observatory der University of California, daß das Universum tatsächlich zusammenbricht. Oder vielmehr: es wird augenscheinlich für weitere 20 Millionen Jahre expandieren und dann danach während der folgenden 30 Billionen Jahre zusammenstürzen. Die ganze Sache scheint wiederum mit der Wissenssoziologie zusammenzupassen. Als Europa anfing, seine geographischen und ökonomischen Horizonte zu erweitern, wurde das Universum von völlig geschlossen zu unendlich offen. Nun, daß die Zukunft der Wissenschaft, der Technologie, des geradlinigen Fortschritts und der industriellen Gesellschaft ziemlich fragwürdig geworden ist, hat der Kosmos merkwürdigerweise angefangen, sich zusammenzuziehen! Vgl. „New Evidence Backs A Collapsing Universe", *San Francisco Chronicle*, 30.6.78.

(29) Polanyi, *Personal Knowledge*, S. 288-94. Eine nähere Ausführung der Zirkelschlüssigkeit der modernen Wissenschaft findet sich ebenfalls bei Max Marwick, ,,Is science a form of witchcraft?" *New Scientist*, 5.9.74, S. 578-81.

(30) Die Wissenssoziologie gab es schon vor der Neuzeit, aber nicht in einer ernsthaften oder systematischen Form. Protagoras behauptet, daß „der Mensch das Maß aller Dinge ist", aber er bezieht sich auf das, was ein einzelner, nicht eine Kultur glaubt, und er erwähnt nicht die sozialen Einflüsse. Plato sagt an einer Stelle, daß die niederen Stände die Wahrheit nicht wissen können, weil ihre Arbeit ihren Geist und ihre Körper verzerrt; aber diese Aussage ist eigentlich eher eine Soziologie des Irrtums als eine Untersuchung der sozialen Wurzeln einer Erkenntnistheorie (obwohl man zugeben muß, daß die Trennlinie zwischen beiden nicht völlig scharf ist). Obwohl es bei Plato unterschwellig die Thematik gibt, daß die sozialen Umstände das Erkenntnissubjekt formen, ist sie durch den Begriff der Unveränderlichkeit der Formen überwältigt, und sie ist sowieso nicht als ständige Kritik entwickelt. Das Thema erhält bis zur Aufklärung keine richtige Aufmerksamkeit, und die Wissenssoziologie bildet vor Marx klassischer Ausarbeitung der Beziehung zwischen Sein und Bewußtsein keine ernsthafte wissenschaftliche Disziplin. (vgl. zu dieser Frage Werner Stark, „Sociology of Knowledge", in:

Paul Edwards, Hrsg., *The Encyclopedia of Philosophy* 7: 475-78).
Die Paradoxa, die die Fachrichtung hervorzubringen in der Lage ist, waren jedoch bis zurück in das 5. Jahrhundert vor Christi bekannt. Daher ist das, was das „Mannheim'sche Paradoxon" genannt wird, eine Version des altertümlichen Rätsels, das als „Lügner-Paradoxon" bekannt ist. (Ein Grieche sagte: „Alle Griechen sind Lügner." Sagte er die Wahrheit?) Mit anderen Worten, wenn man Mannheim ernst nimmt, dann muß sein Argument, daß das Wissen situationsgebunden ist, auf das Argument selbst zutreffen („welche Art von Kultur brachte die Wissensoziologie hervor?"). Wenn es aber zutrifft, dann ist das Argument falsch, oder zumindest zweifelhaft; und wenn das Argument falsch ist (Wissen ist situations*un*abhängig), dann könnte es richtig sein usw. (Plato benutzt die gleiche Argumentationskette gegen den Lehrsatz des Protagoras in: Theatetos, 171, A.) Verschiedene griechische Denkschulen, solche wie die der Megarer und der Eleaten ergötzten sich an ausgeklügelten Rätseln dieser Art, und auf ernsthaftere Weise stellt das sog. auflösende Argument des „Dritten Menschen" aus Platos Dialog *Parmenides* das Paradox der unendlichen Beziehungsfülle eine Bedrohung der Theorie der Formen dar. Aber wir sollten uns darüber klar sein, daß, obgleich diese verschiedenen Paradoxa den radikalen Relativismus nach sich ziehen, indem sie nahelegen, daß es vielleicht keine festgelegte Wahrheit gibt, daß sie streng genommen Probleme der Logik sind, nicht denen der Wissensoziologie gleich. D. h., sie entwickeln nicht die Thematik, daß Information über die Welt relativ ist, weil sie sozial oder kulturell eingebunden ist.
Schließlich ist es wichtig, hinzuzufügen, daß das kritische Kommentieren hier nicht die Streitfrage ist; es gibt genügend Kommentar und Analyse im Talmud z.B. Aber so weit ich weiß, analysierten die Rabbiner des Mittelalters ebensowenig das Wesen ihrer eigenen Analyse, wie Kulturen, die mit Mythen lebten, Mythen über die allgemeine Kultur oder den erkenntnistheoretischen Stellenwert von Mythologie besaßen – d. h. sie hatten keine Mythen, die erklärten, wie Mythen an sich Wahrheit ermitteln.

(31) Friedrich Nietzsche, *Die Geburt der Tragödie – Unzeitgemäße Betrachtungen*. (dtv. Gesamtausgabe, München 1980)

KAPITEL 6: DER WIEDERGEWONNENE EROS

(1) Susanne Langer, *Philosophie auf neuem Wege*, 1. Ausg. (S. Fischer Verlag, 1965), S. 86 ff.

(2) Erich Neumann, *Das Kind*, (Zürich, 1963), S. 7-28, 30; Sam Keen, *Apology for Wonder* (New York; Harper & Row, 1969), S. 46. Bezüglich zweier Untersuchungen der Entwicklung von Kindern, die die ersten paar Lebenswochen auf freudianische Weise betrachten, siehe Margaret S. Mahler et al., *The Psychological Birth of the Human Infant: Symbiosis and Individuation* (New York; Basic Books, 1975), und Edith Jacobson, *The Self and the Object World* (New York: International Universities Press, 1964). Obwohl auch Neumann die ersten drei Monate auf diese Weise beschrieb, bestand er auf dem Begriff „Narcismus" und implizierte damit eine Art von Machtbeziehung, die nicht möglich ist, solange der andere völlig unerkannt bleibt.
Der Brief von Rolland wird in einer Fußnote erwähnt, die in der amerikanischen Ausgabe von 1931 von *Das Unbehagen an der Kultur* erscheint. Freud gab zu, daß der Brief „mir einige Schwierigkeiten bereitete. Ich kann dieses ‚ozeanische' Gefühl in mir nicht entdecken. Es ist nicht einfach, wissenschaftlich mit Gefühlen umzugehen. Man kann versuchen, ihre physiologischen Merkmale zu beschreiben." Man beginnt zu verstehen, warum Freuds Art und Weise, menschliches Leben zu betrachten, so pessimistisch war. Siehe James Strachey (Hrsg.), *The Standard Edition of the Complete Psychological Works of Sigmund Freud*, 24 Bde. (London: The Hogarth Press, 1953-74), Bd. 21, S. 65 ff.

(3) Hier handelt es sich um Freuds Position im Jahre 1923 und vor 1902. In der Zeit

dazwischen sah Freud das Ich als eine Anzahl von Instinkten und nicht als eine Struktur, die ihre Energie aus dem Es bezieht. Diese Position wurde zum Kern der Ich-Psychologie, mit Heinz Hartmann als ihrem führenden Exponenten. Einen exzellenten Überblick über die Entwicklung frühen analytischen Denkens bieten Daniel Yankelovich and William Barrett in *Ego and Instinkt* (New York: Vintage Books, 1971), insbesondere auf den Seiten 25-114.

(4) Siehe hierzu Gordon Rattray Taylors kluge Diskussion der „harten" und der „zarten" Form des Ich in *Das Experiment Glück* (Frankfurt: S. Fischer Verlag, 1973), S. 82, 49, 110 ff. Was die moderne Psychiatrie „Ich-Stärke" nennt, ist in aller Regel eigentlich Ich-Rigidität, und eine zerbrechliche obendrein. Die Gleichstellung verstummter Ich-Eigenschaften mit geistiger oder seelischer Krankheit ist ein Charakteristikum von Gesellschaften, die Gesundheit als die Fähigkeit, am Produktionsprozeß teilzunehmen definiert.

(5) T. G. R. Bower, *The Perceptual World of the Child* (Cambridge: Harvard University Press, 1977), S. 1921, 28.

(6) Ebenda, S. 34, 49-50; Mahler, *Psychological Birth of the Human Infant*, S. 46-47, 52-56. Ich persönlich stehe dieser Zeitskala eher skeptisch gegenüber. Obwohl (siehe unten) die Entwicklung der Wahrnehmung nicht das gleiche ist wie Ich-Entwicklung, kann es bezweifelt werden, daß das unspezifische Lächeln drei Monate lang anhält, oder daß das vergleichende „Scanning" (abtasten, prüfen), erst im siebten Monat beginnt. Joseph Lichtenberg demonstrierte kürzlich, daß das Neugeborene im Alter von 14 Tagen das Gesicht der Mutter von dem einer anderen Frau unterscheiden kann. Siehe hierzu „New Findings about the Newborn", *San Francisco Examiner*, 28. May 1980.

(7) Mahler, *Psychological Birth of the Human Infant*, S. 223, sowie Maurice Merleau-Ponty, „The Child's Relations with Others", in der Übers. von William Cobb, in James M. Edie (Hrsg.), *The Primacy of Perception* (Evanston, 111.: Northwestern University Press, 1964), S. 125-26. Merleau-Ponty's Argumentation basiert im wesentlichen auf der Arbeit des brillianten und relativ unbekannten marxistischen Kinderpsychologen Henri Wallon, die sich scharf von der Arbeit Piagets unterscheidet. Diese Schriften erwecken den Eindruck, als sei Wallon der einzige Wissenschaftler, der ausführlich das Verhalten von Kindern vor dem Spiegel untersuchte, was Merleau-Ponty auf den Seiten 125-40 seines Essays diskutiert. (Mahler berichtet, daß solch eine Untersuchung in Kürze von John B. Devitt vorgelegt werden wird.) Mehr über Wallon findet man in der Winterausgabe 1972—73 des *International Journal of Mental Health*, sowie in seinem Artikel, „Comment se développe, chez l'enfant, la notion du corps propre", im *Journal de Psychologie*, 1931, S. 705-48.

(8) Mahler, *Psychological Birth of the Human Infant*, S. 67, 71, 77-92, 101; R. D. Laing, *Das geteilte Selbst* (Köln: Kiepenheuer & Witsch, 1972), S. 131-48.

(9) Merleau-Ponty, „The Child's Relations with Others", S. 136-37, 152-53.

(10) Yankelovich and Barrett, *Ego and Instinct*, S. 320, 386-92, 396-97. Dieser Punkt berührt das Problem, wie Sprache überhaupt entstehen konnte, eine Frage, die nie zufriedenstellend beantwortet wurde. Diesbezüglich, sowie zu Materialien über Kinder, die von Tieren aufgezogen wurden, siehe Susanne Langer, *Philosophie auf neuem Wege*, S. 108-42. Ashley Montagu präsentiert eine darwinsche Theorie des Ursprungs der Sprache in *The Human Revolution* (New York: The World Publishing Company, 1965), S. 108-13.

(11) Bower, *Perceptual World of the Child*, S. 42.

(12) Philippe Ariès, *Geschichte der Kindheit*, 2. Aufl. (München: Hanser, 1976), S. 104-107.

(13) Siehe hierzu z. B. Mahler, *Psychological Birth of the Human Infant*, S. 35. Im allgemeinen wirkt diese Untersuchung höchst teleologisch, und das Kleinkind wird als beinahe noch nicht menschlich betrachtet, dann aber „erlöst", denn schließlich werden die Kleinen ja einmal Erwachsene sein. Die Autoren scheinen nicht zu erkennen, daß die wissenschaftlichen Begriffe, die sie benutzen um Kindheit zu beschreiben, einschließlich „Narzismus", „halluzinatorische

Disorientierung", ja sogar „Autismus", vorbelastet sind, und daß diese Begriffe voraussetzen, daß die Art wie Erwachsene die Welt wahrnehmen, die richtige ist und alles andere nicht korrekt.

Die Frage, ob angeboren oder erlernt, wird später noch in diesem Kapitel besprochen. Die Bedeutung der Sozialisation stellte einen bedeutenden Aspekt in Wallons Arbeit dar (siehe oben, Fußnote 7).

(14) Dieses Material ist Bemerkungen entnommen, die John Kennell in der Abteilung „General Discussion" von Evelyn B. Thoman (Hrsg.), *Origin of the Infant's Social Responsiveness* (Hilldale, N. J.: Lawrence Erlbaum Associates, 1979), auf den Seiten 435-36 machte.

(15) Stuart A. Queen und Robert W. Habenstein, *The Family in Various Cultures*, 4. Aufl. (New York: Lippincott, 1974; Erstausg. 1952), S. 164; John Ruhräh, *Pediatrics of the Past* (New York: Paul B. Hober, 1925), S. 34; sowie Ian Childhood 28 (1953), S. 156.

„Ausgedehnt" ist ein belasteter und unbrauchbarer Begriff, denn die Zeitspanne wird aus unserer Perspektive gemessen. Es wäre angemessener, die Zeitspanne, die im 20. Jahrhundert gestillt wird, „verkürzt" zu nennen.

(16) Ashley Montagu, *Der Körperkontakt* (Stuttgart: Klett-Cotta, 1974), S. 124, 186 ff. sowie Kapitel 7.

(17) Die Bali-Studie heißt *Balinese Character* von Bateson und Mead und wird von Montagu in *Der Körperkontakt* auf den Seiten 115-18 (siehe auch Kapitel 7, Fußnote 16) diskutiert. Siehe auch Kapitel 7 bei Montagu bezüglich vergleichender Kulturstudien, sowie Beatrice B. Whiting (Hrsg.), *Six Cultures* (New York: John Wiley, 1963). Bezüglich Ariès siehe Fußnote 12, oben. Die „neuen" Bücher über Geburt und kindliche Sexualität sind u. a. Alayne Ytes, *Sex Without Shame* (New York: William Morrow, 1978); Frederick Leboyer, *Geburt ohne Gewalt* (München: Kösel); sowie Fernand Lamaze. *Painless Childbirth* (New York: Pocket Books, 1977).

(18) Die folgende Diskussion ist entnommen aus Philippe Ariès, *Geschichte der Kindheit*, 2. Aufl. (München: Hanser, 1976). Siehe auch Lawrence Stone, „The Rise of the Nuclear Family in Early Modern England", in Charles E. Rosenberg (Hrsg.), *The Family in History* (Philadelphia: University of Pennsylvania Press, 1975), S. 36-38, 56; David Hunt, *Parents and Children in History* (New York: Basic Books, 1970), S. 85-86; sowie M. J. Tucker, „Das Kind als Anfang und Ende: Kindheit in England im fünfzehnten und sechzehnten Jahrhundert", in Lloyd de Mause (Hrsg.), *Hört ihr die Kinder weinen – Eine psycho-genetische Geschichte der Kindheit* (Frankfurt: Suhrkamp, 1977), S. 326 ff.

(19) Dies ist ungemein wichtig, und sein Unvermögen, dies zu verstehen, ist die Ursache von Lloyd de Mauses Angriff auf die Arbeit von Ariès' in seinem Essay, „The Evolution of Childhood", S. 1-73 der amerikanischen Originalausgabe von „*Hört ihr die Kinder weinen (The History of Childhood*, New York: Psychohistory Press, 1974). (Anm. d. Übers.: Dieser Essay fehlt in der deutschen Ausgabe von Suhrkamp.) De Mauses nennt Aries' Beschreibung, wie mit den Genitalien von Kindern gespielt wird, ein Beispiel von sexuellem Mißbrauch, was es mit Sicherheit wäre, wenn es heute im Abendland geschähe. Aber Aries Argument bestand gerade darin zu sagen, daß gestern *nicht* heute ist, daß die Einstellungen zur Sexualität damals anders waren, und daß der Kontext der Einstellungen die Bedeutung einer Handlung bestimmt. Bezüglich einer Handlung, die eindeutig mißbräuchlicher Natur ist, geht es hier darum, daß Liebe und Haß eng miteinander verbunden sind. Es ist das Nichtvorhandensein, das völlige Fehlen von Kontakt, das die eigentliche psychologische Gefahr darstellt, denn das Kind erfährt solch ein Fehlen als Apathie, und seine Psyche übersetzt es als Bedeutungslosigkeit. Vielleicht wurzelt die Suche nach Bedeutung des existenziellen Menschen in dieser tragischen Erfahrung.

Zweitens schloß das Nichtvorhandensein eines Ich Gewalt niemals aus, wie das die *Ilias* deutlich zeigt. Aber es scheint mir, daß es sich dabei um eine ganz andere Art der Gewalt gehandelt hat. Sie trat auf im Gefolge spontaner Leidenschaft;

das Konzept von Disziplin als institutionalisierte Praxis existierte in Schulen vor dem 16. Jahrhundert nicht, zumindest nicht in der Form von Schlägen, wie Ariès feststellt. Solche Disziplin ist wohlüberlegt und geschieht aus anderen Gründen als plötzlichen Gefühlsregungen. Gewöhnlich ist es eine Form der Sublimation, wie z. B. beim Sadismus in der Pose der Selbstgerechtigkeit („dies tut mir mehr weh als dir"). Mit der Herausbildung eines Ich werden Emotionen verdreht oder wechseln über in andere Formen. Das Resultat davon war bereits in der klösterlichen Geißelordnung des Mittelalters gegenwärtig, und es war Reichs feste Überzeugung, daß die zeitgenössische Sexualität in großem Umfang sadistische oder masochistische Züge aufwies. Eine brillante Bearbeitung dieses Themas bot Lindsay Andersons Film *If ...*, der in den späten 60er Jahren herauskam.

(20) Montagu, *Der Körperkontakt*, Die folgende Diskussion ist dem Kap. 7 entnommen.

(21) Was für ein Typ Mensch waren Watson und Holt? Nach der Beschreibung eines seiner Kollegen und eines seiner Assistenten, war Holt der Prototyp von Reichs gepanzertem Individuum. „Seine Art war mehr als seriös", schrieben sie, „sie war überaus ernst. Es gab nichts an ihm, das man eindrucksvoll nennen konnte, vielleicht deshalb, weil es nichts an ihm gab, was deutlich hervortrat. Stattdessen wirkte er wie eine höchst effiziente, perfekt koordinierte menschliche Maschine. Er erschien uns streng und unnahbar". Bezüglich Watson lohnt es sich zu wissen, daß er unmittelbar nach der Veröffentlichung seines Buches, *Psychology from the Standpoint of the Behaviorist* (1919), einen Job bei der Werbefirma von J. Walter Thompson in New York annahm, wo „er die Prinzipien für die Kontrolle von Ratten auf die Manipulation von Verbrauchern anwandte" (Philip J. Pauly, „Psychology at Hopkins", *John Hopkins Magazine* 30, Dezember 1979, S. 40),

(22) Obwohl ich geneigt war, diese Diskussion kausal zu führen, glaube ich nicht, daß die Auswirkungen von Erziehungspraktiken auf das Leben von Erwachsenen und die Kultur als solche von wesentlich größerer Bedeutung sind als die Auswirkungen in umgekehrter Richtung. Wie bereits angedeutet, glaube ich, daß die zwei eine historische Gestalt bilden, aber die daraus resultierenden Implikationen sind nicht eindeutig. Wie Milton Singer in seinem „Survey of Culture and Personality", in Bert Kaplan (Hrsg.), *Studying Perwsonality Cross-Culturally* (New York: Harper & Row, 1961), S. 9-90, zeigt, versuchte die Anthropologie mit einigen Schwierigkeiten, kausale Argumente zu vermeiden und dennoch etwas von Bedeutung zu sagen. Und so reden sowohl Montagu wie de Mause, als ob irgendeine Erziehungspraxis in diesem oder jenem Erwachsenencharakteristikum resultiert, der Nachweis jedoch bleibt aus, und in jedem Fall bleibt ihr Ansatz ein rein mechanischer für ein sehr komplexes Problem.
Ein gewisser Fortschritt ist Gregory Bateson zu verdanken (siehe Kapitel 7), dessen Analysen sich darum bemühten, aufzuzeigen, wie verschiedene Arten von interpersonalen Beziehungen funktionale Muster bilden können, die von einer Kultur zur anderen deutliche Unterschiede aufweisen. So betrachtet sind die Beziehungen zwischen Eltern und Kindern ein Teil von durch die Kultur geprägten Themen, und des Kindes Beziehungen zu seinen Eltern gegenseitig interaktiv, oder holistischer Natur. So gesehen sind Kinder aktiv beteiligt und regen ihre Eltern an, bestimmte Muster zu bilden, eine These, die von einigen Untersuchungen, gestützt wird, die in der in Fußnote 14 zitierten Ausgabe von Evelyn Thoman enthalten sind. Margot Witty und T. B. Brazelton argumentierten ähnlich in „The Child's Mind", *Harper's*, April 1978, S. 46-47. Die Struktur wird so gesehen, als operiere sie eher als Kreislauf denn als Linie.

(23) Marshall H. Klaus und John H. Kennell, *Maternal-Infant Bonding* (St. Louis: The C. V. Mosby Company, 1976), besonders S. 58ff., sowie Louis W. Sander et al., „Change in Infant and Caregiver Variables over the First Two Months of Life: Integration of Action in Early Develoment", in Evelyn Thoman (Hrsg.), *Origins of the Infant's Social Responsiveness*, S. 368-7b. Eine populäre Besprechung von der Arbeit von Klaus-Kennell gab es in der *New York Times*, 16. August 1977,

auf Seite 30, unter dem Titel „Closeness in the First Minutes of Life May Have a Lasting Effect". Siehe auch Aidan Macfarlane, *The Psychology of Childbirth* (Cambridge: Harvard University Press, 1977), S. 52-54, 100-101.

(24) Montagu, *Der Körperkontakt*, S. 193, 194.

(25) Siehe hierzu Richard Poiriers interessante Analyse des Textes, „Learning from the Beatles", in seinem Buch *The Performing Self* (New York: Oxford University Press, 1971), S. 112-40.

(26) Aus *Das Kind*, von Erich Neumann, S. 36 (Zürich, 1963).

(27) Norman O. Brown, *Zukunft im Zeichen des Eros* (Pfullingen, 1962), S. 30.

(28) Es „könnte eine andere, weniger systematisierte Art der Erinnerung (als die kognitive) geben", schreibt der Kinderarzt John Davies, „und das bedeutet nicht, daß die (vorbewußte) Erfahrung verloren gegangen ist oder keinen Einfluß hat." Zitiert in Macfarlane, *The Psychology of Childbirth*, S. 31.

(29) C. G. Jung, „In Memory of Sigmund Freud", in *The Spirit in Man, Art, and Literature*, in der Übersetzung von R. F. C. Hull (Princeton: Princeton University Press, 1971), S. 48. Zuerst 1939 veröffentlicht, handelt es sich hier um Jungs Nachruf auf Freud.

(30) Siehe Bowlbys Buch *Separation* (New York: Basic Books, 1973). Das Zitat von Reich findet sich auf S. 36 in *Die Funktion des Orgasmus* (Frankfurt: S. Fischer Verlag). Es herrscht hier einige Verwirrung, denn es handelt sich bei diesem Buch um Band 1 von *Die Entstehung des Orgons*, das er einige Male umschrieb und unter demselben Titel herausgab. In der folgenden Diskussion um Reich beziehe ich mich auf dieses Buch, wie auf sein Buch *Charakteranalyse* (Frankfurt, Fischer, 1976), S. 166-87.

(31) Ich bin nicht sicher, wer diesen Begriff prägte, aber er wurde in der anthropologischen Literatur zuerst durch Cora DuBois bekannt, in *The People of Alor*, 1944. Siehe Milton Singer, „A Survey of Culture and Personality", S. 33.

(32) Reich behauptete, daß dieser Typus in allen Patriarchaten vorkam, eine These, die nur sehr schwer zu belegen ist. Bezüglich Fromms Untersuchung der analen Typologie, siehe „Die psychoanalytische Charakterologie und ihre Bedeutung für die Sozialpsychologie", *Zeitschrift für Sozialforschung* 1 (1932), S. 253-77. Das Reichzitat stammt aus dem Vorwort zur 3. Auflage der *Charakteranalyse*.

(33) Peter Koestenbaum, *Existential Sexuality* (Englewood Cliffs, N. J.: Prentice Hall, 1974), S. 63, 75.

(34) Yankelovich und Barrett, *Ego and Instinct*, besonders S. 157, 360-71, 365, 367-68, 371, 396. Es gibt natürlich eine umfangreiche spezialisierte Literatur über Zellenentwicklung. Ein neuerer, eher populärer Artikel über Zellverbindungen ist „Junctions between Living Cells", L. A. Staehelin and B. E. Hull, *Scientific American 238* (Mai 1978(, S. 141-52.

(35) Itzak Bentov, *Stalking the Wild Pendulum* (New York: Dutton, 1977), S. 85-86. Man kann dies auf eine ganz andere Weise sehen, wenn man das Gehirn als ein Organ wie alle anderen betrachtet, dessen Funktion darin besteht, Gedanken zu verstärken. Was wir Geist nennen, ist mit dem Körper identisch und reicht vom Kopf bis zu den Füßen. Die Empfindung des Körpers als eines Objekts des Bewußtseins, welches im Kopf angesiedelt ist, stellt eine kartesianische Illusion dar. Mircea Eliade stellte fest, daß vormoderne Gesellschaften in der Regel das Bewußtsein an einem Punkt gerade unterhalb des Nabels lokalisieren, was auch eine klassische Yoga-Übung darstellt. Wissenschaftlich ist diese Sicht wahrscheinlich akkurater als jene, die das Bewußtsein im Gehirn ansiedelt. Es erscheint nur natürlich, daß die moderne Kultur es im Kopf ansiedelt, denn ein Kontext, der dermaßen von Verarbeitung hnd Kontrolle beherrscht wird, läßt die Erfahrung von Rationalität übermächtig erscheinen. Wir sind leicht zu überzeugen, daß diese geistige Arbeit die wichtigste, vielleicht sogar die einzige Denkform ist. Bentov hingegen behauptet, daß es sich dabei nicht einmal um *Denken* handelt, eine Position, die mehr oder weniger auch von Don Juan eingenommen wird in seiner Unterhaltung mit Carlos Castaneda in *Ring der Kraft* (siehe Kapitel 5, Fußnote 19). Auch besteht Don Juan auch darauf, wie ich es auch tue, daß *sowohl* das

„Tonale“ *als auch* das „Naguale“ unserem Wesen inhärente Teile sind, daß jedoch die Entscheidungen, die wir fällen, im Bereich des Nagualen auftreten. Dennoch, fügt er hinzu, muß das Tonale berücksichtigt werden, wenn man das Naguale gebrauchen will – ein Standpunkt, den ich in dieser Sache für absolut wesentlich halte.

(36) Siehe Theodore Roszak, *Das unvollendete Tier* (München: Dianus-Trikont, 1982), S. 50-56. Die vielfältigen Experimente, die mit den „zwei Hirnen“ angestellt wurden, könnten möglicherweise als Widerlegung meiner Behauptung über den Körper und das unbewußte Wissen betrachtet werden. Schließlich zeigen diese Experimente die rechte Hemisphäre (bei Rechtshändern) als den Ort der nichtverbalen Funktionen. Und dennoch, meine Behauptung leugnet nicht, daß das Gehirn Bilder aufbewahrt oder sie organisiert. Diese Experiemente mit den „zwei Hirnen“ sagen uns gar nichts darüber, wo Wissen *herkommt*. Und so glaube ich weiterhin, daß Intelligenz zum Körper gehört, Datenverarbeitung aber zum Gehirn. Damit will ich nicht leugnen, daß das Gehirn ein sehr sinnliches Instrument sein kann, welches Phantasien, Träume, künstlerische Vorstellungen, usw. verstärkt und verarbeitet.

(37) Peter Marris, *Loss and Change* (Garden City, N.Y.: Doubleday Anchor, 1975).

(38) Diese Behauptung ist natürlich nur begrenzt gültig, und dennoch ist es wahrscheinlich, daß über das gemeinsame Substrat von Primärprozeß hinaus, Galileos Körper anders war als der von Thomas von Aquin, und daß ihrer beider Körper sich wesentlich vom Körper von Homer unterschied. Der menschliche Körper hat sich im Lauf der Jahrhunderte in vielen wesentlichen Bereichen verändert: in seiner Größe, seiner Form, seiner Fähigkeit, Farben wahrzunehmen, und ganz besonders in seiner Physiognomie. Der Psychoanalytiker Stanley Keleman entwikkelte diese Thematik sehr detailliert und behauptete, daß der Körper der Zukunft sich radikal von dem der Gegenwart unterscheiden wird.

(39) Es dürfte klar sein, daß es mir *nicht* gelungen ist, Descartes zurückzulassen, im wesentlichen deshalb, weil es gegenwärtig unmöglich ist, in reinen nichtwissenschaftlichen Kategorien diskursiv zu denken, obwohl ich das versucht habe (Fußnoten 35 und 36 dieses Kapitels). Die Diskussion in diesem Kapitel führt die Geist-Körper-Dichotomie fort, lokalisiert das Ich im Kopf und das Unbewußte im Körper. Der Begriff „unbewußt“ wird auch im doppelten Sinn gebraucht, als Partizipation und als Wissen im Körper, zu dem wir irgendwie Zugang haben. Kann das ein berechtigter Ansatz sein?
Ich würde das beantworten, indem ich sage, daß dieses Kapitel eine nicht vermeidbare Spannung quasi eingebaut hat. Ich bemühe mich um eine verbale Analyse für nichtverbale Erfahrung, und bei dem Versuch, das zu kommunizieren, stößt man auf offensichtliche Grenzen. Wie Don Juan feststellte, kann das „Tonale“ per definitionem unmöglich das „Naguale“ explizieren. Somit sind die zwei Bedeutungen des Unbewußten, die ich benutze, nur dualer Natur für wissenschaftliche Argumentation. Für eine holistische Argumentation *ist Mimesis* das Wissen im Körper und kaum schwer zugänglich. Anders ausgedrückt, ist das „Naguale“ nicht unbekannt. Unbekannt ist es nur dem Ich. Das ontologische Wesen, die ganze Person kennt es, aber es gibt keine Möglichkeit, dieses Wissen dem Leser in einem Buch zu präsentieren, es sei denn, man druckte es auf ein Fell oder man wählte eine poetische Sprache. Ich hätte natürlich eine holistische Terminologie neu einführen können, einschließlich solcher Worte wie „Geistkörper“ und „Selbstanderer“, aber ich halte ein wissenschaftliches *Finnigan's Wake* zur Zeit nicht für hilfreich. Ich schlage deshalb vor, daß das gegenwärtige Kapitel und sein kartesianisches Vokabular als eine Art Krücke betrachtet wird, die uns hilft, zu dem Punkt voranzukommen, von dem an es nicht länger nötig sein wird, auf dualistische Weise zu denken. Wir stecken alle im Dualismus fest, aber wir erkennen, daß ein Wandel sich ankündigt.

(40) E. A. Burtt, *The Metaphysical Foundations of Modern Science*, 2. Aufl., (Garden City, N.Y.: Doubleday, 1932), S. 17; Langer, *Philosophie auf neuem Wege* (S. Fischer Verlag, 1965), S. 21 und Vorwort.

(41) Die folgende Diskussion ist von meinem Essay, „The Ambiguity of Color", übernommen, 1978 vom Exploratorium in San Francisco veröffentlicht; ich benutze das Material mit Erlaubnis des Direktors. Siehe auch Mike und Nancy Samuels, *Seeing with the Mind's Eye* (New York: Random House, 1975), S. 93. Lands Artikel, „Experiments in Color Vision", findet man in der Mai-Ausgabe 1959 des *Scientific American*, und das Zitat von Laotse erscheint in Alan Watts, *Zenbuddhismus*, (Reinbek: Rowohlt, 1961). Whorfs klassische Arbeit ist *Sprache, Denken, Wirklichkeit* (Reinbek: Rowohlt, 1963). Es gibt eine umfangreiche Literatur über die menschliche Aura; der interessierte Leser könnte mit Nicholas M. Regush, *Exploring the Human Aura* (Englewood Cliffs, N. J.: Prentice-Hall, 1975) beginnen.

(42) Ein Aufenthalt von *mehr als* fünfzehn Minuten bringt den Gefangeen in die Nähe eines Zusammenbruchs. Siehe hierzu ,,No new tortures needed", *Montreal Gazette*, 17. Oktober 1980, sowie „Pink Power calms raging inmates", *Montreal Gazette*, 5. Januar 1981.

(43) Dieses Statement könnte in die Irre führen; ich will hier nicht sagen, daß Anthropozentrismus die Antwort auf unser epistemologisches Dilemma ist. Es dürfte sich lohnen, beispielsweise zu fragen, wie die Erfahrung von Farben eines Wales oder einer Spinne beschaffen ist, und Judith und Herbert Hohl untersuchen diesen Ansatz in ihrem interessanten Buch, *The View from the Oak* (San Francisco: Sierra Club Books, 1977). Doch selbst in solchen Fällen spielt der menschliche Faktor eine Rolle; was dort wirklich untersucht wird, ist die menschliche Erfahrung der Wal- oder Spinnenerfahrung von Licht und Farben. Die Erkenntnis von der Existenz dieses Faktors und seine Einbeziehung in unsere Wissenschaften resultiert nicht notwendigerweise in einem Anthropozentrismus. Donald Griffin diskutiert die Vorstellung von teilnehmender Observation bei biologischer Forschung in *The Question of Animal Awareness* (New York: The Rockefeller University Press, 1976).

(44) Robert Bly, *Sleepers Joining Hands* (New York; Harper & Row, 1973), S. 48-49.

(45) Brown, *Life Against Death*, S. 236 (dtsch. Ausgabe, siehe Fußnote 27, z. Z. vergriffen).

KAPITEL 7: EINE METYPHYSIK VON MORGEN (1)

(1) Philip Slater, *Earthwalk* (New York, Bantam Books 1975), S. 233.

(2) Gregory Bateson starb im Juli 1980 in San Francisco. Er arbeitete an dem Folgewerk des Buches: *Geist und Natur*, das vielleicht die ästhetische Dimension erkundet hätte, die ich kurz in Kapitel 9 erörtere; aber in der jetzigen Fassung stellt sich ganz unerwartet heraus, daß die Diskussion seines Werkes in den Kapiteln 7 und 8 ,,vollständig" ist.
Eine Biographie über Bateson erschien zu spät, als daß ich sie für diese Arbeit noch hätte lesen können: David Lipset, *Gregory Bateson: The Legacy of a Scientist*, (Englewood Cliffs, N.J., Prentice-Hall 1980)

(3) Die Darstellung des Lebens von William Bateson weiter unten gründet sich auf die folgenden Quellen: William Coleman, ,,Bateson and Cromosomes: Conservative Thought in Science", *Centaurus* 15 (1970), S. 228-314; Beatrice Batesons Biografie ihres Mannes, *William Bateson*, F.R.S., Naturalist (Cambridge, Cambridge University Press, 1928), S. 1-160; und Gregory Bateson, Ökologie des Geistes, Spekulationen über ethnologisches Beobachtungsmaterial, S. 124 ff.

(4) Morris Berman, „ ‚Hegemony' and the Amateur Tradition in British Science", *Journal of Social History 8* (Winter 1975), S. 30-50. Die gesamte Wissenschaft in Großbritannien war jedoch bis ins späte 19. Jahrhundert durch diese Tradition geprägt.

(5) Der vollständige Titel lautet: *Materials for the Study of Variation treated with especial Regard to Discontinuity in the Origin of Species..*

(6) Wir können nur vermuten, was der Wissenschaft verloren ging, als die Chromoso-

mentheorie sich durchgesetzt hatte. Batesons Gedanke von der Weitergabe von Anlagen ist im Werk von Gregory Bateson, C. H. Waddington und einigen anderen Biologen wiederbelebt worden, die in der Lage waren, mit Erfolg für die Existenz der Lamarckschen Mimikry zu argumentieren – etwas, was die Vererbung erworbener Eigenschaften nachahmte. Aber im großen und ganzen ist die Welt materialistisch, die orthodoxe Biologie führt unausweichlich zu dem möglichen Schrekken der Gen-Manipulation, die vielleicht hätten vermieden werden können, wenn sich Batesons Ansichten in den zwanziger Jahren durchgesetzt hätten. Vgl. dazu Barry Commoner: „Failure of the Watson-Crick Theory as a Chemical Explanation of Inheritance", *Nature* 226 (1968), S. 334.

(7) Die viktorianischen Modellentwürfe, einschließlich des Vortex-Atoms ist Gegenstand einer ausgedehnten Literatur gewesen, einschließlich eines sehr kritischen Überblicks des französischen Historkers Pierre Duhem in Kapitel 4 seines Werkes: Aim and Structure of Physical Theory, *übersetzt von Philip P. Wiener (Princeton, Princeton* University Press, 1954; weiteres Material findet sich in Arbeiten von und über William Thomson (Lord Kelvin), P. G. Tait, James Clerk Maxwell, Oliver Lodge, Joseph Larmer u. a. Vgl. Robert Silliman, „William Thomson: Smoke Rings and Nineteenth-Century Atomism", *Isis* 54 (1963), S. 461-74.

(8) W. und G. Bateson, „On certain aberrations of the redlegged partridges *Alectoris rufa and saxatilis", Journal of Genetics* 16 (1926), S.101-23.

(9) Vg. Gunther S. Stent, *The Coming of the Golden Age* (Garden City, N. Y. The Natural History Press, 1968), S. 73-74, 112. Vgl. auch sein Buch: *Pradoxes of Progress* (San Francisco, W. H. Freeman, 1978).

(10) Im großen und ganzen werde ich jede Erörterung der biologischen Schriften Batesons und seine Revision der darwinistischen Evolutionstheorie weglassen. Der begrenzte Raum verhindert an dieser Stelle ihre Darstellung, obwohl sie mit seinen anderen Arbeiten eng verwoben sind. Ich bin auch zuallererst an den ethischen Implikationen jenes Werkes interessiert, und das wird in Kapitel 8 vorgestellt. Leser, die diese Lücke gerne füllen möchten, sollten in: *Geist und Natur: Die grossen stochastischen Prozesse* nachschlagen, und in den Aufsätzen in: *Ökologie des Geistes*, mit den Titeln: „Minimalforderungen für eine Theorie der Schizophrenie" und „Die Rolle der somatischen Veränderung in der Evolution."

(11) Die folgende Erörterung ist entnommen aus: *Naven*, 2. Aufl., Stanford 1958, S. 1-2, 29-30, 33, 35, 88, 92, 97-99, 106-34, 141-51, 157-58, 175-89, 186-203, 215, 218-20, 257-79 und aus dem Epilog von 1958. Ich habe ebenfalls 3 Aufsätze aus *Steps to an Ecology of Mind*: „ Beobachtungsmaterial, Moral- und Nationalcharakter, und „Bali: Das Wertsystem in einem Zustand" benutzt.
Bateson vertritt in seinem Werk *Geist und Natur*, S. 237 ff., die Meinung, daß die Methodologie der Iatmul-Untersuchung ein Paradigma für die Lösung einer sehr großen Zahl von Problemen der Ethik, Pädagogik und Evolution darstellt.

(12) Bateson hatte jedoch auch seine Differenzen mit Ruth Benedicts Aufsatz, wie er auf den Seiten 236-237 des Buches *Geist und Natur* vermerkt. Die nun folgende Erörterung beschäftigt sich ausschließlich mit dem Ethos; ich werde zum Eidos in dem späteren Abschnitt über die Lerntheorie zurückkehren.

(13) Es gibt jedoch verwandtschaftliche Differenzierungen, und das *Naven* zeigt sich als durch den Versuch motiviert, Spannungen zu verringern (wie sie persönlich erlebt werden), die aus diesen Beziehungen entstehen, zusätzlich zu seiner Wichtigkeit beim Auflösen sexueller Spannungen. Zumeist werde ich mich jedoch nicht mit den verwandtschaftlichen Motivationen beschäftigen. Batesons Zusammenfassung findet sich in *Naven*, S. 203-217.

(14) Als Überblick zu einem Teil der anthropologischen Diskussion dieses Themas vgl. Milton Singer, „A Survey of Culture and Personality", in: Bert Kaplan, Hrsg., Studying Personality Cross-Culturally (New York, Harper + Row 1961), S.9-90.

(15) Es ist notwendig anzumerken, daß Batesons früühes anthropologisches Werk doch zwei ernste Fehler besaß, auf die er beide später hinwies. Der erste bestand in dem, was Alfred North Whitehead den „Trugschluß der falschen Konkretion" nannte – Abstraktionen zu konkreten „Dingen" zu machen. Bateson war sich tat-

sächlich darüber bewußt, als er das Nachwort zu der ersten (1936) Ausgabe von *Naven* schrieb. Dort sagte er, daß das Ethos trotz seiner allgemeinen Argumentationsweise im Text keine Wesenseinheit ist und keine Ursache für irgend etwas sein kann: niemand hat jemals ein Ethos gesehen oder geschmeckt, genausowenig, wie jemand das 1. Thermodynamische Gesetz gesehen oder geschmeckt hat. Der Begriff ist eine Beschreibung; eine Art, Daten zu ordnen; ein Standpunkt, der vom Wissenschaftler oder von dem Eingeborenen selbst eingenommen wird.

Zweitens erkannte er ab 1958, daß die Auffassung zu simpel war, daß Stabilität durch eine „Beigabe" von symmetrischer und komplementärer Schismogenese aufrechterhalten werden könnte. Dies geht von der naiven Annahme aus, daß die beiden Variablen sich irgendwie gegenseitig aufheben können, aber nie eine funktionale Beziehung zwischen ihnen entsteht. Ohne eine solche Beziehung gibt es keinen Grund zur Annahme, daß die beiden Prozesse ins Gleichgewicht kommen werden; die Erklärung für Stabilität ist hier zu zufällig. Die wirkliche Frage, sagte Bateson später, war die, wie (und ob) zunehmende schismogene Spannung zum Auslösen kontrollierender Faktoren dienten, und er überprüfte die Theorie in kybernetischer Begrifflichkeit mit dem Konzept des „*end-linkage*". Vgl. Kapitel 8 dieser Arbeit und das Nachwort zu *Naven* von 1958.

(16) Zu Bali, vgl. Gregory Bateson und Margaret Mead, *Balinese Character: A Photographic Analysis* (New York: New York Academy of Sciences 1942); der in der Fußnote 11 erwähnte Aufsatz über Bali und: „Stil, Grazie und Informationen in der primitiven Kultur", in: *Ökologie des Geistes.*

(17) Herbert Marcuse, *Der eindimensionale Mensch* (Neuwied: 1970); Vorrede: Die Paralyse der Kritik: eine Gesellschaft ohne Opposition.

(18) Die folgende Diskussion stützt sich auf Jürgen Ruesch und Gregory Bateson, *Communication: The Social Matrix of Psychiatry* (New York: Norton 1968, Erstausgabe 1951), S. 176, 212, 218, 242; und die folgenden Aufsätze aus: *Steps to an Ecology of Mind*: „Social Planning and the Concept of Deutero-Learning"; „A Theory of Play and Fantasy"; „Epidemiology of a Schizophrenia"; „Towards a Theory of Schizophrenia" (geschrieben zusammen mit Don D. Jackson, Jay Hayley und John H. Weakland); „Minimal Requeirements for a Theoya of Schizophrenia", „Double Bind, 1969"; und „The Logical Categories of Learning and Communication".

(19) Bateson, *Ökologie des Geistes, S. 232.*

(20) Es gibt so etwas wie einen luziden Traum, in dem der/die Träumer(in) sich bewußt ist, daß er oder sie träumt, aber meistenteils ist solch ein Phänomen kein gewöhnliches Vorkommnis.

(21) Jay Haley, „Paradoxes in Play, Fantasy, and Psychotherapie", *Psychiatric Research Reports 2*, (1955), S. 52-58.

(22) R.D. Laing, *Das geteilte Selbst.*

(23) Zitiert in Coleman, „Bateson and Chromosomes", S.273.

(24) Siehe Batesons Einführung zu Gregory Bateson, ed., *Perceval's Narrative: A Patient's Account of His Psychosis*, 1830-1832, by John Perceval (Stanford: Stanford University Press, 1961).

(25) E. Z. Friedenberg, *R.D. Laing (New York: Vi*king, 1974), S. 7.

(26) Meine Quelle für die folgende Information ist ein Gespräch, das Bateson am 14. Oktober 1975 in London gegeben hat.

(27) *Ökologie des Geistes*, S. 381.
Über die amüsante viktorianische Geschichte zu diesem Thema siehe Edwin A. Abbott, Flatland, 6th ed. (New York: Dover, 1952).

(28) R. D. Laing, *Phänomenologie der Erfahrung* (Suhrkamp: Frankfurt a.M., 1977).

(29) „Offiziell" ist hier ein Schlüsselwort seitdem wir durch Metakommunikation das kartesianische Weltbild absorbieren. Vgl. meine Diskussion in Kapitel 5, daß die kartesianische Metaphysik ein partizipierendes Bewußtsein beinhaltet, obgleich sie es verleugnet.

Kapitel 8: EINE METAPHYSIK VON MORGEN (2)

(1) Gregory Bateson, *Ökologie des Geistes*, (Frankfurt, Suhrkamp 1981), S. 27-28.

(2) „Geist" wird hier in annähernd dem gleichen Sinn gebraucht, wie er zuerst in Kapitel 5 benutzt wurde, d.h. um das geistige System zu bezeichnen, das sowohl das Unbewußte als auch das, was wir herkömmlich mit Geist bezeichnen, einschließt. Dieses größere, umfassendere geistige System wird hier in der Regel in Blockbuchstaben (GEIST) oder kursiv (*GEIST*) geschrieben. Dieses Konzept wird im folgenden noch genauer beschrieben.

(3) Ein interessanter Vergleich zu dem nun folgenden bietet sich in Jürgen Ruesch und Gregory Bateson, *Communication: The Social Matrix of Psychiatry* (New York: Norton, 1968; zuerst veröffentl.), S. 259-61.

(4) Bezüglich der folgenden Diskussion, siehe „Die Kybernetik des 'Selbst': Eine Theorie des Alkoholismus", in *Ökologie des Geistes*, S. 400 ff.

(5) Es ist nicht uninteressant, hier festzuhalten, daß einer der Begründer der AA von der Arbeit von C. G. Jung beeinfluß war. Siehe hierzu *Alcoholics Anonymous*, 3. Aufl. (New York: Alcoholics Anonymous World Services, 1967), S. 26-27.

(6) Der folgende Abschnitt basiert auf Batesons *Geist und Natur. Eine notwendige Einheit* (Frankfurt: Suhrkamp 1982), S. 113-143, sowie auf *Ökologie des Geistes*, S. 619.

(7) Die unten angebotene Diskussion der Redundanz basiert auf *Ökologie des Geistes*, S. 182-197.

(8) Michael Polanyi, *Personal Knowledge*, verbesserte Aufl. (Chicago, University of Chicago Press, 1962), S. 88.
Ich will mich an diesem Punkt nicht unnötig festhalten, aber es könnte sich als nicht sofort erkennbar erweisen, daß alles redundant zu machen, bedeuten würde, alles dem Zufall zu überlassen. Eine brauchbare Analogie ist vielleicht in der Rausch-Signal-Abstand einer Radio- oder Fernsehsendung: es muß einen *Abstand* zwischen ihnen geben, wenn er überhaupt existieren soll. Wenn alles Signal wäre, dann gäbe es keinen Hintergrund mehr; dann wäre *alles* Hintergrund (der Fernsehschirm wäre beispielsweise schwarz). Wenn jeder Soldat irgendeiner Armee zum General befördert würde, dann gäbe es keine Armee mehr. Anders ausgedrückt, zerstört totale Redundanz jegliche Differenzierung. Wenn einmal alles redundant ist, dann fehlt der Rahmen um Redundanz zu schaffen. „If everybody is somebody", schrieben Gilbert und Sullivan in einer ihrer Operetten, „then nobody is anybody." (Wenn jeder jemand ist,/ dann ist niemand irgendjemand.)

(9) Gregory Bateson, *Naven*, 2. Aufl. (Stanford: Stanford University Press 1958), S. 276.

(10) Gregory Bateson und Margaret Mead, *Balinese Character: A Photographic Analysis* (New York, New York Academy of Sciences, 1942). Bezüglich repräsentativer Untersuchungen in Kinesik, siehe Ray L. Birdshistell, *Introduction to Kinesics* (Louisville, Kentucky: University of Lousville Press, 1952), sowie A.E. Scheflen, *How Behaviour Means* (Garden City, N.Y.: Doubleday Anchor, 1974).

(11) Anthony Wilden, *System und Structure* (London: Lavistock Publ., 1972), S. 123, 194 ff. Zur Diskussion des Verhältnisses zwischen analogem und digitalem Wissen, siehe *Ökologie des Geistes*, S. 192-96, S. 530-34, S. 556-57.

(12) Ich muß zugeben, daß ich einige Schwierigkeiten mit Batesons Überzeugungen habe, daß die Essenz einer unbewußten Meldung darin besteht, daß sie unbewußt geschieht, oder daß alle analoge Kommunikation eine Kommunikationsübung über den unbewußten Geist darstellt. Tanzen kann man über die Beziehung zwischen Raum und Inhalt, oder beispielsweise über Leichtigkeit und Schwere. In seinem berühmten Film *Les Enfants du Paradis* gibt es eine pantomimische Sequenz von Jean-Louis Barrault über einen Taschendieb. Der Zweck dieser Sequenz war nicht darin zu sehen, die Natur des Unbewußten zu enthüllen, sondern den Diebstahl einer Uhr zu zeigen. Ich glaube, Bateson denkt vor allem an echtes Psychodrama, und nicht an jede Art analoger Kommunikation.

(13) „A Conversation with Gregory Bateson", in Lee Thayer (Hrsg.), *Communication:*

Ethical and Moral Issues (London and New York: Gordon and Breach Science Publishers, 1973), S. 248.

(14) Die folgende Thematik ist aus „A Conversation with Gregory Bateson", S. 247, entnommen; Mary Catherine Bateson (Hrsg.), *Our Own Metaphor* (New York: Knopf, 1972), S. 16-17; John Brockman (Hrsg.), About Bateson (New York: Dutton, 1977), S. 98; *Psychology Today* (USA-Ausgabe), Mai 1972, S. 80 (Interview mit Claude Levi-Strauss); sowie *Ökologie des Geistes*, S. 174-75, S. 428;31, S.559-60, S. 591, S. 619-21. Siehe auch Lynn White jr., „The Historical Roots of Our Ecologic Crises", *Science* 155 (10. März 1967), S. 1203-7.

(15) Bezüglich Akklimatisierung im Gegensatz zur Sucht, siehe *Geist und Natur*, S.215-18, sowie *Ökologie des Geistes*, S. 451, S. 567-70, S. 627 ff.

(16) Ein Teil dieser Informationen sind in dem 1979 erschienenen Artikel enthalten: Rasa Gustaitis, „Global Comeback of Once-banished Malaria" (San Francisco: Pacific News Service).

(17) Die das Folgende betreffenden Quellen sind das Inverview mit Levi-Strauss (siehe Fußnote 14 dieses Kapitels); Mary Catherine Bateson, *Our Own Metaphor*, S. 91, 266-79, 285; *Ökologie des Geistes*, S.572-73, S. 579, S. 640; sowie Murray Bookchin, „Ecology and Revolutionary Thought" in *Post-Scarcity Anarchism* (Palo Alto, Ramparts Press, 1971), S. 63-68, 70-82. Die Bedeutung der Vielfalt wird in den meisten Lehrbüchern der Ökologie und der Genetik diskutiert.

KAPITEL 9: EINE POLITIK DES BEWUSSTSEINS

(1) Max Weber, **Die protestantische Ethik und der Geist des Kapitalismus** (München Hamburg: Siebenstern, 1965), S. 189. (Anm. d. Übers.: bei Berman wird nicht klar, daß es sich auch bei Weber um ein Zitat handelt, das mit folgender Fußnote versehen ist: „Es ist dem Herausgeber nicht gelungen, die Herkunft des Zitats auszumachen, weder bei *Friedrich Nietzsche*, noch bei *Fr. Th. Vischer*.)

(2) Siehe Kapitel 7, Fußnote 24.

(3) Dieses Statement könnte falsch sein. Die Wahrnehmung von Farben in der menschlichen Aura und ihre Beziehung zum Heilen könnte sich als solch eine Fragestellung herausstellen. Siehe auch meine Diskussion der Farben in der Zusammenfassung von Kapitel 6.

(4) *Ökologie des Geistes* (Frankfurt: Suhrkamp, 1981), S. 593.

(5) Christopher Hill, *The World Turned Upside Down* (New York: Viking, 1972).

(6) Ich bin selbst nicht in „planetarer Politik" aktiv und kann deshalb nicht autoritativ über diese Themen sprechen. Das folgende sollte somit als ein Report über gewisse Trends verstanden werden, die in diese Kategorie fallen. Ich beziehe mich in dieser Diskussion auf die unten angeführte Literatur, aber ich möchte hier die Gelegenheit wahrnehmen, meine Dankbarkeit Peter Berg gegenüber auszudrücken, der mich in diesen Themenbereich einführte. Viele der Ideen, die hier im folgenden diskutiert werden, waren die zentralen Themen seiner politischen und pädagogischen Bemühungen in der Gegend um San Francisco im Verlauf von mehr als einem Jahrhundert, was seinen Niederschlag fand in seinem Journal *Planet Drum*, seinem Buch *Reinhabiting a Separate Country* (San Francisco: Planet Drum Books, 1978), sowie in unzähligen anderen Aktivitäten. Die Natur einer planetaren Kultur und ihre Existenz als politische Alternative waren das Thema einer viertägigen Konferenz mit dem Titel „Listening to the Earth", die zusammen von Berg und mir in San Francisco (7. bis 10. April 1979) veranstaltet wurde. Ein Teil der folgenden Diskussion bezieht sich auf Ideen, die auf dieser Konferenz artikuliert wurden.

Die allgemeine Literatur zu diesem Thema ist recht umfangreich, und so bleibt mir nichts anderes übrig, als die von mir bevorzugten Titel anzugeben:
Fiction: Ernest Callenbach, *Ökotopia* (Berlin: Rotbuch, 1978); Ursula K. LeGuin, *Planet der Habenichtse* (München: Heyne, 1976); Marge Piercy, *Woman on the Edge of Time* (New York: Knopf, 1976).

Zukunftsforschung: Willis W. Harman, *An Incomplete Guide to the Future* (San Francisco: San Francisco Book Company, 1976); Kimon Valaskakis et al., (Hrsg.), *The Conserver Society* (New York: Harper & Row, 1979); Hazel Henderson, *Creating Alternative Futures* (New York: Berkeley Publishing Corp., 1978); Edward Goldsmith et al., (Hrsg.), *Blueprint for Survival* (Boston: Houghton Mifflin, 1972); Peter Hall, (Hrsg.), *Europe 2000* (London: Gerald Duckworth, 1977); Michael Marien, ,,The Two Visions of Post-Industrial Society", *Futures* 9 (1977), S. 415-31, and „Toward a Devolution", *Social Policy*, Nov./Dez. 1978, S. 26-35.
Politische und ökonomische Kommentare: Leopold Kohr, *The Breakdown of Nations* (New York: Dutton, 1975; Erstveröffentlichung 1957); Gary Snyder, „Four Changes", in *Turtle Island* (New York: New Directions, 1974); Gordon Rattray Taylor, *Das Experiment Glück* (Frankfurt: S. Fischer Verlag, 1973); Michael Zwerin, *Case for the Balkanization of Practically Everyone* (London: Wildwood House, 1975); E. F. Schumacher, *Small is Beautiful* (Reinbek: Rowohlt, 1978); Herman E. Daley, (Hrsg.), *Toward a Steady-State Economy* (San Francisco: W. H. Freeman, 1973); ,,Ecology Party Manifesto", *The New Ecologist* 9 (1979), S. 59-61; sowie die Literatur einer Anzahl anarchistischer Schriftsteller und/oder Sozialkritiker, besonders Paul Goodman, Ivan Illich, Lewis Mumford und Murray Bookchin (zur Beziehung zwischen Anarchismus und Ökologie siehe den Essay von Bookchin, ,,Ecology and Revolutionary Thought", in *Post-Scarcity Anarchism* (Palo Alto: Ramparts Press, 1971), wie auch George Woodcock, „Anarchism and Ecology", in *The Ecologist* 4 (1974), S. 84-88).
Ökologie: Arne Naess, „The Shallow and the Deep, Long-Range Ecology Movement. A Summary", *Inquiry* 16 (1973), S. 95-100; Paul Shepard, *The Tender Carnivore and the Sacred Game* (New York: Scribner's, 1973); Bill Devall, „Streams of Environmentalism", *Natural Resources Journal* 19 (1979), Nr. 3; John Rodman, „The Liberation of Nature?" *Inquiry* 20 (1977), S. 83-131; Raymond F. Dasmann, „Toward a Dynamic Balance of Man and Nature", *The Ecologist* 6 (1976), S. 2-5, und „National Parks, Nature Conservation and ‚Future Primitive' ", *The Ecologist* 6 (1976), S. 164-67; sowie den glänzenden Aufsatz von Jerry Gorsline and Linn House, „Future Primitive", der in *Planet Drum*, Nr. 3 (,,Northern Pacific Rim Alive"(1974 erschien und 1977 in *Alcheringa* 2, S. 111-13, wiederveröffentlicht wurde.
Religiöse Erneuerung: Eleanor Wilner, *Gathering the Winds (Baltimore: The John Hopkins University Press, 1975)*, und Jacob Needleman, *A Sense of the Cosmos* (Garden City, N. Y.: Doubleday, 1975).

(7) Unglücklicherweise wird die Parapsychologie bereits seit vielen Jahren vom CIA und vom KGB recht ernst genommen, die an ihrem möglichen Einsatz interessiert sind. Ich werde die politischen Gefahren von Lernen III weiter unten in diesem Kapitel diskutieren, aber der Leser sollte darüber im Klaren sein, daß sowohl die Amerikaner wie auch die Sowjets mit großem Aufwand in diesem Bereich tätig sind, und meistens handelt es sich dabei um Geheimmaterial. Es kam zu einigen wenigen öffentlichen Enthüllungen über die LSD-Experimente der CIA (z. B. das Projekt MK-ULTRA), also Resultat von Veröffentlichungen, die unter das Gesetz fallen, das die Informationsfreiheit schützt (Freedom of Information Act), aber ansonsten gibt es da keinen Zugang. Siehe Michael Rossman, *New Age Blues* (New York: Dutton, 1979), S. 167-260; John D. Marks, *The Search for the „Manchurian Candidate": The CIA and Mind Control* (New York: Times Books, 1979); ,,Soviet Psychic Secrets", *San Francisco Chronicle*, 16. Juni 1977; John L. Wilhelm, „Psychic Spying?" *Washington Post*, 7. August 1977.

(8) Fernand Lamaze, *Painless Childbirth* (New York: Pocket Books, 1977); Frederick Leboyer, *Geburt ohne Gewalt* (München: Kösel).

(9) ,,Selbst" wird hier eher im Jungschen Sinne benutzt und nicht im Batesonschen Sinn als Ich (siehe Kapitel 8).

(10) Der amerikanische Videokünstler Paul Ryan hat an genau solch einem Experiment jahrelang gearbeitet, und er nennt es „triadic practice" (triadische oder Dreier-Übung), in dem Dreiergruppen es lernen, die Eskalation zu Konflikten zu ver-

meiden. Einige dieser Aspekte seiner Arbeit sind in sein Buch aufgenommen, *Cybernetics of the Sacred* (Garden City, N. Y.: Doubleday Anchor, 1974), und noch ausführlicher in „Relationships", *Talking Wood* 1 (1980), S. 44-55.

(11) Jerry Gorsline und Linn House, „Future Primitive".

(12) Murray Bookchin, *Post-Scarcity Anarchism*, S. 78; Gary Snyder, „Four Changes", S. 94.

(13) Es existiert eine umgangreiche Literatur zu dem, was man „sanfte Technologie" oder „Technologie mit menschlichem Gesicht" genannt hat. Zwei der bekanntesten Arbeiten sind Ivan Illich, *Selbstbegrenzung* (Reinbek: Rowohlt, 1975), sowie E. F. Schumacher, *Small is Beautiful* (Reinbek: Rowohlt, 1978).

(14) Murray Bookchin, *The Limits of the City* (New York: Harper & Row, 1973); Lewis Mumford, *The Culture of Cities* (New York: Harcourt, Brace and Company, 1938). Das Ariès-Zitat stammt aus *Geschichte der Kindheit* (München: Hanser, 1976).

(15) Peter Berg und Raymond Dasmann, „Reinhabiting California", in Peter Berg, *Reinhabiting a Separate Country*, S. 219.

(16) Roszaks Arbeit, besonders *Das unvollendete Tier* (München: Dianus-Trikont, 1982), *Where the Wasteland Ends* (Garden City, N. Y.: Doubleday, 1978), und *Mensch und Erde* (Soyen: Ahorn Verlag, 1982), baut auf auf das Modell des römischen Weltreichs. Siehe auch Harman, *Incomplete Guide*, sowie Robert L. Heilbroner, *Der Niedergang des Kapitalismus* (Reinbek: Rowohlt, 1977).

(17) Percival Goodman, *The Double E* (Garden City, N. Y.: Doubleday Anchor, 1977).

(18) „A Future That Means Trouble", *San Francisco Chronicle*, 22. Dezember 1975.

(19) Leopold Kohr, *The Breakdown of Nations;* Kevin Phillips, „The Balkanization of America", *Harper's*, Mai 1978, S. 37-47; Peter Hall, *Europe 2000*, besonders S. 22-27 (ganz allgemein sind alle die Trends, die ich in dem Bild von der planetaren Kultur skizzierte, in diesem Buch dargestellt, einschließlich einige der Ursprünge dieses Wandels). Siehe auch Zwerin, *Case for the Balkanization of Practically Everyone*.

(20) Hall, *Europe 2000*, S. 167.

(21) *I Ging*, in der Übersetzung von Richard Wilhelm (Düsseldorf/Köln: Diederichs, 1972), S. 179 (Hexagramm 48, Der Brunnen).

(22) William Coleman, „Bateson and Chromosomes: Conservative Thought in Science", *Centaurus* 15 (1970), besonders S. 292-304.

(23) Batesons Arbeit hat wichtige politische Implikationen, die aber in seinen eigenen Analysen nicht besonders deutlich werden. So ist beispielsweise im Fall der Schizophrenie die größte Einheit GEIST, seiner Meinung nach, die Familie, aber die Familie ist kaum aus einem weiteren politischen Kontext zu isolieren. Autoritäre Beziehungen der weiteren Gesellschaft werden innerhalb der Familienstruktur dupliziert; dieses Problem wird jedoch nie angegangen. Die Machtbeziehung zwischen Eltern und Kind produziert nicht notwendigerweise Schizophrenie, ist jedoch, wie Bateson 1969 deutlich machte, eine notwendige Voraussetzung dafür: das Opfer muß unfähig sein, das Feld zu verlassen. Somit erweist sich Batesons zentrales Interesse für Störungen in der Metakommunikation als wichtig für die Analyse, aber als möglicherweise unvollständig.

(24) Anthony Wilden, *System and Structure* (London: Tavistock Publications, 1972), S. 113.

(25) Anatol Rapoport, „Man, the Symbol User", in Lee Thayer (Hrsg.), *Communication: Ethical and Moral Issues* (New York: Gordon and Breach Science Publishers, 1973), S. 41.

(26) Die folgende Kritik am Einsatz der logischen Typen und an der Hierarchie ist der Beitrag von Paul Ryan, und ich bin dankbar für die Hilfe in diesem schwierigen Bereich. Ich zögere nicht, hinzuzufügen, daß Ryan die andere Kritik an Batesons Arbeit nicht teilt, die ich in diesem Kapitel präsentiere.
Bezüglich des vollen Umfangs von Ryans Kritik, siehe „Metalogue: Gregory Bateson/Paul Ryan", in einem Sonderhelft (Frühjahr 1980) des Magazins *Talking Wood* mit dem Titel „All Area".

(27) G. Spencer Brown, The Laws of Form (New York: The Julian Press, 1972), S.x.

(28) Warren S. McCulloch, „A Heterarchy of Values Determined by the Topology of Nervous Nets", in *Embodiments of Mind* (Cambridge: The MIT Press, 1965), S. 40-44.

(29) Hierarchie existiert mit Sicherheit im Tierreich, wie das die verschiedensten Untersuchungen des Verhaltens von Wolfsrudeln und anderen Tiergruppen gezeigt haben; aber es gibt keine Möglichkeit, den Beweis dafür zu führen, daß wir das in die menschliche Natur übernommen haben, wie das einige Vertreter der Klassengesellschaft immer wieder tun möchten. Murray Bookchins Meinung nach, gibt „es keine Hierarchien in der Natur, es sei denn jene, die durch hierarchische Modi menschlichen Denkens übertragen wurden, stattdessen jedoch Unterschiede lediglich in der Funktion zwischen oder innerhalb lebender Dinge" (*Post-Scarcity Anarchism*, S. 285). Auch in einigen von Henri Laborits Arbeiten wird diese Sichtweise vertreten.

Genau genommen sind Heterarchy und Egalitarismus nicht das Gleiche. Heterarchie bedeutet intransitive Differenzierung, was nicht identisch ist mit Gleichheit. Aber die zwei sind einander so nahe, daß ein heterarchisches System in der Praxis im Grunde egalitär wäre.

(30) Rene Dubos, „Environment", *Dictionary of the History of Ideas*, 2 (1973), S. 126; C. H. Waddington, „The Basic Ideas of Biology", in C. H. Waddington (Hrsg.), *Towards a Theoretical Biology*, 4 Bde. (Chicago: Aldine Publishing Company, 1968), 1-12.

(31) Wilden, *System and Structure*, S. 141, S. 354 ff. Shannon, Weaver und W. Ross Ashby sind typische Vertreter früher kybernetischer Literatur.

(32) Dies ist natürlich ein schwieriges Thema. Ob ein Wandel eine echte Änderung des Programms darstellt, oder immer ein Teil des Programms war, das ist ein Thema, das Historiker im Zusammenhang mit jeder größeren historischen Entwicklung debattieren. Das ganze Quantität-Qualität-Argument von Marx war dazu gedacht, die Spannung zwischen homöorhetischer und morphogenetischer Entwicklung zu überwinden.

(33) Bateson, *Geist und Natur. Eine notwendige Einheit* (Frankfurt: Suhrkamp. 1982), S. 253.

(34) Robert Lilienfeld, *The Rise of Systems Theory* (New York: Wiley, 1978), S. 70.

(35) Ebenda, S. 160.

(36) Ebenda, S. 174, 263. Siehe auch William W. Everett, „Cybernetics and the Symbolic Body Model", *Zygon* 7 (Juni 1972), S. 104, 107.

(37) Carolyn Merchant, *The Death of Nature* (New York: Harper & Row, 1980), S. 103, 252, 291; siehe auch S. 238-39.

(38) Tatsächlich war es so, daß das Experiment nicht wie beschrieben ablief. Wie Bateson erzählt, war die Situation häufig auf der Schwelle zum Zusammenbruch, und der Trainer mußte dem Tier eine Reihe von Belohnungen geben, die ihm eigentlich nicht zustanden, um die Beziehung zu dem Tier aufrecht zu erhalten.

(39) Siehe Kapitel 7, Fußnote 27.

(40) Rossman, *New Age Blues*, S. 54-56. Im folgenden Abschnitt siehe Kapitel 7, Fußnote 2.

(41) Nach Flo Conway und Jim Siegelman, *Snapping: America's Epedemic of Sudden Personality Change* (Philadelphia: Lippincott, 1978), S. 11,12, 56, 151, gibt es zur Zeit in den Vereinigten Staaten mehr als tausend aktive religiöse Kulte, die annähernd achttausend verschiedene Techniken benutzen, die unter die Rubrik fallen, die Bateson Lernen III nennt. Viele von ihnen werden geführt oder geleitet von Experten der Madison Avenue, und die Gefolgschaft dieser Kulte ist nicht unbedingt klein zu nennen: beispielsweise die Scientology-Kirche hat 3,5 Millionen Mitglieder, und das allein in Amerika.

(42) Jerry Mander, *Schafft das Fernsehen ab* (Reinbek: Rowohlt, 1979).

(43) Rossman, *New Age Blues*, S. 117.

(44) Max Horkheimer, *Zur Kritik der instrumentellen Vernunft* (Frankfurt: S. Fischer Verlag, 1967) Bd. 1. Bezüglich des Materials über *est*, siehe Rossman, *New Age*

Blues, S. 115-66; Peter Marin, „The New Narcissism", *Harper's*, Oktober 1975, S. 45-56; Suzanne Gordon, „Let them Eat *est*", *Mother Jones* 3 (Dezember 41-54; und Jesse Kornbluth, „The Führer over *est*", *New Times* 6 (19. März 1976), S. 36-52.

(45) Zur Verbindung zwischen Nationalsozialismus und dem Okkulten, siehe Jean-Michel Angebert, *The Occult and the Third Reich*, in der Übers. von Lewis Sumberg (New York: Macmillan, 1974); Trevor Ravenscroft, *The Spear of Destiny* (New York: Putnam's, 1973); und Dusty Sklar, *Gods and Beasts* (New York: Crowell, 1977).

(46) Lucien Goldmann, *Immanuel Kant*, in der Übers. von Robert Black (London: New Left Books, 1971; deutsche Urfassung 1945), S. 122; Abdruck mit Erlaubnis des Verlegers.

(47) William Irving Thompson, „Ein Planet nimmt Gestalt an", in Michael Katz (Hrsg.), *Antwort der Erde* (München: Ahorn Verlag, 1977), S. 216.

(48) Ebenda, S. 219. Ich habe da ein bißchen geschlampt; Thompson bezieht sich nicht auf sein eigenes Statement, sondern auf eines von Jonas Salk in dessen Buch *The Survival of the Wisest*. Unglücklicherweise ist der Unterschied zwischen den beiden Statements nur gering. Thompsons Statement bedarf notwendigerweise einer Unterscheidung zwischen Hirten und Herde, was er scheinbar nicht sieht.

(49) Julian Jaynes, *The Origins of Consciousness in the Breakdown of the Bicameral Mind* (Boston: Houghton Mifflin, 1976).

(50) Bruce Brown, *Marx, Freud, and the Critique of Everyday Life* (New York: Monthly Review Press, 1973), S. 17.

(51) Horkheimer, *Zur Kritik der instrumentellen Vernunft*, Bd. 1.

(52) Siehe die zwei Artikel von Dasmann in *The Ecologist*, 1976, zitiert in der Fußnote 6 dieses Kapitels.

(53) Gorsline und House, „Future Primitive". Berg definiert eine Bioregion als ein „geographisches Gebiet, das zusammengehört aufgrund bestimmter natürlicher Charakteristika (Pflanzen, Tiere, Erdbeschaffenheit, Wasserscheiden, Klima), sowie aufgrund menschlicher Einflüsse, die diese Region prägen" (persönliche Kommunikation).

(54) Marshall Sahlings, *Stone Age Economics* (Chicago: Aldine Publishing Company, 1972).

(55) Robert Curry diskutiert die Karte in „Reinhabiting the Earth: Life Support and the Future Primitive", *Truck*, Nr. 18 (1978), S. 17-40. Die Karte ist auf Seite 190 derselben Ausgabe abgebildet. Ursprünglich war sie Teil des Occassional Paper No. 9 der International Union for Conservation of Nature and Natural Resources (Morges, Schweiz). Außerdem wurde Curry's Artikel aufgenommen in John Carins (Hrsg.), *The Recovery of Damaged Ecosystems* (Blacksburg, Virginia: Virginia Polytechnic University Press, 1976).

(56) Berg und Dasmann, „Reinhabiting California", S. 217-18.

(57) Ebd., S. 217.

(58) Mander, *Schafft das Fernsehen ab*. Blake sagte im Grunde das gleiche, als er schrieb: „Earth and all you behold: tho' it appears without, it is within." (Die Erde, alles trägst du in dir,/ obwohl sie außen erscheint, ist sie (doch) innen.)
Obwohl diese Unterscheidung zwischen Naturreligionen und Guruismus ein kritischer Punkt ist, dürfte sich die Ökologie an sich wahrscheinlich nicht als ausreichender Garant gegen den Faschismus erweisen, wie Daniel Cohn-Bendit das kürzlich in einem Interview deutlich machte, das er *Le Sauvage* (Nr. 57, September 1978, S. 11) gab. Im Juni 1978, so Cohn-Bendit, war eine ökologische Partei in Hamburg offensichtlich faschistisch, in der Richtung von „Blut und Boden", und verband ihre antinukleare Haltung mit einem Programm, das gegen die Homosexuellen war, antifeministisch, antisemitisch usw., und im höchsten Maße nationalistisch. Obwohl, wie ich bereits sagte, Regionalismus eigentlich in Opposition zum Nationalismus steht, verwischen sich diese Grenzen in der Praxis leicht. Mit Sicherheit war das in Frankreich der Fall, wo Vertreter des Regionalismus wie Charles Maurras schließlich die Vichy-Regierung stützten.

(59) Gorsline und House, „Future Primitive''.

(60) Wilden, *System and Structure*, S. 21, 25; Jacques Lacan, „The Mirror Phase", in der Übers. von Jean Roussel, *New Left Review*, Nr. 51 (1968; franz. Originalfassung 1949), S. 71-77.

(61) Robert Bly, „I Came Out of the Mother Naked", in *Sleepers Joining Hands* (New York: Harper & Row, 1973), S. 29-50.

(62) Homer, *Odyssee*, Buch XI.

(63) *Rebel in the Soul* (Der Rebell der Seele) wurde zuletzt von Bika Reed (New York: Inner Traditions International, 1978) übersetzt, und aus dieser Übersetzung sind die Auszüge mit Erlaubnis des Verlegers hier wiedergegeben. Die erste Übersetzung in eine europäische Sprache war eine Übertragung ins Deutsche durch A. Erman, 1896, und seitdem entstanden eine ganze Reihe von Veröffentlichungen. z. B. John A. Wilsons Übersetzung, „A Dispute Over Suicide", in James B. Pritchard (Hrsg.), *Ancient Near Eastern Texts Relating to the Old Testament*, 3. Aufl. (Princeton: Princeton University Press, 1969; erste Aufl. 1950), S. 405-07, oder Hans Goedicke, *The Report About the Dispute of a Man with his Ba* (Baltimore: The John Hopkins University Press, 1970). (Anm. d. Übers.: Diese Übersetzung wurde wörtlich aus der engl. Originalfassung des Buches vorgenommen, da es nicht möglich war, eine deutsche Version (Direktübers.) zu finden).
Julian Jaynes diskutiert dieses Dokument auf den Seiten 193-94 in *Origins of Consciousness* und behauptet, daß seine Sprache nicht das ist, wofür seine Übersetzer es hielten, nämlich ein echtes Selbstgespräch. Und so schreibt er, daß „alle Übersetzungen dieses erstaunlichen Textes sind angefüllt mit modernen geistigen Bürden", während das, was wirklich stattfindet, eine Halluzination des Gehörs ist. Obwohl es stimmt, daß es genau so viele Übersetzungen wie Übersetzer gibt, glaube ich, daß Jaynes irgendwie durcheinander ist. Er behauptet, daß die Stimme der Seele keine moderne sein kann, da das Zweikammer-Bewußtsein dafür sorgt, daß wir es als Halluzination des Gehörs übersetzen; und dennoch behauptet er gleichzeitig, daß das Dokument aus einer Zeit stammt, die geprägt war von sozialem Zusammenbruch, und daß es solche Zeiten waren, in denen das Zweikammer-Bewußtsein sich entwickelte. Das jedoch bedeutet gerade, daß Götter oder Halluzinationen des Gehörs umgewandelt werden in innere Stimmen oder in viele Selbst(e). Aus diesem Grunde können wir, meiner Meinung nach, die zeitgenössischen Übersetzungen als akkurat akzeptieren.

(64) Paul Shepard, *The Tender Carnivore and the Sacred Game*, S. 125, S. 283.

Glossar

Developmentals: Unvollständige psychische Strukturen, wie das Ich und die Sprache, die dem menschlichen Wesen in embryonaler oder potentieller Form angeboren sind. Um verwirklicht (oder entwickelt) zu werden, muß ihr Programm biologischer Entwicklung mit ganz bestimmten sozialen oder kulturellen Erfahrungen während eines spezifischen Stadiums im Verlauf des Lebenszyklus interagieren.

Immanenz: Die Doktrin, welche besagt, daß Gott *in* den Phänomenen präsent ist, die wir sehen, anstatt *außerhalb* von ihnen zu sein. Pantheismus, Animismus und Batesons Holismus sind alles Variationen zu diesemThema. Steht im Kontrast zur Transzendenz, wo Gott im Himmel und damit *außerhalb* der Phänomene um uns herum gesehen wird. Der Kartesianismus und der zentrale Hauptteil jüdisch-christlichen Denkens gehören dieser Kategorie an.

Individuation: Nach C.G. Jung ein Prozeß persönlichen Wachstums und Integration, durch den eine Person ihr wirkliches Zentrum entwickelt, ihr Selbst im Gegensatz zum Ich. Das Ich oder die Person wird als Zentrum des bewußten Lebens verstanden, während das Selbst das Resultat darstellt, wenn der bewußte Geist mit dem Unbewußten in Einklang gebracht wurde.

Primärprozeß: Gedankenmuster, die mit dem Unbewußten in Verbindung gebracht werden, wie beispielsweise Traumbilder; steht im Gegensatz zum rationalen Ich-Bewußtsein, oder Sekundär-Prozeß. Siehe auch unter „Archaischer Tradition".

Prinzip der Unvollständigkeit: Die Theorie, die besagt, daß das meiste unseres Wissens von der Welt stillschweigender (oder stummer, vorsprachlicher) Natur ist (siehe „Stillschweigendes Wissen") und somit eine Grundlage hat, die nicht in Worte zu fassen ist. Als Resultat davon läßt es sich nicht auf rational kohärente Weise beschreiben. Darüberhinaus versteht das Prinzip den Prozeß der Wirklichkeit selbst als ontologisch unvollständig. Diese Theorie steht im direkten Gegensatz zum kartesianischen Paradigma, welches besagt, daß der Geist die ganze Realität erkennen kann, wie auch zur Freudschen Sichtweise, daß das gesamte unbewußte Material ins Bewußtsein gebracht werden kann und sollte.

Schatten: In der Jungschen Terminologie stellt der Schatten den verdrängten und unbewußten Teil der Persönlichkeit dar, der im Verlauf des Prozesses der Individuation vom bewußten Geist erkannt und integriert werden muß. Etwas weiter gefaßt, ist der Schatten der nicht entwickelte Teil jedes natürlichen Paars von Charaktereigenschaften. Männer haben typischerweise einen weiblichen Schatten (die „Anima"), Frauen einen männlichen („Animus"); Sadisten besitzen Züge von Masochismus, sehr ernsthafte Menschen haben in der Regel eine frivole Seite, die nicht ausgedrückt wird, usw.

Transkontextuell: Das Charakteristikum, das es erlaubt, Dinge und Situationen mit sowohl symbolischer als auch wörtlicher Dimension zu sehen. Wahnsinn, Humor, Kunst und Poesie sind alle transkontextueller Natur und arbeiten auf der Ebene der Metapher oder „Doppeldeutigkeit".

Transform: siehe „Umwandlung".

Umwandlung: oder transform. Ein Begriff der kybernetischen Theorie, der einen Wandel, eine Veränderung in der Struktur oder Komposition von Informationen bezeichnet, der ohne einhergehende Veränderung der Bedeutung auftritt. Siehe auch „Kodierung".

Index

Kurzbiographie des Autors

Morris Berman erhielt seinen Bachelor in Mathematik von der Cornell Universität und promovierte in Wissenschaftsgeschichte an der John Hopkins Universität in Baltimore, Maryland. Er unterrichtete an der Rutgers Universität in New Jersey, der Universität von San Francisco, und an der Concordia Universität in Montreal, Kanada. Er arbeitete einige Jahre lang als freier Schriftsteller und Redakteur und veröffentlichte 1978 eine Untersuchung über die Beziehung zwischen Wissenschaft und Industrialisierung mit dem Titel *Social Change and Scientific Organization* (Sozialer Wandel und wissenschaftliche Organisation). Dr. Berman lebt und arbeitet in British Columbia, wo er als Associate Professor für Geschichte an der Universität von Victoria unterrichtet.